AF743094

Cameroun

La crise anglophone
sous le prisme du droit international

Sous la direction de

Alain Didier OLINGA

Cameroun

La crise anglophone
sous le prisme du droit international

L'Harmattan
Cameroun

5-7, rue de l'Ecole-Polytechnique, 75005 Paris

http://www.editions-harmattan.fr

ISBN : 978-2-343-18825-6
EAN : 9782343188256

Contributeurs

OLINGA Alain Didier est Professeur de Droit Public, Chef du Département de Droit International de l'Institut des Relations Internationales du Cameroun, Université de Yaoundé II.

OWONA MFEGUE Kourra Félicité est Docteur en droit public, Chargée de Cours au Département de Droit International de l'Institut des Relations Internationales du Cameroun (IRIC/Université de Yaoundé II), Chercheur associé au CEDIN (Centre Européen de droit international de l'Université Paris X-Nanterre), Arbitre à la Chambre de Conciliation et d'Arbitrage du Comité international Olympique au Cameroun. Elle se distingue par une expertise en tant qu'Ambassadrice pour la Paix-Femwise (Union Africaine) et Personnalité Qualifiée Indépendante (ONU), notamment en Nouvelle Calédonie (2018, 2019), entre autres.

KOAGNE ZOUAPET Apollin est Docteur en droit de l'Université de Genève, et titulaire du Diplôme de l'Académie de Droit International de La Haye. Il a enseigné le droit international public et le contentieux international notamment à l'Institut des Relations Internationales du Cameroun (IRIC), l'École Militaire Interarmées du Cameroun (EMIA) et l'Université Protestante d'Afrique Centrale (UPAC). Il est actuellement *Judicial Fellow* (2019-2020) à la Cour Internationale de Justice.

ATEMENGUE Jean de Noël est Maître de Conférences en Droit Public à l'Université de N'Gaoundéré, enseignant associé aux Universités de Maroua et de Yaoundé II.

ATANGCHO NJI AKONUMBO is Professor of Law at the University of Yaounde II, Cameroon. His main fields of expertise are: Investment Law, Human rights law, Corporate Law, and Intellectual Property Law. He has published extensively and led several consultancies in these fields. He is visiting Professor at several universities and higher institutions of learning including the Catholic University of Central Africa (Catholic Institute of Yaounde), The Regional War College in Yaounde and the Centre for Human Rights, Faculty of Law, University of Pretoria – South Africa.Professor Akonumbo is currently the Dean of the Faculty of Laws and Political Science of the University of Buea, Cameroon.

AKONO Christian Joel est titulaire d'un Doctorat Ph/D en droit public, option droit international soutenu le 19 décembre 2012 à l'Université de Douala. Il est auteur et co-auteur de plusieurs ouvrages et articles de doctrine.

ASSIRA Marthe est Docteur en Droit de l'Université René Descartes et a prêté le serment d'Avocat au Barreau de Paris en 2003. Elle est Chargée de Cours à l'Institut des Relations Internationales du Cameroun, Université de Yaoundé II.

MVOMO ELA Paulette est Docteur en Droit Privé, Chargée de Cours à la Faculté des Sciences Juridiques et Politiques de l'Université de Yaoundé II, et enseignante associée à l'IRIC.

BEFOLO Gisèle Léocadie est Docteur en Droit Public, Chargée de Cours à l'Institut des Relations Internationales du Cameroun, Université de Yaoundé II.

OWONA MBIDA OTTO Georges est Docteur en Droit Public de l'Université de Yaoundé II, Chercheur en Droit public et enseignant à la FSJP de l'Université de Yaoundé II. Il enseigne, notamment le droit constitutionnel à l'ENAM.

ANGUE Christian Gérard est titulaire d'un doctorat en droit public. Il est enseignant vacataire à la Faculté des Sciences Juridiques et Politiques de l'Université de Yaoundé II.

SOMMAIRE

Présentation et remerciements

Les convulsions sociopolitiques et sécuritaires qui secouent les régions du Nord-Ouest et du Sud-Ouest au Cameroun depuis l'année 2016, par leur ampleur et leur prolongation dans le temps, ne peuvent laisser indifférents ceux-là mêmes qui s'obstinent à nier l'existence dans le pays de toute « question anglophone ». Ces convulsions, cette grave crise, comportent de nombreuses dimensions et de nombreux enjeux : politiques, géopolitiques, géoéconomiques et géostratégiques ; des enjeux historiques et identitaires, de gouvernance publique et territoriale efficace, d'équité socio politique, etc. Bref, la crise dans les régions anglophones est une crise multidimensionnelle, dont l'enjeu juridique n'est pas le moindre.

De fait, une part importante de la stratégie des hérauts et porte-étendard de l'anglophonie indépendantiste se trouve dans la mobilisation de l'argument juridique en général, de l'argument de droit international en particulier. Les actions menées devant les prétoires étrangers ou devant le prétoire international, notamment celui des droits de l'homme, sont illustratives de cette logique d'utilisation, ou d'instrumentalisation, du droit international, pour la légitimation des combats politiques, voire le recours à la force des armes. Au regard de cette stratégie, il a paru utile au Département de Droit International de l'IRIC de se pencher sur la crise dans le Nord-Ouest et le Sud-Ouest, sous le prisme du droit international. L'objectif n'est pas tant de donner raison ou tort à tel ou tel acteur de la crise, attitude de facilité généralement tentante, que de fournir des outils permettant à chacun de comprendre la situation à l'aune du droit international, d'évaluer la pertinence de tel ou tel argument tiré du droit international, d'apprécier quel usage peut être fait de tel ou tel outil de droit international à l'effet de poser les bases d'une solution durable à la crise.

Les contributions contenues dans cet ouvrage ne reflètent pas la totalité des angles de droit international sous lesquels la crise pouvait ou devrait être étudiée. Ils n'en constituent pas moins des éléments de première importance pouvant introduire à une intelligence de la situation à l'aune du droit international, parce qu'ils abordent de front certaines questions sensibles en rapport avec cette dramatique situation. Le Département de Droit International a sollicité de nombreuses compétences, francophones et anglophones, à l'effet de mener des réflexions croisées et fécondes. Nous tenons à remercier les collègues qui se sont donné la peine de produire une contribution scientifique. Ils ont posé un acte à la fois d'universitaire et de citoyen soucieux du devenir de leur pays. Que leur opinion soit partagée ou contestée, dans les circonstances actuelles de manipulation des opinions et de polarisation outrancière du débat, importe secondairement. Ce qui compte, c'est qu'ils ont pris le courage de dire, à partir d'un angle d'analyse, ce qui leur semble pertinent et utile. Nous comprenons naturellement et respectons ceux de nos collègues, sollicités avec insistance, qui n'ont pas pu, ou n'ont pas voulu s'associer à l'initiative, ou ont décidé de s'en retirer au dernier moment. À chacun la liberté de choisir ses combats, ses centres d'intérêt, les formes, le lieu et le moment d'exprimer ses opinions et réflexions.

La production de cet ouvrage a bénéficié de l'appui des autorités du Ministère de la Défense, en l'occurrence M. le Ministre Délégué Joseph BETI ASSOMO et son Secrétaire d'État en charge de la Gendarmerie Nationale, M. Galax ETOGA. Nous tenons à leur exprimer notre reconnaissance pour cet accompagnement précieux. Le concours du CAFRAD, avec la sollicitude bienveillante de son Directeur Général, notre collègue Stéphane MONNEY MOUANJO, mérite également d'être salué à sa juste valeur. Il témoigne de l'intérêt de cette institution, de réputation établie, pour la paix et la stabilité dans les États au sein desquels elle entend promouvoir une gouvernance efficace et efficiente. Merci à notre frère et ami, Dr FOE NDI Christophe, pour son soutien dans la réalisation de cette œuvre, comme pour d'autres déjà, par le passé.

La disponibilité de notre secrétaire, Mme Solange VOULA ne nous a pas fait défaut, ainsi que celle de notre assistant de toujours, le désormais Docteur Apollin KOAGNE, qui au-delà d'être contributeur, s'est donné sans compter, en dépit des contraintes liées à la préparation et à la soutenance de sa thèse de Doctorat en Droit pour la correction du présent ouvrage. Il aura utilement été secondé dans ce sens par le Docteur Christian Gérard ANGUE, dont la disponibilité mérite elle aussi d'être saluée et remerciée.

Puisse le présent ouvrage contribuer modestement, mais de manière utile, au moment où le pays s'engage dans le Grand Dialogue National convoqué par le Chef de l'État, à la résolution durable, voire pérenne, d'une éruption dont il faut espérer, au sujet de la « question anglophone » au Cameroun, qu'elle soit la dernière, au moins sous ce visage violent, dramatique et traumatisant pour la nation camerounaise.

Pr OLINGA Alain Didier

Chef du Département de Droit International (IRIC)

LA RÉUNIFICATION DU CAMEROUN AU REGARD DU DROIT INTERNATIONAL

Alain Didier OLINGA

Introduction

L'histoire du Cameroun moderne est étroitement associée aux dynamiques qui ont animé l'ordre international et le droit qui le régule. Qu'il s'agisse de la séquence coloniale, de la période mandataire sous l'égide de la Société des Nations (SDN), du régime international de tutelle sous l'égide des Nations Unies, de l'indépendance séparée du Cameroun sous tutelle française, des plébiscites dans les territoires du Cameroun sous tutelle britannique, de la fin de la tutelle britannique sur le *Southern Cameroons*, toutes ces séquences historiques, complexes et multidimensionnelles, comportent une dimension juridique internationale indéniable. Il en est de même de la Réunification, cette séquence par laquelle l'ancien Territoire du *Southern Cameroons* sous tutelle britannique s'est rattaché en 1961 au Cameroun indépendant pour former une République fédérale. L'objet de la présente contribution est, en effet, de mettre à jour la manière dont le droit international a influencé la Réunification, au regard du contexte sociopolitique actuel que vit le pays.

Si l'on peut tirer quelque leçon utile de la crise sociopolitique, avec ses graves conséquences multiformes, qui secoue les régions du Nord-Ouest et du Sud-Ouest du Cameroun, du moins faut-il l'espérer, celle-ci serait sans conteste le regain d'intérêt que les Camerounais doivent avoir pour leur histoire, l'histoire de la construction de leur entité territoriale, l'histoire de leur construction en tant que communauté politique, en tant que communauté nationale. Cette crise, en effet, a révélé non seulement la grande ignorance ou inconscience de ces aspects historiques chez le plus grand nombre, y compris dans les cercles dirigeants ou supposés éclairés, et aussi chez les sécessionnistes et indépendantistes partisans de la lutte armée, mais aussi la forte production littéraire sur ces questions, en particulier par les ressortissants des régions anglophones du pays. La révélation d'un désir d'État-nation indépendant, d'un programme de sécession a surpris plus d'un Camerounais d'expression française par sa violence et, surtout, par sa structuration idéologique, ou ce qui en tient lieu. Cette surprise est le fruit d'une grande étourderie et d'une indifférence, voire d'une certaine condescendance, vis-à-vis du débat sur la question anglophone[1]. Les universitaires francophones du Cameroun semblent avoir, pour ainsi dire, abandonné aux universitaires anglophones la recherche sur la trajectoire de construction du Cameroun. Leur réveil, depuis quelques années, en est d'autant plus brutal. En particulier, la recherche historique, politique, géopolitique et géostratégique, juridique, etc. sur la séquence qu'aura été la Réunification a fait l'objet d'un investissement scientifique massif pour certains sur fond d'agenda politique clairement sécessionniste[2]. Il importe, avec cette modeste contribution, d'offrir un autre regard sur ce moment fondateur de l'histoire nationale du Cameroun, à partir de l'angle juridique, à partir du droit international. Mais se pose immédiatement une question : la Réunification, au-delà de l'analyse constitutionnelle, est-elle susceptible de faire légitimement l'objet d'une saisie sous le prisme du droit international ? Une réponse affirmative semble inévitable. De fait, si l'on fait abstraction des actes de droit international posés dans le cadre des Nations Unies, en particulier par l'Assemblée Générale, actes organisant le processus de levée de la tutelle sur le Territoire du *Southern Cameroons* alors géré par le Royaume-Uni, la Réunification des deux entités perd une part importante, sinon l'essentiel, de son intelligibilité. La Réunification du Cameroun n'a pas de sens hors de la division du Kamerun allemand, hors de l'évolution séparée dans le cadre du régime des mandats et du régime de tutelle. C'est en rapport avec ces événements et situations internationaux, situations saisies par le droit international, que la Réunification prend son sens véritable. Il serait excessif et sans doute erroné de soutenir que l'ordre juridique

---

[1] Voir cependant Olinga, A.D. « La 'question anglophone' dans le Cameroun d'aujourd'hui ». *RJPIC*, 1994, pp. 292-308 ; Nkoum-Me-Ntseni, LMM. « 'Question anglophone', libéralisation politique et crise de l'État-nation : 'les ennemis dans la maison ?' ». in Sindjoun, L. (Dir.) *La révolution passive au Cameroun.* Codesria, Dakar, 1999, pp.157-229 ; Nkot, P.F. *Perversion politique du droit et construction de l'État unitaire au Cameroun.* Thèse, Laval, 2001, notamment pp.32-46.

[2] Avec l'exacerbation violente de la crise dans les régions Anglophones du Cameroun, la Réunification du Cameroun est, plus que par le passé, sur la sellette. Le mal-être identitaire des Camerounais originaires des régions anglophones qui, naguère, constituaient le Cameroun Méridional sous tutelle britannique, serait intimement lié aux malentendus liés à cette séquence historique des premières années de l'indépendance du pays. Voir Torrent, M. « Des partages coloniaux aux frontières culturelles : (ré)unifications et marginalisations au Cameroun méridional (1955-1961) ». *in Mémoire(s), identité(s), marginalité(s) dans le monde occidental contemporain. Cahiers du MIMMOC*, 10, 2013. Voir aussi, Ramondy, K. « L'ONU : quel arbitre dans les guerres au Cameroun." In *Relations Internationales*, 2018/3, n° 175, pp.109-122. Dans un élan de reconstruction de la réalité historique, dans une démarche de légitimation des positionnements politiques ou de combats militaires actuels, la Réunification est réinvestie par l'analyse. Voir Fru Awasom, N. « The Reunification question in Cameroun History: was the bride an enthusiastic or a reluctant one?" in *Africa Today*, vol.47, n° 2, 2000, pp.91-119. Voir aussi Ndi, Anthony. *Southern west Cameroon revisited (1950-1972). Volume one: unveiling inescapable traps.* African Books Collective, 2014.

international est le garant des termes de la Réunification du Cameroun, ce qui serait une manière de placer l'État du Cameroun issu de cette démarche sous surveillance internationale permanente. Cependant, indépendamment des conséquences politiques ou stratégiques que l'on peut se croire en droit de tirer dans le contexte actuel extrêmement polarisé, nier ou minorer les aspects juridiques internationaux de la Réunification serait faire preuve de mauvaise foi et de parti pris politique. En tout état de cause, les entrepreneurs de l'anglophonie indépendantiste ont, pour une bonne part, construit la Réunification comme un problème de droit international, comme une question de caractère immédiatement international. La récente, audacieuse, mais infructueuse initiative devant la justice britannique de M.Makweley Lysongo est illustrative à cet égard[3]. En abordant tour à tour la manière dont le droit international a aménagé le principe même de la Réunification (I) et les tentatives d'en orienter le processus et le contenu (II), cette contribution entend montrer l'importance et les limites du droit international dans la réalisation de cette séquence historique qui n'a pas fini, et il faut s'en féliciter, d'attirer l'intérêt des chercheurs.

I. Le droit international et le principe de la Réunification

Si l'on ne peut affirmer de manière péremptoire que la Réunification n'aurait jamais eu lieu un jour entre les territoires de l'ancien Kamerun allemand, il est clair que celle qui a eu lieu en 1961 a été balisée, organisée et avalisée par le droit international, le droit international de la

[3] Voir *High Court of Justice Queen's Bench Division, Makweley Lysongo v. The Foreign and Commonwealth Office, le Gouvernement de la République du Cameroun. 5 novembre 2018*, notamment paragraphe 2 : « en guise de réparation, le demandeur demande des déclarations selon lesquelles l'union du BSC et du Cameroun était illégale et invalide ; que la cession illégale du BSC au Cameroun signifie que la République du Cameroun (deuxième défendeur) n'a pas le droit de gouverner la partie de son territoire qui était auparavant sous administration britannique ; que le BSC demeure partie du Royaume-Uni et *que le FCO a violé le droit international et les résolutions des Nations Unies (ONU) au regard de la façon dont il s'est dessaisi de l'administration du BSC ». (Nos italiques).* Si l'issue de la procédure engagée était prévisible du strict point de vue juridique, car on voit mal comment ce que les Nations Unies, vigiles de l'administration de tutelle, ont entériné en 1961, pouvait être remis en cause, et pour quelle fin, devant les tribunaux nationaux britanniques, en 2018, soit 57 ans plus tard, il reste que le seul fait que le demandeur ait indexé principalement le Royaume-Uni dans sa requête est intéressant du point de vue de la lecture historique des événements. En effet, la responsabilité historique de la situation dans laquelle se trouve l'ex *Southern Cameroons* est enfin placée là où elle aurait toujours dû l'être, à savoir sur le Royaume-Uni, et non sur la République du Cameroun, laquelle pour l'essentiel aura été, comme le *Southern Cameroons*, pupille des Nations Unies, un acteur passif ou très marginal d'un jeu international dont elle n'avait pas la maîtrise. Ce que M. Makwele Lysongo fait en 2018 vis-à-vis du Royaume-Uni par rapport à la manière dont il s'est dessaisi du *Southern Cameroons* est, toutes choses étant égales, ce que la République du Cameroun a effectué devant la CIJ au lendemain du plébiscite au sujet du Cameroun Septentrional, à savoir le non-respect des clauses de l'Accord de Tutelle relatif au Cameroun sous administration britannique.

décolonisation[4] élaboré au sein du système des Nations Unies, sur la base de la Charte de San Francisco. La réunification s'est effectuée entre deux entités de droit international, deux entités certes différentes quant à leur statut respectif du point de vue de ce droit, mais clairement et certainement deux entités territoriales régies par le droit international. D'une part, le Cameroun anciennement sous tutelle française, devenu indépendant et ayant accédé à la souveraineté internationale le 1er janvier 1960[5], admis aux Nations Unies en tant qu'État membre le 20 septembre 1960[6]. Cet État indépendant dispose de frontières internationalement reconnues[7], lesquelles à l'Ouest, recoupent exactement les limites avec le *Northern Cameroons* et le *Southern Cameroons*, les deux parties du Cameroun sous tutelle britannique, administrées à partir de l'ensemble nigérian sous colonisation du Royaume-Uni. En tant qu'État indépendant, la République du Cameroun jouit de la pleine souveraineté, d'institutions propres, bénéficie de toutes les règles protectrices de la souveraineté de l'État et est astreinte au respect du droit international. D'autre part, le *Southern Cameroons*, ancien territoire sous mandat, territoire sous tutelle ayant opté par plébiscite pour son rattachement à la République du Cameroun.

Lorsque la République du Cameroun accède à l'indépendance, le Nigeria ne l'est pas encore et les territoires sous tutelle britannique, gérés dans le cadre nigérian, n'ont pas encore de perspective arrêtée quant à leur avenir, surtout qu'en 1959, à l'occasion d'un premier plébiscite, le *Northern Cameroons* avait rejeté l'option du rattachement au Nigeria promis à l'indépendance, demandant que son statut fût fixé ultérieurement[8]. En ce qui

---

[4] Virally, M. « Droit international et décolonisation devant les Nations Unies ». *Annuaire français de droit international*, 1963, pp.508-541.

[5] Conformément à l'article 1er de la résolution 1349 (XIII) de l'Assemblée Générale des Nations Unies (AGNU) du 13 mars 1959 portant « Avenir du territoire sous tutelle du Cameroun sous administration française ».

[6] AGNU, Résolution 1476 (XV) du 20 septembre 1960 portant admission de la République du Cameroun à l'Organisation des Nations unies.

[7] Même si elles restent provisoires, en attendant des territoires sous administration britannique. Mélanie Torrent écrit que « le 1er janvier 1960, alors que la République du Cameroun célèbre son indépendance, les frontières définitives du pays demeurent incertaines », in « Le Cameroun britannique dans les indépendances ». *Afrique Contemporaine*, 2010/3, n° 235, p.66.

[8] Le principe de ce plébiscite séparé est acté dans la résolution 1350 (XIII) de l'Assemblée Générale en date du 13 mars 1959, à peine plus de trois mois après l'adoption de la résolution 1274 (XIII) du 5 décembre 1958 prévoyant l'indépendance du Cameroun sous tutelle britannique. Les questions soumises au plébiscite de novembre 1959 étaient les suivantes : « (a) do you wish the Northern Cameroons to be part of the Northern Region of Nigeria when the Federation of Nigeria becomes independent? or (b) are you in favour of deciding the future of the Northern Cameroons at a later date?" Le second plébiscite dans le Northern Cameroons est acté dans la résolution 1473 (XIV) du 12 décembre 1959, autour des deux questions suivantes : « a) désirez-vous accéder à l 'indépendance en vous unissant à la

concerne le *Southern Cameroons*, l'Assemblée Générale des Nations Unies (AGNU) avait en mars 1959 recommandé que le plébiscite ait lieu pendant la saison sèche, à une date située entre début décembre 1959 et fin avril 1960. Mais en septembre 1959, alors que les deux leaders Foncha (chef de la majorité parlementaire, Premier ministre) et Endeley (leader de l'opposition parlementaire) avaient soumis à la 4e Commission une déclaration écrite conjointe excluant tout plébiscite dans le territoire durant l'année 1960, demandant la continuation de l'application de l'Accord de tutelle, la séparation d'avec le Nigeria au plus tard le 1er octobre 1960, le plébiscite en 1962 et la fin de la tutelle au plus tard le 26 octobre 1962, les Nations Unies allaient adopter la résolution 1352 qui devait fixer le plébiscite au plus tard en mars 1961[9].

Pour bien comprendre la délicatesse de l'évolution qui conduira à la Réunification, il convient de rappeler qu'à la différence des territoires sous tutelle britannique, le territoire du Cameroun sous tutelle française avait été géré de manière solitaire et autonome, sans être rattaché à l'une des colonies voisines de l'Afrique Équatoriale Française (AEF), le Congo, le Gabon, le Tchad ou l'Oubangui-Chari. De sorte que l'identité juridique, l'assise géographique du territoire sous tutelle, ainsi que son évolution politique, ne seront nullement brouillées ou complexifiées par ce voisinage colonial. Ce sera tout le contraire dans la partie sous administration britannique. Le *Southern Cameroons*, qui intégrera par la suite la République indépendante du Cameroun, était administré comme partie intégrante du Nigéria, avant d'en être séparé à mesure où le Nigeria avançait vers son indépendance, laquelle interviendra le 1er octobre 1960. À cette date, sous supervision des Nations Unies, le *Southern Cameroons* toujours sous administration de tutelle britannique est un territoire identifiable, avec une population identifiable qui y vit et un gouvernement dont les responsables sont connus et agissent en son nom pour la défense de ses intérêts. Certes, ce n'est pas, en toute rigueur juridique, un territoire sous tutelle en tant que tel, mais un morceau du Territoire sur lequel l'Accord de tutelle entre les Nations Unies et le Royaume-Uni de 1946 s'applique. Toutefois, c'est une réalité territoriale, humaine et politique connue par les Nations Unies. Ainsi, du point de vue du droit international, le *Southern Cameroons* va évoluer d'octobre 1960 à octobre 1961, comme un territoire sous tutelle au sens propre du terme, hors de toute intégration à une entité coloniale, un territoire vivant une sorte de tutelle autonome, une sorte de « libération », voire d'« indépendance » vis-à-vis de l'ex-colonie du Nigeria, avant même la deuxième « indépendance » consécutive à la levée de la tutelle britannique. L'on peut estimer que cette année d'autonomie correspond, toutes choses

---

République camerounaise indépendante ? b) désirez-vous accéder à l'indépendance en vous unissant à la fédération nigériane indépendante ? »

[9] Sur tous ces aspects, voir *Yearbook of the United Nations*, 1959, pp.362-364.

étant égales, à ce que le Cameroun sous tutelle française a connu à partir de 1957 lorsqu'il est devenu un « État sous tutelle », avec un gouvernement propre préparant l'indépendance du Territoire.

Cette évolution du Cameroun sous administration britannique, par rapport au Cameroun sous administration française, reste un mystère historique. En effet, tout était en place pour que ce Territoire accède à l'indépendance ou à l'autonomie en 1960, tout comme le Territoire sous administration française. De fait, par la résolution 1274 (XIII) en date du 5 décembre 1958, l'Assemblée Générale des Nations Unies « note que, grâce aux mesures déjà prises ou qui vont être prises par certaines autorités administrantes en consultation avec l'ONU et les populations des territoires intéressés, on prévoit que le Togo sous administration française, *le Cameroun sous administration du Royaume-Uni*, la Somalie sous administration italienne et le Samoa occidental sous administration néo-zélandaise atteindront en 1960 l'objectif du régime de tutelle énoncé à l'alinéa b de l'article 76 de la Charte des Nations Unies ». Cette résolution, de manière étonnante, n'est presque pas évoquée par les différents travaux relatifs à la question de l'ex-British *Southern cameroons*. Nul ne sait ce qui s'est passé au cours de l'année 1959 aux Nations Unies pour que le destin du Cameroun sous administration britannique, à la différence de celui de tous les autres territoires mentionnés dans la résolution susvisée, soit autre chose que l'indépendance ou l'autonomie séparée[10]. Notre hypothèse est que la stratégie du Royaume-Uni était de rattacher les territoires sous tutelle d'Afrique de l'Ouest sous son administration à ses proches colonies, à savoir le Ghana pour le Togo britannique et le Nigéria pour le Cameroun britannique, et surtout pas de favoriser leur indépendance séparée, présentée dans les deux cas comme non viable. Cette stratégie a parfaitement fonctionné pour le Togo britannique, rattaché au Ghana avant l'indépendance de ce dernier. Elle a failli fonctionner ainsi pour le *Northern Cameroons*, avec le premier plébiscite de 1959. Si les populations consultées avaient opté pour le rattachement au Nigeria, ce territoire aurait accédé à l'indépendance dans l'ensemble nigérian. L'évolution du *Southern Cameroons* est intimement liée à l'attitude de résistance et d'indocilité, voire d'hostilité, vis-à-vis de la politique de gestion de cette partie du territoire à partir du Nigeria, inaugurée après les élections de janvier 1959 par le nouveau parti majoritaire dirigé par John Ngu Foncha. À notre sens, plus que toute autre chose, c'est cette approche frontalement antinomique des plans britanniques du gouvernement Foncha qui a rendu la puissance administrante peu encline à s'investir dans la

---

[10] Le Togo français et la Somalie italienne (unie à la Somalie britannique) sont devenus indépendants en 1960. Voir Colliard, Claude Albert, « L'évolution du statut des territoires du Togo », *Annuaire français de droit international*, 1956, pp.222-241. Le Samoa occidental est devenu indépendant en 1962, un micro Etat bien plus petit en superficie et bien moins peuplé que le British *Southern Cameroons*.

détermination et la garantie de l'avenir du *Southern Cameroons* au sein de la République du Cameroun, option qui pour les Britanniques ne devait jouer lors du plébiscite qu'une fonction d'épouvantail et de repoussoir, au profit de l'option nigériane.

Ce n'est pas à Foumban, mais à New York que le principe de la Réunification a été énoncé et proposé. À Foumban[11], l'on a mis en œuvre une option prise par le peuple du *Southern Cameroons* sur la base d'une alternative de choix proposée par l'Assemblée Générale des Nations Unies, au moyen d'une résolution. Avant de rappeler les termes de cette importante résolution, il importe d'indiquer que, au-delà de la distinction entre les territoires non autonomes et les territoires sous tutelle, surtout lorsque ces derniers étaient gérés comme partie intégrante de territoires coloniaux[12], les principes généraux en matière de décolonisation seront fixés, en 1960, dans la résolution 1514 (XV) du 14 décembre 1960 et dans la résolution 1541 (XV) du 15 décembre 1960 de l'Assemblée générale des Nations Unies.

La première résolution, laquelle s'applique en principe uniquement aux « pays et peuples coloniaux », énonce à son point 2 que « tous les peuples ont le droit de libre détermination ; en vertu de ce droit, ils déterminent librement leur statut politique et poursuivent librement leur développement économique, social et culturel ». Au point 2 de ce texte, il est clairement affirmé que « le manque de préparation dans les domaines politique, économique ou social ou dans celui de l'enseignement ne doit jamais être pris comme prétexte pour retarder l'indépendance ». À son point 5, elle énonce que « des mesures immédiates seront prises, dans les territoires sous tutelle, les territoires non autonomes et tous autres territoires qui n'ont pas encore accédé à l'indépendance, pour transférer aux peuples de ces territoires, sans aucune condition ni réserve, conformément à leur volonté et à leurs vœux librement exprimés, sans aucune distinction de race, de croyance ou de couleur, afin de leur permettre de jouir d'une indépendance et d'une liberté complètes ». La résolution 1514 a pour programme normatif

[11] Sur la Conférence de Foumban, voir Nkot, P.F. *Perversion politique du droit et construction de l'État unitaire au Cameroun*, op.cit., pp.38-46 ; Njeuma, M.Z. « L' 'idée' de Cameroun » dans l'indépendance du Cameroun (1959-1961) », in Charles-Robert Ageron et Marc Michel (dir.) *L'Afrique Noire française : l'heure des indépendances*. Paris, CNRS Editions, 1992, pp.411-423 ; Mbile, N.N. *Cameroon Political Story. Memories of an authentic eye witness*, Presbyterian Presprint Press, Limbe, notamment le chapitre 10 intitulé "The Foumban Conference and the Constitution of the Federal republic of Cameroon, pp.165-195; Ngoh, V.J. *Les dessous de la Réunification du Cameroun. De 1955 à 1961*. Presprint, Limbe, 2011; Ebune, J. « The making of the Federal System » in Ngoh, V.J.(ed.), *Cameroon: from a federal to a unitary State 1961-1972. A critical study*. Design House, Limbe, 2004, pp.48-75.

[12] Voir Bedjaoui, M. « Article 73 ». in Cot, J.P. Pellet, A. Forteau, M. (dir.) *La Charte des Nations Unies. Commentaire article par article*, Paris, Economica, 3e édition, 2005, T.II, pp.1751-1767.

et politique, à l'intention et au bénéfice de tous les peuples sous domination, l'indépendance, l'indépendance en tant que peuple, peu importe sa taille, l'étendue du territoire concerné, la richesse ou la pauvreté économique, etc.

En ce qui concerne la résolution 1541, il faut se référer particulièrement aux principes VI, VII, VIII et IX de l'Annexe à ladite résolution. Le principe VI énonce qu'on peut dire d'un territoire non autonome qu'il a atteint la pleine autonomie dans trois hypothèses : quand il est devenu un État indépendant et souverain ; quand il s'est librement associé à un État indépendant ; quand il s'est intégré à un État indépendant. En d'autres termes, la fin des situations de dépendance intervient dans trois hypothèses distinctes, au moins en théorie pour les deux dernières : l'indépendance et l'accession à la souveraineté internationale, la libre association avec un État indépendant et l'intégration dans un État indépendant. Les principes VII, VIII et IX détaillent, de manière particulièrement éclairante, les modalités de la libre association et de l'intégration. Dans un cas comme dans l'autre, l'on insiste sur le choix libre, volontaire, éclairé et par des voies démocratiques des populations du territoire concerné. D'un autre côté, la libre association « doit respecter l'individualité et les caractéristiques culturelles du territoire et de ses populations, et conserver aux populations du territoire qui s'associe à un État indépendant la liberté de modifier le statut de ce territoire (…) ». Par ailleurs, « le territoire associé doit avoir le droit de déterminer sa constitution intérieure, sans ingérence extérieure, conformément aux méthodes constitutionnelles régulières et aux vœux librement exprimés de ses populations. Cela n'exclut pas les consultations que pourraient appeler ou exiger les clauses de libre association ». En ce qui concerne l'intégration à un État indépendant, elle « doit se faire sur la base de l'égalité complète entre le peuple du territoire antérieurement non autonome et celui de l'État indépendant auquel il s'intègre. Les deux peuples doivent avoir, sans distinction ni discrimination, un statut et des droits de citoyenneté égaux ainsi que des garanties égales pour ce qui est des libertés et droits fondamentaux ; ils doivent tous deux avoir des droits égaux et des possibilités égales de représentation et de participation effective, à tous les échelons, dans les organes exécutifs, législatifs et judiciaires de l'État ». Les termes de cette résolution 1541 sont particulièrement clairs et nets. La République indépendante du Cameroun a pris part à son adoption, participant pour la première fois à une session ordinaire de l'Assemblée Générale.

Si l'on a jugé utile de rappeler ces résolutions et de restituer certaines de leurs clauses, c'est pour mieux mettre en évidence, à la veille du plébiscite du 11 février 1961, le caractère potentiellement problématique de ce qui était prévu dans la résolution 1352 (XIV) du 16 octobre 1959, relative à l'organisation du plébiscite dans la partie méridionale du Territoire sous administration britannique[13]. C'est cette résolution qui contient le principe même de la Réunification, avec les deux questions formulées à son article 2, en ces termes : « a) désirez-vous accéder à l'indépendance en vous unissant à la Fédération nigériane indépendante ? b) désirez-vous accéder à l'indépendance en vous unissant à la République camerounaise indépendante ? » Si le droit international peut être considéré comme vecteur de la Réunification du Cameroun, c'est par cette résolution qu'il l'est. Par ces questions, le *Southern Cameroons* ne pouvait, en aucune manière, accéder à la pleine autonomie par l'indépendance solitaire et l'accès à la souveraineté internationale. Il ne pouvait l'être que par un processus de rattachement à une entité indépendante, la République du Cameroun ou la Fédération du Nigeria[14]. Naturellement, le choix du peuple du *Southern Cameroons* ne pouvant être prédéterminé, la Réunification telle qu'elle est rentrée dans l'histoire n'était pas inéluctable. Mais en faisant une alternative de choix, la résolution 1352, qualifiée par certains de « fateful resolution » ou de « United Nations october diktat »[15], en balisait la perspective possible. Reste à savoir si ce rattachement doit être considéré comme une « libre association » ou comme une « intégration » au sens de la résolution 1541 sus évoquée, laquelle est adoptée plus d'un an après la résolution 1352, mais avant le plébiscite de février 1961, la Conférence de Foumban et la fin de la

---

[13] Voir Merle, M. « Les plébiscites organisés par les Nations Unies ». *Annuaire français de droit international*, 1961, pp.425-443.

[14] Cette décision, rétrospectivement, apparaît dans toute sa gravité, et même dans sa discutable légitimité juridique, au regard des fins assignées au régime international de tutelle, à savoir la préparation des territoires à la capacité de s'administrer eux-mêmes ou l'indépendance, et au regard des vues clairement exprimées par les autorités du *Southern Cameroons* dans la déclaration conjointe du 30 septembre 1959 par laquelle est visiblement assise sur la logique de l'indépendance séparée du Territoire sans rattachement au Nigeria ou à la République du Cameroun. Du reste, pour Michel Virally, « le choix exprimé par les populations sera, normalement, l'indépendance. Toute autre option est, a priori, suspecte. Elle ne peut s'expliquer que par une situation tout à fait particulière ». in Virally, M. op.cit. p.517. C'est entre le 30 septembre et le 16 octobre 1959, date d'adoption de la résolution 1352 par l'Assemblée Générale, par 76 voix pour, 0 contre et deux abstentions, c'est pendant ces deux semaines cruciales que la perspective d'une autodétermination séparée du *Southern Cameroons* s'est évanouie. Elle n'a pas été contrecarrée par la République indépendante du Cameroun en 1961. Le modèle de décolonisation du *Southern Cameroons* n'a en rien, aux Nations Unies, été dicté par la République du Cameroun, laquelle a subi les décisions prises par l'Assemblée Générale. Pour bien comprendre ce qui s'est passé aux Nations Unies en rapport avec l'avenir du *Southern Cameroons*, il importe d'intégrer les révélations des archives coloniales déclassifiées au Royaume Uni (Anyangwé, C. (dir.) *The secrets of an aborted decolonisation : the declassified British secret files on the Southern Cameroons*, Langaa RPCIG, Mankon, Bamenda, 2010), les jeux d'influence des États coloniaux aux Nations Unies (voir Ramondy, K. « L'ONU : quel arbitre dans les guerres au Cameroun ? » in *Relations Internationales*, 2018/3, n° 175, pp.109-122.

[15] Voir Fru Awasom, N. « Negotiating Federalism : How Ready Were Cameroonian Leaders before the February 1961 United Nations Plebiscites? », in *Canadian Journal of African Studies/Revue Canadienne des Études africaines*, Vol. 36, n° 3 (2002), p.432.

tutelle le 1er octobre 1961. La phraséologie de la résolution 1352 n'est pas exactement celle de la résolution 1541, car la première mélange l'indépendance et la libre association, ou du moins fait de la libre association une variante de l'accès à l'indépendance, alors que la seconde fait de l'indépendance et de la libre association des modalités d'accession à la pleine autonomie. L'on peut donc comprendre les problèmes psychologiques, ou de psychologie politique, soulevés par la formule « independent by joining » énoncée avant les résolutions 1514 et 1541, mais implémentée après leur adoption et dans leur sillage[16]. En observant ce qui s'est passé après le plébiscite de février 1961, notamment les discussions entre les autorités du Territoire du Cameroun Méridional et celles de la République du Cameroun, l'on peut penser, avec toute la prudence nécessaire, que l'on se trouve en présence d'un cas de libre association au sens de la résolution 1541. Ce que l'on a appelé les Accords de Foumban, dont on peine à voir cependant le texte physique, peut être abordé en termes de « clauses de libre association » entre les deux entités concernées à titre principal. Il en découle que l'on doit « respecter l'individualité et les caractéristiques culturelles du territoire et de ses populations, et conserver aux populations du territoire qui s'associe à un État indépendant la liberté de modifier le statut de ce territoire en exprimant leur volonté par des moyens démocratiques et selon des méthodes constitutionnelles ». De même, « le territoire doit avoir le droit de déterminer sa constitution intérieure, sans ingérence extérieure, conformément aux méthodes constitutionnelles régulières et aux vœux librement exprimés de ses populations », sous réserve du contenu des clauses de libre association.

Il faut noter qu'au moment de l'adoption de la résolution 1352, laquelle prévoit le rattachement ou, plutôt, l'union (« en vous unissant ») soit avec le Nigeria indépendant, soit avec le Cameroun indépendant, aucun de ces deux États n'a encore accédé à l'indépendance. L'on peut se demander de quel droit l'Assemblée Générale a imposé par anticipation à des États prochainement indépendants, des « États en voie de formation »[17], l'obligation d'avoir à s'unir, si les populations de ce dernier le désiraient, à

[16] La Cour internationale de justice, dans son arrêt du 2 décembre 1963 en l'affaire du Cameroun Septentrional (CIJ, Affaire du Cameroun Septentrional (Cameroun c Royaume-Uni) Exceptions préliminaires (Recueil des Arrêts, Avis Consultatifs et Ordonnances, 1963, p.22), affirme que « le 1er octobre 1961, à la suite d'un plébiscite effectué sous les auspices des Nations Unies, le Cameroun méridional s'est uni à la République du Cameroun à laquelle il s'est alors incorporé ». Le propos évoque à la fois l'union et l'incorporation, ce qui semble mêler la libre association et l'intégration. Voir également Karl Zemanek, qui parle lui d'« incorporation », in « State succession after decolonization ». *Recueil des cours de l'Académie de droit international,* 1965-3, T.116, pp.211-212.

[17] Pour une évocation de cette théorie de l'État en voie de formation, voir Lazarus, C. « Le statut des mouvements de libération nationale à l'ONU », in *Annuaire français de droit international*, 1974, p.197.

un territoire. Le Cameroun et le Nigeria n'ayant pas participé à l'adoption de la résolution 1352, la France et le Royaume-Uni pouvaient-ils stipuler pour eux ? La Cour internationale de justice, dans son arrêt en l'affaire du Cameroun septentrional, en rapport avec le rattachement du Cameroun septentrional au Nigéria, fournit des éléments d'analyse qui valent, *mutatis mutandis*, pour le rattachement du Cameroun méridional à la République du Cameroun : « on doit admettre que l'Assemblée Générale a songé à l'intérêt général lorsque, agissant dans le cadre de sa compétence, elle a décidé de la levée de la tutelle pour le Cameroun septentrional et l'union de ce territoire avec la Fédération du Nigeria »[18]. Si le Cameroun et le Nigéria devenus indépendants avaient refusé de se conformer à la résolution 1352 adoptée sans eux, en refusant la perspective de s'unir avec les territoires du Cameroun britannique en dépit du désir des populations concernées, les Nations Unies auraient-elles pu les y contraindre, au nom de « l'intérêt général » ? Cette question est importante, car généralement l'on avance l'argument selon lequel la Réunification a été voulue par le peuple du *Southern Cameroons* et non par la République du Cameroun[19]. Cet argument, naturellement, n'est guère recevable. Certes, au terme de son travail, la Mission de visite des Nations Unies dans les Territoires sous tutelle d'Afrique occidentale en 1958 avait estimé, au sujet de la question de l'unification du Cameroun sous tutelle française avec le Cameroun méridional sous tutelle britannique, qu'il ne serait pas nécessaire de procéder à une consultation populaire. Cela étant, outre le fait que le plébiscite organisé par les Nations Unies et les questions posées à cette occasion ne s'adressaient qu'aux populations des territoires sous tutelle britannique, et à elles seules, et en tout cas pas aux citoyens de la République indépendante du Cameroun, l'on conçoit difficilement qu'il suffise de la seule volonté de la population d'un territoire sous tutelle pour contraindre un État indépendant et souverain à s'unir audit territoire. En acceptant le désir librement exprimé des populations du *Southern Cameroons* de s'associer avec elle, la République du Cameroun a accepté d'assumer pour les besoins de la cause un ensemble de mutations importantes : une mutation de son statut international, une mutation de la nature de l'État adoptée par référendum par son peuple, une mutation de sa réalité territoriale[20], une mutation socio-humaine, une mutation géopolitique et géostratégique, une

[18] CIJ, Affaire du Cameroun septentrional, op.cit. Recueil, p.36.

[19] Dans la Déclaration issue du Congrès anglophone réuni à Buea les 2 et 3 avril 1993, il est affirmé que c'est « le peuple des *Southern Cameroons*, et lui seul » en 1961, qui s'est « librement prononcé par référendum pour que l'indépendance aboutisse à une union avec la République du Cameroun ». Texte de la Déclaration in *Politique Africaine*, 1993, n° 51, p.150.

[20] Car l'on a bien assisté à « la modification d'une assise géographique nationale ». Voir Flory, M. « Décolonisation et succession d'États », *Annuaire français de droit international*, 1966, p.577.

complexité juridique, etc. Pour la jeune République du Cameroun, il ne s'agissait pas là de mutations mineures. C'est dire que la volonté de s'associer à un État indépendant est importante, mais pas suffisante. Encore faut-il que l'État indépendant auquel on entend s'associer y consente. Certes, comme l'affirme Marcel Merle, « les populations ne peuvent être affectées d'office à telle ou telle collectivité étatique. La consultation préalable doit leur permettre de fixer librement leur destin en tant que collectivité nationale »[21]. Mais aucun État souverain ne peut être contraint d'accueillir en son sein une « collectivité nationale » ; il ne le fait en principe que de son plein gré. C'est à juste titre que l'on a pu écrire que dans sa stratégie de gestion de l'avenir du Territoire du Cameroun Méridional, « l'Assemblée Générale a pris les plus grandes responsabilités et, il faut bien le reconnaître, les plus grands risques »[22]. En tout état de cause, au moment du déroulement du plébiscite, l'environnement juridique international a évolué de manière non négligeable aux Nations Unies. Comment, dans ces conditions, alors que la contexture juridique et le climat politique avaient connu une forte mutation à l'ONU au cours de l'année 1960, a-t-on pu maintenir pour les plébiscites de 1961 le libellé des questions arrêté en fin 1959 ? Le contexte juridique et politique dans lequel ces questions ont été formulées n'était plus du tout celui dans lequel les réponses à ces questions devaient être données. L'année 1960 était passée par là, avec les importants événements politiques et les fortes prises de position juridiques à l'ONU.

Reste à s'interroger sur la nature et la portée des dispositions ou clauses de libre association convenues entre l'État indépendant et le territoire associé. S'agit-il de dispositifs normatifs de droit international, de droit constitutionnel ou des dispositifs de caractère mixte, international et constitutionnel ? Il n'est guère question de donner une réponse définitive à une telle question, car elle ne peut être adressée que de manière circonstanciée, au regard des modalités concrètes par lesquelles l'association a été effectuée. Il n'en demeure pas moins, en tout état de cause, que les principes directeurs de la libre association contenus dans la résolution 1541 doivent être à la base de toutes les clauses de libre association et en constituer le critère et le baromètre de la légitimité. Des clauses ou dispositions convenues ne sauraient constituer ou demeurer des clauses de « libre association », des clauses qui garantissent que l'association créée reste libre, reste un creuset de liberté, reste un facteur d'épanouissement de ses composantes, si elles ne sont pas, de manière permanente, respectueuses d'un minimum de lignes directrices contenues dans la résolution 1541. Naturellement, l'appréciation d'un tel état de choses ne peut se faire qu'*in*

[21] Merle, M. op.cit, p.429.
[22] Idem, p.432.

concreto, en fonction du contenu des clauses d'association, chaque situation ayant ses particularités.

II. Le droit international et le processus de la Réunification

Prévue, balisée et accompagnée par le droit international, la Réunification a été entérinée par le droit international, à travers la résolution 1608 (XV) du 21 avril 1961 de l'Assemblée Générale des Nations Unies. Par ce texte, les Nations Unies « prennent acte des résultats des plébiscites » dans le Territoire sous tutelle du Cameroun sous administration britannique, et estiment que les décisions des populations des deux parties du Territoire « doivent immédiatement être mises en œuvre ». Ainsi, l'Assemblée Générale engage, et même enjoint, d'assurer immédiatement les décisions de rattachement au Nigeria pour le *Northern Cameroons*, à la République du Cameroun pour le *Southern Cameroons*. Pour la partie septentrionale, l'on peut dire qu'il ne s'agit ni d'une association ni d'une intégration au sens de la résolution 1541, mais d'une absorption pure et simple. En réalité, il s'agit de la consécration définitive de la situation qui prévalait auparavant durant le régime de tutelle. De fait, au terme de la résolution, en ce qui concerne le Cameroun septentrional, l'Accord de tutelle prendra fin le 1er juin 1961, « au moment où le Cameroun septentrional s'unira à la Fédération du Nigéria, en tant que province séparée de la région du Nord du Nigéria ». Les Nations Unies ont, explicitement, indiqué la situation administrative, au moins à titre initial, dans laquelle le *Northern Cameroons* intégrait définitivement l'État indépendant et souverain du Nigeria[23]. En revanche, pour ce qui est du Cameroun Méridional, si la levée de la tutelle est prévue pour le 1er octobre 1961, date à laquelle le territoire sera considéré comme incorporé à la République du Cameroun, aucun statut définitif du Territoire n'est indiqué ni proposé. L'Assemblée Générale « invite l'Autorité administrante, le Gouvernement du Cameroun Méridional et la République du Cameroun à entamer d'urgence des pourparlers afin de prendre avant le 1er octobre 1961, les dispositions nécessaires pour que soient mises en œuvre les politiques concertées et déclarées des parties intéressées ». Formule diplomatique fort alambiquée et visiblement embarrassée, ou peut-être prudente, qui reflète sans doute la complexité et la particularité de la situation du *Southern Cameroons*. Certes, la République du Cameroun a voté contre la

[23] Comme le rapporte Vergnaud, « une note du 'Cabinet Office' du Nigeria en date du 29 mai 1961 soulignait que « the new system of local administration which was introduced in the Northern Cameroons on the 1st july 1960, shall continue after the incorporation of the Territory into Nigeria ». Le même 29 mai 1961, par échange de notes entre le Gouvernement nigérian et le Gouvernement du Royaume-Uni, 'il est précisé que "the Northern Cameroons should be regarded as forming part of the territory of the Federation of Nigeria with effect from the 1st day of june 1961". Voir Vergnaud, P. « La levée de la tutelle et la réunification du Cameroun », *Revue juridique et politique indépendance et coopération,* 1964, n° 4, p.563.

résolution 1608, non pour rejeter le vote de la population du territoire en faveur du rattachement de celui-ci au Cameroun indépendant, mais pour protester contre les plébiscites séparés dans les deux parties du Cameroun sous tutelle britannique, alors que l'Accord de tutelle avait été conclu pour un territoire unique[24]. Même si une abstention eût été plus aisément défendable au plan politique qu'un vote négatif, puisque la résolution traitait à la fois du *Southern* et du *Northern Cameroons*, il reste que le vote négatif n'a pas empêché la République du Cameroun de se conformer aux termes de la résolution. Ces derniers, comme cela a été déjà relevé, étaient fort vagues et laissaient aux parties intéressées une marge de manœuvre très large. De fait, « les modalités de cette union pouvaient varier sensiblement selon le rapport des forces politiques à l'intérieur des nouveaux États promus à l'indépendance ou selon l'aménagement interne (centralisation ou fédéralisme) qui prévaudrait dans ces collectivités de rattachement »[25]. En tout état de cause, avec la résolution 1608, « le sort du Cameroun Méridional est scellé, mais pas défini pour autant »[26]. Il fallait entamer des « pourparlers » tripartites afin de « prendre les dispositions nécessaires pour que soient mises en œuvre les politiques concertées et déclarées des parties concernées ». Tout était à définir, et pour cela, il fallait se concerter, car il est dans la nature de pourparlers d'aboutir à un acte concerté, quelles que soient sa nature et sa dénomination particulière, après des échanges, négociations et tractations. Toutes les parties appelées à la concertation avaient un statut juridique clair et précis : un État/Autorité de tutelle administrante ; un État indépendant appelé à accueillir un ancien Territoire sous tutelle ; un Territoire sous tutelle venant, par plébiscite organisé par les Nations Unies, de décider de s'associer à un État indépendant. Ces parties avaient une identité juridique spécifique, une représentativité spécifique, une aptitude à concerter – dans le cadre particulier balisé par la résolution 1608, et seulement dans ce cadre-sur une base juridique d'égalité. Le résultat de pourparlers de ce type, engagés à la demande des Nations Unies, pour atteindre un objectif arrêté par les Nations Unies, menés par des acteurs dotés d'un statut juridique international non équivoque, quoique différent d'un acteur à un autre, ne saurait être réduit essentiellement à une réalité interne, constitutionnelle. Les résultats de tels pourparlers tripartites ont, inévitablement, une dimension juridique internationale, sans qu'il doive s'agir nécessairement de traités au sens propre du terme[27]. La

[24] Le même Accord de tutelle du 13 décembre 1946 a donc pris fin deux fois : pour le *Northern Cameroons* le 1er juin 1961, pour le *Southern Cameroons* le 1er octobre 1961.

[25] Merle, M. op.cit, p.439.

[26] Gaillard, Ph. *Ahmadou Ahidjo. Patriote et despote. Bâtisseur de l'État camerounais. (1922-1989),* Paris, Éditions JA Livres, 1994, p.121.

[27] Comme l'affirme le juge britannique dans sa décision déjà évoquée du 5 novembre 2018, « rien dans l'invitation adressée par l'Assemblée Générale des Nations Unies au Royaume-Uni ne prescrivait que les modalités soient consacrées par un traité » (paragraphe 24).

résolution 1608 n'a imposé ni la forme ni le cadre des pourparlers. Elle n'a pas imposé absolument de réunion à trois, de retrouvailles de toutes les parties au même endroit au même moment pour discuter des mêmes choses. Le Royaume-Uni pouvait avoir et, en fait, avait des questions à solder avec le *Southern Cameroons* avant la levée de la tutelle. Les « dispositions nécessaires » à prendre avant le 1er octobre 1961 n'étaient détaillées ni dans leur nature, ni dans leur forme, ni dans leur contenu. Bien qu'elles aient eu connaissance de politiques concertées, puisque la résolution rappelle que celles-ci ont été « déclarées », les Nations Unies se sont abstenues de nommer lesdites politiques, conscientes de ce que ces déclarations comportaient encore beaucoup d'incertitudes et d'imprécisions, voire de contradictions et de malentendus. En s'abstenant de viser les résultats déclarés des diverses concertations antérieures au plébiscite, les Nations Unies n'ont pas entendu endosser et imposer aux parties tel ou tel élément substantiel des « dispositions nécessaires » à prendre.

En se hasardant à un exercice de rétro-fiction juridique, que se serait-il passé si les pourparlers demandés dans la résolution 1608 n'avaient pas abouti dans le délai imparti par l'Assemblée Générale ? Si le Gouvernement du Cameroun Méridional s'était opposé fermement aux propositions du Gouvernement de la République du Cameroun relatives aux modalités de l'union, quelle aurait pu être l'issue juridique de la situation ? Au regard des positions de l'ONU, fixant sans possibilité de modification la fin de la tutelle au 1er octobre 1961, des positions d'un Royaume-Uni déterminé à se conformer à la décision de l'ONU en rejetant catégoriquement la possibilité d'étendre sa présence dans le Territoire au-delà du 1er octobre 1961, ce qui est clair est qu'à partir de cette date-là, le *Southern Cameroons* cessait d'être un Territoire sous tutelle et commençait à être considéré comme une portion de territoire relevant de la souveraineté territoriale du Cameroun. Les pourparlers évoqués dans la résolution 1608 ne portaient plus sur le principe de l'union, acté et rendu irréversible par le vote de l'Assemblée Générale, mais uniquement sur les modalités concrètes de celle-ci, dans le détail desquelles les Nations Unies ne pouvaient s'aventurer, sauf à imposer à un État souverain, la République du Cameroun, l'organisation constitutionnelle et politique qu'il devait adopter en s'unissant au *Southern Cameroons*. Il n'est pas exact de dire de la résolution 1608 que « it was a legal instrument by the World Body meant to complete the exercise of bringing two distinct UN trust territories into a federation of equal status »[28]. La République du Cameroun avait, certes, été quelque temps auparavant un territoire sous tutelle, tout comme le Cameroun Méridional. Il n'empêche qu'au moment

[28] Fonkem Achankeng, « The Foumban 'constitutional' talks and prior intentions of negotiating: a historico-theoritical analysis of a false negotiation and ramifications for political developments in Cameroon », in *Journal of Global Initiatives: policy, pedagogy, perspective.* Vol. 9, n° 2, mai 2015, p.148.

des pourparlers de Foumban et par la suite, elle ne l'était plus ; elle était un État indépendant, membre des Nations Unies. À partir du 1er octobre 1961, ce que le droit international connaissait jusque-là comme le Territoire du Cameroun Méridional sous tutelle britannique cessait d'exister en tant qu'entité territoriale dotée d'un statut juridique international, pour relever de la souveraineté unique de l'État du Cameroun, État de rattachement. À partir de cette date, cessait la situation duale existant depuis février 1961, à savoir la tutelle allant à sa fin, mais demeurant juridiquement, et l'union avec la République du Cameroun se mettant en place sans être déjà juridiquement effective. Dès le 1er octobre 1961, indépendamment des arrangements constitutionnels internes dont le processus d'affinement pouvait aller au-delà de la date de la fin de la tutelle, la République du Cameroun devait commencer à assumer les obligations minimales liées à l'exercice de la souveraineté territoriale sur le *Southern Cameroons*.

Lorsque la résolution 1608 évoque « les politiques concertées et déclarées des parties concernées », il faut y voir une évocation prudente des discussions menées avant le plébiscite et celles qui l'ont suivi. Avant d'évoquer ces « politiques », il importe de rappeler qu'après son accession à l'indépendance, la République du Cameroun, par référendum, s'est dotée d'une constitution promulguée le 4 mars 1960. Le préambule de ce texte est non équivoque, lorsque le peuple camerounais « proclame sa volonté de tout mettre en œuvre pour répondre aux aspirations des Camerounais habitant les territoires séparés de la mère-patrie, afin de leur permettre de rentrer dans la communauté nationale et de vivre fraternellement dans un Cameroun réuni ». C'est avec un texte constitutionnel contenant une telle proclamation solennelle que le Cameroun, bien au fait des options de choix offertes aux habitants des territoires du Cameroun sous administration britannique depuis 1959, est admis aux Nations Unies, apparemment sans protestation particulière de quelque entité que ce soit, alors que l'on pouvait questionner la compatibilité d'une telle proclamation avec les orientations prises par les Nations Unies, lesquelles étaient loin de reconnaître une sorte de droit naturel du Cameroun à se considérer comme « la mère-patrie » de tous les territoires camerounais et à bénéficier du « retour » dans son giron de ces territoires[29]. Pendant l'année 1960, d'intenses tractations vont être menées,

---

[29] Pour la complète information historique, il importe de relever qu'en septembre 1958, l'Assemblée Législative du Cameroun sous tutelle française a adopté une résolution dans laquelle, entre autres, le Territoire « affirme à nouveau son attachement au principe de la réunification des deux Cameroun et demande que toutes dispositions soient prises pour que les populations intéressées puissent se prononcer en toute liberté sur cette réunification avant le 1er janvier 1960 ». Texte de la résolution in *Journal Officiel du Cameroun*, septembre 1958. Dans l'esprit des leaders politiques du Cameroun sous tutelle française, la question de la réunification devait idéalement se régler avec tous les territoires du Cameroun sous tutelle et ce, avant l'accession du Cameroun sous tutelle française à l'indépendance, déjà fixée au 1er janvier 1960. C'était avant la résolution 1352 de l'Assemblée Générale, à la base de toute

entre les autorités britanniques et les autorités camerounaises, entre le Commissaire au plébiscite, l'Iranien Djalal Abdo et le Royaume-Uni, entre les autorités du *Southern Cameroons* et les autorités de la République du Cameroun. De manière générale, ces consultations visaient à clarifier, particulièrement, les implications constitutionnelles, administratives et autres d'un vote éventuellement favorable au rattachement à la République du Cameroun. Ces consultations elles-mêmes ont, en quelque sorte, été rendues impératives et incontournables par la résolution 2013 (XXVI) du 31 mai 1960 du Conseil de Tutelle des Nations Unies relative à l'avenir du Territoire sous tutelle britannique. Cette résolution est d'une importance particulière dans la marche vers la Réunification. À son article 3, ce texte « requests the Administring Authority to take appropriate steps, in consultation with the authorities concerned, to ensure that people of the trust territories are fully informed, before the plebiscites, of the constitutional arrangements that would have to be made, at the appropriate time, for the decisions taken at the plebiscites ». Ce texte s'adresse clairement au Royaume-Uni, Autorité administrante, dans un contexte où la République du Cameroun est déjà indépendante sans être devenue membre des Nations Unies, et où le Nigeria n'est pas encore indépendant. Les étapes et péripéties de la mise en œuvre de cette résolution sont restituées, avec des détails de grande portée historique, dans le rapport soumis par le Commissaire Djalal Abdo au Secrétaire Général des Nations le 30 mars 1961[30]. Si l'on ne considère que les contacts postérieurs à la résolution 2013 du Conseil de Tutelle, il faut mentionner d'abord la rencontre de Buea au cours de la visite du Président Ahidjo dans le *Southern Cameroons* du 15 au 17 juillet 1960, rencontre au terme de laquelle sera rendu public un communiqué[31]. La deuxième rencontre a eu lieu à Yaoundé du 10 au 14 octobre 1960, au terme

---

la dynamique qui allait s'en suivre sur cette importante question. En tout état de cause, l'accession première du Cameroun sous tutelle française à l'indépendance aura créé une sorte d'« ascendance du Cameroun francophone » en tant que « premier dépositaire de la souveraineté camerounaise ». Voir Torrent, M. op.cit, p.67.

[30] Report of the United Nations Commissioner for the Supervision of the Plebiscites in the Soutern and Northern Parts of the Trust Territory of the Cameroons under United Kingdom Administration. Doc. T/1556, 3 avril 1961, 259 p.

[31] Idem, p.33. Ce communiqué se lit ainsi: "The representatives of the two parts of the Kamerun met at Buea to discuss various aspects of the reunification of the British trust territory with the Republic of Cameroon as desired by their people. The debates on various items on the agenda were conducted in an atmosphere of sincerity. Finally the following resolution xas unanimously adopted:

(1) Reaffirmed their people's strong desire for reunification;

(2) Agreed to reunify on a federal basis adaptable to conditions peculiar to alla sections of Kamerun;

(3) Decided to set up a Joint Committee to study the various constitutional problems that may result from reunification;

(4) Resolved that a conference to represent all sections of Kamerun should be held on a later date to examine the proposals of the Joint Committee"

de laquelle, une résolution politique et un projet de Constitution pour une République Fédérale Unie du Kamerun ont été adoptés, mais l'Autorité administrante, saisie au sujet de leur portée par le Commissaire au plébiscite, a catégoriquement refusé d'endosser les résultats de cette rencontre de Yaoundé, estimant que ces instruments ont été paraphés par M. Foncha en tant que leader du parti majoritaire au *Southern Cameroons* et non au nom du Gouvernement du Territoire[32]. Au mois de novembre 1960, s'est tenue à Londres une réunion regroupant les autorités britanniques et les leaders politiques du *Southern Cameroons*, visant à préciser les implications des choix offerts au peuple du Territoire, réunion au terme de laquelle a été rendu public un important communiqué[33]. La troisième rencontre entre le

---

[32] Idem, pp.35,36 et 37 : officiellement, pour le *Commisioner of the Southern Cameroons*, les arrangements de Yaoundé du 14 octobre n'engageaient que le parti de Foncha et non le Gouvernement du Territoire: « this statement was signed by Mr. Foncha in his personal capacity and was issued by him as a statement of the intentions of the party he heads ». Distinction subtile, mais quelque peu spécieuse, car le Gouvernement et le parti majoritaire à la tête dudit Gouvernement avaient pour chef Foncha, de sorte qu'il était difficile de distinguer a priori ce qu'il pouvait faire en tant que Premier ministre ou en tant que chef du parti majoritaire en charge du Gouvernement du Territoire. En fait, le Royaune Uni a dû être embarrassé par le caractère détaillé des arrangements de Yaoundé, lequel caractère venait crédibiliser l'option de rattachement au Cameroun face à celle en faveur du Nigeria, laquelle jusque-là l'emportait largement, en termes de clarté et de précision, sur la première.

[33] Idem, pp.38-40. Ce long communiqué établit d'une part la clarté des choses en ce qui concerne les implications d'un vote favorable au rattachement au Nigéria et, d'autre part, la grande incertitude et les profondes divergences au sujet des implications d'un vote en faveur du rattachement à la République du Cameroun. Cette réunion de Londres est illustrative des contradictions des leaders du *Southern Cameroons* au sujet de l'avenir de leur territoire. Du communiqué, il ressort d'abord que « in the view of Her Majesty's Government the United Nations, in adopting the two alternatives of joining Nigeria or joining the Cameroon Republic, *clearly ruled out a period of continuing Trusteeship or separate independence for the Southern Cameroons*" (p.39 Nous soulignons). Or, sur ce point précis, le même communiqué contient une position différente de M. Foncha. En effet, on peut lire que « Mr. Foncha, the Premier of the Southern Cameroons expressed the hope that the United Nations would be prepared, if the vote went in favour of the Cameroun Republic, to *agree to a period of independence for the Southern Cameroons* during which preparations would be made for the unification of the Southern Cameroons with the Cameroun Republic on a Federal basis. He recognized that this interpretation would require the specific endorsement of the United Nations" (p.39, nous soulignons). Le Royaume-Uni a proposé une interprétation des implications de la deuxième option, laquelle a été considérée, sauf position différente des Nations Unies, comme la formule de consensus, en ces termes : "a vote for attaining independence by joining the republic would mean that, by an early date to be decided by the United Nations after consultations with Governments of the Southern Cameroons, the Cameroun Republic and the United Kingdom as Administering Authority, the Southern Cameroons and the Cameroun Republic would unite in a Federal United Cameroun Republic. The arrangements would be worked out after the plebiscite by a conference consisting of representative delegations of equal status from the Republic and the Southern Cameroons. The United Nations and the United Kingdom would be associated with this conference. During the short period while the arrangements for transfer were being made the United Kingdom would of course be ready to continue fulfill their responsibilities under the

Président Ahidjo et M. Foncha a eu lieu à Yaoundé les 1er et 2 décembre 1960, rencontre au terme de laquelle un communiqué a été rendu public, réitérant le principe d'une future fédération et prenant acte des implications des choix dégagés lors de la rencontre de Londres. À en croire Chem-Langhëë, une autre rencontre s'est déroulée à Douala les 20 et 21 décembre 1960 entre Ahidjo, Foncha et Charles Assalé, Premier ministre de la République du Cameroun, rencontre au cours de laquelle le principe d'une réunification suivant la formule fédérale aura été réitéré, et à l'issue de laquelle, Foncha serait revenu au *Southern Cameroons* avec un document intitulé « United Cameroons Federal Constitution »[34]. Il est à noter qu'à Londres, les participants avaient estimé que, « in view however of the differences of interpretation of the meaning of the second question the delegates considered that the United Nations should apprised of the differing view points and asked to give an authoritative ruling as soon as possible »[35]. Cela n'a pas eu lieu. Juridiquement, l'on voit mal du reste comment cela aurait pu se faire, quelle forme et quel contenu cet « authoritative ruling » aurait pu avoir[36]. Lorsque la rencontre de Londres a lieu, la République du

---

Trusteeship Agreement". Ce paragraphe contient le résultat principal de la rencontre de Londres. La République du Cameroun n'étant pas représentée à la rencontre et ses conclusions ne pouvant la lier, en fait dans ce paragraphe l'autorité administrante s'adresse aux acteurs politiques du Territoire et leur expose sa position quant aux implications du choix en faveur de la seconde option de la résolution 1352. L'idée d'une indépendance séparée et momentanée du *Southern Cameroons* est clairement exclue (Voir en ce sens Mukete, Victor E. *Mon odyssée. Histoire de la réunification du Cameroun assortie des lettres authentiques des acteurs majeurs,* Presprint Plc, Limbe, 2013, p.539). De plus, les Britanniques, auteurs de la formule de ralliement, conçoivent la période des pourparlers de réunification comme une « *short period* », la réunification elle-même devant être effectuée « *by an early date* ». Cette posture inflexible, dure et même dissuasive du Royaume-Uni constituait une pression considérable pour Foncha, déjà en discussions avec Ahidjo, et une manière de montrer le caractère aventureux d'un vote éventuel en faveur du Cameroun. C'est pourquoi nous réaffirmons notre hypothèse selon laquelle, le Royaume-Uni n'a jamais voulu de l'indépendance séparée du *Southern Camerouns*, et que la manière avec laquelle il a géré la fin de la tutelle sur le Territoire était en fait une attitude de dépit vis-à-vis d'un Territoire rebelle, ou plutôt vis-à-vis d'une élite politique qui avait entraîné la majorité de la population dans le vote en faveur de la République du Cameroun. Sur cette hostilité du Royaume Uni envers Foncha, voir Njeuma, M.Z. « Reunification and political opportunism in the making of Cameroon's independence », in *Paideuma : Mitteilungen Zur Kulturkunde*, Bd 41, 1995, p.32.

[34] Chem-Langhëë, B. *The Kamerun plebiscites 1959-1961: perceptions and strategies*, Thesis, Ph.D, The University of British Columbia, 1976, p.208.

[35] Report of the United Nations Commissioner for the Supervision of the Plebiscites in the Soutern and Northern Parts of the Trust Territory of the Cameroons under United Kingdom Administration. Doc. T/1556, 3 avril 1961, p.40.

[36] L'Assemblée Générale aurait probablement, si du moins les conditions politiques et diplomatiques du moment y étaient favorables, adopter une résolution sur l'avenir du Territoire précisant la portée des options décidées dans la résolution 1352. Cela aurait probablement clarifié les choses avant la votation plébiscitaire. Après le choix du peuple, comme cela a été fait pour le *Northern Cameroons*, l'Assemblée Générale aurait pu inclure dans la partie de la résolution consacrée au *Southern Cameroons* le principe fédéral comme

Cameroun et la République Fédérale du Nigeria ont déjà toutes deux accédé à l'indépendance et jouissent de leur souveraineté internationale. Au nom de quoi les Nations Unies auraient-elles imposé à ces États des arrangements constitutionnels précis en vue d'accueillir, éventuellement les territoires du Cameroun sous tutelle britannique ? Quoi qu'il en soit, en vue de se conformer aux exigences de la résolution 2013 du Conseil de Tutelle, les autorités britanniques ont rendu publique en début 1961 la brochure intitulée « The Two Alternatives », destinée à « explain to the public of the Southern Cameroons the constitutionnal implications of the two plebiscite choices ».

Après le plébiscite dans le *Southern Cameroons*, un certain nombre de séquences importantes sont à mettre en évidence[37]. Du 15 au 17 mars 1961 à Buea se tient une rencontre tripartite (Cameroun, Royaume-Uni et *Southern Cameroons*) destinée à baliser les modalités concrètes de la Réunification. Du 26 au 28 juin 1961 à Bamenda se tient la Conférence des différents partis politiques du *Southern Cameroons* en vue de préparer les discussions avec la République du Cameroun sur les arrangements constitutionnels à convenir. Du 17 au 21 juillet 1961, se tient à Foumban la conférence destinée à poser les bases de la Constitution fédérale à venir du Cameroun réunifié. Cette conférence à laquelle des représentants du Royaume-Uni n'ont pas pris part s'est achevée sur des résolutions politiques, ce que l'on a pris l'habitude d'appeler « les Accords de Foumban », dont la disponibilité et l'accessibilité restent pourtant l'un des grands mystères de l'histoire politique et constitutionnelle du Cameroun. C'est à la Conférence tripartite de Yaoundé (Cameroun, Royaume-Uni et *Southern Cameroons*) du 02 au 07 août 1961 que les orientations politiques de Foumban auront un début de traduction juridique, avec les décisions suivantes : la fédération serait opérationnelle le 1er octobre 1961 ; Ahidjo et Foncha en seraient, respectivement, le Président et le Vice-Président ; un organe législatif fédéral de 50 membres serait mis sur pied, avec 40 membres de l'Assemblée Nationale de la République du Cameroun et 10 de l'Assemblée du *Southern Cameroons* ; la Constitution fédérale provisoire resterait en vigueur jusqu'au 1er avril 1963 ; les élections générales se tiendraient avant 1963 et une Constitution définitive serait établie ; le « transfert de la souveraineté » sur le *Southern Cameroons* est réglé. Comme l'écrit l'historien Ngoh, « la Conférence tripartite de Yaoundé a scellé le rêve de la réunification puisqu'elle avait franchi tous les obstacles

---

formule d'union avec la République du Cameroun. Voir Chem-Langhëë, B. Thèse citée, p. 150.

[37] Selon l'historien Daniel Abwa, « après le plébiscite et jusqu'à la Conférence de Foumban, les rencontres Ahidjo-Foncha sont quasi-mensuelles tantôt à Yaoundé, tantôt à Victoria ou à Buéa »,. in « Crise anglophone. Le 'mea culpa' des dinosaures », *Journal Mutations*, n° 4350, lundi 10 avril 2017, p.10.

pour sa réalisation »[38]. Le « transfert de souveraineté » a été opéré par un échange de notes entre le Royaume-Uni et la République du Cameroun, échange initié par une lettre du 27 septembre 1961 de l'Ambassadeur du Royaume-Uni au Cameroun, M. King, adressée au Président Ahidjo. La rencontre tripartite de Yaoundé n'a abouti à aucun instrument juridique formel de caractère international. De même, le *Southern Cameroons*, faute de souveraineté internationale, n'a pas été impliqué dans les échanges de note ayant conduit à la fin de la tutelle et au transfert de souveraineté sur le Territoire. Selon l'historien Ngoh, « grâce à ces échanges de notes, le problème épineux de la souveraineté avait trouvé une issue diplomatique »[39]. Il est à relever cependant que, d'un strict point de vue juridique, l'importance que la question du transfert de souveraineté semble avoir revêtue à la fin de la tutelle est étrange et équivoque. Cette question aurait sa source dans un Communiqué conjoint du 10 décembre 1960 signé par MM. Ahidjo et Foncha, lequel aurait prévu qu'après le plébiscite, la nouvelle entité camerounaise serait, pendant une période transitoire, sous l'administration d'une nouvelle autorité souveraine ayant la responsabilité de mettre progressivement en place la fédération[40]. Le juriste internationaliste peine, en tout état de cause, à comprendre ce que venaient faire la sémantique et la démarche de transfert de souveraineté dans un processus conduisant à la fin de l'application d'un accord de tutelle. Aucune souveraineté n'avait à être transférée. La puissance administrante, pour les besoins de l'administration du territoire, pouvait certes le gérer comme une partie de son territoire. Pour autant, ses droits sur le territoire n'avaient nullement la nature de droits souverains, la tutelle étant exercée en vertu d'un accord avec les Nations Unies et sous le contrôle de ces dernières. Comme l'écrit le Pr Ahanhanzo-Glélé, « en droit, l'autorité administrante n'a pas de souveraineté sur le territoire sous tutelle ; ce dernier ne fait pas partie de son territoire national (…). En effet, l'autorité administrante n'a pas la plénitude de la compétence sur le territoire qu'elle administre sous le contrôle et la surveillance de l'Assemblée Générale des Nations Unies. Son pouvoir est donc limité, car la tutelle n'opère ni cession ni transfert

---

[38] Ngoh, V.J. *Les dessous de la Réunification du Cameroun : de 1955 à 1961*, Presprint, Limbe-Cameroon, 2011, p.53.

[39] Idem, p.78.

[40] Sur ce Communiqué Conjoint, auquel nous n'avons pas eu physiquement accès dans la préparation de la présente contribution, voir Fru Awasom, N. op. cit., *Canadian Journal of African Studies*, pp.447-448. Il est à noter que l'auteur évoque tantôt « the transfer of powers », tantôt « the transfer of sovereignty ». De même, tantôt il estime que le Communiqué Conjoint était contraignant (« binding »), tantôt il estime qu'il était « not totally binding ».

d'autorité »[41]. Si le British *Southern Cameroons* (BSC) avait accédé à l'indépendance séparée, une souveraineté serait née. En l'occurrence, tel n'a pas été le cas. Le BSC, le 1er octobre 1961, cessait d'être sous la tutelle du Royaume-Uni, mais n'accédait pas à la souveraineté internationale. Sans transition, il passait de la tutelle à l'intégration dans un État souverain formé avec la République du Cameroun, État souverain depuis le 1er janvier 1960. Si un « transfert » de souveraineté devait être évoqué, ce devrait être uniquement la souveraineté de la République du Cameroun continuée à travers la République fédérale du Cameroun. Au demeurant, pour les Nations Unies, une telle discussion semble n'avoir revêtu aucune importance. Le plébiscite avait comme l'une de ses options le rattachement à la République du Cameroun. Le plébiscite n'était pas organisé avec le sous-entendu que l'État à rejoindre change sa nature sous la pression du Territoire à rattacher. Au contraire, l'option de rattachement n'avait de sens que si l'existence de l'État auquel le rattachement devait s'opérer était incontestée. En réalité, à notre sens, la question de la souveraineté aura été le dernier baroud d'honneur de l'option que l'histoire, à tort ou à raison, a rejetée, celle du "Smaller Kamerun" indépendant, même de manière temporaire. Du point de vue juridique, il est intéressant de relever que, suite à la création de la République Fédérale du Cameroun, il n'y a pas eu de démarche nouvelle en termes de reconnaissance ou d'admission dans les organisations internationales. Les reconnaissances opérées au profit de la République du Cameroun ont, comme naturellement, bénéficié à la nouvelle République Fédérale du Cameroun, celle-ci étant tenue pour la continuatrice naturelle de celle-là. De même, les admissions au sein des organisations internationales ayant été opérées au profit de la République du Cameroun, à l'instar de l'admission à l'ONU, ont naturellement bénéficié au nouvel État. Ce comportement des États et des organisations internationales est de nature à conforter la lecture de la Réunification en termes, non pas d'association, mais d'incorporation, et même d'absorption du *Southern Cameroons* dans la République du Cameroun. Au regard de cette attitude uniforme tant des États que des organisations internationales, la République Fédérale du Cameroun est simplement le nouveau nom que s'est donné la République du Cameroun au moment d'accueillir le *Southern Cameroons* et compte tenu de la nouvelle organisation politique dont elle s'est dotée pour s'adapter à ce nouveau contexte. Il s'agissait ainsi, pour les acteurs de l'ordre international, d'une démarche essentiellement constitutionnelle propre au Cameroun, sans incidence sur le statut international de cet État déjà reconnu et déjà admis dans des organisations internationales.

[41] Ahanhanzo-Glélé, M. "Article 76". In Cot, J.P; Pellet, A ; Forteau, M. *La Charte des Nations Unies. Commentaire article par article.* Paris, Economica, 3èmeédition, 2005, T.II, p.1806. Il s'agissait en fait d'un transfert de responsabilité et d'autorité sur le territoire.

Bien avant le transfert d'autorité et après la rencontre tripartite de Yaoundé, les dispositions constitutionnelles en vue d'aménager le cadre de déploiement d'un Cameroun fédéral seront arrêtées par l'Assemblée Nationale de la République du Cameroun. C'est l'objet de la loi constitutionnelle n° 61-24 du 1er septembre 1961 « portant révision constitutionnelle et tendant à adapter la Constitution actuelle aux nécessités du Cameroun réunifié ». Cette loi est la matérialisation et la formalisation des orientations politiques de Foumban et des résultats de la rencontre tripartite de Yaoundé, en attendant l'adoption par les États fédérés de leur propre texte constitutionnel ou organique. Du point de vue du droit international, cette loi est intéressante, car elle est illustrative des bricolages normatifs auxquels il a fallu procéder, en l'absence de toute précision dans l'Accord de Tutelle sur les modalités techniques de sa fin, notamment dans l'hypothèse d'un rattachement à un État indépendant du territoire sous tutelle. De fait, alors même que la tutelle n'a pas encore été levée, alors que le statut international du Territoire demeure, un État membre des Nations Unies adopte un texte constitutionnel faisant de lui-même et de ce Territoire les États fédérés d'une future fédération. L'on peut ainsi voir que, dans le même texte, le territoire sous tutelle a plusieurs appellations : « territoire du Cameroun méridional anciennement sous tutelle britannique » (article 1er), « territoire du Cameroun méridional » (article 38), « Cameroun méridional » (articles 38 et 53), « Cameroun méridional sous tutelle britannique » (article 56). D'un autre côté, cette loi constitutionnelle est explicite sur le fait que l'entité qui vient s'unir à la République du Cameroun est identifiable par un territoire, une population (l'article 60 parle clairement des « habitants de chacun des États fédérés »), et d'une autorité (l'article 56 évoque explicitement « le Gouvernement du Cameroun méridional sous tutelle britannique »). Elle est une entité, un territoire sous tutelle, pas un État. Cette loi constitutionnelle, à la suite des conclusions concertées de Foumban et des arrangements de Yaoundé, participe justement des « dispositions nécessaires » évoquées dans la résolution 1608. Il ne peut s'agir, comme cela a été soutenu, d'une « *annexation law* »[42]. Au regard du droit international, l'utilisation du vocable annexion est manifestement impropre à décrire la situation. Par la loi constitutionnelle du 1er septembre 1961, la République indépendante du Cameroun, souveraine, membre des Nations Unies, se transforme, comme elle seule pouvait juridiquement le faire. Par cette Constitution, la République du Cameroun peut sembler effectuer une évolution à rebours, de la souveraineté internationale au statut de membre d'une fédération. Il est d'ailleurs symptomatique que l'article 1er de ce texte aborde la République du Cameroun comme un Territoire (avec « T »

[42] Anyangwe, C. « Cameroon: the transfer of British Cameroons to a successor colonialist », Paper presented at the 21st Annual Conference of the Institute for Peace & Conflict Studies. 2005.

majuscule), au même titre que le Territoire du *Southern Cameroons* sous tutelle[43].Or, si en 1961 la République du Cameroun *avait* bien un territoire (au sens géographique), en tant qu'État, elle *n'était plus* depuis le 1er janvier 1960 un « Territoire » au sens juridique, au sens du régime international de tutelle. L'on voit mal, dès lors, pourquoi ce qui est généralement présenté comme une perte de son autonomie par le *Southern Cameroons*[44] serait plus important que la perte par la République du Cameroun de sa souveraineté solitaire au profit d'une souveraineté internationale exercée dorénavant en intégrant le *Southern Cameroons*. Dans la foulée de la loi constitutionnelle instituant la Fédération, les nouveaux États fédérés vont adopter leurs propres textes constitutionnels ou organiques, à l'instar du Parlement du Cameroun occidental qui adopte le 26 octobre 1961, la loi n° 61 -LW-1, portant Constitution de l'État fédéré du Cameroun occidental, dont l'article premier énonce qu'elle « est considérée comme étant entrée en vigueur le 1er octobre 1961 », c'est-à-dire en même temps que la Constitution fédérale.

Conclusion

La Réunification du Cameroun aura été l'expression au moins d'un quadruple phénomène juridique : la décolonisation d'un territoire dépendant, l'association d'un ancien territoire sous tutelle avec un État indépendant, la mutation par agrandissement du territoire d'un État du fait de l'accueil d'un autre territoire, la succession de l'État Fédéral du Cameroun non seulement à la République du Cameroun, mais aussi au Royaume-Uni en ce qui concerne l'ancien Territoire sous tutelle[45]. Dans ces diverses situations, l'on est dans des rapports de droit international évidents, mais complexes[46]. Pour autant,

---

[43] Cet article se lit ainsi : « La République Fédérale du Cameroun est formée, à compter du 1er octobre 1961, du Territoire de la République du Cameroun, désormais appelé Cameroun Oriental, et du Territoire du Cameroun Méridional anciennement sous tutelle britannique, désormais appelé Cameroun Occidental ».

[44] Voir par exemple Fonchingong, T. « The quest for autonomy : the case of anglophone Cameroon », in *African Journal of Political Science and International Relations*, Vol. 7 (5), august 2013, p.225: "under the new constitution West Cameroon/ Southern Cameroons lost the autonomy it had enjoyed prior to 1961". De même, Chem-Langhëë parle de "loss of the Smaller Kamerun State". Thèse citée, p. 211. En fait de « perte », il s'agissait dans ce dernier cas de la perte d'une chance d'accession à la personnalité juridique internationale, puisque le *Southern Cameroons* n'aura jamais été un État.

[45] Comme l'écrit Flory, « si en fait les territoires sous tutelle sont administrés comme une colonie, en droit leur statut reste différent et les rapproche de l'État protégé pour les problèmes de succession qui se posent lors de l'indépendance ». Flory, M. op.cit, p.583.

[46] Cette complexité a été exprimée par Hugh Fraser, Under Secretary of State for the Colonies devant la Chambre des Communes britanniques le 1er août 1961 : « this is a far more complicated question than hat of simple independance; it is a question of both granting independance and of creating a new unit from the Cameroun Republic and the Southern Cameroons". Voir HC Deb.01 august 1961, vol.645, ccl 332-51.

la situation issue des pourparlers de Foumban et de Yaoundé, en l'occurrence la forme fédérale de l'Etat alors adoptée, peut-elle être considérée comme une situation garantie ou protégée par le droit international ? La réponse est clairement négative. La fin de la tutelle a constitué également la fin du régime de surveillance internationale institué par ce régime. L'ordre juridique international ne s'est pas donné les moyens de garantir l'intangibilité ou la pérennité des clauses d'association entre la République du Cameroun et le *Southern Cameroons*. Dès le 1er octobre 1961, dès l'entrée en application de la Constitution fédérale, l'ordre juridique international a cessé de pouvoir s'intéresser d'une manière ou d'une autre à la question de la Réunification. À partir de ce moment, plus de territoire sous surveillance protectrice internationale, plus de statut spécial international. Désormais, c'est le droit international commun qui s'applique, en particulier le droit international des droits fondamentaux, y compris le droit des minorités, le droit international de la gouvernance publique. La question du statut et de l'évolution de l'ancien territoire sous tutelle britannique, rattaché à la République indépendante du Cameroun, dans le nouvel ensemble camerounais, n'est plus une question immédiatement internationale, relevant en tant que telle de la compétence des Nations Unies, la responsabilité du suivi, de la protection et de l'accompagnement du territoire sous tutelle ayant pris fin avec la levée de la tutelle sur ledit territoire. Ce qui s'est passé en 1961 était, pour tous les protagonistes en présence, la République du Cameroun comme le *Southern Cameroons*, un saut dans une aventure dont tous les éléments n'étaient pas du tout maîtrisés par les concernés. S'agissant du *Southern Cameroons*, Hugh Fraser a été lucide, en déclarant devant les députés britanniques, pendant la période des pourparlers en vue de la Réunification : « it is not an easy matter for a small country to embark upon a course which involves a radical change in its whole structure. There are bound to be difficulties, but the people have chosen this way »[47]. Parmi ces complexités et difficultés, il y avait des questions liées à la nationalité des personnes, à la succession aux traités rendus applicables au *Southern Cameroons* par le Royaume-Uni, à la succession aux dettes et biens, entre autres. La présente contribution n'avait pas la prétention de traiter de toutes ces questions, bien qu'il s'agisse de questions de droit international.

En somme, le droit international aura été vecteur de la Réunification, il en aura balisé la voie et le cadre, il ne s'est pas cependant donné les moyens, à supposer que cela eût été possible, d'en assurer la pérennité des termes initiaux au sein de l'Etat du Cameroun post-1961.

[47] Idem.

Bibliographie sélective

Chem-Langhëë, B. *The Kamerun plebiscites 1959-1961 : perceptions and stratégies*. Thesis, Ph.D, The University of British Columbia, 1976.

Fru Awasom, N. « The Reunification question in Cameroun History: was the bride an enthusiastic or a reluctant on? » in *Africa Today*, vol.47, n° 2, 2000.

Fru Awasom, N. « Negotiating Federalism : How Ready Were Cameroonian Leaders before the February 1961 United Nations Plebiscites ? ». in *Canadian Journal of African Studies/Revue Canadienne des Études africaines*, Vol. 36, n°3, 2002.

Mukete, Victor E. *Mon odyssée. Histoire de la réunification du Cameroun assortie des lettres authentiques des acteurs majeurs.* Presprint Plc, Limbe, 2013

Ngoh, V.J. *Les dessous de la Réunification du Cameroun. De 1955 à 1961.* Presprint, Limbe, 2011

Ngoh, V.J.(ed.), *Cameroon: from a federal to a unitary State 1961-1972. A critical study.* Design House, Limbe, 2004.

Nkot, P.F. *Perversion politique du droit et construction de l'État unitaire au Cameroun*. Thèse, Science politique, Laval, 2001.

Torrent, M. « Des partages coloniaux aux frontières culturelles : (ré) unifications et marginalisations au Cameroun méridional (1955-1961) ». *in Mémoire(s), identité(s), marginalité(s) dans le monde occidental contemporain. Cahiers du MIMMOC*, 10, 2013.

LES ANGLOPHONES DU CAMEROUN ET LE DROIT À L'AUTODÉTERMINATION ET/OU A L'INDÉPENDANCE : PERSPECTIVES ACTUELLES

Kourra Félicité OWONA MFEGUE[1]

> « *Le Cameroun qui vient de naître a la chance unique d'être au cœur de l'Afrique, la récapitulation de ses peuples, de ses religions, de ses civilisations (...) Nulle terre ne fut mieux prédestinée à la fraternité. S'il y'a sans doute un lieu où les peuples, continents et civilisations doivent se rencontrer dans l'amitié. Pourquoi ce lieu ne serait-il pas, pour notre Afrique du moins, ce petit triangle camerounais* »[2].
>
> **Engelbert Mveng**

Introduction

Confrontée à la recrudescence des violences de toutes sortes, notamment en zone anglophone, où depuis novembre 2016, près de 300 000 personnes ont dû fuir leur domicile[3], la République du Cameroun ne dissimule nullement sa farouche détermination à préserver l'idéal unitaire scandé à l'encan dans sa Constitution : *La République du Cameroun est un État unitaire décentralisé. Elle est une et indivisible, laïque, démocratique et sociale*[4]. À partir du milieu des années quatre-vingt-dix, les échos d'une

[1]**Kourra Félicité OWONA MFEGUE,** Docteur en droit public de l'Université Paris X Nanterre ; Chargé de Cours à l'Université de Yaoundé II (Institut des Relations Internationales du Cameroun) ; Ambassadrice pour la Paix-Femwise (Union Africaine) et Personnalité Qualifiée Indépendante (ONU), Arbitre au sein de la Chambre de Conciliation et d'arbitrage du Comité National Olympique et Sportif au Cameroun (CNOSC) ; Tél. : + 237 697 867 132, Email : innafeliciteo@hotmail.com

[2] Engelberg Mveng, *Histoire du Cameroun*, Paris, Présence africaine, 1963. p.500.

[3] Données HCR Cameroun, 2017.

[4] Alinéa 2 de l'article 1er du Titre Premier de l'État et de la Souveraineté, Constitution de la République Unie du Cameroun née par la réforme constitutionnelle de 1972. Loi n° 96/06 du

kyrielle de revendications, de griefs, identitaires et linguistiques en apparence, exprimés de diverses sortes et à maintes occurrences, ont porté la « question anglophone » au Cameroun sur la scène internationale[5].

Remontant en réalité à l'ère de la décolonisation entamée dans les années 1950, ces protestations alimentées par une crise linguistique et identitaire ont davantage essaimé à l'intérieur de la structure étatique camerounaise en y renvoyant à la question centrale de la forme de l'État ainsi qu'à ses dynamiques mouvantes.

Ces revendications sont le plus fréquemment formulées par de nombreux observateurs, pamphlétaires, et/ou partisans de l'anglophonie identitaire, sous le canal d'un *droit inaliénable à l'autodétermination*, c'est-à-dire de façon plus précise, du droit de cinq millions d'Anglophones (sur vingt-quatre millions d'habitants) vivant dans deux des dix régions du pays appelées Nord-Ouest et Sud-Ouest (NOSO) de « *disposer d'eux-mêmes* ». Ce concept a un double privilège : celui de se référer à des expériences historiques vécues par les peuples coloniaux et celui d'être suffisamment élastique pour intégrer des enjeux fluides et des formules étirables à l'envi.

Au risque de schématiser ou de caricaturer un sujet qui réclame beaucoup de subtilités et qui subit les distorsions des feux de l'actualité, on partira du postulat que les Anglophones du Cameroun ne sont pas tous ceux qui parlent l'anglais en tant que première langue officielle, par opposition à ceux qui ont le français comme première langue officielle. Comme l'observe le Professeur Simo Bobda, l'anglophonie au Cameroun apparaît surtout comme un concept plus ethnique, culturel et régional que linguistique[6]. Cette définition n'écarte pas tant les Francophones installés depuis si longtemps en zone anglophone où ils y possèdent des biens, leurs tombes ainsi que des liens, que les Francophones qui maîtrisent l'anglais en raison d'une éducation anglo-saxonne ou d'un cursus au sein des établissements du sous-système anglophone proliférant en zone francophone.

On retiendra surtout que les compatriotes anglophones camerounais retranscrivent un parcours historique spécifique, une identité culturelle singulière, arrimée à un espace géographique situé le long de la frontière avec le Nigeria représentant 16 364 km^2, sur une superficie de

---

18 janvier 1996 portant révision de la Constitution du 02 juin 1972, modifiée et complétée par la loi n° 2008/001 du 14 avril 2008.

[5] Déjà en 1994, le sujet était jugé d'importance par Alain Didier Olinga, « La Question anglophone dans le Cameroun d'aujourd'hui », *Revue juridique et politique, Indépendance et Coopération*. – 48(3), oct. /déc. 1994, pp. 292-308.

[6] Simo Bobda Augustin, *Linguistic apartheid: English language policy in Africa. English Today*, 2004. pp.19-26. Ce document traite de la politique de la langue anglaise en Afrique de l'époque coloniale à nos jours.

475 442 kilomètres carrés, et représentant *in fine* davantage qu'une simple communauté linguistique.[7]

La perspective juridique adoptée présentement confirme qu'il ne suffira pas d'alléguer ou de reconnaître le droit du peuple anglophone à disposer de lui-même pour que ce droit existe *ipso facto.* Les déclarations en ce sens surtout lorsqu'elles émanent d'organes représentatifs peuvent certes témoigner d'une volonté d'autodétermination de la part du peuple en cause. Encore faut-il pouvoir établir que ce droit existe au regard aussi bien du droit camerounais que du droit international, ce qui n'est pas systématiquement le cas !

Une question centrale mérite néanmoins d'être posée dans les pages qui suivront : le « peuple » anglophone a-t-il le droit de s'autodéterminer ? Pour répondre à cette interrogation lancinante, il convient dans un contexte de réviviscence du problème « anglophone » de discerner si les Anglophones du Cameroun forment un peuple titulaire du droit à l'autodétermination **(I)**, et, le cas échéant, d'aborder les modalités selon lesquelles l'actionnement de ce droit à l'autodétermination est susceptible d'engendrer de droits induits tels que le droit pour les Anglophones du Cameroun d'opter pour la sécession et/ou d'accéder à la souveraineté étatique sous une forme ou sous une autre **(II)**.

I. La résurgence du « problème anglophone » : corollaire du déni de l'existence d'un « peuple » anglophone, titulaire du droit à l'autodétermination ?

Le problème « Francophones »/« Anglophones », puisqu'il s'agit de cela, s'inscrit dans une évolution socio-historique complexe **(A)** dont la constante est d'avoir été propice à maints questionnements sur la préoccupation relative à l'existence ou non d'un « peuple » anglophone, titulaire du droit à l'autodétermination **(B)**.

A. Le problème anglophone/francophone : une évolution socio-historique intriquée :

L'évolution de cette problématique est liée à l'héritage colonial, à l'indépendance, à la réunification **(1)**, ainsi qu'aux revendications formulées par les élites et les masses anglophones **(2)**.

1. Legs colonial, Indépendance et Réunification

Lorsque l'on effectue un survol historique autour de cette question, on a le sentiment que l'exacerbation des poussées anglophones remonte à un

[7] Sa'ah François Guimatsia, *Cinquante ans de bilinguisme au Cameroun-Quelles perspectives en Afrique* ?, Paris, L'Harmattan, 2010, p.12.

phénomène ancien. L'entité politique *Kamerun* résulte du protectorat signé en juillet 1884 entre les chefs traditionnels Douala et le Gouvernement allemand. La défaite germanique lors de la Première Guerre mondiale occasionne une redistribution des territoires en sa possession. Après la défaite allemande en 1916 au Cameroun, la France et la Grande-Bretagne se partagèrent ce territoire après une brève période de condominium. Cependant, en 1919, le Cameroun (les parties occupées aussi bien par la France que par la Grande-Bretagne) devenait un territoire sous mandat de la SDN dont l'administration était confiée à la France et à la Grande-Bretagne. Ce régime devait céder la place à celui de la tutelle, issu d'un accord signé le 13 décembre 1946 alors que le Cameroun sous administration française venait d'être intégré à l'Union Française. Le territoire du Cameroun septentrional formait avec le Cameroun méridional le Cameroun sous mandat britannique qui fut placé, au lendemain de la Deuxième Guerre mondiale, sous le régime international de tutelle. Le Cameroun septentrional fut néanmoins administré par le Royaume-Uni moins comme une entité séparée que comme faisant partie intégrante des deux provinces du protectorat britannique du Nigeria (Province du Nord et orientale dans sa partie méridionale).

Désormais, les deux Cameroun connurent des destins séparés, mais politiquement analogues. Cette situation entraîna la juxtaposition plus que la cohabitation de Camerounais de culture anglophone dans 1/5 du territoire d'une part, et de ceux de culture francophone dans 4/5 du pays d'autre part. En conséquence, le Cameroun a hérité de deux systèmes d'enseignement distincts, l'un d'inspiration française, l'autre d'inspiration britannique. La pratique britannique du gouvernement indirect (*indirect rule*) a doté la minorité anglophone d'une certaine autonomie politique et culturelle. Elle contraste avec la réplication en zone francophone d'un modèle centraliste jacobin de monopolisation du pouvoir politique par la Métropole, assorti d'une politique coloniale d'assimilation linguistique et culturelle ; et ce alors même que le Cameroun n'était pas *stricto sensu* une colonie de la France. Il est à peine besoin de souligner combien ces disparités sont génératrices de tensions et susceptibles d'aggraver les différenciations culturelles et linguistiques contemporaines[8].

2. L'indépendance et la Réunification

S'il n'est pas question de procéder ici à l'exégèse de l'évolution politique et institutionnelle du Cameroun, il convient surtout de relever que l'acuité actuelle de la question anglophone a trait à la réunification des Cameroun francophone et anglophone (ou plutôt méridional).

---

[8] Engelbert Mveng, *Histoire du Cameroun*, *op. cit*, note 2.

Le 1er janvier 1960, le Cameroun oriental devient un État souverain (la République du Cameroun) admis à l'ONU avec le parrainage de la France. Le 20 septembre 1960, il devint membre de l'Organisation des Nations Unies (ONU). La partie britannique est composée du Cameroun méridional britannique (*Southern Cameroons*) et du Cameroun septentrional britannique (*Northern Cameroons*). La Fédération du Nigeria est devenue indépendante le 1er octobre 1960. Elle a été admise aux Nations Unies six jours plus tard.

Parallèlement, le problème de l'unification fut posé après la décision de l'Assemblée générale de l'ONU d'organiser deux plébiscites distincts au Cameroun occidental les 11 et 12 février 1961. 40,03 % des habitants du Nord penchaient pour l'union avec le Cameroun de M. Ahidjo, tandis que la population du Cameroun septentrional a décidé à une majorité décisive (59,97 %) d'accéder à l'indépendance en s'unissant à la République fédérale du Nigeria. Dans le Sud, 233 271 électeurs contre 97 724 décidèrent de s'unir au Cameroun oriental[9]. Cette situation est d'autant plus fâcheuse que la résolution 1608 (XV) de l'Assemblée générale des Nations Unies, en date du 21 avril 1961, qui prend acte des deux plébiscites au nord et au sud du Cameroun sous tutelle britannique, considère en son article 4 alinéa 9 que « le Cameroun septentrional s'unira à la Fédération du Nigeria en tant que province séparée de la région du nord du Nigeria ». Pour ce qui est du *Southern Cameroons*, l'article 5 de la même résolution se contente d'exhorter la puissance administratrice (Royaume-Uni), le Gouvernement du *Southern Cameroons* et la République du Cameroun à entamer des pourparlers dans le but d'aboutir avant le 1er octobre 1961 (date de la levée de la tutelle britannique sur le *Southern Cameroons*) à des arrangements finalisant le rattachement du *Southern Cameroons* à la République du Cameroun[10].

Quoi qu'il en soit, le Cameroun indépendant a mal perçu ce rattachement engendré par la confusion administrative entre le Cameroun septentrional et le Nigeria ; laquelle confusion fut entretenue par l'autorité britannique sous le régime de tutelle. Cet amalgame aurait constitué une violation de l'Accord de tutelle du 13 décembre 1946 lequel aurait exclu que le Cameroun septentrional fût traité comme une partie intégrante du Nigeria. En conséquence, le Cameroun a saisi la Cour internationale de justice pour lui demander de juger que : « Le Royaume-Uni, dans l'interprétation et

---

[9] Promulguée le 1er septembre alors que le *Southern Cameroons* demeure sous tutelle britannique, la partie anglophone était appelée Cameroun occidental (*West Cameroon*) et la partie francophone Cameroun oriental (*East Cameroon*). Le président fédéral nommait les Premiers ministres des États fédérés. Mais dans la partie anglophone, jusqu'en 1968, cette nomination ne faisait que valider l'élection préalable du Premier ministre par le parlement du Cameroun occidental.

[10] Hubert, Thierry, « L'affaire du Cameroun septentrional (Cameroun c. Royaume-Uni) devant la Cour internationale de Justice », *AFDI*, volume 9, 1963, pp. 358-360.

l'application de l'Accord de Tutelle pour le Cameroun sous administration britannique, n'a pas respecté certaines obligations qui découlent directement ou indirectement dudit accord, et notamment de ses articles 3, 5, 6 et 7 ». La demande du jeune État camerounais apparaissait fort singulière puisqu'il s'agissait pour la Haute juridiction de statuer sur une situation juridique appartenant à un passé révolu ; l'Accord de tutelle du 13 décembre 1946 n'étant plus en vigueur (depuis la résolution 1608 (XV) de l'Assemblée générale de l'ONU). Dans son arrêt du 2 décembre 1963 relatif à l'affaire du *Cameroun septentrional*, la Haute juridiction admet l'existence d'un « différend » entre le Royaume-Uni et le Cameroun tout en se déclarant incompétente[11]. Par ailleurs, les populations du Southern Cameroon se sont retrouvées à leur corps défendant dans la République du cameroun. Comme le suggère le Pr Olinga, « on peut penser que malgré la rhétorique unificatrice sur laquelle il se fit une bonne popularité, M Foncha visait avant tout une sorte d'indépendance et de souveraineté pour l'actuelle zone anglophone, un État souverain pouvant éventuellement négocier des alliances avec qui il voudrait par la suite, mais en tout cas d'abord, affranchi de l'hégémonie nigériane apparemment étouffante et de l'hégémonie du Cameroun indépendant qui s'annonçait sans doute »[12]. Ce sont là des données qui doivent être constamment présentes dans les esprits.

La Conférence de Foumban du 17 au 22 juillet 1961 posa les bases juridiques et politiques de la Réunification, donc de la transformation de l'État camerounais en Etat fédéral. Le pays ainsi reconstitué n'avait pas d'autres choix que de pérenniser le bilinguisme français-anglais adossé au biculturalisme. Il devenait ainsi en Afrique, la terre édénique de jonction du français et de l'anglais, deux des langues les plus illustres dans le monde. En effet, le Cameroun réunifié allait bénéficier de tout le patrimoine linguistique du français (une prestigieuse langue d'origine latine usitée par plus de 400 millions de personnes dans le monde, pleine de délicatesse, enrichie et défendue depuis le XVe siècle par des générations d'écrivains et d'intellectuels, et présente dans plus de 70 pays et territoires). Le pays allait aussi jouir de l'énorme lustre de l'anglais (une langue parlée par plus d'un milliard de personnes dans le monde qui s'impose dans des secteurs stratégiques comme la diplomatie, les arts, la science et la technologie, la communication, les affaires, etc.). Quelle panacée ! La majestuosité de cet édifice symbolique et culturel (la langue étant un symbole culturel) n'a pas empêché la frustration de certains Anglophones qui considèrent le

[11] C.I.J., *Cameroun septentrional* (Cameroun c. Royaume-Uni), *Exceptions préliminaires*, arrêt du 2 décembre 1963, Rec., p. 189.
[12] Alain Didier Olinga, « La Question anglophone dans le Cameroun d'aujourd'hui », *op.cit.*, note 5, p. 294.

bilinguisme comme un mythe pastiché. En vérité, le Cameroun serait un « pays francophone bilingue »[13].

Une nouvelle réforme constitutionnelle du 20 mai 1972 a transformé le Cameroun en République Unie du Cameroun, spoliant la région anglophone de l'autonomie et de la reconnaissance qu'elle avait chèrement gagnée en 1954[14]. Toutefois, l'anglophonie, ainsi adoptée au départ comme une aubaine, a finalement contribué à créer au Cameroun le problème anglophone.

3. L'hyper centralisation et l'essor des revendications formulées par les « élites » et les masses anglophones

L'unification et le centralisme ont été depuis 1961 les dogmes politiques des régimes d'Ahidjo (1960-1982) et de Paul Biya (1982 -). Après la réunification du 1er octobre 1961, le Cameroun devient une République fédérale. Toutefois, il hérite en pratique d'un fédéralisme bancal avec une répartition inégale du pouvoir entre les deux états fédérés au niveau de l'Assemblée fédérale et du Gouvernement[15]. Le 22 août 1983, M. Paul Biya divise la région anglophone en deux provinces : Nord-Ouest et Sud-Ouest (NOSO). En 1984, il transforme l'appellation officielle du pays en République du Cameroun (nom de l'ancienne partie francophone) et supprime la deuxième étoile sur le drapeau qui représentait la partie anglophone. Ce processus est supposé améliorer le maillage administratif de cet espace et homogénéiser la zone par rapport au reste du territoire. Pourtant, il accroît chez certains Anglophones le sentiment d'être engoncés dans une logique d'assimilation à la culture francophone, donc de « francophonisation ».

Au total, la question anglophone semble revêtir sa tonalité actuelle en raison du processus de réunification entaché d'un véritable vice de fond originel et des répercussions de l'affaire du *Cameroun septentrional*. Elle

---

[13] Propos attribué au Dr Bernard Nsokika Fonlon (24 novembre 1924 - 26 août 1986), ministre du gouvernement, leader intellectuel du Cameroun, grand promoteur du bilinguisme, comme en témoigne la revue Abbia, Revue Culturelle du Cameroun qu'il a fondée en 1962 (voy. Mark Dike DeLancey, Rebecca Neh Mbuh, Mark W. De Lancey, « Abbia », in *Historical Dictionary of the Republic of Cameroon*, Scarecrow Press, 2010 4e éd., p. 17), A. Eyinga, *Introduction à la politique camerounaise*, Paris, L'Harmattan, 2004, pp. 283-285.

[14] Le principal défi pour l'entité sociologique anglophone survient le 20 mai 1972 : Ahmadou Ahidjo organise un référendum pour faire disparaître le système fédéral en place depuis 1961. Au sein de la fédération, les Anglophones constituaient un état fédéré et géraient leurs propres affaires locales et régionales. Suite à la Conférence de Lagos (24-29 février 1964), le *Southern Cameroons* obtint un statut quai-fédéral au sein de la fédération du Nigéria. Les territoires gagnèrent une législature et un exécutif propre. Se référer à Mathis Azang Adig, *The Question of British Southern Cameroons' Autonomy in the Evolution of Nigeria Federation*, 1954-1961, Institute of Research Advances (May 2017), p. 220.

[15] Engelberg Mveng, *Histoire du Cameroun*, *op. cit*, note 2 et 7.

n'est pas sans rapport avec la quête d'autodétermination du *Southern Cameroons*[16]. Tout compte fait, le peuple qui avait à s'autodéterminer en choisissant par voie de plébiscite, le rattachement au Nigeria ou au Cameroun était-et lui seul-le peuple du *Southern Cameroons*. Les approximations du tracé des frontières héritées de la colonisation entre le Cameroun et le Nigeria n'ont rien arrangé. Elles ont entretenu le contentieux resurgi dans les années 90 à la faveur de l'essor du *Social Democratic Front* : un nouveau parti d'opposition doté d'une forte composante anglophone, prônant un fédéralisme à vocation nationale. L'amertume de certains acteurs anglophones qui, du fait du plébiscite onusien, s'étaient retrouvés privés de la possibilité de se prononcer en faveur de l'indépendance séparée du Cameroun méridional est devenue transgénérationnelle. Elle a alimenté les revendications sécessionnistes d'une légion de mouvements comme le *Southern Cameroon National Council* (SCNC), ainsi que sa frange jeune, *Southern Cameroon Youth League* (SCYL), articulant violence armée et lutte politique dans la mobilisation des Anglophones et réclamant à partir des années 90 le fédéralisme à deux États ou la sécession[17].

Depuis 2016 et la déclaration d'indépendance du 1er octobre 2017 proclamée par le dénommé Julius Ayuk Tabe d'une république (présomptive), l'Ambazonie – à laquelle on se réfèrera uniquement par commodité langagière lorsqu'il sera question du NOSO[18], les troubles politiques perdurent dans le Nord-Ouest et le Sud-Ouest du Cameroun actuel[19]. Ils incitent à passer au crible l'expérience anglophone pour donner son sens à la notion d'autodétermination.

---

[16] Dans sa plaidoirie devant la CIJ dans l'affaire du *Cameroun septentrional*, P. Weil affirmait à propos de la décision de la Cour qu'« *elle est obligatoire pour les parties, mais l'inscription dans les faits des conséquences de cette décision relève de l'ordre politique* ». Mémoires, plaidoiries et documents, Affaire du *Cameroun septentrion*al (Cameroun c. Royaume-Uni), A.W. Sijthoff, 1965, p. 370.

[17] Les autres mouvements sont le Cameroon Anglophone Movement (CAM), le Free West Cameroon Movement (FWM), le Southern Cameroons Restoration Movement (SCRM), et l'Ambazonia Movement. En 1999, certains militants sécessionnistes ont remplacé l'appellation *Southern Cameroons* par Ambazonia Republic, dérivé du nom donné par les Portugais à la côte de la région, AmbasBay, afin de supprimer toute référence au Cameroun. Entretiens de Crisis Group, militants du SCNC, Bamenda, avril 2017.

[18] Salarié de la compagnie d'électricité Eneo Cameroun, il est l'un des leaders du mouvement sécessionniste anglophone ayant obtenu le soutien des États-Unis et du Nigéria. Le 1er octobre 2017, il s'est auto-proclamé président de la République d'Ambazonie. Il a été arrêté au Nigeria le 5 janvier 2018 et est aujourd'hui en détention au Cameroun.

[19] De 2016 à 2018, la situation créée par la question anglophone au Cameroun est en voie d'aggravation. http://www.lemonde.fr/afrique/article/2017/06/16/au-cameroun-la-dechirure-anglophone_5145582_3212.html.

B. La question de l'existence d'un « peuple » anglophone, titulaire du droit à l'autodétermination :

Le droit international établit plusieurs catégories de communautés humaines, notamment les peuples susceptibles de briguer l'autodétermination et les minorités qui détiennent des droits collectifs sans pouvoir se prévaloir d'une autodétermination « externe ». À partir de quels critères peut être posé le droit des Anglophones à l'autodétermination et, partant, à un régime d'autonomie et/ou d'indépendance du Cameroun ? La notion même d'autodétermination implique l'existence d'un « peuple ». En théorie, sinon en pratique, il importe de singulariser la notion de peuple du point de vue du droit international (**1**) et d'envisager les Anglophones en tant que peuple (**2**), voire la population anglophone en tant que peuple, minorité, autochtone (**3**).

1. Le concept de « peuple » du point de vue du droit international

La juridicité du droit des peuples à disposer d'eux-mêmes est patente. Bien que la paternité de l'expression inaugurale reviendrait à Wilson et Lénine[20], elle fut consacrée en 1945 par les articles 1 et 55 de la Charte des Nations Unies[21]. À partir du début des années 60, une pléthore de conventions et de résolutions adoptées par l'Assemblée générale des Nations Unies a affermi ce droit des peuples en l'affinant[22]. Cette tendance était ancrée dans le contexte de la décolonisation du Tiers-Monde et celui de l'assimilation assez intrépide entre le droit des peuples à disposer d'eux-mêmes, droit à la décolonisation et droit à l'indépendance. Cette ambiguïté a été accentuée par les résolutions de l'Assemblée générale des Nations Unies, notamment par la résolution 1514 (XV) intitulée « Déclaration sur l'octroi de l'indépendance aux peuples et aux pays coloniaux ». Les postulats érigés en dogmes qui en dérivent, laissaient penser que seuls constituent des « peuples » au sens du droit international, les groupes humains pouvant

---

[20] Jean Salmon, *Réalités du droit international contemporain* (force obligatoire et sujets de droit), in Actes de la 5e rencontre de Reims, CERI, 1981, pp. 144-145. Bien entendu, le principe a certains antécédents, spécialement en relation avec les révolutions des États-Unis et de la France ; v. D. Thürer Nurri, « Self-Determination », *EPIL*, vol. IX, 2012, p. 114.

[21] L'article 1 paragraphe 2 dispose : « Développer entre les nations des relations amicales fondées sur le respect du principe de l'égalité de droit des peuples et de leur droit à disposer d'eux-mêmes, et prendre tout autres mesures propres à consolider la paix du monde ». L'article 55 considère que : « En vue de créer les conditions de stabilité et de bien-être nécessaires pour assurer entre les nations des relations pacifiques et amicales fondées sur le respect du principe de l'égalité des droits des peuples et de leur droit à disposer d'eux-mêmes, les Nations Unies favoriseront ».

[22] V. spécialement les résolutions 1514 (XV) du 14 décembre 1960 (« Déclaration sur l'octroi de l'indépendance aux pays et aux peuples coloniaux ») et 1541 (XV) du 15 décembre 1960 (« Principes qui doivent guider les États membres pour déterminer si l'obligation de communiquer des renseignements prévus à l'alinéa e) de l'article 73 de la Charte des Nations Unies, leur est applicable ou non »).

juridiquement prétendre à l'indépendance[23]. À titre d'illustration, l'article 5 de la déclaration de 1970 sur les relations amicales entre les États sanctifie le respect de l'intégrité territoriale des nouveaux États issus de cette décolonisation. Cela dit, le droit à l'autodétermination n'est pas réservé exclusivement à de tels peuples même s'ils en étaient les bénéficiaires initiaux.

Plusieurs instruments pertinents tels que les résolutions 1514 (XV) et 2625 (XXV), et l'article 1er commun aux deux Pactes des Nations Unies de 1966 sur les droits de l'homme disposent que « tous les peuples » ont le droit de disposer d'eux-mêmes. En vertu de ce droit, ils déterminent librement leur statut politique et assurent librement leur développement économique, social et culturel[24]. La Déclaration sur les relations amicales de 1970 converge dans le même sens[25]. La Cour Internationale de Justice, « organe judiciaire principal » de l'Organisation des Nations Unies[26], le considère autant comme « l'un des principes essentiels du droit international contemporain » que comme un « droit opposable *erga omnes* »[27]. Pour le professeur Alain Pellet « il fait partie de ces normes fondatrices, assez nombreuses en droit international, qui n'accèdent à la positivité qu'à travers leur mise en œuvre »[28].

Si l'assertion de ce droit est avérée, le droit international ne définit pas pour autant la notion de « peuple », terminologie fort malléable et affectée d'une haute charge émotionnelle. Dans la pratique, les organisations internationales et les juridictions internationales invoquent souvent ce

---

[23] Alain Pellet, « Quel avenir pour le droit des peuples à disposer d'eux-mêmes ? », *Liber Amicorum Jimenez de Arechaga, Fondacion de cultura universitaria*, Montevideo, 1995, p. 257.

[24] Les deux Pactes de 1966 (le Pacte international relatif aux droits civils et politiques et le Pacte international relatif aux droits économiques, sociaux et culturels), à la différence de la Charte de San Francisco, sont des traités internationaux soumis à ratification par les États et deviennent opposables à ceux les ayant ratifiés.

[25] Déclaration relative aux principes du droit international touchant les relations amicales et la coopération entre les Etats conformément à la Charte des Nations Unies, adoptée par l'Assemblée Générale de l'ONU, le 24 octobre 1970.

[26] L'article 92 de la Charte des Nations unies énonce que : « La Cour internationale de Justice constitue l'organe judiciaire principal des Nations Unies ».

[27] CIJ, *Timor oriental* (Portugal/Australie), arrêt du 30 juin 1995, Rec. 1995, § 29, p. 102 ; voir aussi *Conséquences juridiques de l'édification d'un mur dans le territoire palestinien occupé*, avis consultatif du 9 juillet 2004, CIJ, Rec. 2004, §§ 88 et 156, pp. 172 et 199.

[28] Alain Pellet, « Quel avenir pour le droit des peuples à disposer d'eux-mêmes ? », op. cit., pp. 255-276. « L'intégrité territoriale du Québec dans l'hypothèse de l'accession à la souveraineté », avec T. Franck, R. Higgins, M. Shaw et C. Tomuschat, opinion publiée en français in Assemblée nationale du Québec, Commission d'étude des questions afférentes à l'accession du Québec à la souveraineté, vol. 1, *Les attributs d'un Québec souverain*, 1992, pp. 377-461 ; et en anglais in A. Bayefskyed., *Self-Determination in International Law : Quebec and Lessons Learned*, Kluwer, La Haye, 2000, pp. 241-303.

qualificatif à propos de situations de fait, sans pour autant apporter une définition claire permettant d'identifier des groupes qui constitueraient des peuples.

2. Les Anglophones en tant que « peuple »

Afin d'éclaircir ce principe et d'en identifier les bénéficiaires, de nombreuses questions se posent (au préalable) : qui peut prétendre à ce droit ? À qui confère-t-on le statut de « peuple » ? Quels sont les peuples visés par ces textes internationaux ? Un premier constat peut être opéré. Ce concept paraît intrinsèquement se dérober à toute sémantique juridique. La plupart des instruments juridiques ont délibérément évité de la définir. Edmond Jouve évoquait en s'y référant « l'introuvable définition juridique du peuple »[29].

D'après le Dictionnaire de la terminologie du droit international de Jules Basdevant, le concept de « peuple » « employé à l'occasion des rapports internationaux, est entrevu dans un sens plus littéraire que juridique, sans véritable signification précise, pour désigner une collectivité d'hommes unis par un lien de solidarité »[30]. L'éminent jurisconsulte se référait à une définition sociologisante en recensant les éléments permettant d'identifier un peuple parmi lesquels figureraient « *la communauté de race, de traditions et l'existence d'une conscience commune* »[31]. Ce premier élément d'identification qui apparaît objectif se caractérise par l'assemblage de facteurs historiques, ethniques, linguistiques et culturels ; et le deuxième plus subjectif, est notamment incarné par le vouloir-vivre ensemble, la vision d'un avenir commun et le sentiment d'appartenance au même groupe.

En vérité, le concept d'autodétermination suppose l'existence d'un groupe identifiable, solidaire et surtout « unique »[32] dont la revendication est alimentée par des traditions constituées d'us et de pratiques organisées par un rituel, des systèmes d'allégeances pluriels, des obédiences porteuses de valeurs et induisant une continuité historique avec le passé.

D'ailleurs, le concept est quelquefois amalgamé avec celui de « population » d'un territoire donné, comme ce fut le cas pour désigner le

---

[29] Edmond Jouve, *Le droit des peuples*, Paris, PUF, collection « Que sais-je ? », 1986, 1ère édition, p. 7. Edmond Jouve, « Où en est le droit des peuples à l'aube du IIIe millénaire ? », dans les *Actes de la cinquième réunion préparatoire au symposium de Bamako : La culture démocratique,* (juin 2000), (http://democratie.francophonie.org).

[30] Jules Basdevant, *Dictionnaire de la terminologie du droit international*, Sirey, 1959, p. 449.

[31] *Idem.*

[32] Yael Tamir, « The right to National Self Determination », Social *research*, 59 (3), automne 1991, p.569.

« peuple » du Sahara occidental[33]. Quelquefois, il est tout bonnement territorialisé. En Nouvelle-Calédonie, les districts coutumiers (ou grande-chefferies) correspondent à une subdivision spéciale et parallèle aux subdivisions administratives de la Nouvelle-Calédonie, regroupant une ou plusieurs tribus dont elles portent le nom.

Compte tenu du contexte des évènements considérés, une démarche de qualification juridique voire « d'hétéro-qualification » s'impose[34]. *In jure omnis definitio periculosa est*[35]... L'apophtegme bien connu du juriste rend compte de la difficulté de cette démarche. Il faut pour accroître son discernement sur la question en revenir à la doctrine, laquelle, dans sa majorité, évoquait plusieurs critères d'identification du droit des peuples à s'autodéterminer.

Tout d'abord, le groupe concerné doit constituer « un peuple » au sens de la Charte des N.U et de la Déclaration de 1970. À la lumière de cette conditionnalité primordiale, le professeur Spyridonas Calogeropoulos-Stratis a cru pouvoir préciser comme suit les critères à remplir :

> *(1) L'existence d'une population concentrée et amplement majoritaire dans un certain territoire, capable d'exprimer une volonté commune. (2) La population en question doit vivre sur un « territoire déterminé ». L'élément territorial est le support de toute population, et la condition sine qua non de la reconnaissance de sa personnalité. (3) La volonté ferme de cette collectivité de vivre en commun d'une part, et d'autre part de se séparer de l'État dans lequel elle vit. (4) L'élément complémentaire qui peut renforcer (cette) volonté est l'existence d'une organisation interne, d'un embryon de pouvoir de cette collectivité, symbolisant son particularisme*[36].

Dans le cas d'espèce, le repérage du groupe dit « anglophone » est brouillé tant par la difficulté à convenir des limites extérieures à l'espace Nord-ouest – Sud-ouest (NOSO) du Cameroun que par ses fragmentations internes de toutes natures.

Les Anglophones forment-ils un peuple au sens du droit international ?

Les Anglophones, population estimée aujourd'hui comme constituant près de 16 % des Camerounais – soit environ 5 millions de personnes – vivant dans les régions Nord-Ouest et Sud-Ouest (NOSO), forment-ils un

---

[33] CIJ, *affaire du Sahara occidental*, Recueil 1975, p. 34, §61. Cf, avis du 21 juin 1971 sur la Namibie (Rec. C.I.J., 1971) et celui du 16 octobre 1975 sur le Sahara occidental (Rec. C.I.J., 1975).

[34] A. Pellet, *op. cit*, p. 255.

[35] « En droit, toute définition se révèle dangereuse ».

[36] S. Calogeropoulos-Stratis, *Le droit des peuples à disposer d'eux-mêmes, Bruxelles*, Bruylant, 1973, pp. 172-173.

« peuple » au regard des critères énumérés précédemment, c'est-à-dire une histoire ancienne, la même langue, la même origine et le même mode de vie (tradition et culture), en plus du critère subjectif, qui est le plus crucial, la volonté de former une entité distincte qu'on valoriserait sur la scène internationale ?

Les deux premiers critères ne semblent pertinents qu'à première vue.

Le premier critère consistant à identifier un éventuel espace « anglophone » demeure malaisé. Les Anglophones se partagent, dans une certaine continuité géographique (Nord-Ouest, Sud-Ouest) étendue sur 9 % du territoire national, un territoire façonné par l'histoire, une population partageant des caractéristiques communes – notamment une langue officielle qui lui est propre (l'anglais) – et un sentiment identitaire très étendu[37]. Or, rien ne paraît plus poreux que cette sorte de frontière ethnico-linguistique. Cela d'autant plus que la région en cause n'est pas épargnée par l'intrusion de populations francophones représentées non seulement au sein des institutions gouvernementales, mais aussi parmi les agriculteurs, les petits commerçants ainsi que les enseignants de l'Université anglophone de Buea, établissement réputé au Cameroun[38]. En outre, la difficulté à identifier un groupe « majoritaire » et à valider le discours de ceux qui s'en proclament les porte-parole s'accroît lorsqu'on considère les clivages internes au sein des populations dites « anglo-saxonne » du Nord-Ouest où les ethnies des « Grassfields » proches des Bamiléké sont majoritaires, et celles du Sud-Ouest installées sur les pentes du mont Cameroun dans la région de Buea ainsi que dans les villages côtiers des entours dominés par les groupes ethniques Sawa, particulièrement Bakweri[39]. Le peuple anglophone n'est pas séparé physiquement des autres peuples. En plus, les populations ayant en usage l'anglais se retrouvent concentrées dans d'autres régions du Cameroun. Ceci avait inspiré à une autorité camerounaise anonyme, lors de l'affaire de la *frontière terrestre et maritime entre le Cameroun et le Nigeria*, communément appelée affaire *Bakassi*, la boutade selon laquelle, il était probable qu'en « organisant un référendum à Mvog Ada, un quartier populaire de la capitale camerounaise où vit une forte communauté anglophone nigériane, que ce quartier devienne aussitôt un territoire nigérian »[40]. Un autre élément sert également l'argumentaire de l'insipidité

[37] Projections officielles pour 2015 de l'Institut national de la statistique du Cameroun, Yaoundé. Cité par *Africa South of the Sahara 2018*, Routledge, 2017, p. 213.

[38] Patrice Tanang Tchouala et Hervé Joël Efon Etinzoh, Les *dynamiques démo linguistiques au Cameroun de 1960 à 2005*, Observatoire démographique et statistique de l'espace francophone/Université Laval (Québec, 2013), p. 90. /Entretien téléphonique avec un habitant de Buea, 03.08.2018

[39] Mark Dike DeLancey, Rebecca Mbuh, Mark W. Delancey, « Bakweri », in *Historical Dictionary of the Republic of Cameroon*, Scarecrow Press, 2010 (4e éd.), pp. 54-55 .

[40] Anonyme.

de la territorialisation linguistique. Dans la partie majoritairement francophone du Cameroun, près de 23 % des habitants de la région du Littoral et 20 % de ceux de la région de l'Ouest sont des locuteurs de l'anglais[41]. Face aux plaignants qui alléguaient que « malgré l'annexion forcée », le peuple du Cameroun du Sud reste un peuple séparé et distinct dont la langue de travail officielle est l'anglais, alors que le peuple de La République du Cameroun est francophone, ce critère a été battu en brèche par la Commission africaine des droits de l'homme et des peuples relativement à l'affaire 266/03, *Kevin Mgwanga Gunme et al/ Cameroon* : « Aucun argument ethno-anthropologique ne peut être avancé pour déterminer l'existence d'un peuple du Cameroun du Sud, la partie Sud étant la vaste zone agricole de Sawa, et la partie Nord faisant partie de la zone agricole herbeuse. Depuis 1961, bien que certaines spécificités aient été préservées dans plusieurs aspects, il y a eu un rapprochement remarquable au plan administratif comme juridique. La thèse du « peuple séparé et distinct » n'est plus valable aujourd'hui »[42].

Le second critère relatif aux contours et à l'homogénéité du territoire sur lequel vivrait ce « peuple » anglophone s'en trouve déjà relativisé. Toute population installée dans un territoire bien donné ne constitue pas nécessairement un peuple. Le droit international n'apporte pas davantage de solutions définitives sur cette question, même s'il n'admet pas *a priori* que l'on puisse dénier à un peuple la faculté à s'autodéterminer en raison du caractère restreint de la superficie et de la population qui y réside.

Le troisième critère apparaît encore plus équivoque que les précédents. Si la volonté de vivre en commun des Anglophones n'a jusque-là pas suscité de controverse, pas plus que celle pour ceux-ci de cohabiter avec les Francophones –, celle de se séparer de l'État camerounais n'est pas uniforme. Faut-il choisir la voie de facilité qui consisterait à conclure que l'immense majorité des Anglophones voudraient faire le choix inverse de février 1961 en rejoignant la Fédération du Nigeria ou créer leur propre État à eux, c'est-à-dire, en somme, quitter le Cameroun ?

S'il est avéré que la crise anglophone a amplifié l'adhésion très vraisemblablement majoritaire des populations anglophones au fédéralisme et affermi les sympathies autonomistes, il existe au sein de cette frange une pléthore de tendances unionistes, fédéralistes et séparatistes. D'après *Crisis group*, la minorité Bakweri préfèrerait coaliser avec les Sawa du Littoral (les

---

[41] Patrice TanangTchouala et Hervé Joël Efon Etinzoh, *op.cit*, note 35, p. 89.

[42]Affaire 266/03 : *Kevin Mgwanga Gunme et al / Cameroon*, communication du 27 mai 2009. La plainte a été reçue au Secrétariat de la commission africaine le 9 janvier 2003. Les Plaignants sont 14 individus qui ont introduit la communication en leur nom et au nom du peuple du Cameroun du Sud contre la République du Cameroun, État partie à la Charte africaine des droits de l'homme et des peuples.

Douala) en vue de la formation d'un État fédéré, plutôt qu'avec les Grassfields du Nord-Ouest. La plupart insisteraient pour que, quel que soit le nombre d'États fédérés, la capitale fédérale Yaoundé ne fasse partie d'aucun d'entre eux[43]. Pour certains activistes anglophones, le fédéralisme apparaît surtout comme un instrument de négociation maximaliste[44]. Ils tendent haut leurs rets afin d'obtenir a minima une décentralisation effective avec une vraie autonomie dans la gestion des dix régions actuelles, passant par l'amélioration et l'application intégrale des lois sur la décentralisation[45].

Autant le dire, la capacité des membres de la collectivité anglophone d'aspirer à devenir un peuple, à « témoigner d'eux-mêmes » pour reprendre la fameuse expression du professeur Charles Chaumont[46], semble faire défaut. Il apparaît hardi d'y identifier un groupe solidaire et unifié qui se démarquerait d'un amalgame de réclamations démocratiques individuelles qui puissent être satisfaites par un plus grand respect des libertés humaines et individuelles, et un libre accès à la participation politique.

Enfin, la quatrième et ultime conditionnalité est la moins convaincante ! Plusieurs commentateurs estiment que le peuple en cause, afin de pouvoir exercer le droit de disposer de lui-même, devait disposer non seulement d'« une organisation interne », mais pouvoir former un État viable. En outre, le peuple qui exerce son droit à l'autodétermination peut se tourner vers d'autres solutions que la formation d'un nouvel État, l'indépendance n'étant pas une panacée. À cet égard, l'existence d'une robuste « organisation interne » ou d'un « embryon de pouvoir » paraît décisive. Cette exigence paraît pourtant démesurée à Jacques Brossard pour qui : « un groupe peut avoir le droit à l'autodétermination sans pouvoir, dans les faits, l'exercer de façon efficace. En ce cas, de toute façon, il ne sera pas reconnu par la société internationale : il s'agit là d'une question de fait, question politique beaucoup plus que juridique »[47]. Nonobstant la proclamation symbolique

---

[43] Entretiens de *Crisis Group*, militants anglophones, étudiants et membres du Consortium, Bamenda, Buea et prison de Yaoundé, avril, mai 2017

[44] *Idem*

[45] Voir Loi n° 2004/17 du 22 juillet 2004 d'orientation de la décentralisation ; Loi n° 2004/18 du 22 juillet 2004 fixant les règles applicables aux communes ; loi n° 2004/19 du 22 juillet 2004 fixant les règles applicables aux régions ; loi n° 2009/11 du 10 juillet 2009 portant régime financier des collectivités décentralisées. Cette nouvelle décentralisation devrait, selon cette frange militante, passer par une réduction drastique de la présence de l'État central au niveau des régions et par un renforcement administratif et financier des pouvoirs locaux élus. Entretiens de *Crisis Group*, militants anglophones, étudiants et membres du Consortium, Bamenda, Buea et prison de Yaoundé, avril, mai 2017 ; courriel de Crisis Group, militant de la diaspora, juin 2017.

[46] Charles Chaumont, « Le droit des peuples à témoigner d'eux-mêmes », *Annuaire du Tiers-Monde*, 1976, pp. 15-31.

[47] Jacques, Brossard, « Le droit du peuple québécois à l'autodétermination et à l'indépendance », *Études internationales*, 1977, 8(2), p.156.

d'indépendance en date du 1er octobre 2017 d'une République présomptive d'Ambazonie[48] par Sisiku Ayuk Tabe qui correspondrait aux limites de l'ancien Cameroun du Sud, il paraît hâtif de conclure à l'existence dans la région en cause à ce stade d'une organisation interne structurée concurrençant l'autorité exercée par l'État du Cameroun comme on pourrait le voir dans d'autres « États », fussent-ils « non reconnus » tels que le Somaliland.

Au demeurant, les conditions sus-évoquées apparaissent être exigibles des peuples qui, dans l'exercice de leur droit à l'autodétermination, souhaiteraient opter pour une souveraineté étatique, ce qui comme il a été précédemment démontré n'est pas uniformément avéré pour ce qui est du Cameroun anglophone.

L'État camerounais assume presque fièrement la dénégation du statut de « peuple » aux Anglophones vivant sur son territoire. La révision constitutionnelle de 2008 confirme la prédilection du constituant camerounais pour l'emploi exclusif de la notion de peuple « *camerounai*s » (Préambule, article 7 al. 2, article 37 al. 1). Son article 2 souligne avec vigueur l'impossibilité pour une « *fraction du peuple* » de s'attribuer l'exercice de la souveraineté nationale appartenant au peuple camerounais. C'est une fort belle manière de rappeler que les populations anglophones font partie intégrante du Cameroun en faisant partie du peuple camerounais seul reconnu par la « *Grundnorm* »[49]. Pour l'État camerounais, il demeure hors de propos de faire jouer le droit des Anglophones à l'autodétermination, car, d'une part, il n'existe pas véritablement de « peuple » anglophone ; et d'autre part, cela reviendrait à violer l'article premier de la Constitution qui pose comme postulat de base l'indivisibilité de la République du Cameroun. Le Pr Joseph Owona, scrutant les clauses de la Constitution du 2 juin 1972 qui déjà consacrait naguère la forme unitaire de l'État camerounais, notamment l'article 37 dudit texte, excluait à l'époque du champ matériel de la révision, les projets portant atteinte à l'unité et à l'intégrité territoriale de l'État[50].

---

[48] « Le nom Ambazonia a été préféré à Southern British Cameroons afin de ne pas confondre cette zone avec la région territoriale du sud (Southern Cameroons). Les « autonomistes ambazoniens » avaient à cœur de trouver un nom local afin de bannir « Cameroun » qu'ils considéraient comme le symbole du lourd fardeau de l'héritage colonial. Pour cela, ils ont fouillé dans les livres d'histoire et inventé le nom Ambazonia. Celui-ci dérive d'Ambas, nom donné à la région de l'embouchure du fleuve Wouri. Ce site, en forme de baie, avait alors reçu le nom anglais Baie d'Ambas. Source : Wikipédia.

[49] Terminologie employée par Hans Kelsen, *La Constitution*. Cf. « L'idée d'ordre dynamique et la théorie de la Grundnorm. Une interprétation du fondement de la validité du droit chez Hans Kelsen », *Droit et société*, vol. 92, no. 1, 2016, pp. 181-199.

[50] Joseph Owona, *La nouvelle Constitution du 20 mai 1972 : de l'État fédéral à l'État unitaire*, Paris, LGDJ, 1973, p. 7. Le 4 avril 2008, le Président de la République du Cameroun

Cette posture et cette tradition étatique ne sont pas exceptionnelles. L'Argentine et l'Espagne ont dénié le caractère de peuple aux populations de Gibraltar et des îles Falkland et, en conséquence, leur droit à l'autodétermination, en considérant que les territoires concernés font partie de leur État.

De façon tautologique, on pourrait penser que le « peuple » anglophone est un groupe humain qui dispose du droit de disposer de lui-même et, inversement, tout groupe humain ayant ce droit est un peuple. En définitive, tout groupe humain y compris « anglophone » ne constitue pas nécessairement un « peuple ». D'ailleurs, faut-il forcément chercher la signification du vocable « peuple » pour reconnaître ce droit à des groupes qui se réclament en tant que tels. On peut citer à titre d'illustration la déclaration d'indépendance du Kosovo survenue le 17 février 2008, reconnue par la plupart des États démocratiques au monde. Rien n'exclut une telle possibilité pour le peuple anglophone !

D'ailleurs, la Commission africaine a une interprétation très souple de la notion de peuple dont elle admet qu'elle n'est nulle part définie dans la Charte africaine des droits de l'homme et des peuples. Elle considère que le peuple du Cameroun du Sud peut revendiquer être « un peuple ». Outre les droits individuels dus aux Camerounais du Sud, ils ont une identité distincte qui leur confère des droits collectifs[51].

Quand bien même ce serait le cas, est-ce pour autant un peuple titulaire du droit à l'autodétermination ? Point besoin de revenir ici sur les critères dégagés par le professeur Spyridonas Calogeropoulos-Stratis[52], il suffit de se fier à la Résolution 1514 (XV) portant Déclaration sur l'octroi de l'indépendance aux pays et aux peuples coloniaux, et à la Déclaration relative aux principes du droit international touchant les relations amicales et la coopération entre les États conformément à la Charte des Nations Unies, adoptée par l'Assemblée Générale de l'ONU le 24 octobre 1970. Ces instruments offrent plusieurs options pour le peuple titulaire du droit à l'autodétermination[53].

---

a transmis à l'Assemblée nationale, convoquée en session ordinaire depuis le 12 mars 2008, le projet de loi n° 819/PJL/AN modifiant et complétant certaines dispositions de la loi n° 96/06 du 18 janvier 1996 portant révision de la Constitution du 02 juin 1972. Sur le sujet, Magloire Ondoa, *Textes et documents du Cameroun (1815 – 2012)*, Yaoundé, Editions le Kilimandjaro, 2013, 160 p., Alain Didier Olinga, *La Constitution de la République du Cameroun*, Yaoundé, Presses de l'UCAC, 2006, 326 p.

[51] Affaire 266/03, *Kevin Mgwanga Gunme et al / Cameroon*, Communication du 27 mai 2009, §178.

[52] Cité supra.

[53] AGNU, Principes qui doivent guider les États membres pour déterminer si l'obligation de communiquer des renseignements, prévue à l'alinéa e de l'article 73 de la Charte, leur est applicable ou non, résolution 1541 (XV) du 15 décembre 1960, principe VI ; résolution 2625,

Au demeurant, la libre « disposition » et/ou « l'autodétermination » sont des concepts « à géométrie variable », des concepts « caméléons » dont le sens est subordonné à leur environnement surtout politique. S'il est par conséquent malaisé de tirer une conclusion univoque sur une telle question, il importe de ne pas récuser la légitimité au moins politique de l'usage du terme « peuple » pour les Anglophones du Cameroun.

3. La population anglophone : autochtone, minorités ?

- Les anglophones : des Autochtones ?

Le problème de la qualification des populations anglophones (minorités, peuples) en cause et de la satisfaction de certains de leurs droits revient. Faut-il se hâter d'assimiler le droit des anglophones du Cameroun à celui des autochtones (*indigenous* peoples), terme issu du grec et signifiant « né de la terre » ?

Le droit international, pas plus que le droit interne camerounais, ne fournit pas une entière définition des peuples autochtones. Les particularités ethno-anthropologiques peuvent être ajoutées aux caractéristiques d'un "peuple". De telles particularités ne sont nécessaires que lorsque l'on détermine le caractère autochtone d'un peuple, mais ne peuvent pas servir de facteur décisif pour accorder ou refuser la jouissance ou la protection des droits des peuples. Le Dictionnaire de droit international public évoque le *« [p]euple qui habite le territoire dont il est issu, par opposition à une population immigrée »*[54]. Cette définition reprend les critères onusiens à savoir : l'antériorité dans un territoire donné ; l'expérience de la conquête ou de la colonisation ; la situation de non-dominance par rapport à d'autres groupes même majoritaires ; la revendication identitaire[55]. Ce dernier facteur constitue un élément majeur de différenciation avec les minorités. Dans la pratique, presque tous les peuples autochtones sont certes inférieurs numériquement, mais ils ne proviennent pas systématiquement d'une immigration comme c'est le cas des minorités nationales. À titre d'exemple, les Aborigènes en Australie, les Amérindiens de Guyane et les Kanaks de Nouvelle-Calédonie auxquels la République française dénie pourtant le statut de peuples « autochtones ».

---

op. cit. : « La création d'un État souverain et indépendant, la libre association ou l'intégration avec un État indépendant ou l'acquisition de tout autre statut politique librement décidé par un peuple constituent pour ce peuple des moyens d'exercer son droit à disposer de lui-même ».

[54] Jean Salmon, *Dictionnaire de droit international public*, 2001, Bruylant, p. 543.

[55] Avis intitulé « Vers une égalité réelle pour les deux peuples autochtones français, les Amérindiens de Guyane et les Kanaks de Nouvelle-Calédonie » par la Commission nationale consultative des droits de l'homme (CNCDH) le 23 février 2018 en vue de produire un ouvrage qui dressera le bilan de l'état des droits de l'homme dans les Outre-mer.

Adoptée par l'Assemblée générale des Nations Unies le 13 septembre 2007, la Déclaration des Nations Unies sur les droits des peuples autochtones consacre le droit à l'autodétermination des peuples autochtones. Son article 3 dispose que : « Les peuples autochtones ont le droit de disposer d'eux-mêmes. En vertu de ce droit, ils déterminent librement leur statut politique et assurent librement leur développement économique, social et culturel ». Cette formulation rappelle celle de la résolution 1514 (XV) portant Déclaration sur l'octroi de l'indépendance aux pays et aux peuples coloniaux du 14 décembre 1960, précitée. Elle se décline en droit de déterminer librement leur statut politique et à assurer librement leur développement économique, social et culturel (art. 3), donc induit la possibilité de disposer d'un droit à l'autonomie et de s'administrer eux-mêmes (v. articles 4 et 5). Toutefois, ce texte n'emporte pas la sacralisation du droit à l'indépendance. Il insiste plutôt sur le respect de l'intégrité territoriale des États (art. 46, § 1). D'ailleurs, pour Olivier Corten, ce texte présente le défaut d'être dépourvu de force contraignante. Il ne s'agit que d'une résolution et non d'une convention très largement assujettie au bon vouloir des Etats, même si les peuples autochtones y attribuent une forte valeur symbolique sans commune mesure avec sa valeur juridique[56].

Le Préambule de la Constitution camerounaise énonce par ailleurs que « L'État assure la protection des minorités et préserve les droits des populations autochtones conformément à la loi ». Il convient de relever que le choix de l'expression retenue par ce constituant, populations autochtones au lieu de peuples autochtones en droit international, ne semble pas fortuit. Certains commentateurs voient dans cette prédilection pour le vocable « population » plutôt que peuple, une façon de contourner la question séparatiste sévissant dans les bastions anglophones[57], et de contenir toute revendication ou tout droit s'attachant à la qualité de peuple au sens du droit international.

À ces égards, le peuple anglophone semble susceptible de bénéficier de tous les droits reconnus aux minorités et aux peuples autochtones.

---

[56] Olivier Corten, « Les visions des internationalistes du droit des peuples à disposer d'eux-mêmes : une approche critique », *Civitas Europa,* 2014/1 (n° 32), p.131

[57] Rodrigue Ngando Sandjè, « Le droit des minorités et des peuples autochtones au Cameroun : Une lecture actuelle et éventuelle », *Droit et cultures* [En ligne], 66 | 2013-2, mis en ligne le 28 janvier 2014, consulté le 03 mars 2019. URL : http://journals.openedition.org/droitcultures. C'est le sentiment général qui traverse le chercheur au vu de la méfiance manifestée à l'encontre de l'usage de la notion de peuple en Afrique. « La peur du séparatisme est une hantise rémanente dans les États subsahariens où le constituant adopte très souvent une attitude prudente à l'égard des notions anthropologiques jugées éminemment sensibles », écrira par exemple Jean Njoya, op. cit., p. 5-6 ; aussi, N. Rouland (dir.), S. Pierré-Caps et Jacques Poumarede, *Droit des minorités et des peuples autochtones,* Paris, PUF, coll. « droit fondamental », 1996, pp. 14-15 ou encore M. Torrelli, « Le printemps des peuples », Mél. Paul Isoart, Paris, A. Pedone, 1996, p. 386 et s.

Les anglophones : une minorité ?

Tout au plus, paraît-il possible d'y déceler une minorité numérique anglophone[58]. Consacré par la Déclaration des droits des personnes appartenant à des minorités nationales ou ethniques, religieuses et linguistiques, adoptée par les Nations Unies en 1992, le terme « minorité » n'est défini ni en droit international ni en droit interne camerounais[59]. En substance, la minorité désigne un groupe (ethnique, religieux ou linguistique) numériquement inférieur au reste de la population d'un État. Sous ce rapport, la qualité minoritaire s'apprécie par rapport à l'ensemble de la société globale, pour reprendre les termes de Norbert Rouland[60]. Le Dictionnaire de droit international public de Jean Salmon renvoie à un : « groupe numériquement inférieur au reste de la population d'un État, en position non dominante, dont les membres – ressortissants de l'État – possèdent du point de vue ethnique, religieux ou linguistique, des caractéristiques qui diffèrent de celles du reste de la population et manifestent même de façon implicite un sentiment de solidarité, à l'effet de préserver leur culture, leurs traditions, leur religion ou leur langue »[61]. La

[58] *Idem.*

[59] On peut recenser, sans exhaustivité, pour les thèmes généraux : L. Donfack Sokeng, *Le droit des minorités et des peuples autochtones au Cameroun,* Thèse, Université de Nantes, 2001, J. Mouangue Kobila, *La protection des minorités et des peuples autochtones au Cameroun. Entre reconnaissance interne contrastée et consécration internationale réaffirmée*, Paris, Dianoïa, 2009, p.12. Pour les thèmes spéciaux, : A. D. Olinga, « La protection des minorités en droit public camerounais », *RADIC*, 1998, p. 271-291 ou encore du même auteur, « L'exigence de la prise en compte des 'composantes sociologiques de la circonscription' en droit électoral camerounais », *Juridis Périodique*, n° 28, oct.-nov.-déc. 1996, pp. 67-72 et J. Mouangue Kobila, « Droit de la participation politique des minorités et des populations autochtones au Cameroun. L'application de l'exigence constitutionnelle de la prise en compte des composantes sociologiques de la circonscription dans la constitution des listes de candidats aux élections au Cameroun », *RFDC*, n° 75, 2008, p. 629-664. La question minoritaire est à la fois justifiée et minorée par la doctrine locale au point où y sont nées deux tendances doctrinales antithétiques. Pour d'aucuns, « Les notions de minorité, d'allogène et d'autochtone semblent n'avoir été introduites dans le débat constitutionnel en 1995 que pour noyer le problème anglophone et la question du fédéralisme, par ailleurs ils y verront la main des élites en mal de ressources politiques et une chasse inavouée aux Bamilékés ». Voy. Ch. Nach Mback, « La chefferie traditionnelle au Cameroun : Ambiguïtés juridiques et obstacles à la démocratie », *CADH*, n° 6-7, 2002, p. 245. À l'inverse, pour d'autres, la démocratie, l'égalité, la liberté, la représentation, la règle majoritaire « se conjuguent aussi avec les droits des groupes bien définis ». V. M. Nguele Abada, « Le cycle identitaire dans le droit : réflexions sur le fondement et l'expression des droits de l'homme dans les États africains au sud du Sahara », *CADH*, n° 6-7, 2002, p. 92.

[60] « Une minorité [...] est un groupe humain marginalisé, se trouvant en position d'infériorité par rapport à la société globale et, en général, à l'État-nation, dans lesquels elle se trouve incluse ». V. « Anthropologie juridique », Définir le droit 2, *Droits*, n° 11, 1990, p. 15

[61] J. Salmon (dir.) & G. Guillaume (préf.), *Le dictionnaire de droit international public*, Bruxelles, Bruyland/ AUF, coll. « Universités francophones », 2001, p. 708.

notion de complexe minoritaire tant chérie par Roger-Gabriel Nlep demeure elle-même liée à une telle acception[62].

La Constitution camerounaise du 18 janvier 1996 déclare dans son préambule : « L'État assure la protection des minorités et préserve les droits des populations autochtones conformément à la loi ». Alain Didier Olinga signale que cette protection est déjà substantielle au niveau interne : « La loi constitutionnelle du 18 janvier 1996 a, de façon opportunément prémonitoire, inséré la protection des minorités dans la norme constitutionnelle »[63]. À l'inverse de la France[64], le Cameroun a par ailleurs ratifié plusieurs conventions reconnaissant des droits spécifiques aux minorités sans assortir lesdites ratifications de réserves. En cela, il se démarque progressivement de la tradition jacobine dont il a paradoxalement hérité. Au rang de ces instruments juridiques internationaux figurent le Pacte international relatif aux droits civils et politiques dont l'article 1er a trait au « *droit de tous les peuples à disposer d'eux-mêmes et à déterminer librement leur statut* », la Convention contre toutes formes de discriminations raciales de 1965[65], la Convention sur l'élimination de toutes les formes de discrimination contre les femmes adoptée le 18 décembre 1979, la Convention sur la diversité biologique adoptée à Rio de Janeiro le 5 juin 1992[66], la Déclaration des Nations unies sur les droits des peuples autochtones qui consacre la protection des droits fonciers des peuples autochtones pygmées.

D'autres instruments tels, la Convention n° 107 relative aux Populations Aborigènes et Tribales (1957) et la Convention n° 169 du Bureau International de Travail (BIT) relatives aux Peuples Indigènes et Tribaux (1989) ont également été ratifiés par le Cameroun. C'est le cas de la Convention internationale des droits de l'enfant de 1989 adoptée le 27 octobre 1990 et ratifiée le 11 janvier 1993 dont l'article 30 énonce :

[62] Gabriel Nlep, *Administration publique camerounaise « contribution à l'étude des systèmes africains d'administration publique* », Paris, LGDJ, 1986, pp. 213 et s.

[63]Alain-Didier OLINGA, *L'accord de Greentree du 12 juin 2006 relatif à la presqu'île de Bakassi,* Paris, L'Harmattan, 2009, p. 83.

[64] Il est ainsi de la réserve formulée sur l'article 27 du Pacte international des droits civils politiques ; de même à propos de l'article 30 de la Convention sur les droits de l'enfant du 20 novembre 1989, sans compter le refus de signer la Convention-cadre pour la protection des minorités nationales. L'interrogation est admise pour la Nouvelle-Calédonie depuis 1998 avec la reconnaissance du « peuple kanak ». Précisément parce qu'il ne s'agit que d'une dérogation par rapport au principe constitutionnel d'indivisibilité de la République, mais aussi d'unicité du peuple français évoqué dans les décisions du Conseil constitutionnel du 9 mai 1991 et du 15 juin 1999.

[65] Elle vise, entre autres, la situation des droits de l'homme des peuples autochtones à travers différentes procédures

[66] L'article 8(j) de la Convention affirme le droit des communautés autochtones et locales au respect, à la préservation et au maintien des connaissances.

« Dans les États où il existe des minorités ethniques, religieuses ou linguistiques ou des personnes d'origine autochtone, un enfant autochtone ou appartenant à une de ces minorités ne peut être privé du droit d'avoir sa propre vie culturelle, de professer et de pratiquer sa propre religion ou d'employer sa propre langue en commun avec les autres membres de son groupe ».

Ainsi protégée, la population anglophone engloberait une minorité dont la langue prédominante outre les langues locales, serait l'anglais plutôt que le français. Or, à la différence des peuples et des peuples autochtones, les minorités nationales ne peuvent prétendre au droit à l'autodétermination. Cette éventualité est exclue expressément par la Déclaration de 1992. Elle est récusée avec encore plus de vigueur par Alain Didier Olinga pour lequel la situation des populations nigérianes de Bakassi ne relevait déjà pas du champ d'application du principe d'autodétermination tel qu'envisagé dans la résolution 1541 (XV) de l'Assemblée générale des Nations Unies en date du 14 décembre 1960 au profit des pays et peuples coloniaux[67].

En pure logique, cette minorité anglophone ne devrait pas pouvoir participer du moins à ce titre – à l'exercice de son droit à l'autodétermination indépendamment de son affiliation avec le peuple camerounais d'origine. Elle n'est pour autant pas dépourvue de droits. Toutefois – ceux-ci doivent être exercés et garantis par la Constitution au sein de l'ensemble camerounais et ne sauraient justifier la logique de dissociation ou de sécession. À titre d'illustration, les Catalans, l'une des nationalités constituant l'Espagne, ont librement accepté la Constitution espagnole lors du rétablissement de la démocratie. Pour briser ce *pactum*, il faudrait que tous les Espagnols se prononcent dans ce sens. De la même manière, un canton suisse ne pourrait pas quitter la Confédération sans un vote de l'ensemble des Suisses et une majorité des cantons. De la même façon donc, aujourd'hui, même en cas de volonté de sortir du cadre national camerounais, le peuple de l'ancien *Southern Cameroons* ne pourrait décider unilatéralement. L'avis du reste la majorité de la population camerounaise est incontournable. La démocratie c'est aussi respecter la légalité. Si de tels droits demeurent ambigus, il est en tout cas clair d'une part qu'ils existent, et d'autre part que les minorités nationales font partie intégrante des États dans lesquels elles vivent.

---

[67] Selon la résolution 1541, « L'intégration doit résulter du désir librement exprimé des populations du territoire, pleinement conscientes du changement de leur statut ». A. D. Olinga, *L'accord de Green tree du 12 juin 2006 relatif à la presqu'île de Bakassi, op.cit*, p. 83.

II. « L'inextricabilité » de la souveraineté camerounaise : des modalités d'exercice du droit à l'autodétermination des Anglophones

À l'analyse, les modalités d'exercice du droit à l'autodétermination des Anglophones du Cameroun, notamment à l'autodétermination externe **(A),** ou la consécration d'un droit d'autodétermination « interne » (autonomie) **(B),** demeurent indissociables du déploiement de la souveraineté camerounaise.

A. La visée d'autodétermination externe : indépendance

Le droit de s'autodéterminer des Anglophones ne se décompose aucunement en un droit automatique d'accéder à la pleine souveraineté étatique. La notion juridique de pleine souveraineté, pouvoir de droit originaire et suprême qui ne souffre d'aucune subordination, est plus assurée. Quels que soient sa taille et ses moyens, l'État souverain dispose de *« la compétence de sa compétence ».* Titulaire des compétences étatiques, il peut décider de les exercer toutes ou d'en déléguer l'exercice à d'autres États ou à des organisations internationales.

La souveraineté ne rime donc pas avec droit à sécession, même si cette forme était la plus pratiquée de par le passé par les mouvements de décolonisation. D'ailleurs, lorsqu'une région envisage de se détacher d'un État unitaire comme c'est le cas au Cameroun, il s'agit davantage d'une « séparation ». Le terme « sécession » semble plus approprié lorsqu'un État-membre d'une fédération se détache de celle-ci. On pourra donc se référer ici au « séparatisme » anglophone, anjouanais ou casamançais, mais il est par exemple inexact de parler de « séparatisme » québécois. Si la région anglophone accédait à la souveraineté complète et/ou à l'indépendance, il s'agirait clairement d'un cas de séparation. À cet égard, l'observation de la tradition constitutionnelle internationale **(1)** atteste d'une réticence face à l'exercice d'un droit unilatéral à la séparation et/ou sécession **(2).**

1. Une tradition constitutionnelle internationale avérée

Au regard du droit international actuel, ce ne sont pas forcément tous les peuples qui ont le droit d'opter pour l'indépendance même si, en principe, l'un des paragraphes de l'article 4 de la Déclaration de 1970 inclut l'accession à l'indépendance parmi les choix qui s'offrent à eux.

Dans le contexte actuel, il faut surtout se demander selon quelles modalités conformes au droit positif les Anglophones pourraient se détacher de la République du Cameroun.

Les peuples qui ont le droit de disposer d'eux-mêmes et de s'autodéterminer peuvent, en principe, choisir plusieurs options parmi lesquelles l'accession à l'indépendance dont l'une des formes les plus courantes demeure depuis 1830 l'accession par séparation, que le résultat en soit le simple détachement d'une unité territoriale d'un État existant ou le démembrement entier de celui-ci[68].

La sécession se pose, quant à elle, surtout au sein d'une constitution fédérale dont la plupart se montrent peu enclines à reconnaître aux États membres le droit à la sécession. Certes, la Constitution de l'ex-URSS de 1977 reconnaissait expressément ce droit à ses États membres. Toutefois, les conditions posées étaient si rigides que cette reconnaissance était purement théorique. Les fédérations américaines et australiennes l'interdisent également. Seuls l'Éthiopie et Saint-Kitts-et-Nevis admettent le droit à sécession[69]. Ainsi, la Constitution de 1983 de Saint-Kitts-et-Nevis envisage la possibilité pour l'île de Nevis de se séparer de l'île de Saint Kitts (ou Saint-Christophe en français), donc de faire sécession de la Fédération au moyen d'une majorité des deux tiers dans l'île[70]. Dans la même veine, l'article 39 de la Constitution de la République Fédérale d'Éthiopie énonce que « Chaque nation, nationalité ou peuple en Éthiopie a un droit inconditionnel à l'autodétermination, y compris le droit à la sécession »[71]. Cependant, certaines procédures et conditions soumises à l'aval de l'État doivent être honorées.

Ainsi, l'accession d'un nouvel État à l'indépendance paraît strictement encadrée sur le plan constitutionnel. Cette possibilité est circonscrite par l'article 5 de la Déclaration de 1970 sur les relations amicales entre les États qui formule le « principe de l'égalité de droits des peuples et de leur droit à disposer d'eux-mêmes » dans les termes suivants :

« Rien dans les paragraphes précédents ne sera interprété comme autorisant ou encourageant une action quelle qu'elle soit, qui démembrerait ou menacerait, totalement ou partiellement, l'intégrité territoriale ou l'unité

---

[68] Sur cette question, Jaume Saura Estapàr, « Auto- détermination et séparatisme des territoires métropolitains dans un cadre constitutionnel démocratique : le cas de la Catalogne », *Revue Miroirs*, mis en ligne le 15 juin 2014, consulté le 9 février 2019, http://www.revuemiroirs.fr/links/ Article5.pdf

[69] *La nation dans tous ses États : les identités nationales en mouvement*, Flammarion, 2000, pp. 253-254. (L'auteur n'est pas précisé).

[70] Le territoire, indépendant depuis 1983, peut-être rangé au rang des micro-États puisqu'il ne fait que 261 km^2. Voir l'article 113 de la Constitution de 1983.

[71] Il est stipulé à l'article 39, al 3 que « le droit à l'autodétermination, y compris la sécession [...] entrera en vigueur : 1. quand une demande de sécession a été approuvée par une majorité des deux tiers des membres du Conseil législatif de la nation, nationalité ou un peuple concernés ; 2. Lorsque le gouvernement fédéral a organisé un référendum qui doit avoir lieu dans les trois ans à partir du moment qu'il a reçu la décision du conseil concerné pour la sécession ; 3. Lorsque la demande de sécession est appuyée par la majorité des voix lors du référendum ; 4. Lorsque le gouvernement fédéral aura transféré ses pouvoirs au conseil de la Nation, nationalité ou peuple qui a voté pour la sécession, et 5. Lorsque le partage des biens est effectué de la manière prescrite par la loi ».

politique de tout État souverain et indépendant se conduisant conformément aux principes de l'égalité de droits et du droit des peuples de disposer d'eux-mêmes énoncés ci-dessus et dotés aussi d'un gouvernement représentant l'ensemble du peuple appartenant au territoire sans distinction de race, de croyance ou de couleur ».

Sur le strict plan du droit, il est hors de question d'envisager une forme d'autodétermination pour l'Ambazonie qui compromettrait l'intégrité territoriale de la République du Cameroun. Est-ce à dire néanmoins, à l'appui des exemples sus mentionnés, que seuls les États à structure fédérative peuvent être concernés par la possibilité de sécession, ce qui exclurait derechef la République du Cameroun ?

La réponse est fournie par un argumentaire très développé de Félicien Lemaire. Les initiatives unilatérales de sécession sont rarement encouragées par les Constitutions des États unitaires. Par ailleurs, l'exclusion se fait généralement de manière implicite, sans recourir au terme de sécession. Ce peut être par la mention globalement faite de l'unité de l'État ou de l'unité de la nation, ou plus strictement du principe d'indivisibilité (accolé à la notion d'État, de royaume ou de République), ou plus souvent encore par l'évocation du principe d'intégrité territoriale, voire en mêlant de manière très ambiguë ces deux dernières notions pour s'opposer aussi bien aux annexions qu'aux phénomènes séparatistes[72]. Il suffit de rappeler, à ce sujet, l'article premier de la Constitution camerounaise précité dont l'énoncé traduit une manière non équivoque de s'opposer au séparatisme anglophone. Parfois, la question est tout bonnement passée sous silence dans la Constitution. Ce qui ne constitue pas moins, il ne faut pas se leurrer, une manière de s'y opposer.

Le droit international opte pour une interprétation moins anti sécessionniste voire plus équilibriste. Comme le souligne Christakis, « *Outside the colonial context, the sovereign states concerned have not only the possibility to regulate secession internally in their respective domestic ordres, but also have the right to take all measures compatible under international law, including police measures and the use of force, in order to protect their territorial integrity against these secessionist attemp*t »[73]. À cet égard, l'avis consultatif du 22 juillet 2010 est topique. La Cour de La Haye y considère que la déclaration unilatérale d'indépendance du Kosovo en date du 17 février 2008 n'a violé ni le « droit international général », ni la résolution 1244 (1999) du Conseil de sécurité, ni le cadre constitutionnel. Elle ne peut être envisagée comme un précédent, c'est-à-dire comme une

[72] Felicien Lemaire, « La libre détermination des peuples, la vision du constitutionnaliste », *Civitas Europa*, vol. 32, no. 1, 2014, pp. 113-138.

[73] Théodore Christakis, « The ICJ Advisory opinion on Kosovo: Has International Law Something to say about Secession? », *Ledein J, Internationa* Law 24, p.86.

reconnaissance en propre d'un droit à faire sécession. Il s'agissait d'une simple déclaration d'intention[74]. Juridiquement, cet épisode jurisprudentiel demeure un cas controversé. Il fait opérer à Jing Lu le constat « *Due to the refusal to discuss secessionist self-determination, the value of the Kosovo advisory opinion was at a large discount: it could not provide much help in exploring the legal color of secession* »[75]. En plus, les pays ayant reconnu l'indépendance du Kosovo ont affirmé qu'il s'agissait d'une « exception ». En vérité, la Cour de La Haye a ouvert une boîte de Pandore difficile à refermer. À titre d'illustration, les Catalans invoquent justement le cas du Kosovo qui avait déclaré son indépendance au détriment de la Serbie.

2. L'exclusion d'un droit unilatéral à la « séparation » et/ou sécession des régions anglophones

À la lumière de la doctrine et de la pratique moderne et contemporaine, la séparation/sécession est-elle une option légale pour les Anglophones du Cameroun ? Existe-t-il un émergent « droit de décider » pour les peuples et les territoires non coloniaux ? Et quels seraient les effets de la déclaration « d'indépendance » de l'Ambazonie du 1er octobre 2017 ?

La pratique internationale et jurisprudentielle la plus importante de ces vingt dernières années, en dehors du cadre colonial, donne quelques pistes sur les conditions que doit remplir un peuple aux fins d'avoir le droit d'opter pour l'indépendance étatique[76], c'est-à-dire la pleine souveraineté. Elles sont susceptibles de s'appliquer au cas anglophone, mais en dehors du droit à l'autodétermination. Il s'agit notamment des conditions suivantes :

« 1° Il [la population anglophone] doit d'abord, bien entendu, constituer un « peuple » distinct au sens de la Charte des Nations unies et remplir les conditions requises afin de pouvoir exercer le droit à l'autodétermination ou droit de libre disposition des peuples.

2° En plus de posséder une « organisation politique » ou un « embryon de pouvoir politique », ce peuple doit posséder une certaine dimension politique.

3° Le peuple en question doit être regroupé territorialement de façon à ce que le territoire de son État puisse être clairement délimité.

---

[74] Cour Internationale de Justice, *Avis consultatif de 22 juillet 2010 relatif à la « Conformité au droit international de la déclaration unilatérale d'indépendance relative au Kosovo*, §122. Le « cadre constitutionnel» auquel se rapporte l'Opinion Consultative est celui établi par la résolution 1244 (1999) du Conseil de Sécurité (donc par le droit international) et non par la Constitution de la République de Serbie ou, en son temps, de la République Fédérative Socialiste de Yougoslavie.

[75] Jing Lu, *On State Secession from International Law Perspectives*, Springer, 2018, p.74.

[76] Brossard, Jacques, « Le droit du peuple québécois à l'autodétermination et à l'indépendance », *Études internationales*, volume 8, number 2, 1977, pp. 151–171.

4° Ce peuple doit pouvoir former un État viable.

5° En ce qui concerne les Nations unies, ce peuple doit s'engager en outre à respecter, en tant qu'État, les principes de la Charte et du droit international ».

Les conditions qui précèdent, s'appliquent à tous les cas d'accession à l'indépendance et sont cumulatives. Les « conditions » additionnelles suivantes s'appliquent plus singulièrement aux cas de sécession et sont alternatives :

« 6° Le peuple en question ne doit pas, en accédant à l'indépendance étatique, « démembrer ou menacer » l'intégrité territoriale d'un autre État, c'est-à-dire en l'occurrence celle de l'État englobant, à moins que :

7° il ait des motifs suffisants de le faire ;

8° que l'État dont l'intégrité territoriale serait affectée par l'accession de ce peuple à la souveraineté étatique ne lui accorde lui-même le droit de sécession ou ne consente lui-même à son détachement de fait.

9° Le peuple en question pourra toutefois se séparer de l'État qui l'englobe si telle est la volonté clairement exprimée et nettement majoritaire de sa population et s'il appert de façon suffisamment évidente que ce peuple ne peut plus vivre ou ne désire plus vivre ni coexister avec l'autre peuple ou les autres peuples qui sont compris dans l'État qui l'englobe[77] ».

Si l'on se reporte aux « conditions » ainsi énumérées, il paraît évident que les populations du NOSO (Nord-Ouest-Sud-Ouest) du Cameroun ne remplissent pas la première conditionnalité. Le peuple « anglophone » ne se démarque pas suffisamment du peuple « camerounais ». Les quatre autres conditions peuvent toutefois être satisfaites.

Pour ce qui est des conditions alternatives : le tempérament le plus manifeste (du point de vue théorique), réside dans l'interdiction de principe de démembrer un État existant en accédant à l'indépendance. Si l'on considère la situation géographique du NOSO enclavée à l'intérieur de l'ensemble camerounais, elle peut sembler particulièrement difficultueuse de ce point de vue, puisque son accession à l'indépendance scinderait le Cameroun en deux parties inopportunément découpées. De toute manière, la clause de « non démembrement », ajoutée à l'article 5, fut adoptée essentiellement dans le contexte de la décolonisation en vue de protéger les nouveaux États, et elle a déjà subi quelques dérogations.

Le consentement de l'État du Cameroun dont l'intégrité territoriale serait affectée par l'accession de ce peuple à la souveraineté étatique à la sécession

[77] *Idem.*

ou au détachement de fait, paraît difficilement envisageable. Le primat gouvernemental est donné au principe d'indivisibilité de la République, mais aussi d'unicité du peuple camerounais, ce qui peut paraître du côté séparatiste anglophone comme une volonté de « vassalisation » du peuple anglophone que rien ne justifie en droit[78]. La Constitution camerounaise dans son article 1er affirme l'indivisibilité de la République du Cameroun tout en concédant le droit à l'autonomie administrative et financière des « Collectivités territoriales décentralisées »[79]. D'ailleurs un tel consentement aurait-il un caractère « perpétuel » ? Il importe de se rappeler l'épisode katangais. À la suite de l'indépendance du Congo belge en juin 1960, le Katanga fit sécession du Congo, alors gouverné par Patrice Lumumba, dès le mois de juillet et proclama son indépendance sous l'impulsion de Moïse Tshombe et des milieux d'affaires pro-occidentaux. Au final, les forces militaires sous l'égide des Nations unies menèrent une campagne de deux ans pour réintégrer le Katanga au Congo, opération conclue par un plan de réconciliation nationale en janvier 1963[80].

On le sait, l'un des motifs qui peuvent induire la communauté internationale à accueillir, avec froideur et/ou apathie, le projet d'accession à l'indépendance de l'Ambazonie, ce serait la peur du précédent. En théorie, rien n'empêche, dans l'hypothèse où les autorités camerounaises et anglophones ne parviennent pas à s'accorder, au cas où la population camerounaise manifeste ouvertement son appui majoritaire à la thèse de l'accession à la souveraineté, à l'Ambazonie de décider d'imiter la Rhodésie du Sud, la Norvège ou l'Islande et de déclarer unilatéralement son indépendance.

L'histoire des relations internationales atteste plus de divorces conflictuels (pour faute-donc) que de « divorces à l'amiable » entre des régions sécessionnistes et des États déjà constitués[81]. Le cas de l'ancienne Tchécoslovaquie apparaît comme un exemple aussi paradigmatique qu'exceptionnel de « séparations de velours ». Une éventuelle séparation de l'Écosse du Royaume-Uni constituerait un précédent fort édifiant. La solution sécessionniste appliquée au cas d'espèce serait évidemment illégale au regard du droit camerounais ! Par contre, dans la mesure où « l'efficacité vaut titre » et en dépit de l'illégalité d'une telle déclaration unilatérale sur le plan interne et éventuellement international, pareille déclaration pourrait finalement aboutir à une indépendance légale au regard du droit

---

[78] Expression empruntée à Alain Pellet, « Quel avenir pour le droit des peuples à disposer d'eux-mêmes ? », op. cit., p.258.

[79] Article 55 de la Loi n° 96/06 du 18 janvier 1996 portant révision de la Constitution du 02 juin 1972, modifiée et complétée par la Loi n° 2008/001 du 14 avril 2008.

[80] *Le Comité Spécial du Katanga, (CSK) 1900-1950*, Éditions Cuypers, Bruxelles, 1950, 327 p.

[81] Jaume Saura Estapàr « Autodétermination et séparatisme des territoires métropolitains dans un cadre constitutionnel démocratique : le cas de la Catalogne », o*p. cit*, note 62.

international, si et seulement si, le peuple anglophone souhaitait vraiment l'indépendance, et si ses dirigeants s'avéraient capables de la réaliser de façon efficace. En ce cas, le Cameroun pourrait se résigner à le reconnaître à son tour comme ce fut le cas du Pakistan au sujet du Bangladesh[82].

La dernière condition incarnée par la « volonté clairement exprimée et nettement majoritaire de sa population » a pu faire florès dans les cas du Monténégro et du Sud Soudan[83]. Il est constant dans l'histoire que c'est au peuple du territoire qui va être rattaché à un État existant de se prononcer en faveur d'une telle évolution. Ainsi, l'article 36 de la Constitution camerounaise autorise le Président de la République à « soumettre au referendum tout projet de réforme qui, bien que relevant du domaine de la loi, serait susceptible d'avoir des répercussions profondes sur l'avenir de la Nation et des institutions nationales ». Ce serait là la plus vive manifestation du droit de libre détermination statutaire des Anglophones du Cameroun ! Est-il néanmoins besoin de préciser que l'organisation de telles consultations est à n'en pas douter d'une complexité terrifiante. Les précédents historiques en matière de plébiscite et de référendums au Cameroun font d'ailleurs douter de cette possibilité le concernant. Cela incite à adhérer à la formule de Jacques Robert conviant à « ne manier le référendum qu'avec prudence »[84]. La question a été posée, à brûle-pourpoint, en 2003 à la suite de l'arrêt de la CIJ venu régler le différend frontalier entre le Cameroun et le Nigeria[85]. Plusieurs communautés installées à Bakassi s'opposant aux solutions de relocalisation en territoire nigérian proposée par le Gouvernement fédéral avaient introduit une requête demandant aux Nations Unies d'organiser un référendum dans la péninsule en vertu du droit des peuples à l'autodétermination[86].

Dans son avis du 16 octobre 1975 en l'affaire du *Sahara occidental*, la CIJ avait estimé que même dans un contexte de décolonisation, on peut ne pas consulter la population du territoire concerné « soit par la considération

---

[82] Codron Jérémie. « Pakistan et Bangladesh, deux pays frères ? Le poids de l'histoire dans les représentations bangladaises du Pakistan », *Outre-Terre*, vol. 24, no. 1, 2010, pp. 91-102.

[83] Dans le cas du référendum de 2006 au Monténégro, le oui a remporté une très grande participation (86,5 %) avec une majorité en faveur de l'indépendance qui a dépassé le seuil européen de quelques dixièmes (55,5 %). Dans le cas du Sud-Soudan, le référendum a obtenu un résultat de près de 99 % pour l'indépendance. Dans les deux cas, il était question de consultations accordées entre les deux parties après quarante ans de guerre civile au Soudan et dans un contexte fort compliqué aux Balkans une décennie plus tôt.

[84] Jacques Robert, « Ne manier le référendum qu'avec prudence... », *RDP*, 2003, pp. 915-929.

[85] C.I.J., *Frontière terrestre et maritime entre le Cameroun et le Nigeria* (Cameroun c. Nigeria ; Guinée équatoriale (intervenant)), arrêt du 10 octobre 2002, Rec., p. 421.

[86] D'après ces communautés, ce procédé est le plus démocratique vu que 90 % des habitants de la presqu'île sont d'origine nigériane. Néanmoins, le recours au droit des peuples à l'autodétermination apparaît comme une stratégie dilatoire devant permettre à la partie nigériane de retarder aussi longtemps que possible la rétrocession de Bakassi au Cameroun.

qu'une certaine population ne constituait pas un « peuple » pouvant prétendre à disposer de lui-même, soit en raison des circonstances spéciales »[87]. Cette tendance jurisprudentielle est confortée par la doctrine selon laquelle « dans des conditions spéciales, on ne peut pas exiger la consultation des populations et prévoir des mécanismes particuliers par des consultations des États intéressés »[88].

En somme, il est possible de considérer que le droit international n'autorise ni n'interdit la sécession unilatérale. Si on adhère à cette visée, la question est réglée par les droits internes. Or, la Constitution camerounaise ne reconnaît pas la séparation et/ou la sécession unilatérale. L'État du Cameroun assume plutôt une approche holistique et essentialiste de l'ensemble national au sens où la Nation camerounaise est censée primer sur tous les peuples qui y sont subsumés.

Il est possible, au moins sur le plan théorique, d'envisager une autre possibilité d'évolution politique et institutionnelle se situant dans la même lignée que la séparation : la pleine souveraineté avec partenariat.

Dotée de sa propre Constitution, de la « compétence de sa compétence », une République anglophone du NOSO ou État d'Ambazonie[89] ne serait nullement placée dans une situation de subordination dans sa relation avec l'État du Cameroun. Ce qui signifie, concrètement, que l'Ambazonie deviendrait un État souverain, pourvu d'un siège à l'Assemblée générale des Nations Unies, délivrant de véritables passeports à ses ressortissants et dont les relations avec le Cameroun seraient des relations d'Etat à État. Le maître mot des relations entre ce nouvel État souverain et la République du Cameroun serait l'égalité qui, en droit tout au moins, caractérise les relations interétatiques dans l'ordre juridique international.

Cela précisé, il convient d'ajouter que ce qui est envisagé ici est une hypothèse de relation de partenariat qui n'est pas sans précédent – puisque la solution évoquée pour le cas de la Nouvelle-Calédonie et la France a été appliquée dans le cas de la relation des États fédérés de Micronésie, de Monaco et la France, ou entre le Liechtenstein et la Suisse pour ce qui concerne l'Europe – mais pourrait être construit de manière plus authentique entre l'Ambazonie et le Cameroun.

Une optique moins mécanique ou machiavélique ne débouchant pas strictement sur l'indépendance-césure est admissible sur le prototype de

---

[87] C.I.J., *Sahara Occidental,* ordonnance du 22 mai 1975, *Rec.* 1975, p. 12, par. 59.

[88] Georges Fischer, « Une tentative de protection internationale d'une minorité : la Conférence islamique et les musulmans philippins », *AFDI,* 1977, pp. 325-341.

[89] Cette appellation générique est adoptée dans le présent article par pure commodité rédactionnelle et non par adéquation avec le paradigme de la reconnaissance ou non de l'Etat d'Ambazonie.

l'État libre associé tel Porto Rico, territoire des États-Unis d'Amérique ou celui des Îles Cook rattachées à la Nouvelle-Zélande (approuvé par la résolution 2064 de l'Assemblée Générale des Nations Unies) ou encore le statut d'État associé des îles d'Aland rattachées à la Finlande (dont la souveraineté sur ces îles a été approuvée en 1921 par la SDN). Toutefois, l'instinct conservateur qui fait préférer l'existant pour répudier le possible suggère de se tourner vers une solution qui permettrait à l'État camerounais d'accorder le droit à l'autodétermination dans les limites de sa structure constitutionnelle, et en lui conservant une certaine marge de manœuvre afin d'en sanctionner les résultats.

B. Vers la consécration d'un droit d'autodétermination « interne » des anglophones du Cameroun :

Les Anglophones peuvent réclamer l'exercice d'un droit d'autodétermination ne débouchant pas strictement sur l'indépendance qui prendrait la forme d'une autonomie (**1**), d'une autonomie étendue (**2**), voire de l'évolution subreptice vers un Cameroun en tant qu'État fédéral ou quasi fédéral ? (**3**).

1. L'autonomie comme solution ?

La mise en œuvre de la Déclaration des Nations Unies sur les droits des peuples autochtones de 2007 a été propice à la consécration du droit à l'autodétermination aux peuples autochtones sous forme d'autonomie par plusieurs États en voie de développement (Philippines, Mexique, Colombie, etc.). L'autonomie dont il s'agit dans son sens étymologique et premier apparaît comme « le droit de se gouverner par ses propres lois ». Aujourd'hui, elle se réfère plus exactement au « [...] mode d'exercice de l'administration locale ou régionale dans le cadre de la relation entre un pouvoir central et ses périphéries »[90].

Dans cette acception, les degrés d'autonomie peuvent être très variables, allant de la simple reconnaissance de compétences administratives à la délégation de compétences quasi gouvernementales. S'il ne s'agit que d'une autonomie administrative, l'autonomie est alors synonyme de décentralisation. En l'occurrence, il est tout d'abord possible d'envisager une décentralisation plus poussée dans les zones anglophones. La Constitution du pays prévoit certes une certaine forme de décentralisation et un peu plus de contrôle local pour chacune de ses régions. L'article 56 de la Constitution stipule que : « L'État transfère aux Régions, dans les conditions fixées par la loi, des compétences dans les matières nécessaires à leur développement économique, social, sanitaire, éducatif, culturel et sportif. 2) La loi

[90] David Alcaud, Laurent Bouvet, Jean-Gabriel Contamin, Xavier Crettiez, Stéphanie Morel, *Dictionnaire de sciences politiques*, Sirey, 2010 - 2e édition, p. 32.

détermine : - le partage des compétences entre l'Etat et les Régions dans les matières ainsi transférées ; - les ressources des Régions ; le domaine et le patrimoine particulier de la Région ». Toutefois, cette matière constitue la branche morte de la Constitution camerounaise en termes d'application. Il faut dans tous les cas se prémunir de tout usage dévoyé des compétences décentralisées.

2. L'autonomie étendue

En revanche, l'autonomie avoisine la notion d'indépendance lorsqu'il s'agit d'une autonomie politique large. Dans cette hypothèse, l'autonomie au sein d'un État souverain, dans le cadre d'une autonomie gouvernementale, d'une confédération ou d'une fédération, tout en préservant l'intégrité territoriale d'un État partie, peut être exercée en conformité avec la Charte africaine des droits de l'homme et des peuples. De plus, sur un plan pratique, s'agissant de la réalité de l'exercice des compétences, le résultat est à peu près le même que l'on se place dans la perspective de la pleine souveraineté avec partenariat ou celle de l'autonomie étendue.

L'hypothèse d'une extension du statut d'autonomie d'une République anglophone ou d'Ambazonie au sein de la République du Cameroun est-elle concevable ? La perspective dans laquelle on se place ici est donc celle du maintien de l'Ambazonie au sein de la République du Cameroun, mais avec une évolution consistant à réviser la Constitution pour en étendre l'autonomie. Il serait possible d'évoluer vers la régionalisation constitutionnelle ou le régionalisme constitutionnel correspondant au desserrement ou relâchement des contraintes étatiques, mais sans pour autant muter vers la forme fédérale de l'État. Il n'est à cet égard que de penser aux États dits régionaux comme l'Italie, l'Espagne, et, éventuellement, la République démocratique du Congo[91] ou la Somalie avec son État semi autonome du Puntland, lesquels, par divers procédés institutionnels, prévoient l'évolution statutaire des régions ou des collectivités autonomes.

En droit, la question de savoir si l'Ambazonie peut encore progresser sur la voie d'une plus vaste autonomie tout en restant partie intégrante de la République du Cameroun, ne peut se poser qu'au sujet des compétences qui lui seraient transférées. Est ici concerné l'article 26 de la Constitution camerounaise ayant trait aux matières qui relèvent du domaine de la loi (les droits, garanties et obligations fondamentaux du citoyen, le statut des personnes et le régime des biens, l'organisation politique, administrative et judiciaire, règles générales d'organisation de la défense nationale, etc.), c'est-à-dire, en somme, les compétences dites « régaliennes », du latin *jura régalai*, désignant les « marques de souveraineté » dont dispose la royauté

[91] Stéphane Bolle, « La République Démocratique du Congo est-elle un État régional ? », http://www.la-constitution-en-afrique.org/

ou l'État. Il serait possible de se tourner vers cette formule en lui conférant une configuration plus moderne qui évite de figer la scission linguistique Francophones/Anglophones.

Concernant les thuriféraires de l'État du Cameroun à l'instar des autres, il paraît ardu de trop avancer dans la prospective de ces évolutions institutionnelles sans sortir du rôle assigné à la présente communication. Même si les compétences envisagées sont exercées pour l'essentiel par voie de délégation des autorités nationales (anglophones), il n'en reste pas moins qu'on se situe ici dans un domaine où par excellence l'État central camerounais, quelle que soit sa structure unitaire ou fédérale, conserverait généralement un monopole. À titre de modèle, les États-Unis ou l'Australie, bien qu'organisés sous la forme d'un État fédéral, ne reconnaissent quasiment aucune compétence à leurs États fédérés en matière de relations extérieures, bien moins en tout cas que la France, État réputé jacobin, en accorde à la Nouvelle-Calédonie, un Territoire d'Outre-Mer doté d'une forte autonomie. Il en est de même pour la Somalie, actuellement régie par une Constitution provisoire (adoptée en août 2012 qui encadre les rapports entre le gouvernement fédéral et les gouvernements des États régionaux).

Tout ceci pour préciser que, dans l'hypothèse où l'Ambazonie s'orienterait vers cette perspective d'une autonomie étendue, le partage de toutes les compétences devrait sans doute être discuté à l'occasion d'une révision constitutionnelle substantielle. La porte pourrait alors être (re)ouverte pour (re)faire du Cameroun un État fédéral ou quasi fédéral.

3. Le Cameroun : un État fédéral ou quasi fédéral ?

En toute hypothèse, si l'Ambazonie s'engageait dans cette voie, il faudrait nécessairement réviser la Constitution camerounaise. Sans s'attacher plus que nécessaire aux catégories juridiques, cela transformerait le Cameroun en un État fédéral ou quasi fédéral. Pour parer aux revendications indépendantistes des Anglophones, certains préconisent le retour au fédéralisme souple du début des années 60. Selon une opinion communément répandue, une majorité de Camerounais préconiseraient le retour au fédéralisme, seul système qui permettra au pays de retrouver sa prospérité d'antan. Point n'est besoin de revenir sur un débat largement mené[92], car dans le contexte politique actuel, évoquer le fédéralisme revient à remettre en cause la forme de l'État et, partant, à alimenter des visées irrédentistes. Même pour les anglophiles du Cameroun, le seul choix du nombre d'États de la future fédération est loin de faire l'unanimité. Une fédération à deux États comme avant l'unification, quatre ou six États pour mieux refléter les équilibres sociologiques du pays et faire accepter l'idée de fédéralisme aux Francophones, ou encore dix États pour reprendre le

[92] Confère première partie de cet article.

découpage actuel du Cameroun en dix régions ? Le débat reste ardu[93]. La majorité des Anglophones du Nord-Ouest se prononcent *en off* pour une fédération à deux États, comme en 1961. Les élites et autochtones du Sud Cameroun s'étant toujours insurgés contre l'hégémonie démographique, politique, économique et l'accaparement de leurs terres par les migrants du Nord ont, quant à elles, tendance à opter pour une fédération à dix États afin de conserver leur autonomie. L'hypothèse du fédéralisme a au moins le mérite de contribuer à circonscrire le mouvement de « prolifération étatique »[94], et ainsi consolider le phénomène de maintien ou de regroupement d'entités anglophones au sein de l'État camerounais.

Conclusion

Le peuple anglophone, comme n'importe quel peuple s'il en est un (condition *sine qua non*), est potentiellement titulaire du droit à l'autodétermination reconnu par le droit international. Comme l'a constaté la Commission africaine des droits de l'Homme et des peuples, ce droit « peut s'opérer dans l'une des formes suivantes : indépendance, autogouvernement, gouvernement local, fédéralisme, confédéralisme, unitarisme ou toute autre forme de relation correspondant aux aspirations du peuple, mais tout en reconnaissant les autres principes établis tels que la souveraineté et l'intégrité territoriale »[95].

Cependant, ces modalités ne sont pas absolument égales. Seule l'indépendance constitue une forme légale d'exercice du droit à l'autodétermination, à condition qu'elle se fasse sans ébrécher le principe d'intégrité territoriale des États. Ceci n'était « facile » que dans un contexte colonial (où il n'y avait pas d'intégrité territoriale à sauvegarder) ou en cas de concertation entre les parties[96]. Pour autant, les Anglophones ne doivent pas être considérés ni se considérer eux-mêmes comme une minorité nationale ou ethnique au sens où le droit international entend ces termes.

Du point de vue du droit international, la République putative d'Ambazonie est susceptible de détenir un droit à l'autodétermination, lequel ne rime en rien avec un droit (unilatéral/autonome) à la sécession. En revanche, elle peut légitimement et peut être plus efficacement au vu du rapport de forces géopolitiques, se positionner en faveur d'une relation

---

[93] Ce débat est fidèlement retranscrit par le rapport de International Crisis Group, *Cameroun : la crise anglophone à la croisée des chemins*, Crisis Group, Rapport Afrique n° 250, 2 août 2017, p.17.

[94] Pour reprendre une expression dont la paternité est attribuée au professeur Pascal Boniface, « La prolifération étatique : un défi stratégique majeur », *RIS*, printemps 2000, n° 37, passim.

[95] *Kevin MgwangaGunme, et al. v. Cameroon.* Communication 266/03, op.cit.

[96] Jaume Saura Estapàr, « Autodétermination et séparatisme des territoires métropolitains dans un cadre constitutionnel démocratique, op.cit, note 62.

rénovée avec l'État camerounais sur le postulat d'une autonomie plus étendue qu'une majorité d'Anglophones réclame à cors et à cris. Toutefois, le droit international demeure impuissant à apporter un remède au cas où cette réclamation n'obtient pas une réplique raisonnable de la part du Gouvernement de Yaoundé. Il serait appréciable que l'État camerounais développe de plus en plus un droit d'autodétermination interne comme mode alternatif à l'indépendance. Une consultation populaire suivie d'une déclaration unilatérale d'indépendance ne serait pas forcément contraire au droit international, mais ne serait pas pour autant légitimée par celui-ci. Par conséquent, pour qu'une quelconque déclaration d'indépendance puisse entraîner *in jure* une reconnaissance généralisée d'un nouvel État souverain d'Ambazonie, même à l'encontre de la République du Cameroun, il faudrait que l'on constate l'existence palpable de structures étatiques et fort davantage à savoir l'exercice de la souveraineté ambazonienne. Même là, nous serions encore dans un monde virtuel ou présomptif, peu éloigné de celui de sa fameuse crypto monnaie : l'ambacoin [97]!

Bibliographie sélective

MVENG (E.), *Histoire du Cameroun*, Paris, Présence africaine, 1963.

OLINGA (A. D.), « La Question anglophone dans le Cameroun d'aujourd'hui », *Revue juridique et politique, Indépendance et Coopération*. - 48(3), oct. /déc. 1994.

PELLET (A.), « Quel avenir pour le droit des peuples à disposer d'eux-mêmes ? », *Liber Amicorum Jimenez de Arechaga, Fondacion de cultura universitaria*, Montevideo, 1995.

SALMON (J.), *Dictionnaire de droit international public*, Bruylant, 2001.

[97] L'ambacoin aurait une portée symbolique pour l'Ambazonie, la région camerounaise anglophone dont l'indépendance a été auto-déclarée par les séparatistes le 1er octobre 2017. Pour eux, l'ambacoin est un instrument monétaire qui va soutenir leur projet de souveraineté. Ils se sont appuyés sur la technologie qui a permis l'émergence du bitcoin, la plus connue de la multitude de monnaies virtuelles qui existent à l'heure actuelle.

LA CRISE ANGLOPHONE FACE À LA PROBLÉMATIQUE D'UN DROIT À SÉCESSION EN DROIT INTERNATIONAL

Apollin KOAGNE ZOUAPET[1]

Introduction

Selon le Dictionnaire de droit international public, la sécession peut être définie comme *« action d'une partie de la population d'un État, visant à dissocier un territoire de l'État de la souveraineté duquel il relève, en vue de l'ériger en un État nouveau ou de l'unir à un autre État »*[2]. C'est donc la séparation d'une partie du territoire d'un État préexistant, l'État-parent, qui laisse subsister celui-ci. D'un point de vue matériel, une sécession peut être la manifestation d'un désir indépendantiste, ou alors être le fruit d'un projet irrédentiste, qui vise non pas la création d'un État nouveau, mais le transfert de souveraineté sur un territoire et une population d'un État à un autre déjà existant. Certains auteurs insistent sur le fait qu'une telle dissociation du territoire de l'État-parent pour être qualifié de sécession doit reposer sur l'utilisation de la force. Dans le cas d'une partition pacifique ou d'un accord entre la nouvelle entité et l'État-parent, ils préfèrent parler de « dévolution »[3]. Il s'agit là de l'approche étroite de la sécession, proche de l'étymologie du mot[4], qui sera retenue dans la présente étude. Cette approche fait ainsi de l'absence de consentement de l'État-parent un élément

---

[1] Docteur en droit, titulaire du Diplôme de l'Académie de droit international de La Haye.

[2] J. Salmon (dir.), *Dictionnaire de droit international public,* Bruxelles, Bruylant, 2001, p.1021.

[3] Voir M. G. Kohen, « Introduction », M.G. Kohen (ed.), *Secession : international law perspectives,* Cambridge, Cambridge University Press, 2006, p.3; R. Kolb, « Autodétermination et 'sécession-remède' en droit international public », *The Global Community Yearbook of international law and jurisprudence. Global trends : law, policy & justice,* New York, Oceana, 2013, p.69 ; J. Dugard, « The secession of States and their recognition in the wake of Kosovo », *Recueil des Cours de l'Académie de droit international de La Haye,* tome 357, 2011, pp.24-26.

[4] Étymologiquement, le terme trouve ses origines dans le mot latin *secedere,* composé du préfixe *se* désignant la désunion ou l'isolement et le verbe *cedere* signifiant s'en aller, s'éloigner, se retirer. D. Müller, « Sécession : mieux vaut la réussir », *Dictionnaire des idées reçues en droit international,* Paris, Éditions Pedone, 2017, p.517.

clé de la définition[5]. La sécession est en effet l'aboutissement d'un processus de désintégration politique. Si l'intégration politique se définit comme un processus par lequel les acteurs de systèmes politiques distincts sont persuadés qu'ils doivent loyauté à un nouveau centre de pouvoir, prévalant sur l'ancien système, lors d'une sécession, les acteurs décident, à l'inverse, de retirer leur loyauté du centre juridique et de le donner à un nouveau centre. En interne, une sécession signifie par conséquent la dissolution du pacte existant et marque un coup d'arrêt à la capacité de l'État à gouverner tout le territoire[6]. La sécession est donc le retrait imposé à l'État-parent, d'une entité constitutive d'un ensemble établi et reconnu internationalement. C'est cette absence de consentement de l'État-parent qui est problématique en droit international. Cela oblige d'une part l'entité sécessionniste à justifier en droit sa prétention, tandis que de son côté l'État-parent déploiera des arguments pour démontrer que la base juridique sur laquelle prétend s'appuyer l'entité sécessionniste n'existe pas et/ou est infondée. C'est bien dans cette situation que l'on se trouve dans la cadre de la « crise anglophone » au Cameroun.

En effet, le 1er octobre 2017, des Anglophones défilent et hissent, dans la partie occidentale du Cameroun, des drapeaux pour proclamer l'indépendance symbolique de leurs régions qu'ils nomment Ambazonie. Il s'agit de deux régions administratives du Cameroun, le Nord-ouest et le Sud-ouest représentant 9 % du territoire national dans lesquels vivent 3,5 millions de personnes, soit près de 16 % de la population totale du pays, et qui forment la partie majoritairement anglophone du pays[7]. Cette déclaration survient au plus fort d'une crise dans cette partie du territoire, qui a démarré avec des grèves réprimées des avocats et des enseignants anglophones. Ce n'est d'ailleurs pas la première fois que des velléités sécessionnistes sont exprimées dans cette partie du pays[8]. En 1985, un avocat anglophone, Fon Gorji Dinka, a été arrêté après avoir déclaré anticonstitutionnelle la forme

[5] D'autres auteurs optent pour une approche beaucoup plus large de la notion de sécession et incluent dans leurs analyses tous les cas de démembrement ou de scission d'un État, y compris les cas de disparition de l'État initial comme en Ex-Yougoslavie. Voir notamment G. Distefano, « Chapitre 6 : Le droit des peuples à disposer d'eux-mêmes », M. Hertig, M. Hottelier (dir.), *Introduction aux droits de l'homme,* Zurich, Schulthess Verlag, 2014, p.816 ; A. Pellet, « Legal opinion on certain questions of international law raised by the reference », *Self-determination in international law. Quebec and lessons learned,* The Hague/London/Boston, Kluwer Law International, 2000, p.91.

[6] S. Le Gouriellec, « Trois trajectoires de sécession dans la corne de l'Afrique : le Somaliland, l'Érythrée, le Soudan du Sud », *Sécurité globale,* hiver 2011-2012, p.2.

[7] Projections officielles pour 2015 de l'Institut national de la statistique du Cameroun, Yaoundé, Cité par Africa *South of the Sahara 2018,* Routledge, 2017, p. 213.

[8] Sur le processus de réunification du Cameroun et la naissance de la crise anglophone, lire dans cet ouvrage l'étude de A.D. Olinga, « Le processus de réunification du Cameroun et le droit international ». Lire également, P. Konings, « Le 'problème anglophone' au Cameroun dans les années 1990 », *Politique Africaine,* n° 62, 1996, pp.25-35.

unitaire de l'Etat et appelé à l'indépendance du *Southern Cameroons,* rebaptisé « République d'Ambazonie ». Cela donnera subséquemment lieu à un contentieux devant le Comité des droits de l'homme des Nations Unies (CDH)[9]. En novembre 1995, au sommet du Commonwealth en Nouvelle-Zélande, une délégation anglophone a plaidé en faveur d'un référendum d'indépendance pour le *Southern Cameroons,* et déposé une requête pour une admission séparée de cette partie du territoire à l'organisation internationale[10]. En 1999, M. Frederick Alobwede Ebong, activiste du *Southern Cameroons National Council (SCNC),* proclame sur les ondes de la station provinciale de la radiotélévision nationale à Buéa, l'indépendance de la *Federal Republic of Southern Cameroons (FRSC).* Une assemblée constituante de la FRSC est convoquée et adopte un drapeau et un hymne. Tout ceci n'ayant aucune effectivité sur le terrain, la même année quatre organisations séparatistes anglophones, (SCNC, *Southern Cameroons Youth League (SCYL), Ambazonian Movement (AM), Southern Cameroons Restoration Movement (SCARM)),* s'allient dans le but d'obtenir l'indépendance du Cameroun anglophone. Si des appels à l'indépendance se sont succédé pendant les années suivantes, elles ne bénéficiaient jusque-là que d'une faible mobilisation populaire[11], et étaient inconnues de la majorité des Camerounais. Au-delà de la légitimité de telles déclarations, ce qui est examiné dans le cadre de la présente étude, ce sont les arguments avancés par les différentes parties, État du Cameroun et mouvements sécessionnistes, pour justifier leur position, notamment ceux relatifs à la sécession. Au cœur de la discussion se trouve l'idée d'un droit à sécession reconnu par le droit international à certaines entités, notamment dans le cadre du droit des peuples à l'autodétermination.

Existe-t-il en droit international un droit à sécession ? Si oui, quelles sont les modalités de son exercice ? La déclaration d'indépendance du 1er octobre 2017, et de façon plus générale, le processus sécessionniste dans le *Southern Cameroons* satisfait-il aux conditions fixées ? La question s'avère particulièrement délicate, en raison notamment des relations étroites qu'elle entretient avec le contexte politique dans lequel elle naît. Aucune convention internationale ne tranche clairement la question et la doctrine est

---

[9] CDH, *Fongum Gorgi-Dinka c. Cameroun,* communication n° 1134/2002, CCPR/C/83/D/1134/2002, 10 mai 2005. Voir de manière générale sur le contentieux « anglophone » devant les institutions internationales de protection des droits de l'homme, A. D. Olinga, « La question anglophone devant le prétoire international des droits de l'homme », A.D. Olinga (dir.), *Le Cameroun et le prétoire international,* Yaoundé, Afrédit, 2015, pp.321-334.

[10] Konings, op. cit., p.31.

[11] Confédération Suisse, Département fédéral de justice et police, Secrétariat d'État aux migrations, *Note Cameroun. Crise du Cameroun anglophone,* 25 septembre 2018, p.9. Disponible sur https://www.sem.admin.ch/dam/data/sem/internationales/herkunftslaender/afrika/cmr/CMR-krise-anglophone-f.pdf, dernière consultation le 11 février 2019.

divisée. Très attendue, la position de la Cour Internationale de Justice (CIJ) dans son avis consultatif du 22 juillet 2010 semble trop nuancée pour apporter une définition définitive. Appelée à répondre à la question de savoir si la déclaration unilatérale d'indépendance des institutions provisoires d'administration autonome du Kosovo était conforme au droit international, la Cour a répondu par la négative : « l'adoption de ladite déclaration n'a violé aucune règle du droit international »[12]. Mais en dépit de sa réponse claire, les mots choisis dans son avis par la CIJ laissent entier le problème : les « représentants du peuple du Kosovo » (et non pas l'assemblée du Kosovo), n'étaient pas interdits par le droit international (et non pas autorisés par lui), à adopter une déclaration d'indépendance (et non pas à faire sécession)[13]. « *Autant de nuances qui plongent le lecteur de l'avis consultatif rendu le 22 juillet 2010 dans un état mêlé de perplexité et de frustration* »[14]. Perplexité quant au point de savoir si la Cour a répondu réellement à la question qui lui était posée, et frustration par rapport à l'attente que cette demande d'avis suscitait. L'espoir de voir l'organe judiciaire principal des Nations Unies trancher définitivement les questions qui divisent la doctrine et les Etats sur la question de la sécession n'a pas été comblé. En optant pour une lecture étroite de la question qui lui était posée, la CIJ a ainsi évité d'aborder les sujets controversés qui sont au cœur de la présente étude[15].

C'est donc principalement au regard d'une éventuelle norme coutumière que sera recherchée l'existence en droit international d'un droit à sécession dont pourrait bénéficier le *Southern Cameroons*[16]. Comme le fait la Cour dans l'avis du 22 juillet 2010, pour répondre à la question, il convient de distinguer entre la consécration d'un droit à sécession en droit international,

---

[12] *Conformité au droit international de la déclaration unilatérale d'indépendance relative au Kosovo,* avis consultatif du 22 juillet 2010, CIJ, Recueil 2010, §122.

[13] C. Crépet Daigremont, « Conformité au droit international de la déclaration unilatérale d'indépendance relative au Kosovo. Cour internationale de justice : avis consultatif du 22 juillet 2010 », *Annuaire Français de Droit International,* vol. LVI, 2010, p.230.

[14] Ibid.

[15] Pour une partie de la doctrine, c'est la formulation de la question elle-même par l'Assemblée générale qui obligeait la Cour à ne pas répondre de manière satisfaisante. Certains ont d'ailleurs regretté, y compris au sein de la Cour elle-même, que celle-ci n'ait pas usé de son pouvoir discrétionnaire pour refuser de répondre à la demande d'avis consultatif. Voir opinion dissidente juge Bennouna, § 3 ; opinion dissidente juge Skotnikov, §3. Pour le débat doctrinal sur la question, Crépet Daigremont, op. cit. pp.233-237 ; A. Peters, « Does Kosovo lie in the Lotus-land of freedom? », *Leiden Journal of International Law,* n° 24, 2011, pp.107-108.

[16] Nous opterons pour cette appellation plus neutre pour désigner le « Cameroun anglophone » ou ce que les sécessionnistes désignent comme « Ambazonie ». Le choix de cette appellation se justifie notamment par le fait qu'elle a été utilisée justement dans le contentieux devant la Commission africaine des droits de l'homme et des peuples (CmADHP).

et l'interdiction de la sécession par le droit international. Il est en effet possible « *qu'une déclaration unilatérale d'indépendance ne soit pas en violation du droit international, sans constituer nécessairement l'exercice d'un droit conféré par ce dernier* »[17]. Il semble en effet que la réponse à la question dépende du moment où elle est posée. Avant la survenance de la sécession, ou tout au moins pendant le processus de sécession, la question est véritablement celle de l'existence d'un droit. Tandis qu'après la survenance du fait sécessionniste, la question notamment devant un juge est celle de la prohibition de la sécession[18]. Dans cette logique, on s'interrogera donc d'abord sur l'existence d'un droit à sécession que pourrait revendiquer le *Southern Cameroons* (I), avant, le cas échéant, d'envisager la question d'une possibilité pour cette partie du Cameroun de faire sécession conformément au droit international (II).

Deux précisions doivent être faites, en guise d'avertissement, dans ces considérations liminaires. La première est relative au cadre d'analyse : la question est traitée au regard du droit international. En effet, la Constitution du Cameroun comme celle de la plupart des États, protège l'intégrité du territoire du pays et interdit donc toute tentative de sécession[19]. Toutefois, ce n'est pas parce que le droit constitutionnel camerounais n'autorise pas la sécession que le droit international ne pourrait pas consacrer un tel droit : une déclaration unilatérale d'indépendance peut être inconstitutionnelle sans être contraire au droit international. Les dispositions constitutionnelles, comme l'ensemble des règles législatives et réglementaires du droit interne, ne sont que de « simples faits » pour le droit international[20]. Un État ne peut d'ailleurs invoquer ses propres dispositions constitutionnelles sur le plan international pour montrer que la tentative de sécession dont il fait l'objet doit être considérée comme interdite.

---

[17]*Conformité au droit international de la déclaration unilatérale d'indépendance relative au Kosovo,* op. cit., §56.

[18] Peters, op. cit. p.98.

[19] Très peu de constitutions contiennent un droit à la sécession reconnu à certaines composantes de la communauté nationale. Les rares exemples des constitutions qui admettent un tel droit sont les constitutions de l'Éthiopie (article 29 de la Constitution), St Christopher et Nevis (article 113 de la Constitution qui accorde un tel droit à Nevis), Ouzbekistan (article 74 de la Constitution qui reconnaît ce droit à Karakalpakstan), France (article 77 de la Constitution au sujet de la Nouvelle-Calédonie). À l'inverse, de nombreuses constitutions sont formulées de telle manière que toute tentative de sécession serait jugée inconstitutionnelle. Lorsque les constitutions sont silencieuses, les juridictions nationales infèrent le plus souvent de ces silences l'inexistence d'un droit à la sécession en droit interne. Voir Th. Christakis, *Le droit à l'autodétermination en dehors des situations de décolonisation,* Paris, La documentation française, 1999, p.241.

[20] Voir *Certains intérêts allemands en Haute Silésie polonaise,* arrêt du 25 mai 1926, CPJI, série A, n° 7, p.19.

Ensuite, au regard de la « teneur fortement émotionnelle » du sujet[21], la seconde précision est d'ordre méthodologique, et est liée à la position de l'auteur de la présente étude, qu'il est utile que le lecteur connaisse. En effet, comme l'a souligné le professeur Reisman, pour chaque phénomène, de multiples points de vue sont possibles et chacun d'eux affecte le phénomène et la manière dont il est envisagé. Être au clair avec le point de vue adopté pour l'observation est une donnée indispensable. Selon que le point de vue adopté sera celui de quelqu'un qui appartient à l'élite ou à la base, selon qu'il sera celui d'un observateur qui appartient au système qu'il observe, qu'il en est exclu ou qui se situe à la marge, la teneur du mot « droit » tout autant que la chose à laquelle il fait référence varieront[22]. C'est pourquoi « *préciser d'où l'on parle est sans doute bien plus objectif que se draper derrière un discours scientifique et technocratique dont l'objectivité ne peut être qu'apparente. Dans cette perspective, préciser quelle est sa vision du droit international apparaît moins comme une contribution au traitement de fond du sujet que comme une exigence de type méthodologique* »[23]. Camerounais, l'auteur de ces lignes est loin d'être un « observateur externe » de la crise anglophone[24]. Toutefois, une analyse juridique peut être à la fois « rigoureuse et militante », on pourrait même dire que « *plus l'analyse est rigoureuse, moins elle laisse transparaître des jugements de valeur, et plus elle sera efficace en termes de légitimation du propos* »[25]. C'est pour cela que la présente étude est placée dans une optique principalement positiviste,

---

[21] O. Corten, « À propos d'un désormais 'classique' : le droit à l'autodétermination en dehors des situations de décolonisation de Théodore Christakis », *Revue belge de droit international,* 1999, n° 1, p. 329.

[22] W. M. Reisman, « Chapitre 1. Les vues de l'École de New Haven de droit international », W.M. Reisman, *L'École de New Haven de droit international,* Paris, Éditions Pedone, CERDIN, collection Doctrine(s), 2010, pp.143-144.

[23] O. Corten, « Le droit international comme sport de combat », O. Corten, *Le discours du droit international. Pour un positivisme critique,* Paris, Éditions Pedone, 2009, p.38. C'est la même idée qui est défendue par le professeur Reisman : *Aucun point de vue n'est plus authentique qu'un autre, mais le spécialiste doit se montrer sensible aux variations de perception qui accompagnent chaque point de vue et s'efforcer de se désengager, d'en choisir un qui soit adapté à sa tâche, de le régler avec soin et de le maintenir avec constance.* Reisman, op. cit., p.144.

[24] C'est d'ailleurs en tenant compte de cette réalité que dans le cadre de la présente étude, les éléments factuels seront ceux établis par une source externe au conflit et jouissant d'une présomption de neutralité. Sauf indications contraires, les faits sont donc ceux indiqués dans la note du Secrétariat d'État aux migrations de la Confédération Suisse établie le 25 septembre 2018. Selon les précisions qui accompagnent la Note, celle-ci « *a été élaborée par l'Analyse sur les pays du SEM dans un délai limité, selon les Lignes directrices de l'UE en matière de traitement et de transmission d'informations sur les pays d'origine, sur la base de sources d'informations soigneusement choisies. Toutes les informations disponibles ont été recherchées, évaluées et traitées avec un grand soin.* » La Note est disponible sur le lien https://www.sem.admin.ch/dam/data/sem/internationales/herkunftslaender/afrika/cmr/CMR-krise-anglophone-f.pdf

[25] Corten, « Le droit international comme sport de combat », op. cit., p.43.

visant à « dépolitiser » le sujet à l'aide de critères objectifs dégagés du droit positif, et en refusant de se laisser guider par des préoccupations morales ou par des préjugés politiques ou idéologiques[26]. L'étude se fonde donc sur une analyse d'un matériau centré sur la pratique et des positions des États et des organisations internationales, mais qui s'étend aussi à une doctrine variée et aux éléments jurisprudentiels existants.

I. Le *Southern Cameroons* a-t-il un droit à sécession en vertu du droit international ?

La consécration d'un droit à sécession en droit international soulève une double controverse. La première est relative à la définition, à la place et à la mise en œuvre du droit d'autodétermination des peuples. Il est en effet difficile d'aborder la question de la sécession en droit international sans évoquer le droit à l'autodétermination. Le droit des peuples à disposer d'eux-mêmes[27] comprend-il un droit à faire sécession ? (A). La seconde controverse, également liée à l'autodétermination, vise l'hypothèse de la « sécession-remède » en cas de violations graves des droits humains à l'intérieur de l'État par rapport auquel une partie de la population cherche l'indépendance (B).

A. Un droit à l'indépendance découlant du droit à l'autodétermination ?

Institution relativement récente du droit international, le droit à l'autodétermination a été proclamé, comme précepte politique, à la fois par le président américain Wilson et par Lénine, chacun à sa manière[28]. Non

[26] C'est la méthodologie déjà préconisée par le professeur Théodore Christakis dans son désormais « classique », *Le droit à l'autodétermination en dehors des situations de décolonisation,* Paris, La documentation française, 1999, 676 p. Dans son introduction, l'auteur souligne que « la seule solution pour un juriste est de chercher de manière objective l'état du droit positif » et que si, « la légitimité est souvent subjective, la légalité est objective ». pp. 21 et 22. Pour une critique de cette assertion et de la prétendue objectivité de la légalité par rapport à la légitimité, voir Corten, « À propos d'un désormais 'classique' : le droit à l'autodétermination en dehors des situations de décolonisation de Théodore Christakis », op. cit., p.349.

[27] L'expression « droit des peuples à disposer d'eux-mêmes » est la plus usitée en français. L'expression « autodétermination des peuples » vient de la traduction en français de la formule anglaise « self-determination of peoples ». Dans la doctrine francophone, les deux expressions sont généralement traitées comme étant synonymes. Cet usage interchangeable des deux expressions se retrouve également dans la jurisprudence de la CIJ. Voir *Différend frontalier (Burkina Faso/république du Mali)*, arrêt du 22 décembre 1986, CIJ Recueil 1986, p.567, § 25. Ce sera également le cas dans le présent travail avec une préférence pour « autodétermination » en raison de sa concision.

[28] Chacun des hommes d'État invoquait ainsi le principe comme moyen politique dans le cadre des intérêts de leur pays respectif, qui chacun avait des raisons différentes de voir démanteler les empires coloniaux. Voir O. Corten, « Les visons des internationalistes du droit

inclus dans le Pacte de la Société des Nations (SDN), le principe fera toutefois partie du discours et de l'action politique dans l'entre-deux-guerres. Mais il ne s'agissait que d'un postulat politique et non d'un principe de droit international positif comme l'a souligné la Commission des juristes nommée par la SDN pour trancher le différend opposant la Finlande à la Suède dans *l'affaire des îles Aland*[29]. La Charte des Nations Unies va mentionner clairement le principe dans ses articles 1 (2) et 55[30]. Il ne s'agissait toutefois pas pour les rédacteurs de la Charte d'un principe de droit international d'application directe ou même d'une règle à statut défini ; il s'agissait plutôt de l'évocation générique d'un principe politique auquel le discours international était habitué depuis 1919. La Charte n'était donc pas anticolonialiste ; bien au contraire, elle légitime le colonialisme en le consacrant en droit dans ses chapitres XI et suivants[31]. Ce n'est qu'avec la décolonisation, la croissance du nombre de pays décolonisés au sein des Nations Unies et la prise de conscience politique de ceux-ci, que le droit à l'autodétermination se fraiera un chemin dans le droit international.

De façon générale, c'est la Résolution 1514 de l'Assemblée générale des Nations Unies du 14 décembre 1960 qui est considérée comme le texte fondateur du droit des peuples à disposer d'eux-mêmes[32]. Selon le

---

des peuples à disposer d'eux-mêmes : une approche critique », *IRENEE,* 2014, vol.1, n° 32, p.96. Kolb, op. cit., p.58.

[29] Journal officiel de la SDN, supplément spécial n° 3, 1920, p.5.

[30] Article 1 : « Les buts des Nations Unies sont les suivants : (...) 2. Développer entre les nations des relations amicales fondées sur le respect du principe de l'égalité de droits des peuples et de leur droit à disposer d'eux-mêmes, et prendre toutes autres mesures propres à consolider la paix du monde ; ». Article 55 : « En vue de créer les conditions de stabilité et de bien-être nécessaires pour assurer entre les nations des relations pacifiques et amicales fondées sur le respect du principe de l'égalité des droits des peuples et de leur droit à disposer d'eux-mêmes, les Nations Unies favoriseront : a. le relèvement des niveaux de vie, le plein emploi et des conditions de progrès et de développement dans l'ordre économique et social ; b. la solution des problèmes internationaux dans les domaines économique, social, de la santé publique et autres problèmes connexes, et la coopération internationale dans les domaines de la culture intellectuelle et de l'éducation ; c. le respect universel et effectif des droits de l'homme et des libertés fondamentales pour tous, sans distinction de race, de sexe, de langue ou de religion ».

[31] A. Pellet, « Quel avenir pour le droit des peuples à disposer d'eux-mêmes ? », *Le droit international dans un monde en mutation. En hommage au professeur Eduardo Jiménez de Aréchaga,* Montevideo, Fundacion de cultura universitaria, 1994, p.256 ; Kolb, op. cit., p.58.

[32] Cette Résolution forme avec les Résolutions 637 (VII) du 16 décembre 1952 relative au droit des peuples et des nations à disposer d'eux-mêmes, 742 (VIII) du 27 novembre 1953 relative aux facteurs dont il convient de tenir compte pour décider si un territoire est, ou n'est pas, un territoire dont les populations ne s'administrent pas encore complètement elles-mêmes, et 1541 (XV) du 15 décembre 1960 relative aux principes qui doivent guider les États membres pour déterminer si l'obligation de communiquer des renseignements, prévue à l'alinéa e de l'Article 73 de la Charte, leur est applicable ou non, le substrat du droit international coutumier en la matière. Cet « activisme » de l'Assemblée générale des Nations Unies est souligné par la CIJ dans un récent avis consultatif. *Effets juridiques de la séparation*

paragraphe 2 du texte, « *[t]ous les peuples ont le droit de libre détermination ; en vertu de ce droit, ils déterminent librement leur statut politique et poursuivent librement leur développement économique, social et culturel* ». Les Pactes du 16 décembre 1966 relatifs respectivement aux droits civils et politiques, et aux droits économiques et sociaux culturels seront les premiers instruments juridiques contraignants à consacrer dans une « mouture juridique plutôt que programmatique »[33] le droit à l'autodétermination[34]. Le principe a ensuite été repris par d'autres instruments et par la jurisprudence. Dans son arrêt du 30 juin 1995, la CIJ a non seulement consacré le principe comme étant l'un « des principes essentiels du droit international contemporain », mais affirmé son caractère *erga omnes*[35].

Une autre contribution dans le présent ouvrage traitant spécifiquement de cette question[36], il suffit ici de préciser que le droit des peuples à disposer d'eux-mêmes affirme, au moins dans sa dimension externe, pour certains peuples un droit à l'indépendance. C'est de l'avis de certains auteurs, un *« droit à la sécession ou à la séparation. Certains peuples ont le droit, dans l'ordre juridique international, à s'autodéterminer en choisissant librement leur statut politique. Ce statut pourra être l'autonomie au sein d'un État, mais aussi l'indépendance, l'association avec un autre ou encore tout autre statut politique librement choisi »*[37]. Mais, il s'agit là du volet externe de l'autodétermination qui est distincte de son volet « interne »[38]. Dans le volet externe de l'autodétermination en effet, une fraction de la population d'un

---

de l'archipel des Chagos de Maurice en 1965, avis consultatif du 25 février 2019, § 87 ; voir les paragraphes 144 à 158 pour le caractère coutumier du droit à l'autodétermination.

[33] Voir Kolb, op. cit., p.59.

[34] Selon l'article 1er commun aux deux Pactes, « 1. Tous les peuples ont le droit de disposer d'eux-mêmes. En vertu de ce droit, ils déterminent librement leur statut politique et assurent librement leur développement économique, social et culturel. 2. Pour atteindre leurs fins, tous les peuples peuvent disposer librement de leurs richesses et de leurs ressources naturelles, sans préjudice des obligations qui découlent de la coopération économique internationale, fondée sur le principe de l'intérêt mutuel, et du droit international. En aucun cas, un peuple ne pourra être privé de ses propres moyens de subsistance. 3. Les États parties au présent Pacte, y compris ceux qui ont la responsabilité d'administrer des territoires non autonomes et des territoires sous tutelle, sont tenus de faciliter la réalisation du droit des peuples à disposer d'eux-mêmes, et de respecter ce droit, conformément aux dispositions de la Charte des Nations Unies ».

[35] *Timor oriental (Portugal c. Australie)*, arrêt du 30 juin 1995, CIJ Recueil 1995, p.102, § 29 ; *Effets juridiques de la séparation de l'archipel des Chagos de Maurice en 1965,* op. cit., §180.

[36] Voir K.F. Owona Mfegue, « Les Anglophones du Cameroun et le droit à l'autodétermination et/ou l'indépendance : perspectives actuelles ».

[37] Kolb, op. Cit., pp.59-60.

[38] Il convient toutefois de bien souligner que ceci ne signifie nullement qu'il existe deux droits distincts à l'autodétermination, mais simplement deux aspects, deux faces du même droit. Voir Kohen, « Introduction », op. cit., p.9.

État prend en main son destin en se séparant du reste de la collectivité, alors que dans l'autodétermination interne, la population entière entend choisir le système politique de l'État. La première situation voit l'émergence d'un nouveau sujet de droit international (sauf cas de rattachement à un autre État) pendant que dans la seconde, c'est la répartition du pouvoir politique et de son agencement qui constitue l'enjeu des aspirations du peuple[39]. Le dernier volet de l'autodétermination concerne avant tout les droits d'une minorité au sein d'un État, notamment vis-à-vis du gouvernement central : participation démocratique, non discrimination, droits de minorité, protection des droits de l'homme… La question ici est de savoir de quelle dimension de droit à l'autodétermination jouit le *Southern Cameroons,* et s'il peut sur la base de ce droit à l'autodétermination revendiquer un droit à l'indépendance. Pour y répondre, il faut se demander si les conditions pour l'application du droit des peuples à disposer d'eux-mêmes sont réunies. Pour cela, il convient de s'assurer en amont que les populations de cette partie du territoire du Cameroun constituent un peuple au sens du droit des peuples à disposer d'eux-mêmes.

Il est frappant de noter qu'aucun des instruments qui consacrent le droit des peuples à disposer d'eux-mêmes ne définit ce qu'est un peuple, titulaire du droit. Cette ambiguïté s'expliquerait par l'opposition de points de vue entre ceux qui favorisent une définition large, ouvrant le droit à l'émancipation à toutes les « nations », et une définition stricte, restreignant au maximum le champ d'application de ce droit au nom des impératifs de sécurité et de stabilité comme éléments essentiels de l'ordre juridique international[40]. Le professeur Robert Kolb souligne que le peuple, dans le volet externe, n'est pas défini de la même manière que dans le volet interne. Le volet externe repose sur une définition plus étroite que le volet interne ; le volet externe propose essentiellement une notion formelle ou juridique du peuple alors que le volet interne recourt à une conception plus sociologique de celui-ci[41]. S'il ne fait pas de doute que les « Anglophones » constituent

---

39 Distefano, « Chapitre 6 : Le droit des peuples à disposer d'eux-mêmes » op. cit., pp.802-803.

40 Le professeur Olivier Corten, en partant de la structure argumentative du langage juridique, mène une passionnante analyse sur les ressorts des débats juridiques sur le droit des peuples à disposer d'eux-mêmes, tantôt défini comme un principe idéal de justice (pôle utopiste), tantôt conçu comme entièrement réduit à l'expression de la volonté des États (pôle apologétique). O. Corten, « Les visons des internationalistes du droit des peuples à disposer d'eux-mêmes : une approche critique », *IRENEE,* 2014, vol.1, n° 32, pp. 93-111.

41R. Kolb, op. cit., pp.60, 67. Voir également Kohen, « Introduction », op. cit., p.9. Dans le cadre africain, M. Hébié souligne que le « peuple » revêt deux sens différents dans l'article 20 alinéa 1 de la Charte Africaine des droits de l'homme et des peuples. Le « peuple » qui a droit à l'existence est tout groupe humain qui se distingue des autres groupes par des traits socioculturels distincts tandis que le peuple qui a droit à l'autodétermination dans sa dimension externe est beaucoup plus étroit. M. Hébié, « Article 20, Alinéa 1 », M. Kamto (dir.), *La Charte africaine des droits de l'homme et des peuples et le protocole y relatif*

clairement une minorité[42], on a pu parfois se demander s'ils constituaient un peuple au sens du droit international. En dépit des dénégations de l'État du Cameroun, la Commission Africaine des droits de l'homme et des peuples (CmADHP) a répondu à cette question par l'affirmative. « *La Commission déclare qu'après une analyse approfondie des arguments et de la documentation, elle estime que le peuple du Cameroun du Sud peut revendiquer être 'un peuple'. Outre les droits individuels dus aux Camerounais du Sud, ils ont une identité distincte qui leur confère des droits collectifs. (...) Sur la base de ce raisonnement, la Commission trouve que ' le peuple du Cameroun du Sud' a le droit d'être considéré comme un 'peuple' en raison de nombreuses particularités et affinités, y compris une histoire commune, une tradition linguistique, une connexion territoriale, et une perspective politique. Chose plus importante, ils s'identifient comme un peuple avec une identité distincte. L'identité est une particularité interne du peuple. Il incombe aux autres peuples de reconnaître une telle existence, et non de la dénier* »[43]. Cette affirmation fondamentale induit ou impose ainsi au profit de la composante anglophone de la population camerounaise une approche politique et juridique spécifique qui exclut que l'on puisse aborder le « problème anglophone » comme un problème général de protection des minorités dans le contexte du Cameroun[44]. Cela donne-t-il droit pour autant à cette composante de la population camerounaise un droit à l'autodétermination externe ?

Dans son volet externe, le titulaire du droit à l'autodétermination est le peuple constituant une communauté établie et vivant comme entité politique sur un territoire défini aux frontières établies. La Résolution 1514 vise les peuples sujets à une subjugation, à une domination et à une exploitation étrangères (§1), les peuples dépendants (§4) et des territoires sous tutelle, non autonomes, et tous les autres territoires, et tous les autres territoires

---

portant création de la Cour africaine des droits de l'homme et des peuples. Commentaire article par article, Bruxelles, Éditions Bruylant, Éditions de l'Université de Bruxelles, 2011, pp.453-475.

[42] Selon la définition de l'étude de la Sous-commission de la lutte contre la discrimination et la protection des minorités, la plus souvent citée dans des travaux sur la question, une minorité est « *un groupe numériquement inférieur au reste de la population d'un État, en position non dominante, dont les membres ressortissants de l'État possèdent du point de vue ethnique, religieux, ou linguistique des caractéristiques qui diffèrent de celles du reste de la population et manifestent même de façon implicite un sentiment de solidarité, à l'effet de préserver leur culture, leurs traditions, leur religion ou leur langue* ». F. Capotorti, *Étude des droits des personnes appartenant aux minorités ethniques, religieuses et linguistiques,* Nations Unies, New York, 1991, p.102, §568. Il est en effet possible que certaines minorités bénéficient de la qualification de « peuple » également. Mais cela n'est ni automatique, ni la règle générale.

[43] CmADHP, communication n° 266/03 Kevin Mgwanga Gunme et al c. Cameroun, 27 mai 2009, §178-179.

[44] Olinga op. cit., p.330.

n'ayant pas encore accédé à l'indépendance (§5). Il s'agit donc, de l'avis de la majorité de la doctrine, des territoires sous occupation étrangère ou des territoires colonisés[45]. Cette définition très sélective du principe de décolonisation a ainsi été présentée comme la « théorie de l'eau salée » : « *le principe s'applique là où la domination d'un peuple par un autre traverse des mers et des océans (...), mais non là où elle ne traverse que de l'eau douce (comme les fleuves de l'Europe orientale)* »[46]. Le critère de la « discontinuité géographique » a eu pour résultat d'exclure de la liste des peuples dont le territoire n'est pas géographiquement séparé de la métropole, même s'ils se trouvent dans un « état de subordination »[47]. Derrière cette « théorie de l'eau salée », se cachait, de l'avis du professeur Théodore Christakis, la volonté de l'Assemblée générale des Nations Unies de ne viser qu'un phénomène bien précis, celui de la colonisation de certains territoires d'outre-mer par les puissances occidentales[48].

Dans sa jurisprudence, la CIJ se réfère aux territoires non autonomes pour affirmer que l'autodétermination est « un principe applicable à tous ces territoires »[49], et évoque la « population de ce territoire » pour désigner le peuple du Sahara occidental[50]. L'on a ainsi souligné l'attachement du droit international à une définition territoriale du peuple. Droit à la création d'un État et droit à un territoire semblent ainsi étroitement liés[51]. Si on prend en effet ces extraits de la CIJ au pied de la lettre, ce ne sont pas toujours des peuples en tant que tels qui ont un droit à disposer d'eux-mêmes, mais des « territoires ». Mais, on ne peut raisonnablement imaginer qu'un territoire puisse en tant que tel, accéder au statut de sujet du droit international. Aussi faut-il comprendre, comme l'indique le professeur Corten, cette interprétation comme prescrivant une méthode, impliquant d'abord de délimiter un territoire, ensuite de déterminer quelle est la population qui, en

[45] Kolb, op. cit., p.59 ; Kohen, « Introduction », op. cit., pp.36-37 ; C. P. Economidès, « Article 20, alinéas 2 & 3 », *La Charte africaine... Commentaire article par article,* op. cit., pp.497-507 ; Distefano, « Chapitre 6 : Le droit des peuples à disposer d'eux-mêmes », op. cit., pp.808-809 ; H. Ruiz Fabri, « Genèse et disparition de l'État à l'époque contemporaine », *Annuaire Français de Droit International,* vol.38, 1992, p.158.

[46] G. Abi-Saab, « Cours général de droit international public », *RCADI,* tome 207 (1987-III), p.396.

[47] Th. Christakis, « Les conflits de sécession en Crimée et dans l'est de l'Ukraine et le droit international », *Journal du droit international,* Juillet-Août-Septembre 2014, p.736.

[48] Ibid.

[49] *Conséquences juridiques pour les États de la présence continue de l'Afrique du sud en Namibie (Sud-Ouest africain) nonobstant la résolution 276 (1970) du Conseil de sécurité,* avis consultatif du 21 juin 1971, CIJ Recueil 1971, p.31, §52.

[50] *Sahara occidental,* avis consultatif du 16 octobre 1975, CIJ Recueil 1975, p.34, §61.

[51] Voir O. Corten, « Droit des peuples à disposer d'eux-mêmes et *uti possidetis* : deux faces d'une même médaille ? », *Revue Belge de Droit International,* 1998, n° 1, pp.166-171.

lien avec ce territoire, dispose du droit de s'autodéterminer[52]. Pour une partie importante de la doctrine, on se saurait limiter toutefois sur cette base, le droit à l'autodétermination à l'accession à l'indépendance des anciennes colonies. Si le principe a été conçu dans la cadre de la lutte contre la colonisation et pour faciliter le processus de décolonisation, il ne s'y limite plus. Toute occupation par un Etat d'un territoire dont il ne possède pas un titre valable d'après le droit international de souveraineté territoriale, rentre dans le cas de figure de l'occupation étrangère déclenchant le droit à l'autodétermination du peuple concerné[53]. La doctrine a ainsi reconnu quatre catégories de peuples possédant le droit à l'autodétermination externe : les peuples coloniaux, à l'intérieur des frontières *uti possidetis* (anciennes frontières administratives ou mêmes internationales de l'époque de la colonisation) ; les peuples sous occupation étrangère ; le peuple constitué en un État et jouissant de la garantie de l'intégrité territoriale ; et les peuples divisés en deux ou plusieurs États après en avoir formé un, exerçant librement leur droit à l'autodétermination surtout par la réunification[54]. Les populations du *Southern Cameroons* rentrent-elles dans l'une de ces catégories ?

En application de la « théorie de l'eau salée », il est difficile de penser que la partie anglophone soit « colonisée » par la partie francophone. Le critère de la « séparation géographique » exclut en effet la possibilité d'appliquer le droit des peuples à l'autodétermination à une portion territoriale qui serait contiguë au territoire à l'encontre duquel ce droit serait invoqué. Le *Southern Camerouns* ne figure en tout cas pas sur la liste des Nations Unies des dix-sept « territoires non autonomes » encore à décoloniser[55]. Peut-on considérer alors qu'elle soit sous occupation de la

---

[52] Distefano, « Chapitre 6 : Le droit des peuples à disposer d'eux-mêmes », op. cit., p. 811 ; Corten, « Les visons des internationalistes du droit des peuples à disposer d'eux-mêmes... », op. cit., p.100.

[53] Voir Corten, « À propos d'un 'désormais classique'... », op. cit., p.331 ; Pellet, « Quel avenir pour le droit des peuples à disposer d'eux-mêmes ? », op. cit., p.257.

[54] Voir notamment Ch. Tomuschat, « International law: ensuring the survival of mankind on the eve of a new century. General course on public international law », *RCADI,* vol.281 (1999), pp.244-250 ; Kolb, op. cit., pp.60-61.

[55] La liste est disponible à l'adresse http://www.un.org/fr/events/nonselfgoverning/nonselfgoverning.shtml, dernière consultation le 12 février 2019. Avec l'établissement de cette liste, la société internationale contourne le débat sur l'identification du droit des peuples en le faisant porter non plus sur les conditions de fond susceptibles de déclencher le droit à l'indépendance, mais sur une condition de procédure, qui renvoie à l'autorité compétente pour qualifier l'entité qui y fait appel de « peuple » bénéficiant d'un droit à l'autodétermination. Toutefois, la question n'est pas réglée. Définir le peuple qui a droit à l'autodétermination comme celui qui aura été reconnu comme tel par les Nations Unies ne règle pas en effet la question de savoir sur la base de quels critères cette reconnaissance sera accordée, concrètement par les organes concernés lorsqu'ils se prononcent sur un cas particulier. O. Corten, « Les visons des internationalistes

partie francophone ? Ici encore, la pratique internationale fournit une réponse claire. L'extension du droit à l'autodétermination aux peuples « occupés » visait surtout de la part de l'Assemblée générale des Nations Unies à inclure dans le cadre de ce droit « certains cas exceptionnels comme l'occupation des territoires palestiniens »[56]. Il semble difficile objectivement de comparer la situation des territoires occupés palestiniens avec celle dans laquelle se trouvent les régions du Nord-ouest et du Sud-ouest du Cameroun. Comme le souligne clairement la Note du Secrétariat aux migrations de la Confédération suisse, ni les populations anglophones, ni les populations francophones n'ont le sentiment de se trouver dans des territoires « occupés »[57]. De même, il est difficile de penser que cette partie du pays soit sous la domination d'un régime raciste, comme celui de l'*apartheid* en Afrique du Sud qui a inspiré l'article 19 de la Charte africaine des droits de l'homme et des peuples[58]. Plus intéressante par contre, et nécessitant de plus amples développements, est la dernière hypothèse d'admission d'un droit à l'autodétermination, celle du droit à l'autodétermination d'entités fédérées. Certes, l'hypothèse soulignée par la doctrine vise surtout le cas de réunification d'un État divisé qui retrouve son unité. Les auteurs ont ainsi en tête les exemples allemands et coréens. Mais peut-on imaginer l'hypothèse contraire, celle d'une entité auparavant fédérée qui veuille quitter la fédération, ou dans le cas du Cameroun l'« union », pour avoir un destin solitaire ? On le sait, c'est l'un des principaux arguments des sécessionnistes anglophones qui le présentent sous deux variantes.

La première variante de cette argumentation est relative au choix qui aurait été « imposé » au peuple du *Southern Cameroons* au moment de l'exercice de leur droit à l'autodétermination. Le référendum de 1961, en ne leur offrant qu'une alternative, soit un rattachement au Cameroun, soit un rattachement au Nigeria, aurait violé le droit de ce peuple à l'autodétermination. Les entrepreneurs de l'anglophonie nationale et indépendantiste protestent donc contre l'absence d'une « troisième voie », celle éventuelle de l'indépendance séparée du Cameroun méridional. L'ancienne puissance coloniale, le Royaume-Uni est ainsi accusé d'avoir « 'vendu' l'Ambazonie à la République du Cameroun »[59]. La question n'est pas totalement dénuée de tout intérêt et l'Assemblée générale des Nations

---

du droit des peuples à disposer d'eux-mêmes… », op. cit., pp.106-108. Voir également G. Distefano, « Chapitre 6 : Le droit des peuples à disposer d'eux-mêmes », op. cit., p. 815.

[56] Christakis, « Les conflits de sécession en Crimée et dans l'est de l'Ukraine et le droit international », op. cit., note 25.

[57] *Note Cameroun* op. cit., p.5 et 19.

[58] M. Bedjaoui, F. Ouguergouz, « Article 19 », *La Charte africaine… Commentaire article par article,* op. cit., p.446.

[59] Ce sont notamment les arguments excipés par M. Fongum Gorgi-Dika dans sa plainte devant le Comité des droits de l'homme. *Fongum Gorgi-Dika c. Cameroun* op. cit., § 2,3 et 3,1.

Unies a récemment saisi la CIJ, qui a accepté d'y répondre, d'une question sur la validité d'un processus de décolonisation au regard du droit international[60]. Toutefois, contrairement au cas mauricien où la puissance coloniale s'est octroyé une partie du territoire de l'ancienne colonie suivant des manœuvres que l'avis consultatif expose[61], dans le cas du Cameroun, le *Southern Cameroons* a exercé son droit à l'autodétermination par voie référendaire et de manière souveraine en décidant de se rattacher au Cameroun. L'ouverture de cette boîte de Pandore historique pourrait d'ailleurs se révéler dangereuse si le Cameroun prétendait lui aussi devoir retrouver son territoire tel qu'il était sous la colonisation allemande et remettre en cause le rattachement d'une partie de son territoire d'alors, le *Meridional Cameroons,* au Nigeria[62].

Ainsi que l'a démontré un auteur, l'effort d'utiliser le principe de l'autodétermination pour « défaire l'histoire » et « corriger des injustices historiques » conduit sur une pente extrêmement glissante et pose la question de savoir jusqu'où remonter dans le temps[63]. Comme le déclarait le représentant français au sein du Conseil de sécurité des Nations Unies à propos de la Crimée, la *« Crimée a été russe de 1783 à 1954. Et alors ? Allons-nous reprendre nos livres d'histoire pour examiner nos frontières, les contester ou les défendre ? : quelle date allons-nous nous arrêter ? Après tout, la Crimée a été 170 ans russe, mais trois siècles vassale de la Turquie. Nous ne le savons que trop : on peut tout justifier par l'histoire, particulièrement l'injustifiable »*[64]. C'est d'ailleurs l'une des raisons de l'hostilité des États africains à l'application du principe en dehors du contexte de décolonisation ; dans un contexte d'États multiethniques et du legs de la colonisation, une interprétation large des titulaires de ce droit conduirait à un dangereux irrédentisme. Au contraire, l'« ordre public africain » se montre particulièrement attaché à l'intégrité territoriale des États africains et préconise le versant interne de l'autodétermination comme alternative crédible à la sécession, afin de préserver les États africains des tendances centrifuges qui pourraient résulter du droit à l'autodétermination des peuples. Tous les auteurs s'accordent pour affirmer que le « droit imprescriptible et inaliénable à l'autodétermination » de tout peuple inscrit à

---

[60] Voir *Effets juridiques de la séparation de l'archipel des Chagos de Maurice en 1965*, op. cit.
[61] Ibid., §92-112.
[62] Le Cameroun s'y est d'ailleurs essayé sans succès dans le cadre d'une procédure devant la CIJ. Voir *Affaire du Cameroun septentrional (Cameroun c. Royaume-Uni), Exceptions préliminaires*, arrêt du 2 décembre 1963, CIJ Recueil 1963, p. 15.
[63] Christakis, *Le droit à l'autodétermination en dehors des situations de décolonisation,* op. cit., pp.61-63.
[64] S/PV.7138, 15 mars 2014, p.5.

l'article 20 de la Charte n'implique nullement un droit à sécession au profit des groupes infra étatiques[65].

Il faut en effet lire ce droit en conformité avec l'attachement proclamé des États africains à leur intégrité territoriale proclamée tant dans la Charte de l'Organisation de l'Unité Africaine, que dans l'Acte Constitutif de l'Union Africaine[66]. Ainsi pour la Commission africaine des droits de l'homme et des peuples (CmADHP), « *Le droit d'un peuple à déterminer son 'statut politique' [tel que garanti par l'article 20(1) de la Charte] peut être interprété comme impliquant le droit des Nigérians à choisir librement les personnes ou le parti qui les gouvernent. C'est l'équivalent du droit dont jouit tout individu aux termes de l'article 13* »[67]. C'est pour cela que l'identification des « Anglophones » comme « peuple » par la CmADHP était orientée vers le volet interne de l'autodétermination. La Commission l'a d'ailleurs clairement énoncé en 2009 : « *[l]a Commission note que la République du Cameroun est partie à l'Acte Constitutif (et était État partie à la Charte de l'OUA). Elle est également partie à la Charte africaine des droits de l'homme et des peuples. La Commission est donc dans l'obligation de faire respecter l'intégrité territoriale de l'État Défendeur. Il est donc hors de question que la Commission envisage une forme d'autodétermination pour le Cameroun du Sud qui compromettrait l'intégrité territoriale de la République du Cameroun. La Commission déclare que la sécession n'est pas le seul moyen d'exercer le droit à l'autodétermination. La Charte africaine ne peut pas être invoquée par un plaignant pour menacer la souveraineté et l'intégrité territoriale d'un État partie* »[68].

La seconde variante de l'argumentation est le droit du « peuple anglophone » de se raviser après l'exercice de son droit à l'autodétermination de 1961. La partie francophone ayant violé le « pacte de la réunification » de 1972, la partie anglophone du Cameroun devrait avoir le droit, de l'avis des sécessionnistes, d'exercer de nouveau son droit à l'autodétermination[69]. Le peuple dispose-t-il d'un droit permanent à l'autodétermination, y compris un « droit de correction » ou « de se raviser » ultérieur ? Certains auteurs l'ont soutenu, arguant pas exemple que le contrat

---

[65] F. Ouguergouz, D.L. Tehindrazanarivelo, « The question of secession in Africa », *Secession: international perspectives,* op. cit., pp.257-258 ; M. G. Kohen, « Introduction », op. cit., p.29 ; Hébié, op. cit., pp.464-472.

[66] Voir à ce sujet, l'exposé détaillé de la pratique africaine et son hostilité à « l'hydre de la sécession » par Ouguergouz et Tehindrazanarivelo, op cit. pp.261-273.

[67] CmADHP, communication 102/93, *Constitutional RightsProject and Civil Liberties Organization c. Nigeria,* douzième rapport d'activités de la Commission, 1998-1999, § 51. Dans le même sens, communications 147/95 et 149/96, *Sir Dawda K. Jawara c. Gambie,* treizième rapport d'activités, 1999-2000, §72-73.

[68] *Kevin Mgwanga Gunme et al c. Cameroun* op. cit., §190-191.

[69] Voir Konings op. cit., pp.29-31.

fédératif étant un contrat, la théorie du fédéralisme ne peut raisonnablement faire l'impasse sur la question de la sécession ; « *ce serait en quelque sorte comme signer un contrat dans lequel il n'y aurait pas de clause de résiliation* »[70]. Une telle théorie reste très marginale en droit international et le principe est que le droit à l'autodétermination ne peut être exercé dans son volet externe qu'une seule fois. Une fois son droit à l'autodétermination initial exercé en 1961, le Cameroun méridional l'a épuisé. C'est ce que traduit de façon forte l'intitulé retenu pour cette entrée dans le *Dictionnaire des idées reçues en droit international* : « Droit des peuples à disposer d'eux-mêmes : ne sert qu'une fois »[71]. Ni la partie qui a été rattachée au Nigeria, ni celle rattachée au Cameroun ne peut prétendre à un droit à l'autodétermination externe. Comme on a pu l'écrire, le peuple titulaire à l'autodétermination est désormais un et n'est pas susceptible de fragmentations (démultiplications) à l'infini, sous peine de lui faire perdre toute identité et de perdre toute crédibilité en tant que principe structurel de l'ordre international. Il risquerait en effet de devenir un principe « déstructurant » du système international[72]. Selon la remarque d'un éminent auteur, le principe de l'autodétermination est d'abord « épée » et ensuite « bouclier ». Il permet au départ à un « peuple » d'invoquer son droit à choisir sa destinée sur la scène juridique internationale et ensuite, en cas de succès, de protéger le peuple devenu État, de revendications similaires, mais contraires[73]. En d'autres termes, « c'est le droit des peuples non constitués en Etats à disposer d'eux-mêmes qui a été consacré »[74]. Désormais le droit à l'autodétermination appartient à l'ensemble de la population camerounaise, et non seulement à une frange de sa population[75].

Le professeur Marcelo Kohen indique ainsi que bien que la volonté du peuple concerné soit un élément nécessaire pour l'exercice du droit à l'autodétermination, il ne suffit cependant pas pour créer un nouvel État,

---

[70] J. Cagiao y Conde, « Quelle place pour la sécession dans la théorie du fédéralisme ? », J. Cagiao y Conde (dir.), *Le fédéralisme : le retour ?*, Paris, Société P-J. Proudhon, 2010, p.28.

[71] A.A. Yusuf, « Droit des peuples à disposer d'eux-mêmes : ne sert qu'une fois », *Dictionnaire des idées reçues en droit international,* op. cit., p.275.

[72] Distefano, « Chapitre 6 : Le droit des peuples à disposer d'eux-mêmes », op. cit., p.17.

[73] Abi-Saab, op. cit., pp.390-391. Dans le même sens, Distefano, « Chapitre 6 : Le droit des peuples à disposer d'eux-mêmes », op. cit., p.822 ; P. Klein, « Les glissements sémantiques et fonctionnels de l'uti possidetis », *Revue Belge de Droit International,* n° 1, 1998, p.115, 119-120.

[74] Ruiz Fabri, op. cit., p.160.

[75] Le professeur Christakis après avoir démonté point par point l'affirmation doctrinale selon laquelle il existerait un droit même émergent à l'autodétermination de certains groupes minoritaires, arrive à la conclusion que « *si l'on veut s'en tenir au droit positif, force est de constater que celui-ci, (...) n'attribue de droit qu'à l'ensemble de la population.* Christakis, *Le droit à l'autodétermination en dehors des situations de décolonisation* », op. cit., pp.560-615.

notamment dans le cadre d'une fédération[76]. Les exemples de l'île d'Anjouan et du Somaliland l'illustrent très bien. En dépit du fait que plus de 97 % des populations de ces territoires soient favorables à une sécession, suivant des consultations organisées respectivement le 26 octobre 1997 et le 31 mai 2001 par les leaders sécessionnistes, la communauté internationale se refuse d'y voir des États formés en vertu d'un droit à l'autodétermination. « *The reason for this, despite the population's choice, lies in the absence of a right of the entities being part of a State to become independent by their own will on the one hand, and, on the other, the fact that these populations do not constitute 'peoples'. The principle of self-determination has not transformed federal States into confederal ones* »[77].

Le droit international tend clairement sur cette question à ne pas rentrer dans les rapports intra étatiques, concernant par exemple les relations d'un groupe minoritaire vis-à-vis de l'État central. Ne sont clairement pas investis d'un droit à l'autodétermination externe les groupes ethniques ou les minorités à l'intérieur d'un État, ainsi que les peuples indigènes. Ces groupes n'ont droit qu'à l'autodétermination interne. Loin de leur reconnaître un droit à l'indépendance, les États rechignent à considérer les minorités comme des sujets autonomes du droit international, l'expression « droit des minorités » recouvrant bien souvent une référence à un principe de non discrimination que seuls les individus seront juridiquement capables d'invoquer[78]. De même, l'article premier des deux Pactes de 1966 n'a jamais été conçu ou interprété comme octroyant un droit de sécession à un groupe infra étatique quelconque[79]. Tous les textes de *hard law* ou de *soft law* qui concernent les droits des peuples, des minorités ou des peuples autochtones comportent d'ailleurs des « clauses de sauvegarde » qui excluent fermement un droit à l'autodétermination externe. Le droit international s'attache ici à la fois à la non intervention dans les affaires intérieures et au respect de l'intégrité territoriale. C'est, il semble bien, la seule position viable[80]. Accepter l'extension d'un droit de sécession au contexte postcolonial ouvrirait la boîte de Pandore permettant aux 6 000 groupes ethniques du

---

[76] Kohen, « Introduction », op. cit., p.9.

[77] Ibid., p.16. Dans le même sens, Ouguergouz et Tehindrazanarivelo, op cit. pp.265-269 et

[78] Corten, « Les visons des internationalistes du droit des peuples à disposer d'eux-mêmes… », op. cit., p.103.

[79] Voir Ch. Tomuschat, « Secession and self-determination », *Secession : international law perspectives,* op. cit., p.26 ; Christakis, *Le droit à l'autodétermination en dehors des situations de décolonisation,* op. cit., pp.145-164 ; Kohen, « Introduction », op. cit., p.37.

[80] Kolb, op. cit. p.61 ; Tomuschat, « International law : ensuring the survival of mankind on the eve of a new century… », op. cit., pp. 250-253 ; Pellet, « Quel avenir pour le droit des peuples à disposer d'eux-mêmes ? », p.265.

monde de revendiquer un droit à la sécession[81]. De façon générale, le principe du droit des peuples à disposer d'eux-mêmes ne fonde le droit à l'indépendance que des seuls peuples coloniaux et ne justifie aucunement un quelconque droit à la sécession[82]. C'est pourquoi, conclut un auteur, « *un mouvement sécessionniste qui invoque le principe politique de l'autodétermination doit savoir que sur le plan juridique, son argument n'a aucune pertinence et qu'il agit entièrement à son propre péril (...)* »[83]. Toutefois, cet auteur admet également les chances de succès d'une telle démarche dans des circonstances particulières. C'est ce que l'on a désigné en doctrine comme la « sécession-remède ».

B. Un droit de séparation à des fins correctives ?

La théorie de la « sécession-remède » a été développée en vue de préserver la conception territoriale du droit à l'autodétermination sus-évoquée, de manière à juguler les tendances centrifuges, mais tout en réservant une possibilité de prendre en compte une conception nationale dans des circonstances exceptionnelles. Cette exception viserait les cas où un État réprimerait une de ses minorités de manière tellement flagrante qu'il ne pourrait plus prétendre la représenter et donc invoquer à son encontre son intégrité territoriale. Selon cette manière de voir, une violation grave et persistante de l'autodétermination interne pourrait aboutir à activer un droit d'autodétermination externe, c'est-à-dire un droit de sécession. Le « remède » à cette grave violation des droits humains ou du droit à l'autodétermination interne serait la reconnaissance d'un droit à la sécession au bénéfice de la « minorité-victime »[84]. La théorie est construite

[81] Christakis, « Les conflits de sécession en Crimée et dans l'est de l'Ukraine et le droit international » op. cit., p.737. Dans le même sens, Corten, « Les visons des internationalistes du droit des peuples à disposer d'eux-mêmes… », op. cit., pp.100-101.

[82] C'est ce qu'a souligné la Cour Suprême du Canada dans son jugement du 20 août 1998 : « *Il est clair que le droit international n'accorde pas expressément aux parties constituantes d'un État souverain le droit de faire sécession unilatéralement de l'État 'parent'* » (§111) ; « *le droit à l'autodétermination est censé être exercé par des peuples, à l'intérieur d'États souverains existants, et conformément au principe du maintien de l'intégrité territoriale de ces États* » (§122). *Renvoi relatif à la sécession du Québec*, n° 25506, [1998] 2 RCS 217. Dans le même sens, Pellet, « Quel avenir pour le droit des peuples à disposer d'eux-mêmes ? », op. cit., p.258.

[83] Christakis, *Le droit à l'autodétermination en dehors des situations de décolonisation,* op. cit., p.617.

[84]Voir Yusuf, op. cit., pp.175-176 ; D. Müller, « Sécession : mieux vaut la réussir », *Dictionnaire des idées reçues en droit international,* op. cit., p.519 ; Christakis, *Le droit à l'autodétermination en dehors des situations de décolonisation,* op. cit. pp.316-317 ; M. Dubuy, « La théorie de la sécession remède (remedial secession) : avatar contemporain du droit des peuples à disposer d'eux-mêmes ? », communication au 8e congrès français de droit constitutionnel, Nancy, 16-18 juin 2011, disponible sur www.droitconstitutionnel.org/congresNancy/comN2/dubuyTD2.pdf, dernière consultation le 14 février 2019.

principalement à partir d'une interprétation extensive d'un passage de la *Déclaration sur les relations amicales entre États*. Il s'agit notamment de la clause de sauvegarde de la Résolution 2625 qui stipule que : « *[r]ien dans les paragraphes précédents ne sera interprété comme autorisant ou encourageant une action, quelle qu'elle soit, qui démembrerait ou menacerait, totalement ou partiellement, l'intégrité territoriale ou l'unité politique de tout État souverain et indépendant se conduisant conformément au principe de l'égalité de droits et du droit des peuples à disposer d'eux-mêmes énoncé ci-dessus et doté ainsi d'un gouvernement représentant l'ensemble du peuple appartenant au territoire sans distinction de race, de croyance ou de couleur* »[85]. Le raisonnement tenu par la doctrine favorable à la sécession-remède consiste à interpréter ce passage de la Résolution comme affirmant *a contrario* qu'un gouvernement qui réprime une minorité nationale ne peut plus opposer à celle-ci son intégrité territoriale, et cette dernière peut donc exercer un droit à l'autodétermination externe[86].

Pour soutenir sa position, la doctrine favorable à cette théorie évoque une série de précédents judiciaires ou quasi judiciaires. D'abord dans l'affaire des *îles Aland* suscitée où la Commission des juristes avait esquissé la possibilité d'intégrer un groupe minoritaire dans un État tiers comme solution exceptionnelle et d'ultime ressort, si l'État d'appartenance manque de volonté ou du pouvoir de leur octroyer de justes garanties de protection de leurs droits. Le deuxième exemple souvent cité est la décision de la Cour suprême du Canada dans l'affaire du *Renvoi relatif à la* sécession *du Québec*. La haute juridiction canadienne expliqua la théorie tout en refusant de se prononcer sur sa validité en droit international et en exprimant ses doutes sur celle-ci. Mais elle tint cependant pour établir qu'un « *État dont le gouvernement représente l'ensemble du peuple ou des peuples résidant sur son territoire, dans l'égalité et sans discrimination, et qui respecte les principes de l'autodétermination dans ses arrangements internes, a droit au maintien de son intégrité territoriale en vertu du droit international et à la reconnaissance de cette intégrité territoriale par les autres États* »[87]. Autre exemple cité en appui de la théorie, la décision de la CmADHP en l'affaire du *Congrès du Peuple Katangais* dans laquelle cette formation politique s'estimait habilitée à recevoir une assistance pour l'accession du Katanga à l'indépendance et demandait que celle-ci soit reconnue par la Commission. La Commission décida qu' « *en l'absence de preuves tangibles à l'appui des*

[85] On retrouverait également mécanisme de « *remedial secession* » dans des clauses de sauvegarde similaire dans la Déclaration de Vienne sur les droits de l'homme et la Résolution 50/6 de l'Assemblée générale des Nations Unies adoptée le 24 octobre 1995 à l'occasion du cinquantième anniversaire de l'Organisation. Voir Kolb, op. cit., p.62.

[86] Pour une critique de cette interprétation *a contrario*, Corten, « A propos d'un désormais 'classique'… » op. cit., pp.341-342.

[87] Cour suprême du Canada, *Renvoi relatif à la sécession du Québec* op. cit., §130-135 et 155.

violations des droits de l'homme à tel point qu'il faille mettre en cause l'intégrité territoriale du Zaïre en l'absence de toute preuve attestant le refus au peuple Katangais du droit de participer à la direction des affaires publiques conformément à l'article 13 (1) de la Charte africaine, la Commission maintient que le Katanga est tenu d'user d'une forme d'autodétermination qui est compatible avec la souveraineté et l'intégrité territoriale du Zaïre »[88]. Sur la base d'une lecture *a contrario* de cet énoncé, on y a vu la consécration d'un droit à la sécession en cas de mise à l'écart d'un peuple au sein d'un État dans la gestion des affaires publiques[89].

En application de cette théorie, la composante anglophone de la population camerounaise disposerait d'un droit à sécession, s'il était établi qu'elle était soumise à un régime répressif et violateur de ses droits aboutissant à un refus de son droit à l'autodétermination interne. C'est ce que l'on peut déduire d'une lecture *a contrario* de la décision de la CmADHP en l'affaire *Kevin Mgwanga Gunme*, où la Commission, après avoir rappelé sa jurisprudence en l'affaire du *Congrès du Peuple Katangais,* affirme que « *[l]es Plaignants n'ont pas démontré que ces deux conditions ont été remplies pour mériter d'invoquer le droit à l'autodétermination. Les demandes fondamentales du SCNC et de la SCAPO ainsi que celles des deux conférences anglophones sont la tenue de négociations constitutionnelles pour prendre en charge la question de la marginalisation économique, de la représentation inégale et de l'accès inégal aux avantages économiques. La sécession était la dernière option lorsque les demandes des Conférences de Buea et Bamenda ont été ignorées par l'État Défendeur. S'agissant de la décision du Katanga, le droit à l'autodétermination ne peut être exercé, en l'absence de preuves de violation massive des droits de l'homme aux termes de la Charte. L'État Défendeur est du même avis* »[90]. Plus loin, au paragraphe 200 de la décision, la Commission écrit : « *le peuple du Cameroun du Sud ne peut s'engager dans une sécession si ce n'est dans les conditions exprimées aux présentes, puisque la sécession n'est pas reconnue comme étant une variante du droit à l'autodétermination dans le contexte de la Charte* »[91]. La Commission invite ensuite l'État camerounais à

[88] CmADHP, communication 75/92, *Congrès du Peuple Katangais c. Zaïre*, 22 mars 1995, §6.

[89] Yusuf, op. cit., p. 176 ; Dubuy op. cit., p.19. M. Hébié Mamadou critique une telle lecture en affirmant qu'elle est contraire à la position constante de la Commission sur la question et regrette que celle-ci ait dans cet énoncé opté pour une formulation douteuse. Hébié, op. cit., pp.470-471.

[90] *Kevin Mgwanga Gunme c. Cameroun,* op. cit., §197-198.

[91] On peut s'interroger sur la cohérence de cette dernière phrase notamment au regard du raisonnement mené jusque- là par la Commission. Si la sécession n'est pas une variante du droit à l'autodétermination (ce qui implique un rejet de la théorie de la sécession remède), où sont donc stipulées les conditions qui pourraient permettre si elles étaient remplies au Cameroun du Sud de faire sécession ? Soit la Charte admet la sécession remède et prévoit des hypothèses dans lesquelles la sécession peut être une modalité de l'autodétermination, soit

« *s'engager dans un dialogue constructif avec les plaignants, en particulier le SCNC et la SCAPO, pour résoudre les questions constitutionnelles ainsi que les griefs susceptibles de menacer l'unité nationale* ». L'absence de l'ouverture d'un tel dialogue pourrait-elle être objectivée comme une exclusion à la participation à la vie publique donnant lieu à un droit à l'autodétermination externe donc à la sécession ?

On pourrait en effet imaginer comme le suggèrent certains auteurs, une application de l'article 20 de la Charte africaine des droits de l'homme et des peuples, notamment les alinéas 2 et 3, dans les cas d'une oppression dirigée exclusivement contre les membres d'une portion différentiable d'un peuple constitué en État. Une violation systématique des droits politiques des membres de celle-ci correspondrait alors au déni du droit à l'autodétermination interne d'une partie de ce peuple. Le groupe ne serait pas initialement sujet du droit à l'autodétermination externe, mais le deviendrait par le fait même de la violation massive des droits de ses membres[92]. Pour objectiver une telle violation, il faudrait établir l'exclusion systématique des « Anglophones » en tant que tels de la participation à la vie publique au Cameroun. Pour reprendre les mots de la CmADHP dans une affaire concernant la Zambie, « *il faudrait fournir des preuves que l'effet de la mesure allait affecter de manière négative un groupe identifiable de citoyens (...) du fait de leur descendance commune, de leur origine ethnique, de leur langue ou de leurs habitudes culturelles* »[93].

Pour séduisante qu'elle soit et notamment dans la perspective, promue par certains, de l'évolution de l'ordre juridique international vers un ordre plus protecteur de la personne humaine, on peut être dubitatif quant à la consécration de la théorie de la sécession-remède en droit international positif en dépit de son soutien par une grande partie de la doctrine[94]. On peut d'abord se demander s'il est raisonnable de penser que la sécession est la conséquence naturelle du non-respect du principe de non-discrimination et de non domination d'un groupe national par un autre. Ce n'est en tout cas pas l'avis du Comité des Nations Unies pour l'élimination du racisme et de la discrimination (CERD). Dans sa *Recommandation générale XXI (48)*, le Comité constate que « *les groupes ou minorités ethniques ou religieuses mentionnent fréquemment le droit à l'autodétermination comme fondement*

elle ne la reconnaît pas du tout et celle-ci ne peut donc jamais être le fondement d'un quelconque droit à sécession.

[92] Ouguergouz et Tehindrazanarivelo, op. cit., p.289.

[93] CmADHP, communication 211/98, *Legal ressources Foundation c. Zambie,* 7 mai 2001, §62.

[94] Voir à cet effet l'impressionnant recensement effectué par Kolb, op. cit., note 33. Voir pour rejet de la théorie comme non consacrée en droit positif, Hébié, op. cit., pp.483-486 ; Corten, « À propos d'un désormais 'classique'... », op. cit., pp.341-345 ; Distefano, op. cit., p.819 ; J. Vidmar, « Remedial secession in international law : theory and (lack of practice) », *St Anthony's International Review*, vol.6, n° 1, 2010, pp.37-56.

de la revendication d'un droit à la sécession », avant de conclure, après avoir rappelé les obligations des États à l'égard de ces minorités, que « *[d]e l'avis du Comité, le droit international ne reconnaît pas de droit général des peuples de déclarer unilatéralement faire sécession par rapport à un État* »[95]. On a même argué que dans le cadre africain, la consécration du droit d'intervention de l'Union Africaine en cas de crimes de guerre, génocide et crimes contre l'humanité, inscrite à l'article 4 (h) de l'Acte Constitutif de l'Organisation, visait justement à s'assurer que la préservation de l'intégrité territoriale des États ne soit pas antinomique de la protection des minorités. En lieu et place de la sécession comme instrument ultime de préservation de l'existence physique, politique ou culturelle d'un peuple intégré dans un État, les États africains ont préféré l'intervention collective dans le cadre de l'Union Africaine[96].

Ce scepticisme sur l'existence d'une telle règle en droit international positif est renforcé lorsque l'on examine les précédents excipés pour soutenir la théorie de la sécession remède. S'agissant de l'*affaire des îles Aland,* le professeur Kolb fait remarquer que la Commission des juristes ne raisonnait ni en termes de droit strict ni en termes de sécession. Elle éclairait simplement le Conseil de la SDN sur les options que ce dernier pouvait envisager de proposer aux parties comme solution du litige, en vertu de ses compétences particulières issues de l'article 15 du Pacte. Le Conseil ne pouvait que proposer, il ne pouvait rien imposer[97]. S'agissant des décisions de la Cour suprême du Canada de 1998 et de la Cour constitutionnelle russe de 1995 relative à la Tchétchénie, dans les deux cas les juridictions saisies écartent la théorie de la sécession-remède en affirmant que même à la supposer applicable, ses conditions ne seraient pas réunies dans le cas soumis à leur attention. Aucune des juridictions n'affirme directement l'existence d'une telle règle en droit international ; elles ne font que l'évoquer pour l'écarter comme non applicable à l'espèce dont elles sont saisies. De même, dans l'affaire du *Congrès du Peuple Katangais* citée, la CmADHP n'a non plus approfondi la question de savoir si cette théorie était ou n'était pas en définitive reçue en droit international positif, et était loin de consacrer un droit à la sécession sur cette base dans l'ordre juridique africain des droits humains[98]. De fait, ces précédents cités par les auteurs pour

[95] CERD, *Recommandation générale XXI,* adoptée le 8 mars 1996 lors de la 48e session, doc. ONU A/51/18, Annexe VIII-B, pp.133-134, §6-11.

[96] Ouguergouz et Tehindrazanarivelo, op. cit., pp. 293-296 ; Hébié, op. cit., p.485.

[97] Kolb, op. cit., p.62.

[98] Comme on l'a souligné précédemment, l'examen des décisions de la Commission ne permet pas de détecter une prédisposition à affirmer un droit de sécession à un peuple au sein d'un État africain. On peut même raisonnablement douter au regard de sa pratique, qu'elle aille jusque-là. En effet, la CmADHP se borne en général à constater la violation alléguée de la Charte et à demander à l'État concerné de prendre les dispositions législatives et

soutenir la théorie montrent que *« la doctrine de la sécession d'ultime recours est mentionnée parce qu'elle fait partie du débat international ; toutefois, son statut juridique n'est pas serré de près parce que les juridictions ou quasi-juridictions en cause n'estiment de toute manière pas ses conditions réunies dans les affaires soumises à leur examen ; dès lors, elles n'ont pas à approfondir la question du statut juridique de la 'remedial secession' potentiellement épineuse, irritante et délicate. Il ne se dégage donc rien de très net de cette pratique judiciaire et quasi-judiciaire »*[99].

Un examen des écritures et plaidoiries relatives à l'affaire de la *Conformité au droit international de la déclaration unilatérale d'indépendance relative au Kosovo* devant la CIJ est significatif : peu d'États se sont prévalus de la théorie de la sécession-remède, théorie que la Cour s'est elle-même bien gardée de consacrer[100]. En ce sens, on peut raisonnablement penser que la théorie est encore largement utopique : *« même si elle a peut-être gagné quelques partisans ces dernières années, le rapport de force ne paraît pas près de s'inverser »*[101]. Cette prudence des États à consacrer cette théorie dans le droit positif, en dépit d'un sentiment d'une nécessité de la règle[102], peut sans doute s'expliquer par le fait qu'elle a été invoquée pour justifier certaines démonstrations de force. Ainsi, l'invocation de cette théorie par la Russie pour justifier sa reconnaissance de l'Abkhazie et de l'Ossétie du Sud, après une intervention militaire menée contre la Géorgie, est loin d'avoir convaincu les États. La plupart y ont vu une tentative d'instrumentalisation, voire de détournement par la voie de cette théorie, du droit des peuples à disposer d'eux-mêmes[103]. L'une des

---

réglementaires nécessaires pour y mettre fin. Voir dans ce sens, Ouguergouz et Tehindrazanarivelo, op. cit., pp.274-275.

[99] Kolb op. cit., p.63.

[100] *Conformité au droit international de la déclaration unilatérale d'indépendance relative au Kosovo* op. cit., §82-83. En effet, bon nombre d'États qui ont reconnu le Kosovo ont tenu à affirmer qu'il ne pouvait s'agir d'un précédent, mais d'un cas particulier, *sui generis*. Alors même que les conditions généralement évoquées pour que la théorie puisse être appliquée étaient, selon certains États, réunies, ces mêmes États ont tenu à écarter toute référence au droit à l'autodétermination. Dans ces circonstances, le Kosovo semble plutôt plaider selon certains auteurs contre la validité de la théorie de la sécession remède. Voir Corten, « Déclarations unilatérales d'indépendance et reconnaissances prématurées », op. cit., pp.726-727.

[101] Corten, « Les visions des internationalistes du droit des peuples… », op. cit., p.105. Sur la négation de l'existence d'une telle règle en droit positif, voir également Kolb, op. cit., p.61.

[102] On peut en effet déceler l'existence d'une forme d'*opinio juris* qui a du mal à voir établir une pratique en raison des doutes sur les contours que pourrait prendre la règle. C'est en tout cas l'avis d'une bonne partie de la doctrine, même parmi celle affirmant l'inexistence de la règle en droit positif. Voir Ouguergouz et Tehindrazanarivelo, op. cit., pp.292-293.

[103] Corten, « Les visions des internationalistes du droit des peuples… », op. cit., pp.105-106. Comme le souligne fort justement le professeur Marcelo Kohen, cette instrumentalisation de la théorie n'est pas l'apanage de la seule Russie. « *Seulement voilà, les accusateurs font-ils preuve de cohérence ? Ce sont les mêmes qui ont encouragé par tous les moyens la sécession du Kosovo, soutenu celle du Soudan du Sud, utilisé la force sans autorisation du Conseil de*

principales difficultés en effet de la théorie de la sécession-remède est l'absence de critères précis déterminant à partir de quel seuil la « violation grave » des droits d'un groupe minoritaire serait susceptible de déclencher un droit à sécession[104].

Dans le cadre du Cameroun, l'argument des sécessionnistes serait qu'en raison des violations graves de leur droit à l'autodétermination interne, il est désormais impossible d'exiger au « peuple anglophone » de continuer à vivre avec ses « bourreaux ». Peut-on sur cette base affirmer une violation du droit à l'autodétermination du *Southern Cameroons* sur la base du précédent érythréen ? En l'espèce, on a en effet affirmé que le droit de l'Érythrée de faire sécession résultait de la violation par l'État-parent de sa

---

sécurité et mené une politique qui a conduit au fractionnement de facto de l'Irak, de l'Afghanistan et de la Libye. (...) Le problème est que, si l'on suit les arguments américains, britanniques, français et allemands employés il n'y a pas si longtemps pour justifier la sécession du Kosovo, on arrive à des conclusions qui rendent surprenant l'émoi de ces gouvernements aujourd'hui. Lorsque le parlement du Kosovo a déclaré l'indépendance, ces mêmes gouvernements ont affirmé que la violation de la Constitution de la Serbie était sans pertinence et que le droit international ne prohibait pas les déclarations unilatérales d'indépendance. C'est la conclusion que ces États ont obtenue de la Cour internationale de justice dans son avis consultatif sur la déclaration d'indépendance du Kosovo. Le gouvernement de Vladimir Poutine les paie aujourd'hui avec la même monnaie. Si la déclaration unilatérale du parlement kosovar faisant sécession de la Serbie n'était pas illicite, pourquoi le serait celle du parlement criméen se séparant de l'Ukraine ? (...) Les contradictions en politique internationale et le mépris pour le droit international quand cela arrange les intérêts des uns ou des autres ont un prix. Les capitales occidentales sont restées désarmées face à la Russie. Pas militairement ou économiquement. Il s'agit d'un désarmement moral. À force d'ignorer les règles de base qui régissent les relations internationales en invoquant de faux arguments juridiques ou en prétendant que les actions en question «ne constituaient pas de précédents», à force de favoriser le morcellement des États, d'imposer une culture de la force dans les relations internationales, ceux qui prétendent représenter les valeurs démocratiques sur la scène internationale ont fini par affaiblir l'ossature du droit international et le système de sécurité collective ». M. Kohen, « L'Ukraine et le droit international », *Le Temps,* 12 mars 2014, disponible sur https://www.letemps.ch/opinions/lukraine-respect-droit-international, dernière consultation le 14 février 2018. Dans le même sens, Corten, « Déclarations unilatérales d'indépendance et reconnaissances prématurées... », op. cit., pp.741, 744, 758.

[104] La doctrine a formulé des conditions d'application de la théorie. Les plus consensuelles qui restent toutefois contestées sont et de manière cumulatives les suivantes. 1. Il doit s'agir d'un « peuple », c'est-à-dire d'une minorité suffisamment déterminée dans le contexte d'un territoire, soit objectivement (ethnie, religion, race...), soit subjectivement (stigmatisation, sentiment de solidarité). Cette minorité doit de surcroît former une majorité numérique dans une partie du territoire national. 2. Les violations des droits de cette minorité doivent être graves et persistantes (structurelles), faisant apparaître impossible une vie future en commun avec le groupe majoritaire, oppresseur. Ces violations de droits doivent présenter des conséquences graves sur la vie des peuples en question. 3. L'absence d'alternatives applicables praticables pour une solution pacifique du différend notamment par un refus de coopération du gouvernement central. Voir Kolb, op. cit. pp.65-66 ; Dubuy, op. cit., pp.8-13.

promesse d'accorder une large autonomie à cette partie du pays[105]. Cependant, on sait également que même dans cette hypothèse, la société internationale et les pays africains se sont montrés particulièrement réticents à accorder la sécession sur cette seule base et il a fallu que l'État-parent admette une telle possibilité pour que les autres États s'y rallient[106]. Il faudrait prouver dans le cas camerounais que les « Anglophones » ne participent pas de façon suffisante aux affaires publiques. Mais comment apprécier la qualité « suffisante » de la « participation » aux affaires publiques, le partage du pouvoir entre différents groupes sociaux étant toujours délicat ? Il n'est pas facile de déterminer non plus quels droits sont suffisamment fondamentaux et quand les seuils quantitatifs de « massivité » et de « systématicité » sont franchis. L'hypothèse du génocide qui est sans doute la plus simple à objectiver est difficilement applicable au Cameroun jusqu'ici. S'agissant de la marginalisation, les données économiques de l'Institut National de la Statistique du pays ne révèlent pas de correspondance entre la langue d'une région et l'incidence de la pauvreté[107]. Devrait-on voir dans le fait que la plupart des cas soumis aux mécanismes internationaux de protection des droits de l'homme le soient par des Anglophones[108], un indice d'une « violation systématique » de leurs droits ? Difficile de l'affirmer ; cela peut être simplement dû à une plus grande culture de la défense juridictionnelle des droits. Autre critère difficile à appliquer, la situation actuelle au Cameroun fait-elle de la sécession la seule solution possible ? Tous les auteurs sont d'accord pour admettre que la sécession-remède ne peut être qu'une *ultima ratio* pour des cas réellement

---

[105] Le professeur Christian Tomuschat écrit ainsi à ce propos : *the whole process of secession was oriented towards remedying the wrong suffered by the population as a consequence of the Ethiopian decision to do away with the autonomy they had been promised to enjoy.* Tomuschat, « secession and self-determination », op. cit., p.28. Voir également Le Gouriellec, op. cit., pp.6-7.

[106] Ibid.(em) ou p.

[107] Ainsi, 55 % des habitants de la région du Nord-Ouest vivent en dessous du seuil de pauvreté, et seules les régions de l'Extrême Nord et du Nord, toutes deux majoritairement francophones, affichent des taux les plus élevés. Par contre, l'autre région anglophone, le Sud-Ouest affiche un taux d'habitants en dessous du seuil de pauvreté de 18 % ; seules les villes de Yaoundé et de Douala, respectivement capitale politique et capitale économique et toutes deux en zone francophone, ont un taux plus bas. Faute de statistiques globales sur l'accès à la fonction publique, les données exactes sont difficiles à trouver. Mais on peut sur la base de quelques données éparses, souligner une certaine sous-représentation dans certaines institutions. En 2003 par exemple, seulement 57 recrues sur les 5000 retenues dans les académies de police sont anglophones, et dans les douanes, 12 sur 172. En 2016, deux anglophones seulement font partie des 138 admis au Centre National de la Jeunesse et des Sports de Bamenda, le chef-lieu de l'une des régions majoritairement anglophone. Voir Note op. cit., pp.5-7. Voir également pour les critiques à ce sujet des anglophones, Konings op. cit., pp.25-28.

[108] Voir Olinga op. cit., p.321.

extrêmes[109]. On peut raisonnablement se demander si la crise anglophone au Cameroun ne résulte pas davantage d'un problème de gouvernance ponctuel et généralisé, que d'un véritable système discriminatoire et systémique requérant une solution aussi radicale que la sécession. Il est manifeste que l'appréciation de ces critères donne lieu à une marge de manœuvre certaine. Des hommes raisonnables peuvent en effet différer sur les conclusions à tirer dans ce cas d'espèce, comme dans tout autre d'ailleurs. C'est pourquoi certains auteurs suggèrent que la reconnaissance d'un droit à sécession-remède soit l'œuvre de l'Assemblée générale des Nations Unies, secondée éventuellement par les organisations régionales compétentes, l'Union Africaine dans le cas du Cameroun[110]. Mais dans ces hypothèses, l'organe n'agira très souvent qu'après la survenance du fait de sécession pour le ratifier.

II. Le *Southern Cameroons* peut-il faire sécession en vertu du droit international ?

On l'a souligné, l'avis de 2010 sur le Kosovo a laissé entière la question de savoir si les déclarations d'indépendance sont autorisées ou interdites par le droit international, la CIJ ayant estimé que la réponse à cette interrogation n'était pas utile pour répondre à la question qui lui était posée. La Cour se contente d'affirmer que pour être conforme au droit international, il suffit qu'un tel acte ne soit pas interdit par lui. L'affirmation, bien que frustrante dans le contexte de l'avis, n'en est pas moins infondée : un acte ou un comportement peuvent être conformes au droit sans résulter nécessairement d'une règle expressément permissive. Une interdiction ne peut en effet se déduire de l'absence d'un droit[111]. Mais par ailleurs, l'absence d'une règle prohibitive expresse suffit-elle pour constater la conformité au droit d'une éventuelle sécession du *Southern Cameroons* ? La conformité au droit se déduit-elle directement et exclusivement de l'absence d'interdiction ? Pour un nombre considérable de juristes, la création de l'État est une question de fait dont le droit international ne fait que prendre acte. Dans cette logique, on a affirmé que le droit international observait une stricte neutralité relativement à la question de la sécession ; s'il ne consacre pas un droit à sécession comme on a pu le constater ci-dessus, il ne l'interdit pas non plus.

---

[109] Voir Kolb, op. cit., p.63 ; Tomuschat, « secession and self-determination » op. cit., p.28. C'est d'ailleurs l'une des raisons de l'hostilité de certains auteurs à cette théorie. Ils pensent qu'en raison de sa radicalité, la sécession ne devrait jamais être la solution, car les discriminations sont presque toujours temporaires et liées à un régime politique spécifique. Kohen, « Introduction », op. cit., pp.10-11.

[110] Tomuschat, « Seccesion and self-determination », op. cit., pp.43-45.

[111] Voir Crepet-Daigremont, op. cit., qui précise cependant que l'on est loin toutefois sur cette base du principe du *Lotus* en matière de sécession. pp.239-240. Dans le même sens, Peters, op. cit., 100-101.

Mais il s'agit là d'une vision pas tout à fait juste, car la neutralité du droit international n'est en réalité qu'apparente (A) et elle édicte des règles qui constituent de fait le guide très hostile pour une « sécession réussie » (B).

A. La « fausse neutralité » de principe du droit international

On estime traditionnellement que la sécession, si elle n'est pas autorisée, n'est pas non plus interdite par le droit international général. Cette idée est basée principalement sur la prémisse que la naissance de l'Etat est un phénomène métajuridique qui échappe au droit, qui se limite à la constater dans les faits. « La naissance et la fin de l'État sont des faits métajuridiques », écrivait Hans Kelsen en 1932[112]. Certains auteurs font l'analogie avec la naissance d'une personne physique « *en ce sens que le droit peut encourager ou décourager la natalité, mais il ne peut pas 'causer' la naissance d'un être humain ; il prend acte de son existence une fois qu'il est né* »[113]. L'idée a été consacrée notamment par la Commission d'arbitrage de la Conférence européenne pour la paix en Yougoslavie dans son premier avis, rendu le 29 novembre 1991 : « *l'existence ou la disparition de l'Etat est une question de fait* »[114]. Le droit international, avant tout soucieux d'ordre et de sécurité aurait de tout temps porté plus d'intérêt aux faits qui attentent à l'existence des États ou qui entraînent leur disparition qu'à ceux qui déterminent leur naissance[115]. Selon cette théorie, la sécession n'est pas une question de droit, mais une question de pur fait, d'échec ou de réussite : si un mouvement sécessionniste réussit à instaurer une nouvelle effectivité, c'est-à-dire à mettre en place les « éléments constitutifs » de l'Etat, un nouvel Etat est alors né.

De fait, aucun traité international ne prohibe explicitement la sécession et la CIJ n'a pas pu établir une norme coutumière contenant une telle interdiction[116]. Les nombreuses « clauses de sauvegarde », comme celle de

---

112 H. Kelsen, « Théorie général du droit international public », *RCADI,* tome 42 (1932-IV), p.261.

113 Abi-Saab, op. cit., p.68. Dans le même sens, il a été dit que « *[l]'existence de l'État repose en principe exclusivement sur une effectivité, quelles que puissent être les circonstances de droit ou de fait – qui ont permis qu'elle se réalise. De la même manière qu'un enfant naît de l'accouplement de ses auteurs... sans avoir égard aux circonstances, même monstrueuses, de son engendrement, il convient peut-être de punir l'un ou l'autre des parents de la violation du droit dont il est issu. (...) Cela n'empêche que l'enfant soit, dès l'instant où il est sorti vivant (viable) du ventre de sa mère* ». J. Verhoeven, « La reconnaissance internationale, déclin ou renouveau ? » *Annuaire Français de Droit International,* 1993, p.38.

114 Voir *RGDIP*, 1992, pp.264-269.

115 Ch. De Visscher, *Théories et réalités en droit international public,* Paris, Pedone, p.188.

116 Pour la Cour en effet, « *le droit international général ne comporte aucune interdiction applicable des déclarations d'indépendance. Conformité au droit international de la déclaration unilatérale d'indépendance relative au Kosovo »,* op. cit., §84. Il est vrai que la formulation de la question centrée davantage sur la déclaration d'indépendance que sur un droit à sécession rendait difficile une autre réponse. Comme l'a illustré le professeur James

la Résolution 2625 sus-citée, que l'on retrouve dans des instruments pertinents ont moins pour fonction de formuler une interdiction générale de la sécession, que d'exclure toute interprétation favorable à l'existence d'un droit de sécession en dehors des situations de décolonisations qu'ils visaient. Le fait que le droit international n'interdise pas expressément la sécession peut sembler *a priori* étonnant au regard de la prohibition du phénomène dans la constitution de la plupart des États. La doctrine explique cet état de fait par l'important contraste existant entre l'attitude des États face à une crise sécessionniste qui menace leur propre territoire, et celle qu'ils adoptent lorsqu'une crise menace l'intégrité d'un autre État. « *Les contradictions des États, reflets de leurs intérêts et de leurs préférences politiques, expliquent sans doute en partie l'absence d'une interdiction de la sécession en droit international, le reste de l'exception étant fourni par le réalisme des États et le caractère techniquement quasi-impossible d'une règle prohibitive générale. Les États ne veulent pas et ne peuvent pas fermer définitivement la porte à la sécession, car ils savent qu'il est difficile d'arrêter l'histoire et figer la carte du monde* »[117].

On pourrait, de ce point de vue, estimer que seule l'évolution des rapports de force sur le terrain déterminera le succès ou l'échec des revendications d'indépendance du *Southern Cameroons*. Si l'entité sécessionniste réussit à se soustraire à l'ordre juridique de l'État-parent, imposant et maintenant à titre exclusif sa propre autorité sur son territoire et sa population, elle accède automatiquement au statut étatique. Inversement, une entité qui n'a pas réussi à réunir les éléments constitutifs de l'État ne peut pas prétendre au statut étatique. Ce qu'on qualifie de « principe d'effectivité » implique donc une concordance quasi-parfaite entre l'existence de certains « faits-conditions » et la naissance de l'Etat qui est présentée comme ayant une « existence objective » dès la réunion des conditions nécessaires à son émergence. L'État *de facto,* note le professeur Christakis, serait automatiquement un État de *juris* quels que soient les conditions de sa création ou le nombre de reconnaissances dont il a fait l'objet[118]. Une telle

---

Crawford dans sa plaidoirie devant la Cour : « *Mr. President, Members of the Court, I am a devoted but disgruntled South Australian. 'I hereby declare the independence of South Australia'. What has happened? Precisely nothing. Have I committed an internationally wrongful act in your presence? Of course not* ». United Kingdom, *Verbatim* Record; CR 2009/32 (2009), p.47.

[117] Christakis, « Les conflits de sécession en Crimée et dans l'est de l'Ukraine… », op. cit., p.17. Même si, en raison de leur propre réalité interne, les États sont conscients de n'être pas eux-mêmes à l'abri d'une revendication sécessionniste. Ce qui explique leur refus de la consécration d'un droit subjectif à la sécession. Pellet, « Legal opinion on certain question… », op. cit., p.116.

[118] Christakis, « La sécession : une question de simple fait ? », *The power of international law in times of European integration*, 2nd ESIL research forum, Budapest, septembre 2007,

présentation est sans doute excessive. Si le droit international ne fixe pas les conditions de la naissance de l'État, cela ne signifie pas pour autant qu'il s'en désintéresse ; la neutralité ne signifie pas le vide juridique[119]. La stabilité des rapports internationaux que l'ordre juridique international a pour fonction première d'assurer est en grande partie conditionnée par la stabilité des protagonistes de ces rapports. En ce sens, il existe un certain nombre de principes juridiques qui manifestent une résistance aux mutations qui pourraient affecter les États existants, sans pour autant les rendre impossibles, le droit se soumettant sur ce point au prescrit de l'effectivité[120]. C'est en cela que s'illustre la « fausse neutralité » du droit international par rapport à la sécession : il se montre hostile au phénomène, tout en ne niant pas la réalité factuelle lorsqu'elle s'impose à lui.

La société internationale répugne de façon générale à admettre la destruction ou le démembrement d'une organisation étatique. L'inventaire des principes de droit international susceptibles de jouer dans les hypothèses de création ou de disparition d'États montre le souci prédominant de protéger les États existants contre ces mutations et leurs effets. L'encouragement donné aux revendications sécessionnistes risquerait fort bien non de contribuer à la paix, mais de la mettre gravement en péril. Corrélativement, il n'existe aucun principe de droit susceptible de faciliter la naissance d'un État. Au contraire, il semble même que tout principe de cet ordre soit délibérément banni et le rôle attribué au droit des peuples à disposer d'eux-mêmes n'est pas comme on l'a vu, de nature à infirmer ce constat[121]. Le principe cardinal de protection des États contre les démembrements territoriaux est celui relatif au respect de leur intégrité territoriale. Inscrit à l'article 2 paragraphe 4 de la Charte, il est rappelé avec constance dans de nombreux instruments juridiques, y compris dans les résolutions de l'Assemblée générale des Nations Unies les plus favorables à l'exercice du droit à l'autodétermination. Toutefois, ce principe est inopérant en matière de sécession.

---

disponible sur https://hal.archives-ouvertes.fr/hal-01804003/document, dernière consultation le 14 février 2019 ; Müller, op. cit., pp.519-520.

119 Il ne faut pas confondre en effet une absence de règle précise, d'une lacune du droit international. Comme l'a précisé le juge Simma, « *[l]a neutralité du droit international sur certains points indique simplement qu'il existe des domaines qui n'ont pas encore été réglementés par lui et qui peut être ne le seront jamais ». Conformité au droit international de la déclaration unilatérale d'indépendance relative au Kosovo* op. cit., déclaration du juge Simma, p.481, §9. Dans le même sens, Peters, op. cit., p.99 ; Corten, « Droit des peuples à disposer d'eux-mêmes et *uti possidetis* », op. cit., pp.181-183.

120 Ruiz Fabri, op. cit., p.155.

121 Le professeur Marcelo Kohen révèle ainsi que l'hostilité des États est telle que lors des négociations de la Convention de Vienne sur la succession des États aux traités, le mot « sécession » ait été soigneusement évité, les États préférant parler de « séparation d'une partie de l'État ». Kohen, « Introduction », op. cit., pp.3-4.

En effet, le principe de respect de l'intégrité territoriale de l'État est dirigé contre les menaces venues de l'extérieur et non celles venant de l'intérieur, et a surtout pour fonction d'obliger les États tiers. Le paragraphe 4 de l'article 2 de la Charte des Nations unies ne vise que les États dans leurs « relations internationales ». Cette interprétation a été confirmée par l'avis consultatif du 22 juillet 2010. Pour la CIJ, « *la portée du principe d'intégrité territoriale est donc limitée à la sphère des relations interétatiques* »[122]. De même, le principe de l'*uti possidetis* n'est pas pertinent. Le principe ne joue qu'au moment de la naissance de la nouvelle entité. Passé ce moment, l'État issu de la décolonisation et/ou du droit à l'autodétermination est un Etat comme n'importe lequel, et ses frontières sont régies par le droit international[123]. Le Cameroun ne peut donc invoquer le respect de son intégrité territoriale, contre une partie de sa population qui désire faire sécession. Mais ceci ne signifie nullement que l'État-parent soit tenu d'accepter le processus sécessionniste et de laisser faire. Tout au contraire, il est parfaitement fondé à s'y opposer, dans certains cas en utilisant la force, dans le strict respect des règles du droit international y relatives.

Seule l'effectivité permet de vaincre cette résistance du droit international au phénomène de la sécession et de surmonter les principes protecteurs de l'État existant. Le refus de promouvoir juridiquement le droit des peuples au-delà de la décolonisation n'empêche pas comme on l'a relevé, la virulence des nationalismes[124]. En ne précisant pas comment se réalisent les conditions de fait nécessaires à l'existence de l'État, sous la réserve des moyens employés, le droit international ne l'interdit pas expressément. Le principe de l'effectivité exprime sur ce point, la part de réalisme du droit international : « *[d]ans l'ordre international, l'antinomie entre l'efficacité et la légalité tourne à la longue au profit de la première : peu à peu, les États s'accommodent des situations irrégulières et, en fin de compte, consacrent le fait accompli* »[125]. Si les aspirations d'un peuple à l'indépendance sont suffisamment fortes pour le conduire à fonder un nouvel État et à en imposer

---

[122] *Conformité au droit international de la déclaration unilatérale d'indépendance relative au Kosovo* op. cit., p.437, §80. Pour des opinions doctrinales dans le même sens, voir Pellet, « Legal opinion on certain question… », op. cit., pp.98-99, 107-108 ; J-F. Guilhaudis, « L'indépendance du Kosovo et le droit des peuples à disposer d'eux-mêmes. Essai d'évaluation après l'avis rendu par la Cour internationale de justice le 22 juillet 2010 », *Annuaire Français des Relations Internationales,* vol.XII, 2011, disponible sur http://www.afri-ct.org/article/l-independance-du-kosovo-et-le/, dernière consultation le 15 février 2019.

[123] Tomuschat, « Secession and self-determination » op. cit., p.38, Kohen, « Introduction », op. cit., p.15.

[124] Ruiz Fabri, op. cit., p.162.

[125] R. Yakemtchouk, « Les républiques baltes en droit international. Échec d'une annexion opérée en violation du droit des gens », cité par Ruiz Fabri, op. cit., p.162.

l'existence effective malgré la résistance de l'État-parent et les réticences de la société internationale, la nouvelle entité obtient une reconnaissance généralisée. « *Le peuple s'est constitué en Etat, non pas parce qu'il en avait 'le droit' (subjectif), mais parce qu'il en avait la volonté et la force. Dans ce cas, mais dans ce cas seulement, il est légitime de parler d'un droit (objectif) des peuples 'à témoigner d'eux-même* »[126]. Ainsi, l'anglophonie nationaliste et indépendantiste, si elle réussissait à imposer une effectivité de fait, durable et irréversible, se verrait reconnaître par le droit international, sous la réserve, comme nous le verrons, de la licéité des moyens employés à cette fin (voir infra B.). La difficulté ici est liée à la détermination du seuil au-delà duquel cette efficacité et cette durabilité seront considérées comme établies.

On a indiqué à cet effet que les conditions posées à l'existence de l'État correspondent aux conditions considérées comme nécessaires pour pouvoir prendre en charge les obligations posées par le droit international et les compétences et droits conférés par lui, et pour ne pas compromettre la stabilité de la société internationale. C'est une question d'« aptitude » qui est loin d'être neutre[127]. L'idée d'une effectivité « durable » se substitue donc à l'idée d'une effectivité « instantanée » qui, comme par un coup de baguette magique, transformerait en État l'entité sécessionniste ayant réussi à réunir les « éléments constitutifs ». « *En d'autres termes, ce n'est pas vraiment le 'succès' de la sécession qui est pris en compte par le droit, mais plutôt son 'succès ultime', sa capacité à s'imposer et à créer une situation apparemment irréversible* »[128]. Pour prétendre à la reconnaissance de la sécession, l'entité sécessionniste devra convaincre les membres de la société internationale de l'existence d'une « population », sise sur un territoire déterminé » et dotée d'un « gouvernement souverain ». Un nouvel État ne peut donc naître à la suite d'une sécession que s'il parvient à se soustraire à l'ordre juridique de l'État-parent en imposant et maintenant à titre exclusif sa propre autorité sur son territoire, démontrant ainsi qu'il n'a au-dessus de lui aucune autorité si ce n'est celle du droit international. Pour reprendre les conclusions d'une étude concernant l'accession éventuelle du Québec à l'indépendance, cette « *sécession serait considérée comme réussie si, durant un temps suffisamment long, les autorités [ambazoniennes] parvenaient à exclure l'application du droit [camerounais] sur leur territoire et réussissaient à y faire régner l'ordre juridique découlant de leurs propres*

---

[126] Pellet, « Quel avenir pour le droit des peuples à disposer d'eux-mêmes », op. cit., p.264.
[127] Le professeur Hélène Ruiz Fabri indique que cette conception renvoie à un certain modèle d'État qui s'est forgé en Europe, il y a plusieurs siècles et impose une structuration à l'identique des nouveaux membres de la société internationale dans la mesure où il n'a pas été offert d'alternative crédible à l'État. Ruiz Fabri, op. cit. p.165.
[128] Christakis, « La sécession : une question de simple fait ? », op. cit., p.12

lois et décisions »[129]. *« Such peaceful, pacific effectiveness obviously does not exist when armed conflict rages »*[130]. L'attitude de l'État-parent sera donc déterminante dans cette effectivité, sans toutefois qu'il y ait une exigence de son consentement expresse à la naissance du nouvel État[131]. Le droit et la politique internationale font ainsi peser sur la sécession un poids hostile qui est d'ailleurs particulièrement prononcé en Afrique[132].

Cette naissance de l'Etat résultant d'une sécession en raison de l'exigence d'effectivité aboutit à confier aux États existants un rôle essentiel. En affirmant leur volonté de tenir la situation pour existante, ils contribuent à cette existence. Ceci découle du caractère « horizontal » de la société internationale et de l'intersubjectivité qui caractérise l'ordre juridique international. Un Etat n'existe que comme membre de la société internationale, ce qui suppose de rentrer en relation avec les autres membres et de faire partir des organisations qu'ils ont créées. C'est pour cela que tenter d'obtenir le maximum de reconnaissances et surtout devenir membre d'organisations internationales revêtent une importance fondamentale pour ceux qui déclarent l'indépendance d'un nouvel État. Une telle admission, notamment aux Nations Unies, constitue une attestation d'existence en tant qu'État. En effet, cette admission se fait sous conditions, dont la première est précisément d'être un État. En ce sens, la reconnaissance apparaît-elle constitutive [133] ? Une sécession apparemment réussie doit encore passer le test de la reconnaissance[134]. Dans le cadre du processus de décolonisation par exemple, les reconnaissances massives ont parfois permis la constitution des Etats soit contre la volonté de la puissance coloniale, soit lorsque le gouvernement du nouvel État n'exerçait pas encore un contrôle effectif sur l'ensemble du territoire. Inversement, dans un nombre encore supérieur de cas, des mouvements sécessionnistes ont réussi à établir une effectivité claire sur leur territoire, mais n'ont pas été reconnus comme des États. Au contraire, ces proclamations unilatérales d'indépendance se sont heurtées à des résolutions et déclarations d'organisations internationales exigeant une solution respectueuse de l'intégrité territoriale de l'État-parent. Ce fut le cas

---

[129] R. Frank, R. Higgins, A. Pellet, M. Shaw, C. Tomuschat, « L'intégrité territorial du Québec dans l'hypothèse de l'accession à la souveraineté, Étude commandée pas la Commission d'étude des questions afférentes à l'accession du Québec à la souveraineté », *Les attributs d'un Québec souverain,* Québec, Bibliothèque nationale, 1992, p.410, §2,41.

[130] Pellet, « Legal opinion on certain question… », op. cit., p.110.

[131] Ibid., pp.118-119.

[132] Voir Kolb, op. cit., pp.73-75.

[133] Ruiz Fabri, op. cit., p.163.

[134] Kohen, « Introduction », op. cit., p.13. Pour une étude approfondie de la sécession et la reconnaissance, voir le cours du professeur Dugard à l'Académie de droit international de La Haye sus-citée. Voir spécialement les pages 27-30, 36-70 et 122-169 ; voir également J. Dugard, D. Raic, « The role of recognition in the law and pratice of secession », *Secession international law perspectives* op. cit., pp.94-137.

par exemple de la République Turque de Chypre du Nord et du Somaliland[135].

Mais pour être irréductible qu'elle soit, la reconnaissance est néanmoins limitée. La reconnaissance est en général considérée comme un acte discrétionnaire de l'Etat, lequel est en principe libre de se prononcer comme bon lui semble face à des revendications d'indépendance[136]. L'exercice de la compétence discrétionnaire de reconnaissance n'est cependant pas soumis aux seules politiques extérieures des États ; le caractère discrétionnaire de la compétence de procéder à une reconnaissance ne signifie pas que cette compétence revêt un caractère absolu. Le droit international offre un cadre de référence qui a vocation à limiter le facteur politique et d'éviter un arbitraire déstabilisateur pour la société internationale. La reconnaissance ne peut avoir un objectif anticipateur et doit être soumise à l'exigence d'effectivité sus-relevée. « *S'il n'y a rien de choquant à admettre que l'État est ce que les autorités légales (à savoir les autres États et éventuellement les juridictions et arbitres internationaux) considèrent comme tel à un moment donné dès lors, que l'on admet que la notion d'État évolue nécessairement avec l'ordre juridique international, cela ne peut aller jusqu'à inclure l'État fictif, sinon à nier l'État lui-même. Si on peut reconnaître sous le vocable d'État des choses fort diverses, la reconnaissance ne peut passer outre certains indices formels* »[137]. Un Etat ne pourrait de ce point de vue, en l'état actuel des choses, reconnaître la naissance d'une République d'Ambazonie. Une telle reconnaissance anticipée pourrait même constituer du point de vue du droit international, une ingérence dans les affaires intérieures du Cameroun et une violation de son intégrité territoriale.

En effet conformément à la Résolution 2625 de l'Assemblée générale des Nations Unies, « *[a]ucun État ni groupe d'États n'a le droit d'intervenir, directement ou indirectement, pour quelque raison que ce soit, dans les affaires intérieures ou extérieures d'un autre État. En conséquence,* ***non seulement l'intervention armée, mais aussi toute autre forme d'ingérence*** *ou toute menace dirigées contre la personnalité d'un État* ***ou contre ses éléments politiques****, économiques et culturels, sont contraires au droit international* »[138]. Les termes soulignés peuvent s'appliquer à une reconnaissance à une entité sécessionniste en dépit de l'opposition de l'État démembré, laquelle peut parfaitement constituer une « forme d'ingérence », « dirigée contre la personnalité » de cet État. Le principe doit en effet être

---

135 Christakis, « La sécession : une question de simple fait ? » op. cit., pp.5-8.

136 Voir article 1 de la Résolution sur la reconnaissance des nouveaux États et des nouveaux gouvernements de l'Institut de Droit International, session de Bruxelles, 1936.

137 Ruiz Fabri, op. cit., p.166.

138 C'est nous qui soulignons.

mis en rapport avec le droit à l'autodétermination qui implique que le peuple de chaque État est en droit de déterminer librement son régime politique, sans ingérence extérieure, ainsi qu'avec le principe de souveraineté et d'intégrité territoriale qui interdit aux États d'appuyer les tentatives de sécession[139]. Il ne fait aucun doute de l'avis d'une partie de la doctrine qu'une reconnaissance prématurée interfère dans une situation qui relève de la compétence de l'État victime de la tentative de sécession[140]. Mais est-ce une contrainte ? La CIJ a indiqué dans son arrêt du 27 juin 1986 qu'une « intervention » dans les affaires relevant de la compétence nationale d'un État doit, pour être couverte par l'interdiction, être assimilable à une véritable contrainte[141]. On est donc ici devant une question de seuil qui dépend des particularités de chaque espèce[142]. Ainsi, si une reconnaissance ne constitue, *in abstrato*, pas une mesure de contrainte, elle peut s'avérer contraignante si le comportement de l'État qui y procède dénote une volonté de forcer l'État victime de la sécession d'accepter cette dernière. Tout dépend donc du comportement spécifique adopté par l'État qui procède à la reconnaissance. Le critère déterminant est celui de la volonté, de la part de l'État reconnaissant de constituer, et non pas seulement de constater, le fait établi. Ce n'est que dans l'affirmative que l'on pourra conclure à une intervention prohibée dans les affaires relevant de la compétence nationale de l'État-parent[143]. Quoi qu'il en soit, en aucun cas une reconnaissance « prématurée » ne peut suppléer au défaut d'effectivité.

En définitive, il faut souligner que l'idée d'une neutralité absolue du droit international au sujet de la sécession est un « mythe »[144] : si le droit international « n'interdit » pas la sécession, cela ne signifie pas qu'il renvoie dos à dos l'État et le groupe sécessionniste. Il demeure hostile à la

---

[139] Corten, « Déclarations unilatérales d'indépendance et reconnaissances prématurées… », op. cit., p.752.

[140] Ibid., p.754.

[141] *Activités militaires et paramilitaires au Nicaragua et contre celui-ci,* arrêt du 27 juin 1986, CIJ Recueil 1986, p.108, §205.

[142] Pour certains auteurs, la reconnaissance prématurée serait assimilable à une contrainte. On a ainsi pu écrire que « *[r]ecognition of a new State that emerges from the territory of an existing State, without the consent of the latter, is in the most circumstances viewed as a violation on international law* ». J. Dugard, D. Raic, « The role of recognition in the law and practice of secession», *Secession International law perspectives*, op. cit., p.95. De l'autre côté, des auteurs se demandent si le caractère formel de la reconnaissance ne constitue pas, par définition, un moyen non contraignant de se prononcer sur la réalité d'une situation, sans chercher à la modifier. E. David, « Portée et limite du principe de non-intervention », *Revue Belge de Droit International*, 1990, p.353.

[143] Corten, « Déclarations unilatérales d'indépendance et reconnaissances prématurées… », op. cit., pp.755-757 ; Christakis, « La sécession : une question de simple fait ? » op. cit., p.14-15.

[144] Christakis, « La sécession : une question de simple fait ? » op. cit., p.12. Dans le même sens, Corten, « À propos d'un désormais 'classique'… », p.334.

sécession[145], il la réprouve, faute de l'interdire et érige contre elle des obstacles importants que l'effectivité peut sans doute surmonter, mais cela ne sera pas automatique et ne se fera pas sans peine. Parmi ces obstacles, l'un des plus importants est celui de l'établissement d'une présomption contre l'effectivité de la sécession et en faveur de l'intégrité territoriale de l'État préexistant. Les effectivités ont ainsi souvent davantage un rôle à jouer sur le plan de l'acquiescement, ou plutôt de la résignation de l'État-parent qui, contraint par la force des faits, réalise qu'il n'a plus vraiment le choix et abandonne ses tentatives de récupération, que sur celui de la naissance « automatique » d'un nouvel État[146].

B. Le rejet de toute sécession en violation des règles impératives du droit international

En dépit d'une « neutralité de principe » par rapport à la sécession, le droit international considère comme illicite et la rejette en tant que telle toute sécession résultant d'une violation des règles fondamentales du droit international. De nombreux auteurs estiment en effet que les entités sécessionnistes constituées à la suite d'une violation des règles fondamentales du droit international ne doivent pas être traitées comme des États, quelle que soit leur effectivité[147]. La pratique semble appuyer cette approche. Se prononçant sur un certain nombre de cas historiques dans lesquels le Conseil de sécurité et/ou l'Assemblée générale des Nations Unies avaient qualifié des tentatives de sécession de « nulles » ou « illicites », la CIJ a indiqué : « *l'illicéité de ces déclarations découlait donc non de leur caractère unilatéral, mais du fait que celles-ci allaient ou seraient allées de pair avec un recours illicite à la force ou avec d'autres violations graves de normes de droit international général, en particulier de nature impérative (jus cogens)* »[148].

Dans la pratique, c'est surtout par rapport au recours à la force et l'intervention d'États tiers que des effectivités de sécession ont été rejetées par la société internationale. En application du principe de non-intervention, « *[a]ucun État ni groupe d'États n'a le droit d'intervenir, directement ou indirectement, pour quelque raison que ce soit, dans les*

[145] La déclaration du Secrétaire général des Nations Unies, M. U Thant, en 1979 est révélatrice de la réalité même aujourd'hui : « *as far as the question of secession of a particular section of a State is concerned, the United Nations attitude is unequivocal. As an international organization, the United Nations has never accepted and does not accept, and I do not believe will ever accept the principle of secession of a part of its member State* ». *UN Monthly Chronicle,* February 1979, p.40.

[146] Ibid.

[147] Voir l'étude de A. Tancredi, « A normative 'due process' in the creation of States through secession », *Secession International law perspectives* op. cit., pp.171-207.

[148] *Conformité au droit international de la déclaration unilatérale d'indépendance relative au Kosovo,* op. cit., p.437, §81.

affaires intérieures ou extérieures d'un autre État. En conséquence, non seulement l'intervention armée, mais aussi toute autre forme d'ingérence ou toute menace dirigées contre la personnalité d'un État ou contre ses éléments politiques, économiques et culturels, sont contraires au droit international »[149]. Comme on l'a vu précédemment (voir supra A.), l'intervention illicite peut être armée ou non. Ainsi, la tentative de la République turque de Chypre du Nord (RTCN) de s'ériger en État en 1983, soit neuf ans après l'invasion de Chypre par l'armée turque, s'est heurtée à la vive opposition du Conseil de sécurité des Nations Unies qui a immédiatement dénoncé cette tentative de sécession, en considérant la proclamation de l'indépendance comme « juridiquement nulle »[150]. Il semble bien que la disposition de la Résolution 2625 autorisant le recours à la force par les peuples dans le cadre de la lutte pour leur autodétermination soit limitée au contexte de la décolonisation. Il en est de même pour ce qui est d'un éventuel appui militaire qui pourrait être apporté sur cette base par les États tiers à ce peuple[151]. L'article 7 de la Résolution 3314 (XXIX) limite également son champ d'action à la lutte pour leur autodétermination des « *peuples soumis à des régimes coloniaux ou racistes ou d'autres formes de dominations étrangères* »[152]. Le professeur Tomuschat pense qu'un tel appui peut également être autorisé lorsque l'État tiers réagit en appui au « droit de résistance » d'un peuple faisant l'objet de persécutions ou de violations graves et systématiques de ses droits[153]. C'est également la lecture qui a pu être faite de l'article 20 alinéa 2 de la Charte africaine des droits de l'homme

---

[149] Résolution 2625 op. cit. Voir également dans le même sens, l'article 1 de la *Déclaration sur l'inadmissibilité de l'intervention dans les affaires intérieures des États et la protection de leur indépendance et de leur souveraineté*, Résolution 2131 (XX) du 21 décembre 1965 de l'Assemblée générale des Nations Unies.

[150] Résolution 541 du 18 novembre 1983, § 2.

[151] Selon ce passage de la Résolution, « *[t]out Etat a le devoir de s'abstenir de recourir à toute mesure de coercition qui priverait les peuples mentionnés ci-dessus dans la formulation du présent principe de leur droit à disposer d'eux-mêmes, de leur liberté et de leur indépendance. Lorsqu'ils réagissent et résistent à une telle mesure de coercition dans l'exercice de leur droit à disposer d'eux-mêmes, ces peuples sont en droit de chercher et de recevoir un appui conforme aux buts et principes de la Charte* ».

[152] Selon l'article 7 de Résolution 3314 (XXIX) de l'Assemblée générale des Nations Unies du 14 décembre 1974 : « *Rien dans la présente définition, et en particulier l'article 3, ne pourra en aucune manière porter préjudice au droit à l'autodétermination, à la liberté et à l'indépendance, tel qu'il découle de la Charte, des peuples privés par la force de ce droit et auxquels fait référence la Déclaration relative aux principes du droit international touchant les relations amicales et la coopération entre les États conformément à la Charte des Nations Unies, notamment les peuples qui sont soumis à des régimes coloniaux ou racistes ou à d'autres formes de domination étrangère ; ainsi qu'au droit de ces mêmes peuples de lutter à cette fin et de chercher et de recevoir un appui, conformément aux principes de la Charte et en conformité avec la Déclaration susmentionnée* ».

[153] Tomuschat, « Secession and self-determination », op. cit., pp.42-44.

et des peuples[154]. Hormis ces hypothèses, si la sécession a été rendue possible par l'intervention d'un État tiers en violation du principe du non recours à la force, la nouvelle situation territoriale est le fruit de la violation de cette norme de *jus cogens* international et par conséquent illicite.

Plus délicate, est la question de l'usage de la force par l'entité sécessionniste. Le recours à la force par les défenseurs de l'anglophonie indépendante est-il de nature à remettre en cause une éventuelle effectivité ? Il convient de rappeler comme on l'a indiqué au paragraphe précédent que la Résolution 2625 qui reconnaît un droit à l'usage de la force dans le cadre de l'autodétermination est limitée au processus de décolonisation. La situation actuelle du *Southern Cameroons,* ne rentrant pas dans ce cadre, le recours aux armes peut-il être licite ? À cet égard, le droit international semble clairement préconiser l'usage de moyens pacifiques et regarder d'un mauvais œil le recours à la force même dans le cadre d'un État. Même si, comme on l'a vu, l'article 2 paragraphe 4 de la Charte qui prohibe le recours à la force visait les acteurs étatiques, il semble que se soit développée une norme coutumière qui étende l'obligation aux acteurs non étatiques ainsi que le suggère l'avis du 22 juillet 2010[155]. Aujourd'hui et contrairement à ce qui était admis dans le contexte de la décolonisation « *international law has not recognised a right to use force for secessionist movements, even in circumstances of grave violations of human rights against minorities or other groups, as the case of Kosovo demonstrates* »[156]. Toute revendication, toute prétention à la sécession, doit se faire à travers des voies pacifiques et démocratiques. « *Any extraordinary allowance to secede has to be realized in the appropriate procedures, notably under recourse to a free and fair referendum on independence or after democratic elections, ideally under international supervision* »[157]. Alors qu'ils avaient pendant longtemps argué, au moins devant les mécanismes de protection des droits humains, préconiser la voie pacifique, les indépendantistes anglophones ont depuis la résurgence de la crise en 2017 eu recours aux armes[158]. Aujourd'hui au

[154] Economidès, op. cit., pp.508-513.

[155] Peters, op. cit., p.106.

[156] Kohen, « Introduction », op. cit., p.8.

[157] Peters op. cit., p.107. Une telle position laisse ouverte la question des voies de recours en cas de répression systématique et violente de réclamations pacifiques. Une répression brutale et systématique de réclamations pacifiques peut-elle autoriser le recours à la force ?

[158] Ainsi dans l'affaire *Kevin Mgwanga Gunme*, les plaignants affirment qu'un référendum d'autodétermination a été organisé par le SCNC du 1er au 30 octobre ; consultation dont les résultats montreraient que 99 % des personnes sont favorables à une indépendance au moyen d'une séparation pacifique avec l'État défendeur. Mais selon de nombreux observateurs, de tels chiffres sont inexacts. L'une des principales faiblesses du mouvement sécessionniste est qu'il ne mobilise pas l'ensemble de la population des régions concernées. Selon l'*International Crisis Group,* « *si la grande majorité de la diaspora anglophone sympathise probablement avec la mobilisation actuelle, une frange s'est montrée hostile aux appels à la*

moins quatre groupes armés indépendantistes agissent dans la zone (les Ambazonia Defence Forces, les Southern Cameroons Defence Forces, l'Ambazonia Restoration Army, les Ambazonia Tigers...) avec pour principal objectif réclamé, rendre le Cameroun anglophone ingouvernable pour le régime de Yaoundé afin d'obtenir l'indépendance du territoire[159].

Le fait que le droit international ne reconnaisse pas à des entités sécessionnistes le droit d'user de la force dans leur projet ne signifie cependant pas que leur responsabilité ne puisse être engagée au plan international. Le fait de faire un usage illicite de la force ne signifie pas que les règles relatives à l'usage de la force ne s'imposent pas elles. Au contraire, le non respect de ces règles est de nature, dans l'hypothèse où elles constitueraient des violations graves des droits humains, à vicier toute effectivité future. C'est ce que laisse clairement sous-entendre le paragraphe 81 sus-cité de l'avis consultatif de 2010, qui évoque le recours illicite à la force, mais aussi « *d'autres violations graves de normes de droit international général, en particulier de nature impérative (jus cogens)* ». Ainsi, une sécession obtenue en commettant systématiquement des actes de tortures, viols, des attaques indiscriminées contre la population civile, et autres actes cruels, inhumains et dégradants ne pourrait donc prétendre à une effectivité pouvant être reconnue par le droit international.

En cas de violations de ces règles impératives, le droit international met à la charge des États tiers une obligation de non reconnaissance telle que précisée par l'article 41 (2) des Articles de la Commission de Droit International des Nations Unies (CDI) sur la responsabilité de l'État pour fait internationalement illicite. En particulier, dans le cas d'une sécession survenue grâce à l'intervention ou l'appui d'un État tiers, « *[a]ucun État ne doit reconnaître comme licite une situation créée par une violation grave [par un État d'une obligation découlant d'une norme impérative du droit international général], ni prêter aide ou assistance au maintien de cette situation* ». Une telle obligation de non reconnaissance, encore appelée « Doctrine Stimson »[160], n'est sans doute pas une panacée, mais est conforme au principe *ex injuria ius non oritur*, principe fondamental

---

sécession, voire à la mobilisation dans son ensemble, au point parfois d'écrire aux autorités des pays où résident les figures de proue du courant sécessionniste pour réclamer leur expulsion ». Rapport Afrique n° 250 du 2 août 2017, cité par la Note Cameroun, op. cit., p.12.

[159] Note Cameroun, op. cit., p.13.

[160] Du nom du Secrétaire d'État américain Henry Stimson, qui déclara en 1932 que les États-Unis ne reconnaîtraient pas la Mandchoukouo après sa sécession de la Chine, en raison de l'intervention illicite du Japon pour faciliter cette sécession ; intervention qui violait de son avis le Pacte de Paris de 1928 dans lequel les Etats avaient renoncé à l'usage de la force dans leurs relations. Cette position sera adoptée par une résolution de l'Assemblée de la SDN appelant à ses membres à ne pas reconnaître le Mandchoukuo. Dugard and Raic op. cit., pp.100-101.

constituant une sorte de clef de voûte de tout système juridique. C'est la sanction minimale de droit commun prévue par un ordre juridique qui ne pourrait, sans s'autodétruire, accepter sa capitulation devant le fait accompli[161]. Loin d'être une coquille vide, elle n'impose pas seulement aux États un comportement symbolique, mais impose une véritable obligation d'isolement, soit du régime mis en place à la suite de l'acte illicite, soit de l'autorité de fait exercée illégalement par un régime préexistant sur un territoire. Les États tiers ont ainsi l'obligation de ne rien faire qui pourrait être interprété comme une reconnaissance implicite de la prétention, du statut ou de l'autorité mis en place en violation de la norme impérative de droit international[162]. Appliqués à l'hypothèse du Cameroun et au cas où la proclamation d'un État d'Ambazonie résulte des violations des règles sus-évoquées, les États tiers auraient une obligation de : ne pas établir avec lui des relations diplomatiques, ne pas conclure avec lui des accords, refuser son admission à toute organisation internationale, ne pas entretenir avec lui des relations commerciales ou économiques…[163]. Toutefois comme l'a précisé la CIJ dans son avis consultatif du 21 juin 1971, l'obligation de non-reconnaissance ne doit pas avoir des conséquences d'une rigueur excessive. Par exemple, l'obligation de non-reconnaissance ne devrait pas empêcher l'acceptation « *de certains actes, comme l'inscription des naissances, mariages ou décès à l'état civil, dont on ne pourrait méconnaître les effets qu'au détriment des habitants du territoire concerné* »[164].

Conclusion

S'il fallait résumer l'analyse qui vient d'être faite, elle serait plutôt simple. Sur le plan du droit international positif, il n'existe que deux hypothèses admises d'un « droit à sécession », découlant de l'exercice du droit à l'autodétermination externe : les peuples colonisés, reconnus internationalement comme peuples distincts voués à l'indépendance, et les peuples sous occupation ou domination étrangère. Pour les États déjà constitués, considérés comme résultant de l'exercice initial d'un droit à l'autodétermination des peuples, il n'y a pas lieu d'envisager un droit à la sécession. Dans ce dernier cas, l'autodétermination « *n'est plus dynamique, mais devient statique ; elle n'est plus offensive, elle devient défensive ; elle*

[161] Sur le principe et son application en droit international, voir A. Legerwall, *Le principe ex injuria jus non oritur en droit international,* Bruxelles, Bruylant, 2016, 608 p.

[162] Christakis, « Les conflits de sécession en crimée et dans l'est de l'Ukraine… », op. cit., p.746.

[163] Ibid. R. Bismuth, « Odysée dans le conundrum des réactions décentralisées à l'illicite », *Journal du Droit International*, Juillet-Août-Septembre, n° 3, 2014, p.721.

[164]*Conséquences juridiques pour les Etats de la présence continue de l'Afrique du sud en Namibie (Sud-Ouest Africain) nonobstant la résolution 276 (1970) du Conseil de sécurité,* avis consultatif du 21 juin 1971, CIJ Recueil, p.56, §125.

ne recouvre plus l'aspiration à devenir un État, mais la protection des acquis de l'État déjà formé »[165]. Ensuite et de *lege ferenda*, certains auteurs admettent une « sécession-remède » dans des cas de violation particulièrement massive et durable de l'autodétermination interne d'une minorité au sein d'un État. Mais cette théorie reste un « ectoplasme fondamental doctrinal »[166] agrémenté de quelques prises de position étatiques proférées à froid et dans l'abstrait. Elle n'a pas encore été reçue dans la pratique internationale des États et dans le droit positif. Si l'on accepte néanmoins cette doctrine, il existerait dès lors une catégorie supplémentaire de droit à la sécession. Il conviendrait alors de démontrer, au-delà de tout « doute raisonnable » que les Anglophones font l'objet d'une telle violation au Cameroun et que la sécession est la seule et unique solution désormais envisageable. Ce qui est loin d'être gagné.

En second lieu, il appert que la sécession reste dans le droit international général largement une question de fait. Elle n'est ni interdite ni permise par lui. La politique internationale lui reste toutefois hostile, car elle craint à juste titre une prolifération incontrôlée du nombre d'Etats, rendant impossibles des relations internationales adéquates. Cette hostilité du droit international à la sécession est renforcée par une interdiction aux États tiers d'intervenir dans les affaires intérieures de l'État faisant face à une menace sécessionniste, soit pour encourager ou faciliter le sécessionniste et mettre en danger l'intégrité territoriale de l'État-parent, soit en reconnaissant de façon prématurée une entité sécessionniste n'ayant sur le terrain aucune effectivité. Tel est l'état actuel du droit international positif qui réalise un compromis par rapport aux grands intérêts qu'il s'agit de concilier et de composer. Mais peut-on s'arrêter sur une telle conclusion ? Doit-on arrêter ici la réflexion sur la question en exposant simplement le droit positif ?

Aucun juriste, écrit le professeur Olinga, dans le cheminement de sa carrière, n'échappe à l'interrogation de la place des considérations jugées a priori « extra juridiques » dans l'accomplissement de sa tâche : qu'il les assume ou les rejette, il a fait un choix qui n'est pas uniquement méthodologique ou épistémologique, mais bel et bien axiologique[167]. En dépit de l'approche résolument positiviste de la présente étude, son auteur ne peut perdre de vue le contexte dans lequel s'inscrit la crise anglophone. L'argument d'un droit « purement scientifique » est aussi convaincant que celui d'un technologue qui prétendrait que la science des objets techniques interdit de se demander à quoi servent ces objets et à quelles fins ils ont été

---

[165]Kolb, op. cit., p.69.

[166] L'expression est de Kolb, op. cit., p.76.

[167] A.D. Olinga, *Qu'est-ce être juriste ? Éléments pour une dogmatique éthique*, Yaoundé, Clé, p.76.

fabriqués[168]. C'est ce qui justifie les considérations suivantes et qui portent de façon plus générale sur la crise anglophone au Cameroun.

Il est dommage que les jalons posés par la Commission africaine des droits de l'homme et des peuples, pour une gestion apaisée et durable de la question anglophone au Cameroun, n'aient pas été suivis. Depuis 2008, date de la décision de la Commission dans l'affaire *Kevin Mgwanga Gunme*, il ne semble pas que, quoi que ce soit ait été engagé sur le terrain du « dialogue constructif » prôné, ni que les bons offices offerts gracieusement aient été sollicités par les protagonistes. Comme le constatait alors un analyste averti, la Commission de Banjul a offert aux protagonistes de la question anglophone une sortie honorable dans laquelle personne ne perd la face ; elle a montré que le prétoire des droits de l'homme et des peuples, indifférent apparemment à la distinction entre les questions d'ordre juridique et les questions d'ordre politique, peut être un vecteur de paix à l'intérieur de l'État, un vecteur d'unité dans des États où la solidarité et le sentiment de former une seule nation peuvent être fragiles et vacillants[169]. Réaliste et pressentant sans doute où mènerait le refus de la solution de Banjul, il écrivait « *[m]ais que peut l'appel au dialogue constructif là où la passion pour une cause, ou l'aveuglement micro nationaliste d'un côté, l'autisme politique de l'autre, ne voudraient pas entendre la raison pragmatique et lucide des droits de l'homme telle que déclinée par la Commission de Banjul ? Si cette opposition devait se cristalliser, l'on se retrouverait devant la sanction classique de la question de l'autodétermination des composantes humaines à l'intérieur de l'État, celle de la réalité d'un peuple qui témoigne de lui-même par sa lutte, lutte qui peut échouer ou triompher, le droit se bornant à en prendre acte* ». Avant de conclure, son patriotisme lui interdisant sans doute de croire en ce que sa lucide analyse rendait inévitable, « *[i]l est à souhaiter que cet augure demeure du seul domaine de la conjecture scientifique* »[170].

Qu'ajouter à cela sinon réitérer le même vœu ? D'abord que personne ne devrait être aveugle aux réalités. La sécession, malheureusement, suscite partout de fortes réactions émotionnelles qui conduisent à un cercle vicieux de réactions et de contre réactions, menant parfois à un conflit armé qui très vite est hors de contrôle. Il serait judicieux que les États se dotent de procédures internes ou au plan régional, devant permettre de régler une question aussi sensible sans que les populations ne souffrent des affres d'un conflit armé. Ensuite, les États et les gouvernements doivent inscrire leurs

---

[168] A. Supiot, *Homo juridicus Essai sur la fonction anthropologique du Droit*, Paris, Éditions du Seuil, 2005, p.124.

[169] A.D. Olinga, « La question anglophone devant le prétoire international des droits de l'homme », op. cit., p.333.

[170] Ibid., pp.333-334.

actions et leur politique non seulement dans la légalité, mais également dans la légitimité. Après avoir été l'instrument juridique efficace de la décolonisation, le droit des peuples à disposer d'eux-mêmes devient celui de la démocratie pluraliste et doit, de plus en plus, être interprété comme garantissant à tous les groupes humains porteurs d'un « projet » global la possibilité de participer directement à la définition de leur destin[171]. Ce n'est qu'à cette condition qu'il pourra être concilié avec la sauvegarde de l'intégrité territoriale des États. L'aménagement et l'exercice effectif du droit à l'autodétermination interne, ainsi que le plein exercice des droits fondamentaux des peuples qui le composent, sont la garantie de la stabilité et de l'unité de l'État. C'est peut-être pour cette raison que les États africains ont tenu à inscrire le droit des peuples à l'autodétermination dans la Charte africaine des droits de l'homme et des peuples, quand bien même leur indépendance avait déjà été acquise deux décennies plus tôt[172].

Il est par conséquent urgent qu'au-delà de la proclamation du principe, les dirigeants africains s'attèlent sérieusement à la promotion des principes démocratiques et de participation active des différents groupes ethniques d'un État à la direction des affaires publiques, précisément pour développer cette identité nationale, ce sentiment d'appartenance à part entière à l'État où ils se trouvent implantés. Un minimum d'autonomie interne, en tant qu'expression de l'autodétermination d'un peuple intégré dans un État, pourrait également être envisagé. Toutes ces solutions, qui ne portent aucune atteinte à l'unité politique et territoriale des Etats, constituent les seuls moyens de concilier véritablement le droit des peuples à disposer d'eux-mêmes et l'intégrité territoriale des Etats, assurant ainsi la libre détermination des peuples africains dans la stabilité et la paix auxquelles ils aspirent. C'est sans doute là le moyen privilégié, voire le seul, pour désamorcer en amont toute velléité de sécession desdits groupes[173]. Si les États perdent de vue cette réalité et cette exigence démocratique, la sécession apparaîtra toujours comme une « soupape de sûreté », entièrement extra-juridique certes, mais nécessaire aux yeux des minorités. L'existence d'un « peuple du Cameroun du Sud » tel qu'objectivé par la CmADHP n'est pas antinomique de la construction d'une nation camerounaise ou de l'unité nationale. Selon la belle formule du professeur Pellet, « *[l]es peuples peuvent exister dans l'État, à condition que l'État reconnaisse effectivement cette existence et les droits qui en découlent* »[174].

---

[171] Pellet, « Quel avenir pour le droit des peuples à disposer d'eux-mêmes ? » op. cit., pp.275-276.

[172] Yusuf, op. cit., p.177.

[173] Ouguergouz and Tehidrazanarivelo, op. cit., pp.295-296.

[174] Pellet, « Quel avenir pour le droit des peuples à disposer d'eux-mêmes ? » op. cit., p.276.

Bibliographie sélective

BAYEFSKY (Anne), (ed.), *Self-determination in international law. Quebec and lessons learned,* The Hague/London/Boston, Kluwer Law International, 2000, 528p.

CHRISTAKIS (Théodore), *Le droit à l'autodétermination en dehors des situations de décolonisation,* Paris, La documentation française, 1999, 676p.

Commission Africaine des Droits de l'Homme et des Peuples, communication n° 266/03 *Kevin Mgwanga Gunme et al c. Cameroun,* 27 mai 2009.

Conformité au droit international de la déclaration unilatérale d'indépendance relative au

DUGARD (John), « The secession of States and their recognition in the wake of Kosovo », *Recueil des Cours de l'Académie de droit international de La Haye,* tome 357, 2011, pp.9-222.

KOHEN (Marcelo), (ed.), *Secession : international law perspectives,* Cambridge, Cambridge University Press, 2006, 510p.

KOLB (Robert), « Autodétermination et 'sécession-remède' en droit international public », Bassiouni (Cherif M.), (ed.), *The Global Community Yearbook of international law and jurisprudence. Global trends : law, policy & justice,* New York, Oceana, 2013, pp. 57-77.

KONINGS (Piet), « Le 'problème anglophone' au Cameroun dans les années 1990 », *Politique Africaine,* n° 62, 1996, pp.25-35.

Kosovo, avis consultatif du 22 juillet 2010, CIJ, Recueil 2010, p.403.

PELLET (Alain), « Quel avenir pour le droit des peuples à disposer d'eux-mêmes ? », Rama-Montaldo (Manuel), (ed.), *Le droit international dans un monde en mutation. En hommage au professeur Eduardo Jiménez de Aréchaga,* Montevideo, Fundacion de cultura universitaria, 1994, pp.255-276.

VIDMAR (Jure), « Remedial secession in international law : theory and (lack of practice) », *St Anthony's International Review*, vol.6, n° 1, 2010, pp.37-56.

PROTECTING MINORITIES UNDER INTERNATIONAL LAW: THE CASE OF ANGLOPHONES OF THE ENGLISH SPEAKING REGIONS OF CAMEROON

Atangcho N. Akonumbo
Dean, Faculty of Laws and Political Science, University of Buea

> *"A nation can survive its fools; and even the ambitious. But it cannot survive the treason from within. An enemy at the gates is less formidable, for he is known and carries his banner openly. But the traitor moves amongst those within the gates freely...; he speaks in accents familiar to his victims, and he wears their face and their arguments... He rots the soul of a nation...he infects the body politic so that it can no longer resist. A murderer is less to fear. The traitor is the plague."*
>
> (Marcus Tullius Cicero, '*Humano es errar, pero sólo los necios perseveran en el error' Reflexiones para TI y para MÍ*)

1. Introduction

Most African countries, Cameroon inclusive, have been marred by political instability resulting from a range of issues including political antagonism, tribalism and nepotism, economic and social strife, corruption, greed for power, and the quest for political change. These circumstances have caused entrenched hatred amongst communities and divided nations, thereby killing the African spirit of living together. At the base of this is the immense diversity on the African continent, which includes, notably, ethnic, racial linguistic and religious stratifications. In this context, minority groups are prone to marginalisation and oppression by the majority ; whence the need for special protection measures. As a matter of fact, the question of minorities and protection under international law itself stems from diversity characterised by racial differences, to marked partitions along linguistic, cultural, ethnic, and religious cleavages within nation-States. In the African continent, the effect of the rich diversity is epitomised by the recrudescence of conflicts in the post-independence era, involving minority issues along ethnic lines.[1]

Minorities are based on national or ethnic, cultural, religious and linguistic identities, and States are required to protect their existence.[2] The protection of minorities is one of the oldest concerns of international law.[3] It is an evolving legal concept enforced basically by bilateral or multilateral international agreements. It assumes essential standards offering guidance for States to adopt appropriate legislative and other policy measures to secure the rights of persons belonging to those groups. In other words, minority protection requires States to adopt comprehensive strategies that address minority concerns by guaranteeing members of the group equal treatment in unequal pluralistic settings. Under international and domestic law, minorities are endowed with the opportunity for equal rights or even special protection in proportion to the majority. Macklem, is of the opinion that international human rights law vests minority interests with international legal significance for reasons that have very little to do with why they might merit domestic legal protection.[4] He argues that minority protection operates on the assumption that religious, cultural, and linguistic affiliations are essential features of what it means to be human.

Although a great variety of minority situations exist across the globe, common to all is the fact that, too often, minorities face multiple forms of discrimination resulting in marginalisation, oppression and even exclusion. This is an intolerant attitude to persons who are perceived as 'others' or who perceive themselves as 'others'.[5] The mere existence of diversity is not in itself a root cause of minority problems, but the inability to manage it is one, which might lead to the destabilisation of States, with despicable human security protection challenges reminiscent of the current Anglophone crisis

---

[1] The rich ethnic diversity of the continent has, however, brought more curse than blessings and extra trouble than tranquillity. See Dersso, S. (2006). 'The Jurisprudence of the African Commission on Human and Peoples' Rights with Respect to Peoples' Rights', 6 *African Human Rights Law Journal* 2, Cited in Dessalegn, B. (2014). 'The Normative Framework of the African Human Rights Regime on the Rights of Minorities,' 8 *Mizan Law Review* 2, pp. 455-456.

[2] *Declaration on the Rights of Persons Belonging* to National or Ethnic, Religious and Linguistic Minorities article 1.

[3] Thornberry, P, (1980). 'Minority Rights, Human Rights and International Law', Ethnic and Racial Studies, Volume 3, Issue 3, 249-263, p. 249. Published online (2010) at: <https://www.tandfonline.com/doi/abs/10.1080/01419870.1980.9993303> (accessed on 08 September 2018).

[4] Macklem, P. (2008). 'Minority Rights in International Law', 6 *International Journal of Constitutional Law,* Issue 3-4, 531 – 552 at 533. Online at: <https://academic.oup.com/icon/article/6/3-4/531/654430> (accessed 12 October 2018)

[5] Thornberry (1980) *op. cit.,* p. 249.

in Cameroon.[6] In such situations, the main concern of the international community is to identify ways of enhancing the effectiveness of international law in general, and international human rights law, in particular, in tackling the complexities of the minority question,[7] especially where as in Cameroon, it has degenerated into a crisis situation orchestrating pain and suffering on the platform of a(n) (un)justified quest for secession/separation.

Cameroon, like all other countries in Africa, comprise persons belonging to different national or ethnic, religious and linguistic, groups which could be dubbed 'minorities'. These groups portray the country's distinctive enriching cultural diversity second to no other. Hence, the first sentence of the preamble of the 1996 constitution (as amended in 2008) prides off the 'linguistic and cultural diversity' of the country as 'an enriching feature of...national identity'. Regrettably, this enriching diversity on linguistic lines, is proving to fast becoming a curse than a blessing as a result of purported mismanagement.

This discourse examines the extent of protection of Anglophones of the North West and South West regions of Cameroon as a minority group, in the context of the origin of the crisis currently plaguing them. It questions the level of protection of the rights of this group and whether it is the cause of the unrest in the said regions, which has slithered into secessionist/separatist demands. The premise here is that, there is no specific or express legal recognition of Anglophones as a minority in Cameroon, and this may account for unspecific and litigious protection standards *vis a vis* this group. However, while there is urgent need for corrective measures, there may be insufficient grounds for secession/separation as a response to unsatisfactory protection standards.

Building on the international law on minorities, this discourse attempts to construct an Anglophone minority in Cameroon through a coined concept of 'anglophoneness' and examines the contours of the so-called Anglophone problem, which has generated a crisis characterised by an armed conflict. It tries to read the protection of Anglophones as a minority in the present constitutional dispensation in Cameroon and the extent to which specific rights ascribing to such groups under international law are being fulfilled. The discourse then explores the possibility of secession/separation as an answer to failed expectations, before analysing the impact of the crisis. It ends with a conclusion which draws some lessons from the crisis but only

---

[6] *Ibid.*

[7] Pentassuglia, G. (2002). 'Minorities in International law: An Introductory Study', European Centre for Minority Issues, Cited in Papoutsi E. (2014). 'Minorities under International Law: How protected they are?' *Journal of Social Welfare and Human Rights*, Vol. 2, No. 1, p. 306.

maps broad inferences for ways out of the conflict (notably dialogue), without presumptuously detailing what their substance should be.

The discussions herein certainly overlap. Consequently, they are overly repetitive and section headings sometimes appear irrational. The reason is that, the same focal parameters of the discussion need to be revisited in different analytical contexts. Also, the discussions unavoidably involve a wide range of highly sensitive socio-political issues. Understandably, therefore, the discussions may sometimes appear spiteful or unconscionable or even outrightly biased to *a* conscience. In fact, no across-the-board comforting analyses can be achieved on a subject matter of this nature, and in the present context. One last thing: the expression 'crisis' is contextually used sometimes to mean 'conflict' and *vice-versa.*

2. Conceptualisation of 'Minorities' under International Law

Many countries inhabit national minorities among their populations. These minorities are usually the consequence of history and circumstance, and should be accepted as an enriching factor of national diversity. Minorities are often characterised by a distinct language, geographical situation, and historical cultural and political features.[8] They may neither be an authentic reproduction of the 'mother people', nor a reflection of the sociological and ideological traits of the dominant people against whom the minority status is ascribed. Nonetheless, they deserve preservation and continuity in the State which they inhabit - the State is bound to shape (minority) policies to achieve these ends.[9]

There is no common ground on the definition of 'minority'[10] in international instruments, as the concept is interpreted variously in different

[8] The use of the term 'national minorities' does not imply that the term applies only to citizens. Under international law, it is considered that non-citizens who recently arrived in a territory enjoy lesser entitlements (new minorities) as against stronger entitlements for 'old minorities'. Their treatment is rooted in the customary international law principle of non-discrimination, which is fundamental in international law and is reflected in all human rights instruments and documents. See United Nations Human Rights Office of the High Commissioner. (2010). *Minority Rights: International Standards and Guidance for Implementation*, United Nations, New York and Geneva, p. 5.

[9] Komac, M. (1991). 'Nationalities and Minorities in Yugoslavia. European Minorities', *Contemporary European Affairs*, Volume 4, Issue 4, p. 129. Cited in Petricusic, A. (2005). 'The Rights of Minorities in International Law: Tracing Developments in Normative Arrangements of International Organizations', *Croatian International Relations Review*, Vol. XI No. 38/39, p. 3.

[10] On the distinction between minorities and indigenous peoples, guidance can be obtained from the work of the Working Group on Indigenous Populations, the provisions of Convention No. 169 of the International Labour
Organization (ILO) and the contents of the United Nations Declaration on the Rights of Indigenous Peoples.

societies.[11] Under international law, minorities are based on national or ethnic, cultural, religious and linguistic identity, and States are required to protect their existence.[12]It is often stressed that the existence of a minority is a question of fact and that any definition must include both objective factors (such as the existence of a shared ethnicity, language or religion) and subjective factors (individuals must identify themselves as members of a minority).[13] Therefore, while the nationality criterion is often challenged, the requirement to be in a non-dominant position remains important. Capotorti defines a minority as:

> *'A group numerically inferior to the rest of the population of a State, in a non-dominant position, whose members - being nationals of the State - possess ethnic, religious or linguistic characteristics differing from those of the rest of the population and show, if only implicitly, a sense of solidarity, directed towards preserving their culture, traditions, religion or language.'*[14]

The abovementioned definition is in line with Article 27 of the International Covenant on Civil and Political Rights (ICCPR), which provides that, '[i]n those States in which ethnic, religious or linguistic minorities exist, persons belonging to such minorities shall not be denied the right, in community with the other members of their group, to enjoy their own culture, to profess and practise their own religion, or to use their own language.' The terms used in Article 27 indicate that the persons designed to be protected are those who belong to a group and who share in common a culture, a religion and/or a language.[15] The international minority rights regime, therefore, protects minorities' cultural, religious, and linguistic practices because of the fragility of these affiliations in minority contexts.[16]

It has been argued that the use of subjective criteria, such as the will on the part of the members of the group in question to preserve their own characteristics and the wish of the individuals concerned to be considered part of that group, combined with certain specific objective requirements, such as those listed in the Capotorti definition, should be taken into

---

[11] Petricusic *op. cit.*, p. 3

[12] *Declaration on the Rights of Persons Belonging* to National or Ethnic, Religious and Linguistic Minorities, art 1.

[13] United Nations Human Rights Office of the High Commissioner, '*Minorities under international law*'. Online at:
https://www.ohchr.org/en/issues/minorities/pages/internationallaw.aspx (Accessed on October 12, 2018).

[14] Special Rapporteur of the United Nations Sub-Commission on Prevention of Discrimination and Protection of Minorities. Doc E/CN.4/Sub.2/384/Rev 1977. 1, para. 568.

[15] Petricusic *op. cit.*, p. 4.

[16] Macklem *op. cit.*, p. 536.

account.[17] Given the absence of any precise definition of minority in international law, it can conveniently be said that the existence of a minority is a question of fact and not of definition.

There are, however, rights which are attached to minorities under international law and protection standards required of States in the realisation of those rights. The rights and protection standards help paint a picture of minorities.

2.1 Rights of minorities under international law

Minority interests deemed to merit legal protection are typically those that may be said to involve universal features of human identity, such as freedom of expression and association and, more contentiously, cultural, religious, and linguistic affiliations.[18] Civil and political rights have this universal character and are often identified with minority issues.[19]

What is of relevance about the rights of minorities is that they fall beyond purely anti-discriminatory objectives, and particularly aim at preserving the characteristics which distinguish them from the majority, thus justifying special protection measures. These factors correspondingly the two pillars of minority protection, namely: non-discrimination and equality; and the right to develop and maintain distinctive traits.

Individual and collective nature of minority rights

International law and the human rights regime show a lot of ambivalence as to what minority rights are and how States should go about their protection.[20] This ambivalence is a function of a broader international legal project that comprehends human rights as instruments which protect individual interests of universal value. Although minority rights are formulated as rights of persons and, therefore, individual rights, States owe some duties towards minorities as collectivities (hence group or collective rights). Collective rights are those rights pertaining to collectivities in order to protect some collective interests[21] and/or collective human rights of one another or as a group - a people.[22]

---

[17] Petricusic *op. cit.*, p. 4 *supra.*
[18]Macklem *op. cit.,* p. 534
[19] *Ibid.*
[20] *Ibid*, p. 540
[21] Galenkamp, M. '*Collective Rights*', Report of the Advisory Committee on Human Rights and Foreign Policy of the Netherlands on the Committee's opinion on collective rights, SIM Special, Vol. 16, p. 54.
[22] Algan, B. (2004). 'Rethinking Third Generation Human Rights', *Ankara Law Review*, Vol. 1, No. 1, p. 129.

The Universal Declaration of Human Rights (UDHR) does not make express reference to minorities or minority rights but this can be implied from the frequent use of the blanket term 'everyone' in relation to guarantees relating to freedom of expression, freedom of religion, rights of cultural and political participation, and non-discrimination in relation to equality rights.[23] The term unquestionably covers minorities, and in a collective manner. Meanwhile, article 27 of the ICCPR cited in the preceding section, expressly makes reference to 'minorities' but in an individualistic manner when it refers to *persons*.[24] This article, it should be recalled, protects situations where a majority seeks to impose its cultural, religious, and linguistic approaches and preferences on a minority, which holds different approaches and preferences.

The African Charter on Human and Peoples' Rights (ACHPR/African Charter/The Charter) recognises collective rights *via* the notion of 'peoples', although it neither defines the scope of the rights nor the beneficiaries of the rights (right holders) and the content of the rights.[25] The Charter has guaranteed a number of collective rights, and it is acknowledged as the only international human rights instrument which provides protection for peoples' rights.[26] The Charter reaffirms the equality of all peoples and prohibits the domination of a people by another (article 19), the right to existence and the right to self-determination (article 20), the right over wealth and natural resources (article 21); the right to economic, social and cultural development (article 22), the right to peace (art 23), and the right to environment (art 24). These are group (collective) rights, whose holders, in the spirit of the Charter, are the African peoples. The jurisprudence of the African Commission on Human and peoples' Rights (African Commission) shows that sub-State groups within a State could be considered 'people' within the meaning of the African Charter such as the Ogoni in Nigeria,[27] the black Mauritanians in Mauritania,[28] and the population of Katanga in Zaire.[29] Hence, 'peoples' in the context of the African Charter, may be minorities in appropriate circumstances.

---

[23] Macklem *op. cit.*, p. 534 *supra*.

[24] *Ibid*, p. 535. But article 1 adopts a collective approach in relation to the right to self-determination.

[25] Dersso (2006) *supra* in Dessalegn, *op. cit.*, p. 360.

[26] Dessalegn B. (2014). 'The Normative Framework of the African Human Rights Regime on the Rights of Minorities,' 8 *Mizan Law Review* 2, p. 464.

[27] *Social and Economic Rights Action Center (SERAC) & Another v Nigeria* (2001) AHRLR 60 (ACHPR 2001)

[28] *Malawi Association & others v Mauritania* (2000) AHRLR 149 (ACHPR 2000).

[29] *Katangese Peoples' v Zaire* (2000) AHRLR 72 (ACHPR 1995). See also the case Legal Resources Foundation v Zambia (2001) AHRLR 84 (ACHPR 2001). For a detailed account of these cases See Dessalegn *op. cit.*, p. 467

It has been submitted that in providing for group rights, the Charter does not subordinate individual rights to group rights. It neither removes the individual from being the subject of the human rights concept nor creates a conflict or competition with human rights, since they are complementary concepts. What the Charter tries to do is to establish a link between the inalienable rights of the human person and of 'peoples' in a contextual manner, namely, that of recognising the very identity of diverse cultures, civilisations and peoples with due respect for fundamental and universal values of humanity.[30]

That said, minority rights run across a number of issues *viz:* recognition and identity; survival and existence; prohibition of discrimination and positive measures; participation in decision-making; and the right to culture.[31]

2.2 Protection of minorities and State obligations under international law

Rights are legal entitlements which generate protection standards. The latter shape States' obligations to ensure the effective realisation of the rights through relevant legislative, policy and other measures. The 1992 UN Declaration on the Rights of Persons Belonging to National or Ethnic, Religious and Linguistic Minorities requires States to protect national or ethnic, cultural, religious and linguistic identities of minority groups.[32]

It has been observed earlier that the concept of protection of minorities is one of the oldest concerns of international law, but as Macklem observes, this law 'offers little concrete guidance on what international minority rights require of States (in terms of obligations) to secure their protection.'[33] However, early international law shows that States' obligations run across measures of non-discrimination to positive measures to protect from assimilation. For example, in 1935, the Permanent Court of International Justice held that Albania had violated the minority rights of Greek nationals by abolishing Greek private schools. In the words of the Court,

> *...there would be no true equality between a majority and a minority if the latter were deprived of their own institutions, and were consequently compelled to renounce that which constitutes the very essence of its being a minority.*

---

[30] See generally, Ewunetie, N & A Alemayehu 'The Rights of Peoples (Group Rights)'. Online at: <https://www.abyssinialaw.com/study-on-line/item/367-the-rights-of-peoples-group-rights> (accessed 22 December 2018)

[31] These rights are specifically all dealt with in section **4.1** below in relation to the Anglophone minority in Cameroon.

[32] Declaration on the Rights of Persons Belonging to National or Ethnic, Religious and Linguistic Minorities, G. A. Res. 47/135 art. 4(1), U.N. Doc. A/RES/47/135 (Dec. 18, 1992).

[33] Macklem, *op cit.*, p. 534

Minority protection also requires both equal treatment and special measures. Special protection measures would certainly include appropriate legislative and other measures such as the adoption of inclusive strategies, which address minority concerns including guaranteeing equal treatment, promoting linguistic, educational and cultural pluralism, territorial decentralisation and effective political participation.[34] Broadly speaking, four areas of minority protection have been identified: protecting the existence of a minority; protecting the rights of minorities to enjoy their cultural identities and to reject forced assimilation; ensuring effective non-discrimination and equality; and ensuring effective participation of members of minorities in public life.[35] These areas of protection constitute the typology of rights ascribing to minorities mentioned before.

3. Anglophone Minorityhood in context in Cameroon : From Statehood to Minorityhood

3.1 Brief history of the Anglophone minorityhood

The Berlin Conference of 1884-85, saw the partition of Africa and the territory named *Kamerun* (which later became 'Cameroon') was a German protectorate. When Germany was defeated during the First World War (1914-1918), she lost her colonies including Kamerun. The territory then became a mandated territory of the League of Nations in 1919, under the administration of Britain and France. At the end of the Second World War and the advent of the United Nations (UN) in replacement of the League of Nations, Kamerun became a trust territory of the UN, still under the administration of Britain and France. The British administered territory was known as 'Southern Cameroons' and the French administered territory, *Rèpublique du Cameroun.* The French administered territory achieved independence from France in 1960, while the British territory followed suit from Britain a year later.

Prior to the independence of Southern Cameroons in 1961, Britain administered Southern Cameroons together with another adjacent colony, Nigeria. The then capital of Nigeria, Lagos, was the administrative capital of

---

[34] See Astrid Eide, *Study on Peaceful and Constructive Solutions to Situations Involving Minorities,* U.N.
Doc. E/CN.4/Sub.2/1993/34, Add. 1 – 4 cited in Macklem *supra,* p. 540

[35] U.N. Econ. & Soc. Council [ECOSOC] Commission on Human Rights, *Report of the Independent*
Expert on Minority Issues, U.N. Doc. E/CN.4/2006/74 (Jan. 6, 2006) (prepared *by* Gay McDougall).

both territories. Hence, all laws and decisions passed in Lagos were applicable in Southern Cameroons.[36]

On attaining independence, the English speaking Southern Cameroons was given two options by the UN in a 1961 plebiscite: either to join Nigeria; or to re-join Cameroon within a federation. These options have been considered a dead end and a major remote cause of the current crisis affecting the Anglophone regions. It is believed that there was a deliberate omission of a third obvious option - independence – in the absence of which, the protagonist, Southern Cameroons, was bound to choose between two undesirable variables. Following the 1961 plebiscite, the two unequal former UN trust territories of Cameroon joined to form a federation of two States. The Anglophone territory became known as 'West Cameroon', and the Francophone territory, 'East Cameroon'.

At their respective dates of independence, French Cameroun was more or less economically developed than British Cameroons. The latter was smaller in both size and population. The size was just 20 percent of both territories combined, while the population was 25 per cent of both populations combined.[37] There were also differences in the administrative techniques of the two trustees over their respective trust territories. The British system of administration was based on 'indirect rule', which convened more autonomy and local participation. Meanwhile, the French system was based on 'direct rule', which was more centralised and oppressive, dictated directly from the French metropolis. France actually considered its colonies as extensions of French territory abroad. Any form of opposition or resistance to French colonial administration was met with firm repression. This was the case of the *maquis* insurgency for independence in French Cameroon in the 50s, akin to the *maquis* nationalist struggle for independence in Algeria still against the French colonial rule. In fact, the Algerian resistance and war of independence, was proof of the oppressive nature of French colonial administration.

The disparities between the two former British and French colonial territories were not addressed when they joined. This was a further complication of the initial upshot of the partition of Africa, where families and friendly communities were separated and incompatible and antagonistic communities were joined together. This has incubated over the years to

---

[36] This administrative dispensation was ordained by a special arrangement between the UN and Britain known as the British Mandate Agreement in its article 9

[37] This territorial and population percentages have not changed. At re-unification, the population of East Cameroon was 3.200.000 and that of West Cameroon 800.000. See article 60.1 of the federal constitution, 1961. The Northwest and Southwest regions remain two of the country's ten regions. Both regions occupy a surface area of 16,364km² of the country's total area of 475,442km², with a population currently estimated of 5 million inhabitants of a national total of about 24 million.

create a time-bomb, which has now escalated into the armed separatist movement in Anglophone Cameroon.

3.2 'Anglophoneness': the minority identity marker

The concept of 'Anglophoneness' has been coined for the purposes of this discourse, that is, to determine the Anglophone community that constitutes a 'troubled' minority claiming special protection measures. In other words, there is a presumed Anglophone identity which drives the argument or the search of the existence or not of a minority status. Although the concept of 'Anglophoneness' may sound daring, it attempts to answer the question of who an *Anglophone* is, in Cameroon, for the purposes of identifying the statutory minority right holders and the extent to which the attending rights are being realised by the State.

The expression 'Anglophone' is a trait not only of linguistic expression, but also, of attachment to a specific geographic location in Cameroon - the former element serving as the identity denominator. Thus, there is on the one hand, a linguistic consideration, and on the other hand, a geographic consideration, to which a genealogic component has been attached. Both these sets are mutually inclusive in the determination of an 'Anglophone' in the Cameroonian context, for minority status purposes. The conveners of the Anglophone General Conference, for example, seem to rather lay emphasis, if not, solely rely on the second set: the geographic and genealogic component. Thus, in defining who an 'Anglophone' is for the purposes of eligibility to attend the Conference, they say:

> *...the Conference is intended for Cameroonians who originate from the territory of the former British Southern Cameroons'. In this context, the word denotes not Cameroonians who have mastered and are fluent in the English language, but those who originate from the territory of the two English-Speaking regions of our country. Such persons are of two categories. The first concerns Cameroonians whose ancestral origins are in one of the thirteen divisions of the North and South West Regions. The second encompasses Cameroonians whose ancestral origins are not in any of these thirteen divisions but whose ancestors (parents, grandparents or great-grandparents settled permanently in the territory of the British Southern Cameroons before October 1, 1961.*[38]

The conveners of the Conference, link 'Anglophoneness' in the Cameroonian context to *territoriality* and not to *linguisticity*. But, it is also clear from the language of the conveners that, *territoriality* itself in the

[38] Anglophone General Conference *Concept Note*, p. 5.

present context is a more robust term than ordinarily it is, since it visibly encompasses ancestry ties to the place.

Indeed, in the context of Cameroon and for the purposes of protecting the Anglophone minority, it is safe to consider an 'Anglophone' as any Cameroonian who *originally* hails from any of the tribes in the Anglophone regions of Cameroon. In this context, Anglophones are a group of people, living in a given locality of Cameroon (North West and South West regions), having a language culture and united by the identity of this culture in a sentiment of solidarity, with a view to preserving it. This is stretched to the form of legal and instruction systems including that of bringing up children in accordance with the educational system and cultures.[39] Anglophones of the North West and South West regions, therefore, constitute a minority group by virtue of their linguistic and territorial link.

It should be noted that the specificity of the linguistic minority identity in this discourse is only in respect of English as one of the official languages. Cameroon enjoys a panoply of different ethnic groups estimated at over 250, each having its local dialect. But the question of minority in the country is not based on these different native groups or languages recognised by the constitution. Yet, the 1996 constitution insinuates tribal minorities. The second principle in the preamble of the constitution provides that 'the State shall ensure the protection of minorities and shall preserve the rights of indigenous populations in accordance with the law...' This is a great stride towards recognising minorities and providing a framework for guaranteeing and protecting their rights. However, the constitution neither gives a clue as to what constitutes 'minorities' nor who they are for the purposes of protection. In this context, and in the context of Cameroon with a great multitude of tribes and communities, it is difficult to determine groups that may be termed 'minorities' and which criteria fulfil that task. Consequently, just any small group with a linguistic or cultural or religious peculiarity could be a minority or may have a claim to that status. Still, every other smaller tribe in relation to another larger one is a minority. Here, the constitution seems to have authored the Frankenstein tragedy where it has outrightly created a monster and may likely be its very first victim. In other words, the constitution after clearly preaching unity and indivisibility, goes ahead to clumsily lay the basis for future disaggregation of the State, through the inclusion of an ungirded notion of 'minority', particularly, in the circumstances where it has not been able to satisfactorily protect the recognisable Anglophone minority.

---

[39] See especially the Permanent Court of International Justice (PCIJ) in its advisory opinion in connection with the immigration of the Greco-Bulgarian communities (1930). Cited in Alam, A. (2015). 'Minority Rights under International Law', *Journal of the Indian Law Institute*, Vol. 57, No. 3, pp. 378-379.

However, in Cameroon the term 'Anglophone' is viciously understood in its ordinary grammatical sense, as anyone educated under the Anglophone sub system of education irrespective of whether they are autochthons of the Anglophone region. This phenomenon has grown as Francophones are fast educating themselves in the Anglophone sub system of education, thereby turning themselves into 'Anglophones' (pseudo-Anglophones). In so doing, the issue of equality or affirmative action by the State is lost as the minority status gradually wanes in favour of Francophones. Consequently, *anyone* who is an 'Anglophone' in the ordinary sense of the word enjoys the fruits of the minority regime. In this way, the new breed of 'pseudo-Anglophones' take everything in the name of the true Anglophone minority, while the latter remain marginalised

3.3 Theoretic construction of the Anglophone minorityhood

The construction of the Anglophone minority status in Cameroon actually begins with conceptualisation of anglophoneness just discussed. The 1992 United Nations Minorities Declaration identifies a minority group in its article 1, as one based on national or ethnic, cultural, religious and linguistic identity, and provides that States should protect their existence. Anglophones of the North West and South West regions of Cameroon constitute a linguistic minority as a result of history. The preceding discussions clearly demonstrate this historical basis. Under international law, where a linguistic minority exists, persons belonging to this group, in community with other members thereof, shall not be denied the right to enjoy their own culture, or to use their own language, as a collective or community right.

In the African context, the concept of minorities is not fluid. It is doubted whether *peoples* are *minorities* for the purposes of the group (collective) rights under the ACHPR.[40] There is hardly any precise definition of the term 'peoples' and the Charter does not give a headway either. However, as seen before, the term has been construed under the Charter to include minorities.[41] Even recent trends in the African Commission suggest that its use also extends to minority groups thereby making them beneficiaries of peoples' rights enshrined in the Charter.[42]

There is also consensus among jurists as to the working characteristics of 'peoples', which encompass the objective and subjective features of minorities:

---

[40] See generally, Kiwanuka, R. (1988). 'The Meaning of "People" in the African Charter on Human and Peoples' Rights. *The American Journal of International Law, 82*(1), 80-101. Online at: <http://www.jstor.org/stable/2202881>.(accessed 20 September 2018)

[41] See **2.1** above.

[42] *Ibid.* See also, Dersso S. (2012). 'The African Human Rights System and the Issue of Minorities in Africa', *African Journal of International and Comparative Law,* Vol. 20, No. 1, p. 42.

- enjoyment by a group of individuals of some or all the following common features: common historical tradition; ethnic group identity; cultural homogeneity; linguistic unity; religious or ideological affinity; territorial connection; common economic life.
- the will of the group to be identified as 'a people' or the consciousness of being 'a people'.[43]

With respect to the first characteristic above, at least two common features ascribe to the 'people' of Anglophone Cameroon as a minority: linguistic unity and territorial connection. These features have been mapped out in the discussion of *anglophoneness* in the preceding section.

The peculiarity of the Anglophone linguistic minority situation in Cameroon is not very much the denial of the right to use and enjoy their own language, which is constitutionally recognised as one of the official languages. Rather, the linguistic tag appears to be an identifier for marginalisation and other measures violating the principles of non-discrimination and equality. The Anglophone problem itself could be explained on politico-linguistic identity lines wherein a linguistic minority is decrying systematic targeted subjugation on political, economic and social lines. British MP, Anna Morrin, makes a similar contention in a letter to the British Secretary of State for Foreign and Commonwealth Affairs on 17 December 2018, in relation to atrocities committed by both government security forces and armed separatist fighters in the following words:

> *...We are living with the legacy of the English Speaking minority's marginalisation since the 1961 plebiscite which has manifested itself through the plight of the people of Cameroon and the increasing violence along identity lines.*[44]

On a similar note, a Non-Governmental Organisation (NGO), Internet Without Borders, is quoted as commenting on the issue of intermittent shutdown of internet services across the Anglophone regions as a result of the ongoing crisis that, 'the long months of internet shutdown convinced people that, indeed, Anglophones are treated differently'.[45]

As a matter of fact, the linguistic identity tag should have rather been an identifier for affirmative action by the State to obviate domination and

---

[43] Ewunetie & Alemayehu *op. cit.*

[44] Letter by British Member of Parliament for Cardiff North, Anna Mc Morrin to Rt Honourable Jeremy Hunt, Secretary of State for Foreign and Commonwealth Affairs, entitled *Atrocities in Cameroon*. Dated 17 January 2018. Emphasis added.

[45] O' Grady, S. (May 2018). 'Africa's Next Civil War Could be in Cameroon', *The Washington Post*. Online at: <https://www.washingtonpost.com/news/worldviews/wp/2018/05/30/africas-next-civil-war-could-be-in-cameroon/?utmterm=.8039b3b15dbc> (accessed 02 September 2018)

marginalisation by the francophone majority through special protection measures as prescribed under international law. If the identity contention is correct, which plausibly it is, then it explains the manner of government's response to the so-called Ambazonia secessionist/separatist movement, which amounts to what has been referred in quarters as 'genocide'.[46] Morrin further states emphatically that:

> *Security forces have reached to [Anglophone] separatist ideologies with disproportionate force since the Anglophone protests in 2016. The grave human rights violations, the killings of suspected separatists and mass displacement are all brutal consequences of the escalation of violence between government security forces and separatist groups; with the plight of Cameroonian civilians at its core.*[47]

However, denial of enjoyment of the language may be deduced from the manner in which it is downplayed. For example, more often than not, there is no rigour to ensure the proper translation of official documents from the authentic version, French, into English be they laws, administrative communications or other documents. Thus, contrary to what the constitution says, in practice, the English language is not at par with the French language. This contention is objective in the context of a bilingual country where despite the availability of myriad well-trained and competent translators, official documents, including laws, are ordinarily and roughly translated no matter the consequences of content deformation. This is a clear trait of the insignificance attached to the English language. Sometimes, official

---

[46] See Zongo, P. (2018). ' "This is a Genocide": Villages burn as war rages in blood-soaked Cameroon,' *The Guardian.* Online at: https://www.google.com.eg/amp/s/amp/theguardian.com/global-developments/2018/may/30/cmarioon... (accessed 20 December 2018). However, the contention of genocide is arguable. The Nigerian experience is instructive. There is debate as to whether the Nigerian civil war amounted to genocide of the Igbo people. While the death and destruction in Igbo land reached devastating proportions, the *intent* of the Nigerian government was not construed as a systematic destruction of a targeted people as required under the law on genocide, as had occurred in Germany and Rwanda. Rather, there was a determined effort to end secession and thereby preserve a unified nation of Nigeria as occurred in the American civil war. See 'Biafra/Nigeria' in Shelton, D [ed.] (2005). *Encyclopedia of Genocide and Crimes Against Humanity.* GWU Legal Studies Research Paper No. 2013-31. Cited in Cara, K 'What were the causes of the Biafran/Nigerian civil war? What were its outcomes? Online at: https://www.enotes.com/homework-help/what-were-the-causes-biafran-nigerian-civil-war-what-466264 (accessed 29 December 2018). In 2018, the UN special adviser on prevention of genocide called for an independent investigation of 'concerning atrocities' in Cameroon. It is not clear whether the call for investigation supposes genocide or whether it is just a fact finding mission to establish it or not. See Mumbere, D. (2018). 'Investigate Atrocities in Cameroon: UN Genocide Expert', *Africa News*, February 2018. Online: www.google.com.eg/amp/www.arficanews.com/amp/2018/10/02/investigate... (accessed 20 December 2018)

[47] Morrin *op. cit.*

documents and statements are delivered only in French thus making information contained therein inaccessible to some English speaking Cameroonians.

The linguistic trait of the Anglophone minorityhood in Cameroon embodies a medium of communication, an educational and a legal culture, as well as a political orientation and a way of life - these features make the group distinct.

Frist, in terms of *education*, the English speaking regions inherited the British system of education, which has been the pride of the regions and a huge source of attraction of francophone citizens who have realised the quality of the system and are scrambling to have their own members educated in the system. This is because, the system is more than an educational one - it is also a culture and a way of thinking, and a way of life. The quest for, and the creation of the General Certificate of Education (GCE) Board in 1994 to handle end of course secondary and high school public exams, as well as the demand for Anglo-Saxon universities in the English speaking regions, were efforts to safeguard the English sub-system of educational culture in Cameroon.

Second, as seen before, Britain left behind not only an educational system, but also a *legal legacy,* the Common Law System, which exists alongside the Romano-Germanic Civil Law system applicable in francophone Cameroon. This gives Cameroon's legal system a unique legal characterisation in the world - a bi-jural system - second only to Canada.

Third, the legacy of *political governance* by former colonial administrations in Cameroon, still largely influences the country's politics and political governance orientation. As mentioned previously, in Anglophone Cameroon, indirect rule was the governance technique. This allowed local participation as a result of enhanced autonomy of the territory. As such, self-reliant projects and the sense of community service/interest was very developed. Local government was developed as decentralised colonial power was closer to the people through autonomous local councils.

Anglophones are clinging on their numerical size, economic strength, homogeneity, territorial location and density, as well as on other claims based on the historical past and changed contemporary conditions, for the maintenance and recognition of their minorityhood. They have not only sought to preserve their identity, but have also tried to give stronger expression to that identity.

4. Constitutionalism and impact of the extent of protection of the Anglophone minority

It is contended that a minority needs to be protected from the tyranny of the majority, and that constitutional protection of rights achieves this end.[48] A basic principle of constitutionalism is that political institutions, including the constitution itself, must be designed to encourage all citizens, including minority groups, to engage in the hard work of democratic politics.[49] They should not just sit back and wait, ready to cry foul play simply because they have a right to object, when others are engaged in nation building. Yet, they must be given a fair chance to bring in their contribution.

The issue of minority rights protection in the constitutional design of Cameroon is marked by political hesitancy and legal ambiguity. The preamble of the 1996 constitution provides that the State shall ensure the protection of minorities and shall preserve the rights of indigenous populations in accordance with the law. This could be read to mean that the protection of minorities is based on legislative and policy measures, which embody the principle of equality and non-discrimination ascribable to minorities. The preamble also provides that all Cameroonians possess inalienable and sacred rights and subscribes to the UDHR and the ACHPR. It further provides that the State shall provide all its citizens with the conditions necessary for their development. The persistent use of 'all' enhances the principle of equality and non-discrimination in the sense of article 1 of UDHR.

Considering that the Preamble is an integral part of the constitution by virtue of article 65, the constitution indirectly transforms the preamble to a constitutional 'bill of rights'. This position is comforted by the very last sentence of the Preamble which states that 'the State shall guarantee all citizens of either sex the rights and freedoms set forth in the Preamble of the Constitution'. If one were to end at this level, one would rightly conclude that all rights readable under the constitution are subject to immediate and direct application. However, a further reading of the constitution rather than the practice, clearly instructs that the constitutional rights are not directly and immediately applicable; they are subject to the ratification of either relevant instruments or the enactment of substantive laws by parliament or by regulatory instruments.[50] Article 26(2)(a)7(b) provides that parliament

---

[48] 'The Logic of democracy'. Online at: <https://www.press.umich.edu/pdf/0472099493-ch5.pdf> (accessed 12 December 2018)

[49] See Sunstein, footnote 102 *infra*,

[50] See For a detailed analyses of the subject matter of constitutional protection of human rights in Cameroon, see Akonumbo, A (2016). 'Indirect Constitutional Protection of Socioeconomic Rights in Cameroon' in Chirwa, D and L Chenwi. *The Protection of*

shall legislate in the domains of 'fundamental rights, guarantees and obligations of citizens'. This clearly means that the rights under the constitution particularly, socioeconomic rights, are no more than directives of State policy requiring further measures (legislative action, adoption of administrative, financial, social and economic measures as well as judicial remedies) for effective realisation. The effectiveness of those measures themselves will be tested on standards of non-discrimination, minimum core content requirements, and non-retrogression. Minority rights protection is subject to these principles.

The constitution of Cameroon illustrates the intricate connection between lack of effective protection of minorities and minority discontentment stemming from the weak constitutional consideration of minorities. Some countries have adopted different constitutional approaches to minority and ethnicity to avoid minority claims.[51] The approaches range from the absolute ban of the use of ethnic markers in Rwanda,[52] to a carefully crafted ethnical power sharing arrangement in Burundi,[53] and full constitutional protection for minorities in the Democratic Republic of Congo (DRC).[54]

Given that all these countries have their specific protection mechanisms, the fundamental standards include the non-discrimination and equality clause, which constitutes the *first pillar* of the protection of minorities. The *second pillar*, goes a step further by providing minorities with the right to practice their own religion, develop their own culture, and use their own language. The aim is to ensure that they have the right to enjoy their own identity; that is, the right to be treated equally while remaining different. The right to remain different constitutes the quintessence of minority rights. This dual approach to minority rights is reflected in the 'equality approach' versus the 'minority rights approach' adopted in the constitutional design of most States. The concern is how these two approaches are effectively realised, as

---

Economic, Social and Cultural Rights in Africa: International and, Regional and National Perspectives. United Kingdom: Cambridge University Press, pp. 527-549

[51] Gilbert J. (2013). 'Constitutionalism, ethnicity and minority rights in Africa: A legal appraisal from the Great Lakes region', *International Journal of Constitutional Law*, Vol. 11, No. 2, Oxford University Press and New York University School of Law., p. 417.

[52] The post-genocide Rwandan Constitution of 2003 rejects any mention of ethnicity. This is declared in article 9 of the Constitution which affirms that the government of Rwanda commits itself to the *'eradication of ethnic, regional and other divisions and promotion of national unity'*.

[53] Rwanda and Burundi share a common history and ethnic makeup. The new constitution in Burundi guarantees representation for both ethnic groups (Hutus and Tutsis) by establishing a quota of posts they will have in parliament, the government, and the army. Gilbert *op. cit.*, pp. 422-425.

[54] The DRC presents a complex jigsaw puzzle of ethnicities sharing the same territory. Its 68 million inhabitants make up over 250 ethnic groups, including several minority groups such as Kasaians, Banyarwanda, Hunde, Nyanga, Nande, Bangala, Batwa, and Bambuti. See Gilbert *supra*.

guaranteed under the constitutional design of Cameroon. The constitution adopts both approaches in the preamble. It provides that 'all persons shall have equal rights and obligations', and. 'the State shall ensure the protection of minorities'.

With respect to the equality and non-discrimination approach, the constitution of Cameroon does not specifically identify any groups as minorities, or use the equality clause to create a balance between the different groups. Given that the right to non-discrimination is a fundamental principle of human rights law, which is paramount in the protection of the rights of persons belonging to minorities, its scope is, unfortunately, not defined under the constitution and other substantive laws. In fact, article 26 of the ICCPR, makes allusion to the equal protection principle applicable to any piece of legislation passed by the State, regardless of its content. This therefore includes legislation regulating minority issues.

On the minority rights approach, the constitution stresses the imperative need to consolidate national unity, without a corresponding rejection of minority rights protection but rather a recognition thereof. In this regard, the recognition of English cultural rights in the Anglophone regions, suggests the need for constitutional protection on historical grounds. In the same wave length, adopting policies of national unity, without a legitimate need for the legal protection of an English legacy or specific cultural rights, probably means the ineluctable destruction of the Anglophone culture. Promoting national unity across the different ethnic communities should not be seen as running counter to a constitutional recognition that the country includes some 'historically instituted majoritarian/minoritarian communities', which are in need of constitutional protection. For sure, minority policies are not directed towards this divide, but aim at ascertaining equilibrium – the constitutional ideals of fraternity and justice. However, thus far, the consideration and levels of protection of the Anglophone minority within the larger Cameroonian society have been wavy.

4.1 The extent of protection of minority rights

The discussions have shown that minorities are recognised under Cameroonian law in conformity with international standards in arrangements duly entered into by Cameroon. Although Anglophones of the North West and South West regions constitute a minority group by virtue of their linguistic and territorial link, not much has been achieved in terms of the effective realisation of the specific rights ascribing to this this minority from the standpoint of international law.

4.1.1 Right to effective use and enjoyment of language

The English language is a fundamental medium of expression of Anglophone Cameroonians of the North West and South West regions. It is perceived by Anglophones, as an essential marker of their identity which is intrinsically related to their culture and common legacy. The right to use one's own language is perhaps the most widely recognised minority right in international law.[55] The linguistic rights of minorities is not limited to the use of language in day-to-day conversations, but also, as a medium of education, public and administrative services, judicial proceedings, and the media.[56]

Article 1(3) of the Constitution of Cameroon provides:

> *The official languages of the, Republic of Cameroon shall be English and French, both languages having the same status. The State shall guarantee the promotion of bilingualism throughout the country. It shall endeavour to protect and promote national languages.*

This constitutional provision is at the heart of the Anglophone minority problem. Despite the fact that it takes into consideration the multicultural nature of the State, the actual protection of the linguistic rights of minorities is far from being clear. With the official languages, it is clear that because they are of co-equal status, they must be used appropriately and indiscriminately in public and private places, not in favour or disfavour of anyone,[57] and without undermining one in relation to the other. As a matter of policy, the use of the official languages in official documents, public places, instruction, media, courts, schools, daily conversations and the like, should be fair and equitable.[58] Most strikingly, these constitutional guarantees are the most ignored as mentioned before, causing frustrations amongst Anglophones.

4.1.2 Right to enjoy culture

Cameroon is a bilingual and bi-jural country, with a dual educational system, crafted on an unequal proportion of Francophone majority and an

---

[55] Adequate protection is provided under article 27 of ICCPR. For a detailed analysis of article 27, see especially Alam *op. cit.*, p. 396.

[56] *Ibid.*

[57] The linguistic diversity under the constitution certainly include both the official languages of English and French expressly recognised by the constitution as such and as of being of co-equal status, and the over 250 national languages (local dialects) the constitution 'endeavours' to promote and protect (art 1(3)).

[58] In Communication 266/03, *Kevin Mgwanga Gunme et al / Cameroon supra*, the African Commission on Human and People's Rights recommended the equal usage of the English language in business transactions, including that every person facing criminal charges be tried under the language he/she understands. In the alternative, the State of Cameroon must ensure that interpreters are employed in Courts to avoid jeopardising the rights of accused persons.

Anglophone minority divide. The 1961 constitution guaranteed these tri-dimensional legacies, in a unique administrational context. This guarantee is inscribed under article 1(2) of the 1996 constitution as the national identity of the people of Cameroon.[59]

Article 1(2) is a constitutional guarantee of the country's colonial legacy, with effect on the cultural differences. The provision advances a multicultural model of political ordering (incorporation of colonial values) into the fabric of the State, by permitting the various cultural groupings to join others on the basis of equality of cultural identity and not individual citizenship assimilated by a dominant cultural pattern.[60] It further permits Anglophones in Cameroon to join other members of the larger society to live and develop with their culture and identity.[61] Unfortunately, this cultural diversity legacy now seems to be much of the source of discrimination, division, conflict and exclusion amongst different cultural communities. This illustrates the extent to which historical, traditional, linguistic, religious, political, social, racial, tribal and ethnological factors can serve as active barriers to a truly unified State.

International human rights law entrusts minorities with the right to maintain their own cultural, *educational*, and religious institutions. The emphasis is on education here because in the Cameroonian context, the Anglophone sub-system of education operating in the country alongside the French sub-system of education, has known attempted dilution no less than assimilation (in like manner as the Common Law system operating alongside the French Civil Law system). This is evidenced in the transformation of the GCE Board in August 2018 to a parastatal. The Board was a hard-earned achievement by the Anglophone educational community 25 years ago to safeguard their educational system, now replaced by a rather politically oriented institution. What is the need for this move by government at the height of a crisis remains an enigma. This has generated a deepened sense of frustration amongst members of the Anglophone community, who see this action as a strong denial by government of their right to run a prime institution which drives their educational culture. State practices of this nature have received resounding disapproval under international law. For example, in 1935, the Permanent Court of International Justice held that Albania had violated the minority rights of Greek nationals by abolishing Greek private schools. In the words of the Court,

[59]Article 1(2) &(3).

[60] Mombeh, V. (2018). 'The Right of Indigenous Peoples to Non-Timber Forest resources in the Context of Sustainable Development: the case of the Southern Forested Area of Cameroon', PhD Thesis (Unpublished), University of Yaoundé II, p. 116.

[61] *Ibid.*

> *...there would be no true equality between a majority and a minority if the latter were deprived of their own institutions, and were consequently compelled to renounce that which constitutes the very essence of its being a minority.*[62]

4.1.3 Right to survival and existence

The non-fulfilment of the rights of minorities is tantamount to violation of their general right to survival and existence. The protection of the existence of minorities requires respect for and protection of their shared sense of history, common destiny and cultural heritage, which are essential to a group's identity.[63]

The source of the Anglophone crisis is traced in a feeling of mistrust resulting from suspected plans of deliberate destruction of the English cultural legacy and obliteration of the group's identity, in favour of the French legacy. Some Anglophones have a disconcertingly speculative believe that Anglophones are at the brink of annihilation. The inconclusive evidence tendered here is the massive departure of Anglophones abroad to seek for greener pastures, and today, at the upsurge of the conflict, the primary cause of their displacement to neighbouring Nigeria. However, in appropriate circumstances, it is undeniable that the displacement of minorities serve as an indicator of the degree to which their rights are respected, protected and fulfilled in the country from which they have been displaced.[64]

4.1.4 Promotion of identity

The issue of identity has been discussed at various points in this discourse. Suffice to add here that the claim of an Anglophone identity (or 'anglophoneness') in Cameroon, is drawn from a shared sense of colonial legacy and common destiny. The quest to preserve this legacy, is the driving force of the identity.

Cameroon enjoys a linguistic colonial legacy, proudly represented in the country's official languages. Beyond this legacy, the country is naturally home to more than 250 ethnic groups and subgroups. Despite this rich identity package, the country does not promote minority rights issues on

---

62 Case Concerning the Minority Schools in Albania, Advisory Opinion, 6.04.1935, P.C.I.L. REP. ##SER . A/B, No. 64

63 Besong (2004), cited in Manjoh P. *Representations and Renegotiation of the Nation in Anglophone Cameroonian*, p. 8.

64 United Nations Human Rights Office of the High Commissioner, (2010). *Minority Rights: International Standards and Guidance for Implementation.* New York and Geneva: United Nations, p. 7.

identity lines.[65] National unity is the watchdog here and is driven through policies of 'national integration' and 'unity in diversity', as fundamental tenets to forestall any falsehood on identity lines in the name of minority rights recognition. But the collapse of the national unity project may be legitimising both linguistic and ethno-regional claims, and this is a serious setback to nation-building.[66] Today, such claims have given rise to a full blown Anglophone separatist movement fomented around doubtful political motives, further challenging the State's national unity and nation building project.

4.1.5 Right of effective participation in decision-making processes

International human rights law actually vests members of a minority community with rights that secure a measure of autonomy from the State in which they are located and this entails the right to participate in decisions about matters that affect their identity[67]. Participation in public affairs in Cameroon is one of the kingpins of the Anglophone disgruntlement.

The experience in Cameroon shows that, in order to promote participation, the State has put in place some measures to ensure the participation of all national minorities – the policy of regional balance. This is an inclusive policy, which takes sociological parameters into consideration. With respect to minorities, this is an affirmative action by the State, to facilitate their involvement in decision making. This policy has not been very successful for at least two reasons. Frist, it is hardly fully respected. Second, as mentioned before, the strategy of *Anglophonisng* Francophones (pseudo-Anglophones) enables Francophones to take the stead of Anglophones and enjoy the benefits of affirmative actions in lieu of Anglophones, but then, brandishing off as representing the Anglophone minority.

Against this background, the National Commission on the Promotion of Bilingualism and Multiculturalism created in 2017[68] as the very first

---

[65] Minority Rights Group International 'Cameroon'. Online at: <https://minorityrights.org/country/cameroon/> (accessed 16 November 2018).

[66] Vubo Y. (2006). 'Management of Ethnic Diversity in Cameroon against the Backdrop of Social Crises', *Cahiers d'Études Africaines*, paras 37-38. Online at: <https://journals.openedition.org/etudesafricaines/15159> (Accessed 16 November 2018).

[67] Council of Europe, Parliamentary Assembly Recommendation 1134, On the Rights of Minorities (1990). Online at: <http://assembly.coe.int//Main.asp?link=http://assembly.coe.int/Documents/AdoptedText/TA90/erec1134.htm cited in Macklem *op. cit.*, p. 544 note 46. Emphasis added

[68] See Decree No. 2017/013 of 23 January 2017 to lay down the establishment, organization and functioning of the National Commission on the Promotion of Bilingualism and Multiculturalism. The commission is responsible for promoting bilingualism and multiculturalism in Cameroon, with a view to maintaining peace, consolidating the country's

response to the Anglophone crisis, rather seems to be a problem and its mandate is worrying. It seems to be a favourable arena for propelling the pseudo-Anglophone agenda thus fanning the problem more. The Commission has, however, gone out of its way and taken up a challenge in the ongoing crisis plaguing the Anglophone regions, by carrying out nationwide consultations, negotiating, arbitrating and lobbying for the inclusion of 'Anglophones' in the decision making processes, amongst other things. But the Commission seems to be yet another sleeping pill. Whilst its place at the heart of the crisis as part of the solution is weird, its modest attempt to diagnose the problematic of the crisis and propose solutions seems to be a dead letter. The series of recommendations it made following the consultations especially from the two troubled Anglophone regions have fallen asleep somewhere.

For participation to be effective, it is not sufficient that the State ensures the formal participation of national minorities; the State must also ensure that the participation of representatives of minorities substantially influences decisions which are taken, such that, as far as possible, there is shared ownership of these decisions.[69] Unfortunately, despite the fact that government yielded to the call of Anglophones for more representation in key ministries (secondary education and territorial administration), popular opinion amongst Anglophones, as remarked before, is that this is minimal and unrepresentative.

Government has the tools, principally, in terms of policies and institutions to ensure the effective protection of minorities in Cameroon. However, as societies evolve, these tools have to be continuously re-examined, evaluated and adjusted where necessary, to ensure that they yield desired outcomes. The inadequate protection of the Anglophone minority in Cameroon has produced far reaching consequences. Certainly, it has created awareness amongst the community that there is a problem.

4.2 The *Anglophone problem*

The so called 'Anglophone problem' is a general state of affairs, which the Anglophone community in Cameroon consider as affecting their being as a people within the larger Cameroonian society. In this discourse, the 'Anglophone problem' is best described as a state of socio-economic and political malaise of cynicism and despair principally from marginalisation and subjugation, deep-rooted in the country's colonial legacy, which has generated widespread discontentment and frustration amongst the

---

national unity, and strengthening its people's willingness and the day-to-day experience with respect to living together.

[69] United Nations Human Rights Office of the High Commissioner, (2010). 'Minority Rights...' *op. cit.*, p. 12.

Anglophone community. The Anglophone problem is therefore one of failed expectations as a result of lack of adequate recognition and protection standards.

There are two English-speaking regions as opposed to eight French-speaking regions in Cameroon. Ever since the two territories reunited in 1961, Cameroonians of the English speaking descent have complained of essentially political and economic domination, marginalisation and assimilation by the francophone majority. It is commonplace in most multi-cultural societies that majority communities tend to enjoy inherently dominant socio-economic and political position compared to minorities.[70] Much of the shades of the Anglophone problem have either already been discussed or will be discussed further in this discourse and would simply be expounded here in relevant aspects. Even then, the full extent of the Anglophone problem cannot certainly be addressed in this discourse. Suffice to note here that the Anglophone problem is manifold and complex, and sometimes actually invites inevitably straying on uncomfortable and dreadful grounds.

The Anglophone problem can be summarised as one of political, economic and social domination, marginalisation and assimilation.

Political, economic and social domination, marginalisation and assimilation

It has been mentioned earlier that national minorities are usually the consequence of history and circumstance. Overlaying Cameroon's rich ethnic diversity is a split between Anglophone and Francophone Cameroon, a legacy of the country's divided colonial history.[71] This constitutes an enriching factor of national diversity although the differences generated by this diversity have been a source of silent tensions and conflict. Generally, Anglophone Cameroonians complain that they are assimilated to the francophone culture in every respect including, principally, education, legal practice and public administration. They complain of underrepresentation in key government positions and marginalisation due to lack of good command of the French language especially by ordinary Anglophone citizens.

In Anglophone Cameroon, the *governance structure*, justice system, the educational system, and social norms followed the British model.[72] As seen in the previous section, the British system of administration was based on indirect rule, which was more democratic. Amongst other things, it allowed

---

[70] Alam *op. cit.*, p. 380.
[71]Minority Rights Group International 'Cameroon.' Online at <https://minorityrights.org/country/cameroon/> (Accessed on 16 November 2018).
[72] Crisis Group International (2017). 'Cameroon's Anglophone Crisis at the Crossroads', Africa Report No. 250, p. i.

traditional chiefdoms to remain in place and promoted the emergence of a form of self-government to the extent that freedom of the press, political pluralism and democratic change in power existed in Anglophone Cameroon prior to independence.[73] The English system was decentralised as it empowered people at the grassroots to partake in their development. However, this system has been largely diluted since reunification, by a highly centralised system characterised by a near monopoly of political power obtainable in Francophone Cameroon. The Francophone territory was directly administered by France following the assimilationist model. France's social, legal and political norms shaped the centralist political regime. It is believed that the Francophone territory was less democratic than the Anglophone territory. This is reminiscent of the French colonial administration's hegemonic and oppressive system of direct rule, which allows no more than deconcentration of power. This may explain why the decentralisation provided for under the 1996 constitution as a mid-way response to the 'extreme' political demand of federalism in the early 90s, has not been effective more than 20 years afterwards. The influence of the French system has resulted in the breakdown of the governance orientation and structure in Anglophone Cameroon since re-unification. Amongst other things, it has led to the gradual exclusion of Anglophones from decision making processes and power centres, thereby endangering their collective identity as a minority.[74] It is important to keep in mind that, in face of these challenges, Anglophones in Cameroon feel they are amongst the most politically and economically marginalised groups in the country and severely affected, for example, by poverty, unemployment, tribalism, discrimination, underdevelopment and a general limited access to public services and socioeconomic benefits. The domination and distortion of representation of Anglophones has produced low self-esteem within the group and negative stereotypes within the wider Cameroonian society.[75]

With respect to *education*, the English speaking regions of Cameroon inherited the British system of education as mentioned before. On several occasions, this sub system of education has known times of attempted assimilation through dilution of its essential features with those of the French

[73] *Ibid*, p. 2.

[74] The detail mechanisms and processes eroding Anglophone positioning in the modern State and the hegemonic tendencies claimed to have been used by the Francophone leadership is out of context of this paper. See especially the allegations under Communication 266/03, *Kevin Mgwanga Gunme et al / Cameroon*, African Commission on Human and People's Rights (2009).

[75] See Thornberry, P. (1995). 'The UN Declaration on the Rights of Persons Belonging to National or Ethnic, Religious and Linguistic Minorities : Background, Analysis, Observations, and an Update', in Phillips A. and Rosas A. (eds.) *Universal Minority Rights*. London and Abo : Minority Rights Group and Abo Akademi University, in Alam *op. cit.*, p. 380 *supra*.

sub system of education. The retransformation of the GCE Board to a parastatal in August 2018 is an example. Meanwhile, there have been concerns amongst Anglophone teachers over the posting of francophone teachers with little or no knowledge in English or the Anglophone system of education to Anglophone schools in the Anglophone regions. The constitution prides off the cultural and linguistic diversity of the country, meaning that there should be unity in diversity. In practice, this is resisted whereas, the traits of national minorities should jealously be preserved as an enriching factor of national diversity.

In the *legal domain*, while the country's bi-jural system is evoked with pride in political rhetoric, in practice, there are attempts to erase this heritage through uneven harmonisation policies. Newly harmonised laws are deeply influenced by the French Civil Law to the detriment of the English Common Law. Besides, there has been a systematic refusal to grant the request for the creation of a separate Anglophone Bar Association and a Law School for training lawyers *per* the Common Law culture. Since Anglophone lawyers wish to get the appropriate Common Law training, they undertake the costly option of travelling abroad to attend Law Schools. More recently, Francophone magistrates who have little or no mastery of neither English nor the English legal system were posted to courts in the English speaking regions. Anglophone lawyers particularly raised concerns here because the obvious outcome of this approach will be nothing short of an institutionalised system of miscarriage of justice, which in the real legal technical sense, is denial of justice. Further, in the Civil Law system, magistrates undergo training in a 'school' whereas, in the Common Law system, judges are seasoned jurists appointed to the bench from the bar (or the academia). They may shuttle between the two ends over time, thus giving them the best chance of acquiring competent experience from both. These are some of the legal traits which Anglophones jealously wish to enjoy and keep as a part of their cultural identity as a minority people in Cameroon.

Marginalisation is evident in *public administration*. Anglophones from the North and South West regions are minimally represented in government and other positions in the public service as well as in public institutions, including parastatals. For example, Anglophones from both regions occupy about 20 percent of 33 full ministerial positions.[76] In addition to the Prime Minister, there are only 2 full-fledge Anglophone ministers and 6 other Anglophones members of government as Secretaries of State or with rank of Secretaries of State, in a cabinet of 66 members (one prime minister, 33 full ministers and 32 ranks of Secretaries of State). In addition, Anglophones are

[76] There are currently 65 full ministerial and sub ministerial positions and Anglophones occupy only 6

not appointed to strategic ministerial positions such as defence or finance. The recent appointment of an Anglophone as the Minster of the key ministry of Territorial Administration is seen as the ice breaker here but many Anglophones consider this move as being unrepresentative and dilatory. Likewise, in public administration and other State institutions, senior positions are hardly held by Anglophones from the two regions and even where that is not the case, they are generally low portfolio positions.

Cameroon has maintained a bilingual system but the English speaking Cameroonians have over time developed a deep feeling of being cheated and discriminated against by the French speaking majority. English language is not given its co-equal status with French in violation of the constitution. Administrative letters and *communiqués* and letterheads are most often than not only written in French, while laws are generally conceived in French and at best sometimes poorly translated into English as remarked before.

In the *economic domain*, it is contended that Anglophone regions are also marginalised. It is estimated that they contribute about 20 percent of GDP but do not get a fair share.[77] It should be recalled that Cameroon is a rich oil producing country and is among the most prosperous countries in sub-Saharan Africa. Worse still, the fact that multinational businesses resident in the South West region pay taxes in another region, the Littoral region, is considered vexatious and a clear sign of economic subjugation and assimilation.

Discrimination is obvious in the inequitable distribution of national wealth leading to a sense of social injustice. In Cameroon's 2017 public investment budget, for example, one region, the South region, was allocated far more resources than the two Anglophone regions put together. Government's public investments logbook for the same year shows that, the South region was accorded over 570 projects at a total sum of over $ 225 million (FCFA 126 billion). The North West region had no more than 500 projects to be executed with over $76 million (FCFA 42 billion), while the South West region had slightly over $77 million (FCFA 43 billion) for over 500 projects. These and a host of other frustrations have fuelled the Anglophone crisis.[78]

---

[77] International Crisis Group 'Cameroon's Anglophone crisis: dialogue remains the only viable solution'. Online at: <https://www.crisisgroup.org/africa/central-africa/cameroon/cameroons-anglophone-crisis-dialogue-remains-only-viable-solution> (accessed 15 October 2018)

[78] See Atabong, B. (2017). 'Cameroon's Anglophone Crisis Isn't About Language, But Economic Deprivation'. *Quartz Africa.* Online at: <https://qz.com/africa/1097892/cameroons-anglophone-crisis-is-danger-of-becoming-a-full-blown-conflict/> (accessed 22 December 2018)

The strongest feeling of assimilation and, perhaps total subjugation, is in the *political domain*, with the unilateral change of the country's status in a manner which is both unconstitutional and at odds with the country's political history. When the two former colonial Cameroons joined together in 1961 to form the *Federal Republic,* the federal constitution provided for a two-state federation – West Cameroon and East Cameroon. In 1972 the federation was wiped out and replaced by a unitary State - *United Republic.* The 1961 and 1972 arrangements were achieved by popular consensus (plebiscite and referendum respectively). Notwithstanding, the 1972 move is considered a violation of the 1961 federal constitution, which rejected any amendment of the constitution, 'if it tends to *impair the unity and integrity of the Federation.*'[79] In other words, the form of the State was never to be the object of any modification. This is the real starting point of the accusation of political assimilation of Anglophones, which has spread to other areas. Yet, the worse was to come in 1984 when the country's status was unilaterally transformed by mere presidential decree to *Republic,* thus erasing the West Cameroon identity.[80] This move from the West Cameroon Statehood to an Anglophone minorityhood within the *Republic* of Cameroon, has fuelled the revival of the Anglo-linguistic and cultural minorityhood debate/claim.[81]

These political changes have been considered by many Anglophone Cameroonians as the definite move to 'assimilate' the erstwhile West Cameroon, including its linguistic, legal, political and educational cultural systems of colonial heritage, into the erstwhile la *république* or East Cameroon. It is contended that this has also been achieved over the years through the massive conversion of French speaking Cameroonians to Anglophones by education, which of course is in line with government's policy of bilingualism and the constitutional exigency of co-equal status between English and French. However, in the present context of the Anglophone crisis, the *Anglophonisation* of Francophone Cameroonians, is seen with suspicion; that is, as a political stratagem by the Francophone majority to gradually and effectively assimilate and dilute the original English speaking Cameroonians from West Cameroon. Hence, destroy any possible claims of marginalisation or minorityhood.[82]

---

[79] Article 47.1. Emphasis added.

[80] This has been incorporated in the 1996 Constitution as the opening provision. Article 1(1) provides: 'The United Republic of Cameroon shall, with effect from the date of entry into force of this law, be known as Republic of Cameroon (Law No 84-1 of 4 February 1984)'

[81] Ngwane G. (2016). 'From West Cameroon Statehood to Anglophone Cameroon Minorityhood', Minority Rights Group International. Online at: <https://minorityrights.org/2016/03/23/from-west-cameroon-statehood-to-anglophone-cameroon-minorityhood/> (Accessed on November 16, 2018).

[82] See **3.2** above

The purported attempts at assimilating, dominating or diluting or the legal and linguistic cultural minority identity as well as the political orientation of the Anglophone minority, are mainstreamed efforts at denying an Anglophone minority status, which warrants special rights and protection standards. This is hedged on the principles of 'national unity', 'oneness' and 'indivisibility' enshrined in the preamble of the 1996 constitution (as amended).

The recognition of minority rights is because these rights can protect key features of human identity and dignity of members of the group. However, it is equally important to mention the other side here. Minority rights possess the capacity to divide people into different communities, create insiders and outsiders, pit ethnicity against ethnicity, and threaten the universal aspirations.[83] In fact, minority rights run counter to the aspiration of international human rights law to protect universal, not contingent, features of human identity.[84] Besides, extensive recognition of these rights can fragment States and threaten national sovereignty especially when pushed to the extent of self-determination. This is where the principles of 'national unity', 'oneness' and 'indivisibility' in the Cameroonian context finds some space.

Notwithstanding, the failed management of the Anglophone problem has now led to a crisis with huge repercussions on human and state security as well as the national economy, seriously endangering national unity.

4.3 The crisis and its impact

What is now known as the 'Anglophone crisis' is the direct emanation of the Anglophone problem just discussed. The frustrations of Anglophones in Cameroon as a result of failed expectations following unification discussed so far, reached the apex in October 2016 with a protest march of lawyers and teachers against the *francophonisation* of the two Anglophone regions. The military responded to the protest march with force leading to human rights abuses. This was followed by a systematic boycott of schools, protests and, particularly ghost town operations instituted by the outlawed Cameroon Civil Society Consortium, which are still operational to date.[85] Government immediately took a number of measures to address the downing security situation including systematic curfews and the periodic suspension of internet access within the two regions.

---

[83] Macklem, *op cit.*, p. 532

[84] *Ibid*, p. 533

[85] According to the Consortium, the ghost towns was meant to denounce government's crackdown in the Anglophone regions the wake of the protests. However, this has been hijacked by the secessionist movement as its principal tool of terror.

At these turn of events, support for armed separatists who were eager to establish a new State called Ambazonia started to grow and as days passed by, the movement gained support even amongst moderates who had been affected directly or indirectly by the crisis. The situation has now grown to a full-blown conflict between government security forces and multiple militia groups under different names littered across the Anglophone regions. Government forces have allegedly authored atrocities amounting to gross human rights and humanitarian law violations including amongst others: torture; detentions; rape; burning and looting of homes/villages; extrajudicial killings and other killings in a bid to quell the violence in the two regions etc. These responses have been tagged as the cause of the increasing radicalisation of Anglophone youths and the hardening of separatist militia groups. The separatist militias on their part, have responded to government security forces measures with similar atrocities including but not limited to: targeted killing and beheading of police, gendarmes and other military personnel dispatched to ensure security on the ground; maiming; abduction of civilians, government officials and foreigners for ransom; prohibition of schools from functioning; restriction of movements; destruction of private and State property; institution of ghost town days with no commercial activity inclusive. These actions have clearly instituted a state of lawlessness, anarchy and insecurity in the two Anglophone regions. Schools and businesses activities are almost dead in the hinterlands and only manageable in the regional and divisional headquarters. A huge number of persons have fled the regions while businesses have been closed. This has had a serious toll on the economy of the regions and is now impacting on the national economy as anecdotal evidence discussed below shows.

The current human rights and humanitarian situation in the regions is deplorable and is diminishing further by the day. The humanitarian situation is preoccupying. A total of an estimated 3.3 million Anglophone Cameroonians are in desperate need of humanitarian assistance and the country is at the brink of a humanitarian disaster.[86]The situation is considered as the fastest growing humanitarian crisis in Africa.[87] As of December 2018, the UN Secretary General's report estimated that there are more than 30 0000[88] Cameroonian refugees in Nigeria and 437 0000[89]

[86] Letter by MP Anna Mc Morrin to Rt Honourable Jeremy Hunt, *op. cit.*
[87] American Ambassador to the UN addressing the UN Security Council on the crisis in Cameroon on 15 December 2015.
[88] UNHCR. (November 2018). 'Fleeing Violence: Cameroonian Refugee arrivals in Nigeria pass 30, 000'. UN News Online: <https://news.un.org/en/story/2018/11/1025351> (accessed 12 February 2019). In 2017, the number had been estimated to increase to 40 000 and more if the crisis continued. See UNHCR. (31 October 2017). 'Unrest in Cameroon's Anglophone Regions Sends Thousands Fleeing to Nigeria', UN News. Online: <https://news.un.org/en/story/2017/10/569662...>

internally displaced Cameroonians making it the fasted growing internally displaced persons (IDP) situation in Africa that could spread if the crisis is not checked. This is a clear threat to international peace and security.[90]Meanwhile, safe and unhindered humanitarian access in accordance with international humanitarian law principles including access to human rights monitors and the media to establish fact has not been forthcoming from both ends of the conflict, thereby worsening the plight of civilians caught in the crossfire.

The economy is getting a pinch of the crisis. Exports of coffee and cocoa, grown mostly in the Anglophone regions, decreased by about 10 percent in 2017. Coffee export volumes further declined by 72 percent in the first quarter of 2018. Meanwhile, rubber, palm and banana plantations have been deserted. Tax revenues decreased by 8–9 percent in both regions in 2017 compared with 2016, due to lower economic activity and difficulties to collect taxes. Additional security expenses amounted to 0.4 percent of GDP in 2017 and at least 0.2 percent of GDP in 2018.[91] A 2018 survey published by the *Groupement Inter-Patronal du Cameroun* (GICAM) deplores a shortfall of nearly 5.9 billion CFA francs for the State, more than 6,434 jobs and 269 billion CFA francs of turnover, lost in two years.[92]

The crisis is undoubtedly having a serious toll on human security, the economy and the stability of the country and needs to be stopped. On 15 December 2018, the UN Security Council met and addressed concerns over the deteriorating situation in Cameroon. The representatives of the Britain, US, Netherlands, Sweden and the Office of Coordination of Humanitarian Affairs of the UN respectively took the floor to paint the situation in Cameroon. They all noted the gross atrocities committed by both government and separatist forces and the need for both sides to lay down arms and resort to an all-inclusive dialogue. They equally showed concerns over the growing IDP situation, stating the need for government to address

---

89 European Civil Protection and Humanitarian Aid Operations (January 2019) 'Cameroon'. Online: https://ec.eropa.eu/echo/where/africa/cameroon_en (accessed 12 February 2019)

90 Lee, M R 'In Cameroon NRC Speaks Out On 437000 Displaced As UN Envoy Covers It Up and IMF Gives Biya Gov Another $76M'. Inner City Press. Online at: <http://www.innercitypress.com/cameroon1nrc121918.html> (accessed on 27 December 2018)

91 See IMF. (2018) 'Cameroon: 2018 Article IV Consultation Second Review Under the Extended Credit Facility Arrangement, Requests for Waivers of Nonobservance of Performance Criteria and Modification of Performance Criteria', *Press Release, Staff Report; and Statement by the Executive Director for Cameroon.* IMF Country Report No. 18/235, p. 6

92 GICAM. (2018). '*Insécurité dans les régions du Sud-Ouest et du Nord-Ouest : conséquences économiques et impacts sur l'activité des entreprises'.* Online at :<https://www.legicam.cm/index.php/p/une-enquete-du-gicam-revele-l-impact-de-la-crise-anglophone>(accessed 25 September 2018)

complaints over lack of respect for humanitarian principles and the need to guarantee unhindered access to affected populations.

The Anglophone problem has a ripple effect - it has provoked a socio-political crisis, which has culminated in a radical situation – an armed *secessionist*/separationist movement.

4.4 Failed protection and a(n) (amorphous) right to Secession/Separation?

Since the 80s, a separatist movement known as the Southern Cameroon's National Council (SCNC) had been carrying out a rather low-keyed struggle for separation. It remained largely unpopular over the years and was only minimally active on October 1 each year, which commemorates the independence of Southern Cameroons and the end of British administration on 1 October 1961. From 2016, there were increasing protests from the English speaking regions because Anglophones believe they have been assimilated and marginalised by the French speaking majority over the decades since re-unification with French Cameroon in 1961. On 1 October 2018, separatists under the name Southern Cameroons Ambazonia Consortium United Front, unilaterally declared the independence of Anglophone Cameroon under the self-proclaimed state of Ambazonia. This is clearly a secession or a separation as the case may be, but it is not clear whether the move is a justified response to failed protection of the Anglophone minority rights.

4.4.1 Preliminary observation

A preliminary terminological clarification is essential here before briefly embarking on the justifiability of the move. In much of the literature regarding acts by groups within States amounting to disaggregation, the terms *secession* and *separation* are used as though they were synonyms. This for the simple reason that one is used to explain the other. Separation is used to describe the operation of secession. Thus, ordinarily, secession is the act of separating from an existing State or nation by a part thereof, to become a new independent State. From a technical perspective, secession is a tougher and more radical situation, which is the break-off from a historically single entity. Separation is the withdrawal from a unified entity, by a formerly separate entity. In the context of Cameroon with respect to the first situation (secession), it would mean that at independence, there was only one political entity and a part thereof is attempting to break away – seceding. In the second situation (separation), it would mean that there were initially two separate political entities, which came together within a union and one is now seeking to breakaway – separating. Both theses hold for Cameroon from the standpoint of history, depending on which side regard and credence is given.

Firstly, if it is considered that there was one Cameroon before the German protectorate scheme pursuant to the partition of Africa, then subsequent partition of the country following German defeat at the First World War for purposes of provisional administration does not defeat the 'oneness' of the country, to the extent that the reunification in 1961 was just a reversion to the original form of the country as at the time of German protectorateship. In this light, any attempted withdrawal from the reunited arrangement is secessionist. This thesis may be strengthened further by the following argument. Before the partition of Africa, there were nation-states with vast territories (empires of the Middle-Ages).[93] The partition rather dismantled this dispensation and led to the creation of microstates with specific names and defined territorial boundaries for the very first time. Hence, any change of status brought by the colonial partition arrangements of a territory could only be maintained, if the partitioned components decided to remain as separate legal entities following the end of colonial administration. But if they decided to revert to the pre-partition status, then they were simply reverting to what was, or ought to be, as a matter of preference. In this case, therefore, any attempt to separate again is violating the regained original status and is secessionist. This may explain the outright unilateral change of the country's status in 1984 to *la république* (pertaining to the erstwhile French Cameroons in 1960) as a reversion to the country's original status at the time of German rule, from which Southern Cameroons was later carved out. Of course, colonial arrangements of partition were for administrative purposes, which unfortunately resulted in historical distortions and distractions. In other words, by deciding to re-join Francophone Cameroon by plebiscite in 1961, Southern Cameroons lost its right and unique chance to external self-determination and independence, offered by the colonial dispensation to partition, administer and leave the partitioned territory in its different halves with the option to either reunite or remain separate. However, as mentioned before, these two extreme options were not offered to Southern Cameroons at independence from Britain in 1961. The UN managed plebiscite literally offered just one option in two prongs: either join the Nigerian Federation or French Cameroon (*la république*). There was no option of self-determination.

Secondly, because there were two separate political entities, British Cameroons (Southern Cameroons) and French Cameroon, which respectively gained independence on different dates (French Cameroons in 1960 and Southern Cameroons in 1961), any attempted withdrawal from the

---

[93] For example, the Empire of Songhai that was located in western Africa (founded in 1430 and dissolved in 1591). It was a State that dominated the western Sahel (covering what is today central Mali, extending west to the Atlantic coast and east into Niger and Nigeria) in the 14th and 16th century. The Ghana Empire (c. 700-c.1240) is another example. It was a west African empire that spanned across present day south-eastern Mauritania and western Mali.

plebiscited union is separation only, or at best restoration to an initial statehood.

From the foregoing, it is evident that in the context of the ongoing crises, the actors on both sides are using the terms 'secession' and 'separation' differently in view of the interests they are each pursuing or protecting. On the one hand, those employing the term 'secession' are passing the message of oneness and indivisibility of Cameroon, hence, any attempt to break away from the existing State is both illegal and unconstitutional. On the other hand, those employing the term 'separation' simply want to withdraw, as a legitimate move, from an initially agreed union (merger), which was historically created. However, in the context of this discourse, both terminologies are used interchangeably to avoid any leaning even if one is used more often than the other.

4.4.2 The theory

Within the Anglophone community, there are those who are advocating for secession/separation, those who are for federalism and those who are for effective decentralisation *per* 1996 constitution (which provides that Cameroon is a 'decentralized unitary state')[94] as the gateway out of the crisis. The first, secession/separation, merits attention here, *obiter,* since it is not the focus of this discourse, for at least two interconnected reasons. The first is theoretical and objective. Under international law, secession/separation may become an unavoidable option for minorities where there is massive violation of their rights (ethnic cleansing, mass killings and genocide). The second is practical and subjective. The Anglophone problem has led to a crisis which now involves an armed struggle for secession/separation.

The current strives for secession/separation is the most virulent option that has led to an armed conflict in Anglophone Cameroon. Initially, it was believed that the separatist/secessionist orientation was a threat – bargaining tool – when the crisis began, only intended to achieve limited goals in the event of dialogue.[95] However, it has turned out to be a serious enterprise. What can be said here *a priori* about this option chosen by some few Anglophones is that, it is a disproportionate response to an unheeded demand for more political and social inclusion and restoration and respect of a culture. It is at odds with the constitution, popular opinion in Cameroon, including the Anglophone regions of the country, and the international community. The issues here are purely political and infested with very obscure interests. Whether secession/separation in the present context is

---

[94] Article 1(2)

[95] See Stanford Encyclopaedia of Philosophy, 'Secession'. Online at : <https://plato.stanford.edu/entries/secession/>(accessed 28 December 2018)

legally justified at all and finds space in international law or political philosophical theories, is altogether another issue and this is not the object of this discourse. However, an attempt is made here to briefly theorise 'secession' and pit it to the so-called Ambazonian separatist movement. The constitutional vector is of importance here but will not be dealt with at length.

In classical sense, 'secession', means the separation of part of the territory and population of an existing State to create a new State, or the separation of part of the territory and population of an existing State in order to be incorporated as part of another State.[96] In both scenarios, the separation is without the consent of the original State and the latter is reduced in form. The philosophical underpinnings of secession underscore it as a moral right. The question is whether secession is morally justifiable (moral permission) – a moral *liberty-right* or whether secession is a moral *claim-right*. A claim-right contains both the moral permission *and* a correlative obligation on the part of others, *including the State from which the group is seceding,* not to interfere with the attempted secession. However, having the liberty-right does not imply having the claim-right. Consequently, the liberty-right may not preclude others from interfering. It is not clear whether the absence of the right to secede justifies the use of force to prevent it and even if it were justified, the conditions under which it would be used. Likewise, it is not clear whether the fact the seceding group has a right to secede, justifies the use of force to achieve it.[97] Nevertheless, the use of force is generally illegal and a violation of a peremptory norm against illegal use of force in international law.[98]

Secession may either be unilateral or consensual. Unilateral secession occurs more frequently than consensual secession. It is both more controversial and more likely to result in large-scale violence – use of force.[99] Consensual secession is secession that results either from a negotiated agreement between the State and the secessionists or through constitutional processes.[100] Constitutionally sanctioned secession is achieved

---

[96] Kohen, M [ed]. (2006). *Secession: International Law Perspectives*. Cambridge: Cambridge University Press, p. 3. See also, Kohen, M (2002) *Creation d'Etats en Droit International Contemporain'*, Bancaja Euromediterranean Courses of *International Law* 6 (2002) 571–4.

[97] Stanford Encyclopaedia *op. cit.*

[98] See Anderson, G 'Unilateral Non-Colonial Secession and the Use of Force: Affect on Claims to Statehood in International Law'. Online at:<http://ssrn.com/abstract=2319201> (accessed 28 December 2018)

[99] *Ibid.* Examples here include Biafra (Nigeria), Bangladesh (Pakistan), Chechnya (Russian Federation) and Kosovo (Yugoslavia)

[100] When a new State is formed from part of the territory of another State with its consent, it is a situation of 'devolution' rather than 'secession'. See Kohen (2006) *supra.*

either by the exercise of an explicit constitutional right to secede or by constitutional amendment.[101]

Sunstein has argued that constitutional recognition of a right to secede is incompatible with the principles of (democratic) constitutionalism in the sense that it would discourage citizens from engaging in democratic politics of competition and strategic bargaining, but to simply resort to the right when the majoritarian decisions do not go in their favour.[102] But as Buchanan suggests, this situation could be obviated if the right is appropriately hedged by conditions such as constitutional amendments, prescription periods or required majorities. This technique of hedging secession is not incompatible with the principles of constitutionalism but may simply discourage secession or delay it. Some conditions may be found in the two broad categories of normative secession theories, notably the Remedial Right Only Theories (a variant of the unilateral claim-right and which is of essence here), and the Primary Right Theories.[103]

Remedial Right Only Theories ascribe the right to secede to a revolution which is incidental to persistent injustice or violation of rights. Thus, secession is not automatic but remedial only because, it only comes into play as a means of remedying an injustice or rights violation. Persistent, large-scale violations of basic human rights (ethnic cleansing, mass killings and genocide) are therefore sufficient to justify unilateral secession amongst other grounds.[104]Oddny suggests that *massive* human rights violations and/or cultural persecution are the necessary preconditions for a unilateral right to secede.[105].

The ongoing attempted Anglophone secession is the unilateral type involving the use of force, and based on the Remedial Right Only Theories. However, while it may be contended that there is no real proof of prior massive human rights violations in the right sense of the expression, there may be proof of prior injustice and cultural persecution, justifying a moral

---

[101] Stanford Encyclopaedia *op. cit.*

[102] Sunstein, C. (1991). 'Constitutionalism and Secession', *University of Chicago Law Review*, 58(2) 663 p. 649

[103] See Buchanan, A. (1997). 'Theories of Secession' *Philosophy and Public Affairs*, Vol. 26, No. 1, pp. 34 *et seq.*

[104] Other grounds include: large-scale and persistent violations of basic human rights; unjust taking of the territory of a legitimateF State (where secession is simply the taking back of wrongly taken territory, as with the secession of the Baltic Republics from the Soviet Union in 1991); and in certain cases, the State's persisting violation of agreements to accord a minority group limited self-government within the State. See Buchanan, A (1991) *Secession: The Legitimacy of Political Divorce From Fort Sumter to Lithuania and Quebec*, Boulder: Westview Press, pp. 633-70;

[105] Wiggen, O. (1999). 'Should There Be a Right to Secession in International Law?: Moral Arguments and International Law', Master's Thesis, University of Oslo. Online at: < https://www.duo.uio.no/handle/10852/14583> (accessed 12 December 2018)

claim-right to secession. These factors are briefly examined in turn in relation to the Anglophone crisis.

Injustice could be seen in the claim of marginalisation whilst the cultural persecution could be implied from the claim of shun of English as an official language, and the dilution of the Anglophone sub-system of education and the common law legal system. With respect to human rights violations, they should have been committed before the conflict and its principal reason for secession. In the current Anglophone crisis, the violations are rather occurring during the crisis. Violations committed by both sides during the conflict cannot be used to justify the condition of secession under international law. It is true that secessionist attempts are usually resisted with force by the State, consequently, human rights violations are common including humanitarian law issues with the fleeing of refugees across borders.[106] Besides, these violations should attain a certain threshold; that of massiveness, to constitute grave human rights abuses under international law.

Additionally, territorial base, viability, guarantees of minority protection and commitment to standards for State behaviour for the State-to-be are proposed as conditions to be imposed, further qualifying the right to secede under international law. The secessionist/separatist group in Cameroon does not seem to be capable of meeting these thresholds but for territory, if at all, their objective were to be successful. State behaviour, guarantees of minority protection and viability (in terms possibility to maintain statehood), cannot be read in the unconscionable conduct of the separatists, which is bringing wanton hardship on the people in the Anglophone regions with reverberating effects beyond these regions (principally, internal and international displacement of people). They have instituted anarchy, armed militias are rising against one another, there is corruption amongst them and fight for leadership, just to name these. In fact, it is evident that if a people or a minority within the imaginary newly created State were to oppose the regime as the separatists are now opposing the State of Cameroon, that minority will be brutally reprimanded. The secessionists/separatists are currently giving a foretaste of this attitude as they brutally reprimand anyone who does not respect their line of action or does not buy their cause altogether through kidnappings for ransom, summary executions, maiming, extortion of funds and so on.

4.4.3 The practicality

Undoubtedly, the international community will be reticent to give its blessing to the creation of a failed State ab initio. History has this in the books. The very political, economic and racial oppression today's South

---

[106] Buchanan (1997) *op. cit.*, p. 33

Sudan was decrying against the government of Khartoum is what the new independent State is now facing. South Sudan gained independence from Sudan in July 2011, but the hard-won celebration was short-lived. The new country has been reduced to a warring theatre garnished with untold human rights abuses and a leading humanitarian crisis in the word. This is not good news and a reminder that secession is not always a successful magical wand for visibly marginalised minorities within a State. The current in-house fighting for leadership amongst the separatist warlords in Anglophone Cameroon and the gross human rights abuses perpetrated by the same, against the same people they claim to be fighting for, is telling of a probable replay of the South Sudanese cacophonic adventure, in case a so-called State of Ambazonia were to be.

According to the separatists, Southern Cameroons or Ambazonia does not need to fight for independence because that had already been achieved in 1961. As such, what is being sought is 'restoration' (separation), not 'secession'; that is, simply reverting to the post British trusteeship territory status at independence, before reunification with French Cameroon. Thus, there is no need for a referendum towards that end like the ones which were held in Spain's Catalan region or the Kurdish territory in Iraq. However, if restoration is legitimate under the circumstances, the question one may want to ask is why not then go back to the 'Southern Cameroons' statehood? The mere fact of stating that the struggle aims at reverting to the Southern Cameroons statehood as at 1961 but using a new name 'Federal Republic of Amazonia', is problematic. Ambazonia did not exist on 1 October 1961 or any time before or after that date. As mentioned before, the separatists contend that there is nothing like secession since the quest is to revert to the pre 1961 status. Thus, referring to Ambazonia in the present context is absurd. Rights are legal entitlements attaching to justified factual situations. Rights do not exist or arise *ex nihilo*.

The express wordings of some of the constitutional dispensation in Cameroon indirectly but strongly reject the right to separation in any form. The preamble declares that the Cameroonian people are profoundly aware of the 'imperative need to further consolidate ... unity' and are 'jealous' of their 'hard-won independence and resolved to preserve same', and therefore declare that they 'constitute one and the same Nation, bound by the same destiny...' This is strengthened by another express statement in the opening provision of the constitution. Article 1(2) states unequivocally that 'The Republic of Cameroon shall be a decentralized unitary State. It shall be one and indivisible...' On the strength of this latter provision alone, any form of secession/separation is both illegal and unconstitutional.[107]

---

[107] However, Wayne Norman argues that there are significant advantages to constitutionalising conflicts over secession. The Supreme Court of Canada took the same

The call for secession/separation therefore violates the principles of national sovereignty and territorial unity of Cameroon. This should be understood alongside the geo-legal and geo-political stakes surrounding the country. The geo-legal stakes is the attempt to disaggregate an existing sovereign State and the creation of a new State entity in the comity of nations. At the constitutional level, it is about protecting a State - the existing State. Hence, the violation of the internal constitutional order of this State, hurts a barely budding democracy. Even global actors discussing the crisis in Cameroon including the UN, United States (US), United Kingdom (UK), Sweden, the Netherlands and the like, do not leave anything filter out in the direction of secession/separation, but for urging both belligerents to call off hostilities and engage in dialogue.

Beyond the purely internal geo-legal stakes of the conflict that cannot warrant secession or separation, there are also international and sub-regional geo-politico-strategic considerations, which should be taken into account. A peaceful and stable Cameroon is crucial for regional peace and stability in the central African sub region. Cameroon is a key partner and a committed player in the fight against terrorism in the Lake Chad basin. The continuing deteriorating situation in Cameroon has serious implications on regional security including the fight against Boko Haram insurgency. Also, it is a slash-back to international efforts aimed at bringing back peace and stability to the Central African Republic. Besides, Cameroon offers a sanctuary for refugees from Central Africa. Thus, allowing Cameroon's own citizens to become refugees elsewhere (Nigeria etc.) thereby fostering what has been described as the 'fastest growing humanitarian crisis',[108] is not only a humanitarian disaster, but a threat to international peace and security.

The jurisprudence of the African Commission shows that, the continent's topmost political institution, African Union (AU), is very reticent about secession attempts on the continent, beyond the right to self-determination of the African peoples with respect to colonialism. In fact, self-determination under the ACHPR was tailored for the purpose of decolonising countries that were (still) under foreign colonial rule[109] as this was the principal objective of the then Organisation for African Unity (OAU), now AU. The situation is

---

position, arguing that the potentially disruptive process of secession by Quebec can be subjected to the rule of law by a process of negotiation and constitutional amendment. See Norman, W. (2003). 'Domesticating Secession', in Macedo S and A Buchanan (eds.), *Secession and Self-Determination* (NOMOS XLV), New York: New York University Press. Online at: http://www.jstor.org/stable/24220022

[108] American Ambassador to the UN addressing the UN Security Council on the crisis in Cameroon on 15 December 2015.

[109] International jurisprudence actually recognises the right of all peoples to free themselves from foreign, colonial, or racist rule. See Senese, S. (1989). 'External and Internal Self-Determination', *Social Justice* Vol. 16, No. 1, (35), Human Rights & Peoples' Rights: Views From North & South, 19-25, p. 19

long past as there are no more colonies on the continent. The AU is more focused on the strict respect of the sovereignty and territorial integrity of African states and would not readily participate in the disregard of the same by encouraging attempts at secessions on the continent. For example, the African Commission ruled in the *Katangese Peoples' Congress* case *supra* that the sovereignty and territorial integrity of Zaire had to be preserved and that the province of Katanga was 'obliged to exercise a variant of self-determination that is compatible with the sovereignty and territorial integrity of Zaire.'[110] In the same vein, the Commission held in the *Gunme* case *supra*, that self-determination must be exercised within the means provided by States.[111] Although the African Commission appears to have accepted the right of the people of Western Sahara to independence,[112] it is evident that the Commission does not intend to interpret the right of self-determination as long as there is the right to participate in the government of one's country under Article 13(1) of the Charter.[113] But then, the question here is, what if there is proof that the right to participate in the government of one's country is not realisable? Moreover, the mere existence of the right does not caveat its proper interpretation/or implementation by States.

5. Concluding Remarks: Some Lessons from the Anglophone Crisis and the Way Forward.

This discourse may have posted a bleak picture of the ongoing crisis in Cameroon, but as it was mentioned at the outset, examining a subject matter of this nature from an academic perspective, invariably involves a minimum degree of objective analyses convening uncomfortable facts and issues, which cannot be simply cajoled off as though they were light-hearted. One thing is certain: there is an Anglophone problem, whatever its hue, which needs to be addressed as soon as possible to arrest the disproportionately downing impact of the crisis it has generated.

The Anglophone problem and the crisis it has generated has demonstrated the gap, but also, the link between minority rights protection and violence. The non-fulfilment of minority rights opens the gateway to violence and

---

[110]Buchanan (1997) *op. cit.*, p. 232 at footnote 38.

[111] The Commission said: '*...the various forms of governance or self-determination such as federalism, local government, unitarism, confederacy, and self-government can be exercised only subject to conformity with state sovereignty and territorial integrity of a State party. It must take into account the popular will of the entire population, exercised through democratic means, such as by way of a referendum, or other means of creating national consensus. Such forms of governance cannot be imposed on a State Party or a people by the African Commission'*. At para. 199

[112] See Resolution on the Western Sahara, Thirteenth annual Report of the African Commission on Human and Peoples' Rights, 1999-2000, ACHPR/RPT/13th, Annex IV. *Ibid*, p. 232.

[113] *Katangese peoples' Congress v. Zaire supra*

instability, and both are unjustifiable. The impact of the crisis on the State and human security, particularly, is worrying. The problem should be objectively addressed as a matter of extreme urgency and appropriate measures taken to avert the worsening situation. It needs to be mentioned here that preventing a conflict is far less costly than resolving it in terms of human life, property, military operations and humanitarian exigencies, to name just these. It is not yet late to seize this opportunity to prevent a more long-term virulent conflict. The *politics of denial* in the face of a situation that is visibly degenerating by the day can only aggravate the crisis and divide the Cameroonian nation further. Hardliner positons and blame apportioning are not called for at this stage and effective dialogue must be engaged.

The crisis has clearly demonstrated the impact of what has been coined here as the '*politics of denial*' consisting in stubborn refusal of an existing state of things, which can either stimulate conflict or worsen it, as the case may be. When the Anglophone demands started gaining intensity in 2016, the watchwords of some political elites from the region and elsewhere were that there was 'no problem'. It was not until the Head of State himself in his traditional end of year speech that same year concurred that there is a problem. He also acknowledged the need for dialogue to have it addressed. Even then, continued denial of the true state of an evolving crisis, wrapped in an interest-based political demagogy, as well as hardliner positions on both sides (ruling class and the leaders of the Anglophone cause), have not enabled a quick response to the ongoing conflict. Besides, the State has not yet shown true active commitment to have the problem and the crisis solved.

Armed conflict has never solved differences. It can only engrain it further. It is, and remains, an avoidable ill, which only trades-off the interests of the main actors on both sides and third party zombies, for the demise of innocent civilian populations. Conflicts generate a lucrative trade in arms market, open banditry and other criminal activities such as looting, raping and kidnapping for ransom. The ongoing Anglophone crisis bears these unfortunate marks. The kidnapping phenomenon, for one, is even indicative of the greed behind armed conflicts garnished by veiled motives. The true reasons for taking up arms and calling for separation is evidently a cloak and not part of the initial demands emanating from the true Anglophone problem. Initially, there were no demands for separation but clamour for more inclusiveness and the respect of Anglophone minority rights. To this end, some felt the better way to get to this was to go back to federalism that would ensure greater autonomy and participation of the Anglophone minority in the management of public affairs and matters concerning them.

The use of words in public statements (oral or written) in times of conflict, may influence its course: either in soothing and worsening it; or, in reducing tensions and ending it. The choice of words is therefore important. The unreasonable and unjustifiable ascription of pejorative tags on situations and individuals can offend and radicalise. When the Anglophone crisis started, peaceful protesters were obdurately dubbed with all sorts of tags such as 'terrorists', 'cockroaches' 'secessionists' and so on. Some of these appellations are not only unconscionable and vexatious, but sometimes, childish, portraying deep-rooted-hatred. The anti-terrorism law should not be used abusively for political ends. Truly, certain acts may constitute terror, hence their authors 'terrorists'. But in appropriate circumstances, these tags should be the outcome of a duly instituted legal processes to avoid misuse of legally ordained and girded concepts.

The media has a role to play in conflict situations in staying neutral and objective in their analyses, putting aside uncalled and misguided passions and sentiments, which can only directly or indirectly fuel an ongoing conflict. The experience of the *radio sept collines* in Rwanda which was the trigger of Africa's darkest moments in history – the Rwanda genocide – should be a warning example. The National Communication's Council in Cameroon is doing a credible job; picking on truant media and meting sanctions. The media is neither a court of law to pass judgement nor a political forum where people come and air their virulent personal views or hardliner political theories at the expense of innocent citizens who are under pain and suffering as a result of an ongoing senseless conflict. Trading off personal interests for the demise of innocent civilians at the crossfire of an armed conflict is both cynical and schizophrenic.

The social media, most especially, has shown its face as *the good, the bad and the ugly* in the ongoing Anglophone crisis. While it has been used sometimes to show the true extent of events and to contradict claims on both sides of the conflict, it has equally been used to propagate falsehoods which have aggravated it. Social media has also served as an instruction platform on gruesome happenings elsewhere. For example, this media has been a source of most of the shocking practices by both sides in the conflict such as forms of torture, cruel and degrading treatment, and the beheading of persons. This is the typical terror tool deployed and posted on the social media by ISIS in the Middle East. It was not surprising therefore that government had to occasionally shut down internet services in the two Anglophone regions. The increasing perpetration of acts which have nothing to do with secessionist/separatist demands casts doubts as to the true motives of the intended secession/separation. These include; shutting down schools, instituting civil disobedience and ghost towns, disrupting businesses, terrorising civilians variously including kidnappings for ransom and other forms of extortion of money from civilians and businesses, gruesome killings and torture. The consequences of these illegal acts are increasingly deteriorating the Cameroonian economy and security.

True, frank, inclusive and immediate dialogue would most assuredly put an end to the ongoing Anglophone crisis. No conflict can be effectively stopped without dialogue. Once conflict has been engaged, it can hardly be unilaterally stopped. Apart from examining the core issues of the conflict and finding a common ground of *entente* as solution(s) thereto, dialogue also defines the terms of the post-cessation of hostilities period, for the effective return of peace. Meaningful dialogue cannot be preceded by lofty conditions or involvement of stakeholders who enjoy no legitimacy in their constituencies. Haphazard and scornful dialogue initiatives involving the wrong actors - government elites who are in persistent denial of either the existence of a conflict altogether or, if at all, its true extent, on the one hand, and unrepresentative 'leaders' of the cause at stake, on the other hand, is a real mimic of conflict resolution and no more. Criminalising or shying away from political dialogue on the Anglophone problem is not helpful. Talking out issues can actually contribute to understanding the crisis and paving the way for concerted political solution(s).

Whatever the terms of reference of the dialogue and without being presumptuous here, it is probable and desirable that it leads to a constitutional amendment, which either (1) clearly recognises the status of Anglophone Cameroonians by descent from the two regions as 'a distinct linguistic minority' with attendant rights under international law within present political dispensation, or (2) redefines the political form or structure of the State, preferably reverting to the immediate post-independence 1961 federal status. But in order to safeguard a sense of national unity and cohesion, it is not desirable to include a constitutionally sanctioned consensual secession clause, whether by negotiated agreement or by constitutional processes.[114] Consequentially, the correction of relevant social, economic and political marginalisation, disparities and other forms of subjugation of Anglophones, identified by them as such as the source of their frustrations, should be effected as a matter of extreme urgency. In any event, a peaceful solution largely acceptable to all parties should be found.

There must be full accountability for human rights violations amounting to crimes under international law. The perpetrators must be brought to justice and the victims compensated. The formal justice system should be complemented by the informal justice system. The ongoing conflict in the Anglophone regions undeniably involves untold atrocities, which are inflicting deep physical and mental pain and suffering on the people as a result of incessant loss of human life and destruction of property, as the

---

[114] Constitutional secession is achieved either by the exercise of an explicit constitutional right to secede or by constitutional amendment. See Buchanan (2007) *op. cit.*

conflict unfolds by the day. The atrocities, the pain and the sufferings would leave huge scars down the generations, particularly for families that have been directly or indirectly affected. Ordinary dialogue alone cannot heal these scars. There is need for truth telling and reconciliation reminiscent of the *gacaca* in Rwanda or the South African Truth and Reconciliation Commission or even the South Sudanese transitional justice models to appease, reconcile and compensate victims and communities. Anything less than any of these formats, will only prepare the ground for vendetta as a result of radicalisation from deep-seated and painful grudges from the conflict.

Reconciliation and compensation programmes should be complemented by the physical, emotional, social or political rehabilitation of both soldiers and civilians, where necessary, as well as the reconstruction of devastated areas. Whilst the Disarmament, Demobilisation and Rehabilitation (DDR) initiative by government is laudable, its timeliness and content is wholly misguided. DDR cannot come before the call off and effective end of hostilities by the parties. As a matter of fact, any meaningful DDR, should be informed by the terms of a truce and the ensuing dialogue. Meanwhile, withdrawal of the *self-declared* secession/separation, laying of arms by both sides and the demilitarisation of the Anglophone regions should be forerunner measures of the truce to ensure trustworthy, serene and effective dialogue.

Lastly, secession is not the solution to the Anglophone crisis whether by the use of force or consensually. Glaringly, the separatist approach in Anglophone Cameroon is unilateral non-colonial (UNC) secession, which is a well-recognised method of State creation. It frequently involves the use of force. However, the use of force is contrary to the law of self-determination. As mentioned already, the use of force to achieve separation is both illegal and a violation of the peremptory norm of international law prohibiting the illegal use of force. Consequently, any claims to statehood made under these conditions is improper.[115] The disaggregation of States in an era of fragile peace on the continent especially in its geo-strategic configuration cannot, and should not be encouraged. Above and beyond, the looming example of the youngest African State created from secession - South Sudan - is not inspiring of what the choice should or ought to be. Legalistic and political grounds aside, the practical possibility that the armed separatist/secessionist struggle will succeed is very slim, save for inflicting more pain and suffering on civilian populations in the Anglophone regions alongside its reverberating effect in other regions of the country and neighbouring countries. The truth is that, *as at now*, the separatist/secessionist militia are ill-clad, disunited and outnumbered, pitting traditional den guns and witchery against the modern

[115] See Anderson *op. cit.*

weaponry and technology of a more unified nationalistic and republican force. Although they seem to be putting up a remarkable resistance, which may not be for too long, in the meantime, the civilian causalities are alarmingly increasing as a result of the confrontation in terms of both targeted and misguided killings.

There is no rue in both sides in a conflict taking hard-liner positions and subsequently backing off as a sign of self-consciousness and humility to pave the way for dialogue to end the conflict and achieve long lasting peace. The example of the Biafran withdrawal ending the war of secession is edifying here. To officially and unconditionally end hostilities in 1970, the Biafran Chief of Army Staff, Major General Philip Effiong unequivocally declared Biafra's psychological and physical surrender. The relevant portion of the declaration read :

> *We are firm, we are loyal Nigerian citizens and accept the authority of the Federal Military Government... The Republic of Biafra hereby ceases to exist.*[116]

This declaration is not cited here as a statutory directive or a peg as to what the Anglophone secessionists/separatists should do or say, but to show the spirit of peace from which both sides of the conflict can tap wisdom. After all, in a conflict situation, there is neither a victor nor a vanquished ; rather, there are shrewd and pragmatic people committed to their course but who can, in the meantime, make reasonable concessions for the sake of peace. Understandably, hard-liner standoff positions are strategically orchestrated to influence the outcome of any subsequent negotiations well in advance.

No war has reason over reason. No conflict is unpreventable, no conflict is unstoppable; only the callousness and greed of humans are unpreventable and unstoppable because they are inborn. In the words of the Swedish representative to the UN Security Council, 'If the crisis [in Anglophone Cameroon] continues to deteriorate and steps are not taken to address the situation, this Council should consider options for more active engagement in a spirit of prevention.' Meanwhile, UK's representative was of the opinion that 'unless action is taken and the situation improves, concern over the situation in Cameroon is likely to increase amongst Security Council members and become a more permanent part of our discussions'[117].

---

[116] See Cara *op. cit.*

[117] UN Security Council meeting on the situation in Cameroon, 15 December 2018.

Selected Bibliography

AKONUMBO, A. (2016). 'Indirect Constitutional Protection of Socioeconomic Rights in Cameroon' in Chirwa, D and L Chenwi. *The Protection of Economic, Social and Cultural Rights in Africa : International and, Regional and National Perspectives.* United Kingdom : Cambridge University Press

ALAM, A. (2015). 'Minority Rights under International Law', *Journal of the Indian Law Institute,* Vol. 57, No. 3

DERSSO S. (2012). 'The African Human Rights System and the Issue of Minorities in Africa', *African Journal of International and Comparative Law,* Vol. 20, No. 1.

DESSALEGN B. (2014). 'The Normative Framework of the African Human Rights Regime on the Rights of Minorities,' 8 *Mizan Law Review* 2.

GILBERT J. (2013). 'Constitutionalism, ethnicity and minority rights in Africa : A legal appraisal from the Great Lakes region', *International Journal of Constitutional Law*, Vol. 11, No. 2, Oxford University Press and New York University School of Law.

KOHEN, M [ed]. (2006). *Secession: International Law Perspectives.* Cambridge : Cambridge University Press.

MACKLEM, P. (2008). 'Minority Rights in International Law', 6 *International Journal of Constitutional Law,* Issue 3-4, 531 – 552. Online at : <https://academic.oup.com/icon/article/6/3-4/531/654430> (accessed 12 October 2018)

NGWANE G. (2016). 'From West Cameroon Statehood to Anglophone Cameroon Minorityhood', Minority Rights Group International. Online at: <https://minorityrights.org/2016/03/23/from-west-cameroon-statehood-to-anglophonecameroon-minorityhood/> (accessed 16 November 2018).

PENTASSUGLIA, G. (2002). 'Minorities in International law: An Introductory Study', European Centre for Minority Issues, Cited in Papoutsi E. (2014). 'Minorities under

International Law: How protected they are?' *Journal of Social Welfare and Human Rights*, Vol. 2, No. 1

SENESE, S. (1989). 'External and Internal Self-Determination', *Social Justice* Vol. 16, No. 1.

DROIT INTERNATIONAL HUMANITAIRE ET CRISE ANGLOPHONE AU CAMEROUN : QUELLE APPLICABILITÉ ?

Jean de Noël ATEMENGUE
Maître de conférences, Université de Ngaoundéré

Introduction

1961–2016, cinquante-cinq ans de vie commune entre l'ancien « Cameroun français » et l'ancien « Cameroun anglais ». Une histoire voulue et consentie de part et d'autre, mais une histoire faite de malentendus, de ruse et de projets politiques ambigus. À l'origine, l'union entre les deux parties du Cameroun séparées depuis 1916 suite à la défaite de l'Allemagne qui, jusque-là, exerçait un protectorat sur le territoire du Cameroun, fut scellée par le « pacte fédéral ». L'État francophone du Cameroun indépendant depuis le 1er janvier 1960 et le *Southern Cameroons* sous tutelle britannique avaient en effet convenu d'une union dans le cadre de l'État fédéral institué par la Constitution du 1er septembre 1961[1]. Une histoire paisible et globalement harmonieuse pendant la durée de vie de la fédération. Une histoire qui va cependant commencer à se crisper avec l'avènement de l'État unitaire du Cameroun par la grâce de la Constitution du 2 juin 1972. Car, en dépit de ce que le peuple camerounais, consulté par voie de référendum le 20 mai 1972 avait massivement consenti au projet d'État unitaire voulu par Ahmadou Ahidjo, le premier président de la République du Cameroun, les Camerounais anglophones ont toujours, dans leur grande majorité, considéré avoir été floués par leurs frères francophones qu'ils accusèrent depuis lors d'insincérité, de ruse et de duplicité. Selon eux en effet, il ne fut jamais question de considérer la fédération comme une forme transitoire d'État vers l'État unitaire. Les Camerounais anglophones avaient plutôt accepté de se remettre avec leurs frères francophones dans le cadre de l'État fédéral, seule forme d'État susceptible de garantir le maintien et le développement de leur spécificité historique et culturelle. Tant et si bien que

[1] Pour une analyse récente et approfondie de ces questions liées à l'histoire constitutionnelle du Cameroun, voir M. Ondoa, *Droit constitutionnel et institutions politiques du Cameroun*, 5 volumes, Éditions du Kilimandjaro, Yaoundé, 2018.

de frustrations en discriminations plus ou moins avérées, mais en tout cas ressenties comme tel, certains Camerounais anglophones vont s'installer dans la contestation plus ou moins radicale, plus ou moins ouverte de l'État unitaire. Des mouvements sécessionnistes vont voir le jour, mais assez vite circonscrits par le pouvoir de Yaoundé. Seulement, le ver était déjà dans le fruit, car, étaient continuellement réunis tous les facteurs de la crise qui allait, à partir de 2017, se muer en affrontements armés opposant les forces gouvernementales aux mouvements rebelles dont le projet sécessionniste déclaré est d'introduire et d'établir « l'État d'Ambazonie ». Au-delà des considérations politiques et idéologiques nécessairement subjectives qu'on peut énoncer sur la situation de crise que connaît le Cameroun dans ses régions anglophones, un fait constant s'impose à l'observation : l'armée camerounaise affronte des groupes armés dans le cadre de ce que plusieurs analystes considèrent comme une véritable guerre civile, aux « conséquences désastreuses et horribles »[2]. Il y existe en tout cas des affrontements d'une violence inouïe qui ont contraint des centaines de milliers de civils soit à se réfugier au Nigeria, soit à migrer vers d'autres régions du pays, devenant ainsi des déplacés internes. Le conflit ainsi avéré dans les régions du Nord-Ouest et du Sud-Ouest du Cameroun (ci-après *NOSO*) soulève nécessairement la question de son encadrement par le droit en général et le droit des conflits armés ou droit international humanitaire en particulier, pour autant que ce dernier puisse être mobilisé dans le cas d'espèce. La difficulté initiale, si l'on peut dire, est de procéder à la qualification globale de la crise anglophone au Cameroun, car, c'est de cette qualification que procéderont les règles juridiques applicables aux visages pluriels de cette crise. L'une des tâches du juriste étant de donner un nom aux choses[3], nous devons donner aux « choses », aux « visages » de la crise du NOSO, un nom. Ainsi, qualifier ici c'est dire la nature des situations de violence qui se manifestent dans cette partie tourmentée du pays et déterminer parmi elles, celle qui peut être qualifiée de conflit armé et susceptible d'être envisagée par le droit international humanitaire[4]. Il faut s'y prendre avec précaution et prudence, l'opération de qualification étant extrêmement compliquée et aléatoire[5] dès lors que les situations de violence concernées sont internes à l'État du Cameroun, à l'exclusion de l'implication de tout acteur extérieur[6].

---

[2] T. Edzoa, « Lettre ouverte au président de la République (Propositions à la crise dite anglophone) », in *Mutations* n° 4796, du 18 février 2019, p. 12.

[3] O. Cayla, « La qualification ou la vérité du droit », *Droits*, 1993, 18.3.3.

[44] Sur les conflits armés et la qualification, en droit international, v. J. D'Aspremont et J. De Hemptinne, *Droit international humanitaire*, Editions A. Pedone, 2012, sp. pp. 47-79.

[5] A. J. Carswell, « Classification des conflits : le dilemme du soldat », *Revue internationale de la Croix-Rouge*, vol. 91, Sélection française 2009, p. 80.

[6] Sur cet aspect, v. J. Grignon, « Les difficultés entourant la qualification d'une situation de conflit armé non international en droit international humanitaire : l'exemple de la Syrie », *Bulletin* n° 59, octobre-novembre 2012, p.1.

Les difficultés tant juridiques qu'opérationnelles sont en effet énormes, s'agissant de la crise au NOSO. On ne peut en effet dire si on doit la qualifier de « situation de violence »[7], ou de « conflit de basse ou haute intensité », ou de « lutte contre le terrorisme » ou encore de « conflit armé non international », à moins que ce ne soit tout cela à la fois... Tant et si bien que l'incertitude concernant « l'applicabilité »[8] du droit international humanitaire à l'ensemble de la crise du NOSO peut faire succomber à la tentation d'une approche réaliste et pragmatique[9]. Ce qui est constant, c'est que cette crise a, à l'évidence, de nombreux effets négatifs dans les rapports de droit, qu'ils soient normatifs ou judiciaires et particulièrement en matière pénale, que les partisans violents de « l'Ambazonie » ont inévitablement avec l'État du Cameroun. Le droit international humanitaire ne s'appliquant qu'en cas de conflit armé, la question à résoudre est celle de savoir si la crise en cours dans le NOSO est un conflit armé au sens du droit international humanitaire, à moins que la situation en cause ne relève à la fois du maintien de l'ordre public et du conflit armé, tant il est constant que la crise au NOSO renvoie, par certains de ses aspects, à des situations d'affrontements souvent sporadiques qui ne répondent pas à la définition classique du conflit armé non international ; que cette crise ne correspond pas non plus seulement à des situations de tensions internes pouvant être résorbées par des opérations de police dans le cadre du maintien de l'ordre public, fut-il renforcé. Autrement posée, c'est la question de l'applicabilité exclusive du droit international humanitaire à la crise anglophone au Cameroun. Il faut donc, en substance, répondre à la question de savoir si la crise au NOSO est assimilable, en tout ou partie, à un conflit armé non international. À la vérité, l'applicabilité du droit international humanitaire à la crise anglophone au Cameroun ne saurait être totale. Elle est plutôt partielle, car cette crise est protéiforme, c'est-à-dire qu'elle se manifeste par des situations qui relèvent, mais de manière rarement concomitante soit du maintien de l'ordre (I), soit du conflit armé non international (II).

---

[7] Voir A.D. Olinga, « Situation de violence dans les régions du Nord-ouest et du Sud-ouest : quelle applicabilité du droit des conflits armés ? », *Honneur et Fidélité-Le Magazine des Forces de Défense Camerounaises*, mai 2019, pp. 77-80.

[8] Le mot « applicabilité renvoie à ce qui est applicable, c'est-à-dire, susceptible de s'appliquer. J. Salmon, dans son *Dictionnaire de droit international public* (Bruylant, 2001), affirme que l'applicabilité d'un traité « *est la vocation ou l'aptitude d'un traité à régir une situation donnée que ce soit dans les rapports entre les États parties en vertu de son champ d'application rationae materiae, rationae loci ou rationae temporis ou par l'effet de la volonté d'un ou plusieurs États parties ou non parties, d'en appliquer les dispositions* ».

[9] A.D. Olinga, « L'applicabilité du droit international humanitaire à la lutte armée contre le terrorisme ; plaidoyer pour une approche réaliste et pragmatique », *Honneur et Fidélité-Le Magazine des Forces de Défense Camerounaises,* décembre 2016, pp. 71-76.

I. La réalité des situations de violence au NOSO inéligibles à l'applicabilité du DIH

La crise au NOSO révèle aussi des situations d'affrontements qui ne répondent pas à l'acception classique et bien établie de conflit armé, ici non international. Il se trouve cependant que ces situations de violence-là ne correspondent pas toutes à des crises ouvertes pouvant être résorbées par de simples actions de police. Il convient de procéder à l'identification de ces différentes situations de violence (A), susceptibles de déboucher sur une répression, même militaire de la part de l'État (B).

A. L'identification des situations

Dans la crise du NOSO, sont nées et se sont développées des violences à grande échelle que le droit international humanitaire exclut clairement de son champ d'application[10], en raison de l'absence, en ce qui les concerne, des caractéristiques essentielles des conflits armés[11]. Il s'agit des « troubles intérieurs ou troubles graves à l'ordre public » et des « tensions internes ».

1. Les troubles intérieurs ou troubles graves à l'ordre public

Selon une définition proposée par le CICR[12], l'expression « troubles intérieurs » couvre des situations où, sans qu'il y ait à proprement parler un conflit armé, il existe cependant, sur le plan interne, des affrontements entre des forces de police, de sécurité voire de défense de l'État et des groupes plus ou moins organisés. Ces affrontements peuvent présenter un certain caractère de gravité et s'installer dans un espace-temps plus ou moins long. Ce sont des situations qui peuvent comporter des actes de violence présentant diverses variables, allant de la génération spontanée à des actes de révolte concertés contre les autorités de l'État[13]. Dans le contexte de la crise au NOSO, le Gouvernement camerounais, confronté aux violences sporadiques et autres actes d'agression de civils, d'autorités administratives, et de destruction de biens tant publics que privés, a dû se résoudre à mobiliser d'importantes forces de police. Il est même monté d'un cran dans la graduation de sa riposte en faisant intervenir ses forces militaires, à l'instar du Bataillon d'intervention rapide (BIR), un corps d'élite de l'armée camerounaise. On a pu considérer, mais à tort, que l'intervention des militaires avait automatiquement fait basculer la crise anglophone du côté du conflit armé non international. En fait,

---

[10] L'art. 1 (2) du Protocole additionnel n° 2 aux Conventions de Genève du 12 août 1949, exclut de son champ d'application, sans les définir au demeurant, « les émeutes, les actes isolés et sporadiques de violence et autres actes analogues ».

[11] G. Rona, « Quand une « guerre n'est pas une guerre ? », in CICR, *Le droit des conflits armés et la guerre contre le terrorisme,* 16 mars 2004, pp. 1-2.

[12] CIRC, *Commentaire du PA II*, art. 1 (2), par. 4475-4476, p. 1379.

[13] Voir M. Sassoli, A. Bouvier, A. Quentin, *Un droit dans la guerre ?*, Vol. 1, seconde édition, 2012, p. 143.

le droit international humanitaire n'interdit pas à l'État de faire intervenir des forces de « 3e catégorie », les forces militaires en l'occurrence, pour maintenir ou rétablir l'ordre. Ces forces peuvent intervenir en toute légalité, car, le droit du maintien de l'ordre camerounais les y habilite[14]. Ce faisant, elles interviennent dans le cadre de ce que la doctrine désigne sous l'appellation de « maintien de l'ordre renforcé »[15]. Les forces militaires peuvent donc également être mises à contribution pour résorber des tensions internes, sans qu'il y ait automatiquement applicabilité du droit international humanitaire.

2. Les tensions internes

En partant d'une proposition du CICR[16] faite suite à la conférence diplomatique[17] de 1974-1977 qui n'en avait proposé aucune définition, on peut considérer que les tensions internes, en plus des troubles à l'ordre public au sens strict, englobent d'autres phénomènes comme des situations de tensions graves à caractère politique, religieux, racial, social, économique ou encore culturel. Les tensions internes ainsi considérées et dont les caractéristiques essentielles ont été révélées par le CICR[18] peuvent aussi être des séquelles d'un conflit armé désormais résorbé ou une résultante de troubles à l'ordre public déjà maîtrisés. La crise au NOSO présente aussi tous ces visages. Elle en révèle d'autres qui sont également constitutifs de tensions internes. Ce sont, entre autres, des arrestations et des détentions judiciaires massives pour des raisons de sécurité, des détentions administratives de longue durée, le maintien de détenus incommunicables (ils n'ont pas de relation avec l'extérieur) sur de longues périodes, la suspension de droit ou de fait de garanties judiciaires fondamentales. Il faut également mentionner l'instauration sur une large échelle de mesures restrictives de liberté par l'Etat du Cameroun[19] et la commission d'actes

---

[14] Loi n° 68/LF-4 du 11 juin 1968 portant organisation du régime des réquisitions, J.O. du 15 juillet 1968, p. 30. ; Loi n° 90/054 du 19 décembre 1990 relative au maintien de l'ordre.

[15] Sur cet aspect, v. J.D.N. Atemengue, *La police administrative au Cameroun. Recherches sur le maintien de l'ordre public*, Université Jean Moulin Lyon 3, 18 septembre 1995, pp. 202-203.

[16] M. Sassoli, A. Bouvier, A. Quentin, *Un droit dans la guerre ?*, op. ; cit., p. 143.

[17] Les Protocoles additionnels I et II de 1977 constituent la résultante majeure au plan juridique de la Conférence diplomatique de 1974-1977.

[18] Pour le CICR en effet, les situations dites de « tensions internes » présentent l'une ou l'autre des caractéristiques suivantes, sinon toutes à la fois :
« - des arrestations massives ;
- un nombre élevé de détenus politiques ;
- l'existence probable de mauvais traitements ou de conditions inhumaines de détention ;
- la suspension des garanties judiciaires fondamentales, en raison soit de la promulgation d'un état d'exception, soit d'une situation de fait ;
- des allégations de disparitions (...) », in CICR, *Commentaire du PA II*, art. 1 (2), *par.* 4475-4476, p. 1379.

[19] De ce point de vue, l'État a restreint la liberté d'aller et venir en instituant par exemple le couvre-feu dans la région du Nord-ouest entre décembre 2018 et juin 2019.

attentatoires à la sécurité et à la liberté des citoyens par les partisans armés de l'Ambazonie[20]. Sont par ailleurs l'œuvre de ces deux groupes d'acteurs, la multiplication d'actes de violence (légitimes ou illégitimes pour l'État…) qui mettent en danger des personnes sans défense tout en propageant la terreur dans la population des zones anglophones du pays[21]. Et malgré le fait que dans l'ensemble des situations ci-dessus envisagées, l'opposition violente ne soit pas organisée de façon visible, l'État doit agir en vue de la répression des violences des acteurs non étatiques.

B. La répression de l'État

Il est constant que chaque Etat dispose du privilège de juridiction sur son territoire en vue, notamment, de réprimer les actes de violence posés par des personnes agissant individuellement ou en groupes. Cela revient à dire que les textes reconnaissent à l'État, au premier chef, le pouvoir de juger tous ceux qui contreviennent à la loi sur son territoire et, éventuellement, de les sanctionner pénalement. Et dès l'instant que la situation est qualifiée de troubles intérieurs et de tensions internes, le droit applicable est le droit interne, c'est-à-dire le droit camerounais, à l'exclusion, en principe, du droit international, qu'il soit humanitaire ou autre[22]. Le législateur international reconnaît d'ailleurs ce privilège à l'État, lui qui au travers de l'article 3-1 du Protocole additionnel II aux Conventions de Genève du 12 août 1949, indique sans équivoque que ledit protocole ne peut être invoqué pour porter atteinte à « *la responsabilité du gouvernement de maintenir ou de rétablir l'ordre public dans l'État ou défendre l'unité et l'intégrité territoriale de l'État par tous les moyens légitimes* ». À partir de là, il est tout à fait légitime que, dans la gestion des troubles internes, le législateur camerounais institue la possibilité pour l'Etat de déroger à certains droits humains dans le cadre

---

[20] Les rebelles « ambazoniens », outre des destructions importantes et avérées de vies humaines et de biens matériels, agissent en sorte de perturber le fonctionnement normal du secteur de l'éducation, en dissuadant par des menaces ou des agressions physiques les apprenants de tous ordres de fréquenter les établissements d'enseignement. Ils ont également gravement porté atteinte à la liberté du commerce et de l'industrie, au droit au travail en poussant, par leur action violente, de nombreuses entreprises tant publiques que privées, à réduire drastiquement leurs activités, voire à les interrompre.

[21] Il en va ainsi de la récente attaque sur l'hôpital de la ville de Kumba, hôpital dont l'incendie criminel jusque-là non revendiqué, a fait de nombreux morts et blessés, cf. *CameroonTribune,* 12 février 2019.

[22] Conscient de ce que la protection internationale des droits de l'homme dans un contexte de tensions internes et de troubles est relativement faible quand le seuil de l'applicabilité du droit international humanitaire n'est pas encore atteint, un groupe d'experts internationaux avait réfléchi sur la question des règles minimales à respecter dans ce contexte. Il en était ressorti un document connu sous le nom de *Déclaration de Turku sur les normes humanitaires minimales.* Malheureusement, cette déclaration, ultérieurement complétée et examinée dans le cadre de la Commission des droits de l'homme, ne fut malheureusement pas formellement adoptée par les États.

de la répression des actes de violence, notamment[23]. Cela dit, il convient de préciser que la non applicabilité du droit international humanitaire dans cette occurrence[24] « ne signifie pas nécessairement une protection moindre pour les personnes concernées. En pareil cas, ce sont les règles relatives aux droits humains et à la législation nationale en vigueur en temps de paix qui s'appliqueraient »[25]. Cette répression dans le NOSO est faite de l'usage limité des armes pour faire face aux attaques sporadiques de quelques individus ou de petits groupes armés contre les forces de police, voire de défense et de sécurité. Elle consiste également en des arrestations et des détentions judiciaires massives, la restriction de certains droits fondamentaux et en premier lieu, la liberté de circulation, des détentions administratives de longue durée, le contrôle de l'internet, pouvant même aller jusqu'à la suspension totale, permanente et durable de ce vecteur de communication et d'échanges, etc. Ces diverses mesures effectivement prises par l'État du Cameroun en vue de résorber les aspects violents et désordonnés de la crise anglophone sont contestables et contestées pour certaines d'entre elles, à l'instar de la suspension totale et durable de l'internet dans l'ensemble des régions touchées par la crise. Il importe par conséquent de rappeler que le principe de la légalité des peines, pour s'attarder sur la répression pénale, conserve toute sa rigueur, même dans un contexte de crise ; l'article 11 de la Déclaration Universelle des Droits de l'Homme est clair à ce propos : « *Nul ne sera condamné pour des actions ou omissions qui, au moment où elles ont été commises, ne constituaient pas un acte délictueux d'après le droit national ou le droit international. De même, il ne sera infligé aucune peine plus forte que celle qui était applicable au moment où l'acte délictueux a été commis* ». Le principe de la légalité des peines ainsi envisagé permet de mettre en œuvre la responsabilité pénale dans le cadre de la crise au NOSO notamment, tout en consacrant le respect des garanties judiciaires. Il apparaît également comme un principe protecteur des insurgés qui ont pris les armes contre le gouvernement légitime, tant il est vrai que la pente naturelle de tout État placé dans cette situation est de réprimer très sévèrement et souvent plus que de raison (légale), les actes commis par les rebelles. À ce niveau, l'Etat, parce qu'il considère que les groupes rebelles ont pris les armes contre lui, n'entend pas appliquer un droit autre que le droit pénal interne. En tout cas, l'applicabilité éventuelle du droit international humanitaire à une situation donnée ne change rien au fait

[23] Voir Loi du 19 décembre 1990 sur le maintien de l'ordre public et Loi du 19 décembre 1990 relative à l'état d'urgence.

[24] Encore qu'il convient de souligner qu'il existe une sorte de « soft law » humanitaire que les forces de défense étatiques peuvent s'imposer à elles-mêmes dans le cadre du maintien de l'ordre dit « renforcé ». Voir, pour le Cameroun, ministère de la Défense, *Le droit et les principes humanitaires applicables au contexte des opérations de maintien de l'ordre. Guide de l'instructeur,* Yaoundé, Imprimerie St Paul, 2018.

[25] M. Sassoli, A. A. Bouvier, A. Quentin, *Un droit dans la guerre ?*, op. cit., p. 143.

que le droit national continue de s'appliquer, dès l'instant que les rebelles concernés ont posé des actes criminels. Il demeure incontestable que le droit applicable à ce stade est le droit national camerounais, c'est-à-dire le droit du maintien de l'ordre public, le droit pénal et le droit des libertés publiques. De même, c'est la compétence juridictionnelle de l'État qui doit être privilégiée en la matière, au-delà de la qualification donnée à la situation de violence soumise à la justice. Il n'en demeure pas moins que le juge camerounais peut mettre en œuvre la répression de la violation du droit international humanitaire[26] contre toutes les parties au conflit, au plan notamment de la responsabilité indirecte des acteurs des conflits armés[27]. Car, il est tout aussi incontestable que la crise au NOSO révèle, de manière concomitante, un conflit armé non international qui appelle l'applicabilité du droit international humanitaire.

II. L'existence d'un conflit armé au NOSO éligible à l'applicabilité du Droit international humanitaire

La crise dans les régions anglophones du Cameroun se manifeste aussi par une situation de violence faite d'affrontements armés entre l'armée régulière et divers groupes armés plus ou moins organisés. En effet, il n'est plus possible de nier « *que dans le Nord-Ouest et le Sud-Ouest, les armes tonnent, des acteurs armés s'affrontent régulièrement, des attaques et contre-attaques ont lieu, des contingents des forces de défense et de sécurité sont mobilisés de manière particulière* »[28]. Il importe alors de procéder à la qualification juridique de la situation de violence ainsi avérée au NOSO. Qualification juridique qui est, selon le lexique des termes juridiques de Guinchard et Debard, « l'examen d'un fait, d'un acte ou d'une situation juridique, en vue de lui donner l'appellation en droit qui lui convient, avec les conséquences et les effets prévus par les textes »[29]. Sous ce rapport, la qualification des hostilités représente l'étape préalable et déterminante, en ce sens qu'elle déclenche, le cas échéant, l'application du droit international humanitaire en définissant le régime juridique applicable. C'est un grand enjeu marqué d'ambiguïté[30]. Normalement, en termes de droit, la qualification doit être objective, ce qui tend à disqualifier les qualifications

---

[26] M. Mahouvé, « La répression de la violation du droit international humanitaire au niveau national et international », *RDIDC*, n° 82, 2005, p. 279 et s.

[27] J.D.N. Atemengue, « Conflits armés, crises humanitaires et responsabilité indirecte du chef politique », in Spener Yawaga (dir.), *Crises humanitaires et responsabilités*, Paris, L'harmattan, 2018, pp. 17-32.

[28] A.D. Olinga, « Situation de violence dans les régions du Nord-Ouest et du Sud-Ouest : Quelle applicabilité du droit des conflits armés ? », op. cit., p. 78.

[29] S. Guinchard, Th. Debard, *Lexique des termes juridiques*, Dalloz, 2018, p. 95.

[30] E. David, *Principes de droit des conflits armés*, 5e édition, Bruylant, 2012, sp. pp. 115-144 et 211-221.

subjectives des parties au conflit. Le juge est de cet avis, lui qui, face à l'incertitude normative afférente à la qualification des conflits armés non internationaux (A), vient apporter de la clarté en fixant mieux les critères de l'applicabilité du droit international humanitaire dans un conflit armé non international que côtoient d'autres situations de violence (B).

A. Le fondement normatif indéfini de l'applicabilité

S'agissant particulièrement des conflits armés en général, le droit international humanitaire ne définit pas la réalité qu'il codifie. Les textes conventionnels évoquent seulement les « situations de guerre », les « conflits armés » sans les définir[31]. Cela dit, il est constant qu'en l'absence de toute intervention extérieure dans le conflit armé au NOSO, et en partant de la réalité incontestable que la lutte des séparatistes « ambazoniens » n'est pas une lutte de libération nationale[32] au sens du droit international, ce qui en aurait fait un conflit armé international, le conflit armé que révèle concomitamment la crise anglophone est possiblement un conflit armé non international (CANI), en raison de ce qu'il réunit les critères essentiels de définition de ce type de conflit à savoir : l'identification des parties au conflit, l'ancrage spatio-temporel et l'intensité.

1. L'identification des parties au conflit

La crise dans le NOSO, en ce qu'elle présente également le visage d'un conflit armé, implique d'une part l'État et, d'autre part, des groupes rebelles armés.

a. L'État

C'est l'évidence même que l'État du Cameroun est la principale partie au conflit armé que connaît le NOSO depuis 2017. C'est de cet État que les sécessionnistes de l'État fictif d'Ambazonie voudraient se séparer au plan territorial ; c'est lui que les séparatistes voudraient amputer d'une partie de son espace physique pour constituer la « République d'Ambazonie ». Il est par conséquent normal que les forces de défense et de sécurité de l'État du Cameroun prennent les armes et déploient les moyens de guerre appropriés pour défendre l'intégrité territoriale du pays. La légalité formelle et la légitimité politique de l'acteur étatique du conflit au NOSO sont donc, de ce point de vue, absolument incontestables. Il reste que, dans sa lutte contre les

---

[31] Voir l'article 3 commun aux quatre conventions de Genève du 12 août 1949, l'art. 1er du PA I et l'art. 1er du PA II.

[32] Il ne serait pas sérieux de considérer la lutte des séparatistes ambazoniens comme une lutte d'autodétermination au sens juridique, la souveraineté de l'État du Cameroun sur l'ensemble de son territoire et la totalité de sa population n'ayant jamais été et n'étant pas remise en cause par un État ou la communauté des États. Au plan politique, il n'existe pas, à ce jour, « un peuple » ou « un groupe humain » à l'intérieur du peuple camerounais dont le « droit à l'autodétermination » serait reconnu par la communauté des États…

séparatistes du NOSO, l'État du Cameroun, dès lors que le CANI se manifeste sur son territoire, devra, sa souveraineté dut-elle en souffrir dans son orgueil, appliquer les règles du droit international humanitaire[33], notamment en ce qui concerne le statut du combattant (rebelle) dans les CANI[34]. Dans ce contexte et pour reprendre une expression pertinente du Alain Didier Olinga, « l'applicabilité du DIH (...) est une nécessité logique »[35]. Surtout que l'enjeu ici est également un enjeu de civilisation, au-delà du simple enjeu juridique lié au respect des protocoles additionnels aux Conventions du 12 août 1949 par le Gouvernement[36] camerounais. La « civilisation de la barbarie » doit également être une langue parlée par les groupes armés séparatistes[37].

b. Les groupes rebelles séparatistes

Il ne saurait être question ici de discuter de la légitimité ou non de l'action des séparatistes ambazoniens, même si on peut d'emblée relever que l'intégrité des frontières héritées de la colonisation est un acquis de longue date des textes constitutifs de l'Organisation de l'Unité Africaine (OUA) continuée par l'Union africaine (UA). Il s'agit plutôt de vérifier que le commandement responsable des groupes séparatistes est déjà clairement identifié, en sorte qu'il est désormais possible de lui faire tenir l'engagement de respecter et de faire appliquer le droit international humanitaire dans le contexte du conflit armé du NOSO. Il est par ailleurs question d'établir l'existence au NOSO « [de] groupes armés organisés qui, sous la conduite d'un commandement responsable, exercent sur une partie de son territoire un contrôle tel qu'il leur permette de mener des opérations militaires continues et concertées »[38]. De fait, s'agissant de *l'identification d'un commandement responsable*, la vérité des choses sur ce point est depuis longtemps acquise : les principaux dirigeants, tant politiques que militaires de l'État autoproclamé d'Ambazonie, se sont fait connaître et ont d'ailleurs revendiqué ces différents statuts. Sur ce point, la « terreur ambazonienne », si l'on peut dire, est, comme toute terreur, mais toutes choses étant égales

[33]G. Niyungeko, « La mise en œuvre du droit international humanitaire et le principe de la souveraineté des États », Revue Internationale de la Croix-Rouge, sélection française, mars-avril 1991, pp.113-141.

[34] Sur l'ensemble de la question, lire G. Aivo, *Le statut de combattant dans les conflits armés non internationaux,* collection Cahiers du droit international, Bruylant, Bruxelles, 2015, 514 p.

[35]« L'applicabilité du droit international humanitaire... », op.cit., p. 74.

[36] H.P. Gasser, « Faire respecter les protocoles par les États », *Revue de la Croix-Rouge internationale,* Édition française, n° 827, 0ctobre 1997, pp. 567-575.

[37] À paraître, JDN Atemengue, « Civiliser la barbarie : la langue du droit international humanitaire ».

[38] Telle est la définition conventionnelle des groupes armés non étatiques fournie par l'article 1er du protocole additionnel II.

par ailleurs, déjà démasquée[39]. Les principaux leaders politiques ont déjà été appréhendés et remis à la justice (militaire) camerounaise[40]. Le procès afférent à cette incrimination des chefs rebelles est en cours[41]. Mais, si l'identification d'un commandement responsable est constante, on ne saurait en dire autant de l'engagement des sécessionnistes « ambazoniens » à respecter et à appliquer le droit international humanitaire dans l'engagement guerrier de leurs troupes.

À la vérité et en général, les acteurs non étatiques (ANE) que sont notamment les groupes armés rebelles posent problème en ce qui concerne *le respect et l'application du droit international humanitaire*, en dépit de ce que leur rôle à cet égard est incontournable dans les conflits armés[42]. Les rebelles « ambazoniens » du NOSO ne font pas exception à ce constat. Il en va ainsi parce que les ANE armés ne sont pas et ne sauraient évidemment être conviés à l'adoption et à la ratification des instruments juridiques du droit international humanitaire. Pour cette raison, ces parties au conflit armé ne s'estiment pas liées par les prescriptions du droit international humanitaire, surtout que leur projet dans le conflit armé est éminemment politique, en l'occurrence, la sécession d'avec la République du Cameroun afin d'établir leur État à eux : la *« République d'Ambazonie ».* Mais le consentement des groupes rebelles « ambazoniens » à être liés par le droit international humanitaire est-il nécessaire ? Si on répondait par l'affirmative, cela reviendrait à faire obstacle à l'indispensable répression des infractions graves au droit international humanitaire dont ils se rendraient coupables. En fait, la réponse à la question ci-dessus posée doit être négative, car toutes les parties à un conflit armé sont liées aux normes de la répression des infractions au droit international humanitaire[43], en raison de leur nature *jus*

---

[39] Sur ce thème, v. A. Blin, *11 septembre 2011, la terreur démasquée,* La Cavalier bleu, Paris, 2006.

[40] Il s'agit de M. Sisiku Ayuk Tabe, le président de la République imaginaire d'Ambazonie et de neuf de ses principaux collaborateurs que sont MM. : Nfor Ngala Nfor, Tassang Wilfried Fombang, Henry Kimeng, Cornelius Njikimbi Kwanga, Fidelis Che, Che Augustine Awasum, Egbe Ogork, Eyambe Elias et Shufai Blaise Sevidzem. À ces personnes, il convient d'ajouter 35 autres dont la liste n'est pas disponible, selon le président de la Commission des droits de l'homme et des libertés, et qui compléteraient la liste du « gouvernement » séparatiste.

[41] Il faut dire que rendu à ce jour (juin 2019), à sa sixième audience, le procès de Sisiku Ayuk Tabe et des neufs membres de son état-major est temporairement bloqué au niveau de la nationalité des prévenus. Ces derniers refusent en effet de reconnaître qu'ils sont de nationalité camerounaise, alors qu'ils le sont bien tant en droit que dans les faits…

[42] V. M. Veuthey, « Le rôle des acteurs non étatiques dans le respect du droit international humanitaire », *Annuaire français des relations internationales,* vol. X, 2009, p. 22 et s.

[43] Les acteurs non étatiques armés ou groupes rebelles sont liés par le droit international humanitaire sur la base initiale de l'article 3 commun aux quatre conventions de Genève et par la suite, sur le fondement du PA II du 8 juin 1977, sans oublier, bien entendu, le droit coutumier des conflits armés.

cogens. En raison également de ce que ces normes ont un caractère coutumier.

2. L'extension spatio-temporelle du conflit

Le conflit dans le NOSO a une assise territoriale indéniable, en même temps qu'il dure déjà dans le temps.

a. L'extension du conflit dans l'espace

La qualification juridique du conflit dans le NOSO prend également en compte l'espace territorial de déclenchement et de propagation des violences armées susceptibles d'être saisies par le droit international humanitaire. C'est le critère territorial de définition du conflit armé non international. La récurrence et la répétition des attaques armées des séparatistes anglophones permettent de penser que les organisations rebelles contrôlent une partie, fût-elle congrue, du territoire du NOSO. Il convient tout de suite de préciser que ces parties du territoire contrôlées par les sécessionnistes sont situées dans la brousse. Il est constant que les groupes rebelles y sont effectivement basés, et s'appuient sur cette rampe territoriale pour lancer leurs attaques contre les troupes gouvernementales, notamment.

b. L'extension du conflit dans le temps

Déclenchées en 2017, les hostilités entre les groupes armés sécessionnistes et l'État camerounais se poursuivent depuis lors, mais, il faut le préciser, de manière discontinue, une discontinuité qui ne vient cependant pas nier la réalité du conflit armé. En effet, du point de vue de la durée, le conflit armé dans le NOSO est réel. Depuis son déclenchement en 2017 en effet, le conflit armé n'a pas cessé. Il est vrai qu'il se caractérise par une certaine discontinuité temporelle, mais, c'est le propre de tous les conflits armés, même les plus étendus dans l'espace. Dans tous les conflits qu'a connus le monde, il y a toujours eu des pauses plus ou moins longues. Nous voulons dire par là que la discontinuité temporelle du conflit armé au NOSO ne saurait faire obstacle à l'applicabilité du droit international humanitaire à son égard. Sous ce rapport, il serait peut-être déjà temps d'unifier les règles essentielles du droit international humanitaire, tant il est constant que s'agissant des conflits armés internationaux, ceux-là qui opposent des États, ils existent dès le premier coup de feu, sans considération de durée dans le temps des combats, même si l'état de guerre n'est pas déclaré entre les États belligérants[44]. Si alors il s'agit d'encadrer la barbarie de la guerre, pourquoi ce qui serait valable et légitime dans un conflit armé interétatique, ne le serait-il plus dans un conflit armé non étatique ? Cette observation sur le critère temps pourrait être étendue au critère relatif à l'intensité.

---

[44] Art. 1 commun aux conventions de Genève du 12 août 1949.

3. L'intensité du conflit

Il est manifestement difficile de définir concrètement le seuil d'intensité à partir duquel on pourrait conclure à l'existence d'un conflit armé, toute chose qui impliquerait l'applicabilité du droit international humanitaire. La difficulté s'agrandit encore dès l'instant que les États considèrent que la définition de ce seuil doit être à leur discrétion. En tout état de cause, le seuil envisagé n'étant défini et précisé par aucun texte, il y a toujours forcément un fort élément de subjectivité dans la détermination du seuil d'intensité ou de gravité à partir duquel le droit international humanitaire serait applicable.

En réalité, la question du seuil est globale : à partir de quel seuil du point de vue de la territorialité, de l'intensité et de la durée une situation de conflit armé comme celle en cours au NOSO peut-elle être qualifiée de conflit armé non international ? Les normes conventionnelles étant muettes à ce sujet, la réponse à cette question lancinante ne peut qu'être marquée au fer de la subjectivité. C'est cette subjectivité génératrice d'incertitude quant au droit applicable que le juge s'attèle à lever.

B. L'ancrage jurisprudentiel de l'applicabilité

S'il est vrai que les critères des CANI restent indéfinis, ils n'en sont pas moins légaux, c'est-à-dire conventionnellement consacrés. C'est sur leur fondement que le juge, chargé dans toute organisation globale de dire le droit, doit s'appuyer pour établir l'existence d'un conflit armé. Le juge national et le juge international ne se sont pas dérobés face à cette mission.

1. Le juge interne et l'applicabilité du droit international humanitaire

Appelé à se prononcer sur des questions d'asile et d'immigration, le juge britannique avait ordonné l'octroi de la « protection subsidiaire » à un ressortissant irakien d'origine kurde qui fuyait son pays à cause de la guerre qui s'y déroulait. La question se posait notamment de savoir s'il y avait en Irak, en 2006, une situation de conflit armé justifiant l'octroi de cette protection[45]. Pour le juge (britannique) de premier degré, il n'y avait pas de conflit armé dans la mesure où le Gouvernement britannique s'était abstenu de faire cette qualification. Ce fut donc l'occasion pour ce juge de valider la qualification subjective des situations de violence en la faisant dépendre de la seule volonté de l'État et, plus largement, des parties au conflit armé. Fort heureusement, le juge d'appel rejeta ce raisonnement en affirmant qu'il s'agissait d'une « *matter to be judicially determined by applying legal criteria to the factual situation in that country* » [and not] « *a matter settled by the assumed fact that the United Kingdom government has not accepted*

[45] Asylum and Immigration Tribunal, 28 january-1st february, 2008.

Iraq is in such a state"[46]. Il est donc clair, pour le juge britannique d'appel, que l'inexistence ou l'imprécision des définitions conventionnelles ne doit pas faire obstacle à la qualification juridique des situations de violence comme conflits armés. Elle ne doit pas non plus, c'est le corollaire de ce qui précède, ouvrir la voie à une abstention ou à une qualification erronée de la part de l'État, partie ou non au conflit armé concerné. Pour le juge de céans, il s'agit d'interpréter le plus objectivement possible une notion juridique en ayant en permanence présent à l'esprit que le silence des textes sur son sens n'implique pas l'impossibilité de la définir[47]. Par ailleurs, il n'appartient pas à l'État d'imposer une qualification « administrative » de la situation de violence concernée ou du statut d'un combattant ennemi. Il est ainsi exprimé la quintessence de la position du juge américain dans le cadre de l'affaire des prisonniers de Guantanamo. S'appuyant sur l'article 4 (3) de la Convention de Genève du 12 août 1949 relative aux prisonniers de guerre (CG3), le juge américain avait en effet estimé qu'en cas de doute sur le statut d'un combattant, il n'appartient pas à une partie au conflit d'en disposer[48]. Il en va de même de la qualification juridique d'une situation de violence : la décision ultime sur ce point appartient à un tribunal et certainement pas à l'exécutif, tant il est constant que dans tout ordre juridique configuré « État de droit constitutionnel », seul le juge dit le droit, le « bon droit ». Il est par conséquent imaginable que, dans le cadre des procès en cours relativement à la crise du NOSO, le juge camerounais dira, on l'espère en tout cas, le « bon droit » s'agissant de la qualification de la situation de violence qui implique les forces armées gouvernementales et les groupes rebelles armés depuis l'année 2017. Le souhait est également qu'il n'ait pas de réticence politique ou idéologique à « l'applicabilité du droit international humanitaire aux groupes armés organisés »[49] de « l'Ambazonie ». En attendant, il est déjà loisible d'apprécier cette question à l'aune de ce qu'a établi la jurisprudence internationale dans des situations de violence similaires.

[46] Idem.

[47] Ibid., § 56.

[48] Sur la qualification juridique des conflits en lien avec l'affaire des prisonniers de Guantanamo, voir C. Jacquot, *Le statut des détenus de Guantanamo capturés en Afghanistan au regard du droit international humanitaire et du droit international des droits de l'homme : quelle protection dans le cadre de la « guerre contre le terrorisme » ?*, Mémoire, Université de Genève, 2011, 80 p. Disponible sur : http://www.memoireonline.com/08/09/2652/La-lutte-contre-le-terrorisme-en-droit-international.html. Lire également M. Rambaud, *Le droit international humanitaire face au terrorisme : les prisonniers de Guantanamo*, Mémoire, Université Lumière Lyon-2, IEP, juin 2007, 82 p.

[49] Jann. K. Kleffner, « L'applicabilité du droit international humanitaire aux groupes armés organisés », *Revue Internationale de la Croix-Rouge*, vol. 93, sélection française 2011/2, pp. 141-161.

2. Le juge international et la qualification des conflits comme CANI

Au-delà de la qualification, l'idée première qu'il faut retenir de l'implication du juge international dans le processus des CANI est celle de la lutte contre l'impunité et, donc, la précision de l'applicabilité du droit international humanitaire et, par voie de corollaire, le renforcement de l'application de ce droit. C'est ayant cette exigence à l'esprit que le TPIY a pu juger qu'« *un conflit armé existe chaque fois qu'il y a recours à la force armée entre États ou un conflit prolongé entre les autorités gouvernementales et des groupes armés organisés ou entre de tels groupes au sein d'un État. Le droit international humanitaire s'applique dès l'ouverture de ces conflits armés et s'étend au-delà de la cessation des hostilités jusqu'à la conclusion générale de la paix ; ou, dans le cas de conflits internes, jusqu'à ce qu'un règlement pacifique soit atteint. Jusqu'alors, le droit international humanitaire continue de s'appliquer sur l'ensemble du territoire des États belligérants ou, dans le cas de conflits internes, sur l'ensemble du territoire sous le contrôle d'une Partie, que des combats effectifs s'y déroulent ou non* »[50]. Cette « nouvelle » conception du critère de la durée est reprise par le statut de la CPI[51] et concrétisée par sa jurisprudence[52]. Par ailleurs, le statut de la CPI ne retient plus le critère territorial, même si, dans sa jurisprudence, le juge pénal universel considère que ce critère est un critère clé pour déterminer si un groupe armé a la capacité de mener des opérations militaires pendant une période prolongée[53].

En transposant cette solution à la crise au NOSO, on voit clairement qu'il s'agit d'un conflit armé non international, dès l'instant que c'est le caractère *prolongé* et non pas *continu* du conflit qui est retenu par le juge pénal international. Reconduite dans d'autres contextes de crise armée, tant en Afrique[54] qu'ailleurs[55], c'est une solution frappée au sceau de l'esprit et de la finalité profonde du droit international humanitaire.

Conclusion

La crise au Cameroun anglophone révèle toute la complexité des situations de violence à l'intérieur d'un État, surtout quand cet État est en contradiction ethno-culturelle avec lui-même. Contradiction nourrie par une histoire politique partagée, mais pas toujours réciproquement consentie. Quand alors surgissent les tensions, celles-ci dérapent assez vite dans des affrontements dont le cadrage juridique est toujours malaisé à cerner. Or, la

---

[50] TPIY, Le Procureur c. Tadic, § 70.
[51] Art. 8, par. 2, f.
[52] CPI, aff. ICC-01/05-01/08-424-tFRA, *Bemba*, 15 juin 2009, §§ 235, 248-255.
[53] CPI, aff. ICC-02/05-01/09, *Al Bashir*, 4 mars 2009, § 60.
[54] CPI, aff. ICC-01/4-01/07, *G. Katanga*, 5 novembre 2007, § 28.
[55] TPIY, aff. IT-95-14-2-A, *Kordic et Cerkez*, 17 décembre 2004, § 341.

violence est une manifestation de la volonté des hommes et, comme telle, elle doit être encadrée par le droit. La crise au NOSO, par ses visages multiples et divers, appelle, entre autres, l'entrée en scène du droit des conflits armés. Une entrée particulière qui n'est pas toujours respectueuse des cadres classiques fixés en ce qui concerne les conflits armés non internationaux, mais une entrée certaine. L'applicabilité du droit international humanitaire à la crise anglophone est en dernière analyse, singulière, en ce qu'elle impose, avec d'autres conflits de type guerre civile, à repenser le cadre juridique des conflits armés, dans la perspective de l'uniformisation ou, à tout le moins, de l'harmonisation dans les temps qui viennent, de deux droits, celui des conflits armés internationaux et celui des conflits armés non internationaux. Il serait en effet légitime et logique que « les victimes des conflits armés internationaux et des conflits armés non internationaux bénéficient des mêmes règles protectrices »[56]. C'est même, à notre avis, un impératif catégorique si les humains veulent véritablement limiter en l'atténuant la barbarie qu'est la guerre. Cela semble inéluctable, surtout que l'idée kantienne de « paix perpétuelle » est et sera toujours, hélas, une utopie humaine ; que la violence domine et sera toujours l'un des moteurs essentiels de l'Histoire.

Bibliographie sélective

CAYLA (O.), « La qualification en droit », *Droits,* 1993.

CARSWELL (A.J.), « Classification des conflits : le dilemme du soldat », *Revue internationale de la Croix-Rouge*, 2009.

GRIGNON (J.), « Les difficultés entourant la qualification d'une situation de conflit armé non international en droit international humanitaire », *Bulletin* n° 59.

OLINGA (A.D.), « L'applicabilité du droit international humanitaire à la lutte contre le terrorisme. Plaidoyer pour une approche réaliste et pragmatique », *Honneur et Fidélité-Le magazine des forces de défense camerounaises,* 2016.

RONA (G.), « Quand une guerre n'est pas une guerre ? », *CICR, Le droit des conflits armés et la guerre contre le terrorisme*, mars 2004.

SASSOLI (M), BOUVIER (A.), QUENTIN (A.), *Un droit dans la guerre ?*, vol. 1, seconde édition, 2012.

BLIN (A.), « 11 Septembre 2011, la terreur démasquée », Paris, 2006.

KLEFFNER (J.K.), « L'applicabilité du droit international humanitaire aux groupes armés organisés », *Revue Internationale de la Croix-Rouge,* 2011/2.

[56] M. Sassoli, A. A. Bouvier, A. Quentin, *Un droit dans la guerre ?*, op. cit., p. 385.

LA PERTINENCE DU DROIT PÉNAL INTERNATIONAL AU REGARD DES ACTES DE TERRORISME COMMIS DANS LE CADRE DE LA « CRISE ANGLOPHONE »

Marthe ASSIRA EYANGO
Chargée de cours
Institut des Relations Internationales du Cameroun (IRIC)

Introduction

La crise dite « anglophone » s'est déclenchée le 11 octobre 2016 à travers un mouvement de contestation des avocats anglophones exerçant dans le Nord-Ouest et le Sud-Ouest du Cameroun. Les juristes de ces deux régions déploraient la faible part faite au droit anglais dans le système judiciaire camerounais. Très vite, cette crise s'est transformée en une revendication de corporations variées (enseignants, etc.), avant de devenir une revendication de fédéralisme, ensuite de sécession par des activistes anglophones qui dénoncent la marginalisation dont les populations des zones anglophones feraient l'objet.

Très vite la crise a viré au terrorisme avec des enlèvements et des atteintes à la vie.

Les manifestations de cette crise sont multiples : explosions de bombes, intimidations des populations locales[1], enlèvements de certaines personnalités et publication des vidéos mettant en scène les otages, vidéos scandaleuses dignes des sulfureuses vidéos d'Al Qaida ou de Daesh[2], assassinats des autorités, enlèvements d'élèves[3], incendie criminel d'un hôpital à Kumba, incendies criminels d'habitations, attaques répétées du convoi des gouverneurs de région, violations graves des droits de l'homme.

---

[1] Interdiction faite aux populations d'envoyer les enfants à l'école, interdiction de toute activité tous les lundis.

[2] Vidéo montrant un éminent universitaire, dévêtu et assis à même le sol.

[3] Le 4 novembre 2018, 81 personnes dont 79 élèves ont été enlevées sur le campus du collège presbytérien de Nkwen dans la ville de Bamenda.

En septembre 2017, la ville de Bamenda, chef-lieu de la région du Nord-Ouest, a connu une série d'explosions. Ainsi, le 21 septembre 2017, une bombe a été activée au passage d'une patrouille de police au lieu dit « Hospital Round About ». La bombe a été déclenchée par un dispositif électrique actionné à partir d'un téléphone portable et de deux détonateurs. L'explosion a fait trois blessés parmi les forces de police[4].

Dans une communication de crise organisée le même jour, le porte-parole du Gouvernement, le ministre camerounais de la Communication déclare : « *En l'espace de deux semaines, des terroristes qui se réclament de la faction armée des mouvements sécessionnistes des régions du Sud-Ouest et du Nord-Ouest ayant largement et densément prémédité leurs actions depuis le 5 septembre à partir des sites internet logés à l'étranger ont décidé de mettre leurs menaces à exécution* »[5]. Cette déclaration du porte-parole du gouvernement camerounais démontre à suffisance la détermination des activistes anglophones à faire entendre leurs revendications par la voie de la terreur.

Quelques jours auparavant, c'est-à-dire le 11 septembre 2017, un engin explosif avait été activé dans la même ville de Bamenda avec pour objectif d'atteindre une patrouille de la gendarmerie nationale au lieu dit « Mobil Nkwen ». Le 16 septembre, un cocktail Molotov a été dirigé contre un dortoir du collège Sacré Cœur de Mankon à Bamenda par deux terroristes avec pour intention de brûler des enfants innocents.[6]

Les commanditaires de ces actes sont bien identifiés et logés dans des pays étrangers connus.

L'une des conséquences majeures des progrès technologiques est la transformation du globe terrestre en un village planétaire. Cet essor technologique a ainsi engendré la poussée des organisations criminelles transnationales.

L'objectif de toute société organisée est la protection des citoyens et le maintien de l'ordre public. Il s'agit alors de mener des enquêtes, d'engager des poursuites criminelles et d'assurer la répression du crime. Or, la poursuite de cet objectif ne saurait se confiner à l'intérieur des frontières nationales. C'est dire que, de plus en plus, la coopération internationale est un élément indispensable à toute enquête ou poursuite criminelle, y compris dans le cadre de la crise anglophone.

Le droit pénal international, fruit de la coopération internationale, est un ensemble de règles internationales destinées à proscrire et punir les crimes

---

[4] https : Cameroun.info.net consulté le 13 juin 2019.

[5] Issa Bakary Tchiroma, ministre camerounais de la Communication à l'époque des faits.

[6] https :www.bbc.com consulté le 17 décembre 2018

internationaux ; il impose par ailleurs aux États l'obligation de poursuivre et de punir ces crimes[7].

Les actes terroristes commis dans le cadre de la crise anglophone étant présumément commandités à partir des sites logés à l'étranger, la question de la pertinence du droit pénal international se pose alors avec acuité. En effet, l'un des obstacles majeurs auxquels sont toujours confrontés les acteurs de la répression de la criminalité transfrontalière est la souveraineté, principe de base des relations entre les États. Même si ce principe de la souveraineté a eu tendance à s'étioler au contact du droit d'ingérence ou du droit humanitaire, le droit pénal est resté l'un des domaines dans lesquels l'État est particulièrement arc-bouté sur sa souveraineté, car, axée sur la défense de l'ordre public et des intérêts nationaux. La souveraineté pénale est le lien qui unit la souveraineté et le *jus puniendi*[8] depuis la naissance de l'Etat moderne. L'exercice de cette souveraineté va malheureusement constituer pour ces entités criminelles transfrontalières un outil précieux, un bouclier leur permettant de se soustraire à toute procédure d'enquête ou de poursuite. Il est donc clair que le droit pénal international est à l'épreuve de la souveraineté des États. En effet, le droit international qui est d'origine contractuelle se présente sous une rationalité incompatible avec celle qui préside nécessairement aux mécanismes de la répression pénale ; aussi, de toutes les relations sociales, la relation pénale entre une société donnée et un coupable à l'égard duquel s'exerce une répression exclut par nature l'élément contractuel. À la différence de la loi qui est l'expression de la puissance publique,[9] la norme internationale n'est pas construite par un législateur, car elle est négociée par voie d'accord, elle ne s'impose donc pas à tous. Il en découle alors le caractère illimité du contenu même de la souveraineté[10]. C'est cette souveraineté qui explique la difficile incorporation des normes pénales internationales dans la répression des crimes commis dans le cadre de la crise anglophone d'une part, et une timide coopération judiciaire d'autre part. On pourrait donc affirmer sans hésitation que le droit pénal international est rudement mis à l'épreuve de la souveraineté pénale dans le cadre de la crise anglophone (I). Toutefois, la lutte efficace contre l'impunité dans le cadre de la crise anglophone est tributaire du succès des procédures d'extradition et d'entraide judiciaire qui permettront d'appréhender les terroristes disséminés dans certains pays du monde. Par ailleurs, il serait judicieux de mettre sur pied des mécanismes

---

[7] Résolution 1373 du conseil de sécurité des Nations Unies, Convention internationale contre la criminalité transnationale organisée

[8] C'est le droit de punir qui est, historiquement, l'expression de l'autorité du souverain à l'égard de sa population et de son territoire.

[9] On ne peut pas s'y dérober, on ne négocie pas avec elle.

[10] M. Chemillier-Gendreau « Tentatives et limites d'une justice pénale internationales » in www.revues-plurielles.org

internationaux spéciaux permettant à tous les criminels de bénéficier d'un procès équitable. Seule une limitation de la souveraineté pénale permettra d'atteindre cet objectif (II).

I. Le droit pénal international à l'épreuve de la souveraineté pénale

En l'absence d'une définition universelle du terrorisme, les États ont décidé d'exclure le terrorisme de la compétence de la Cour pénale internationale. En effet, les États perçoivent différemment la menace terroriste et, de ce fait, chaque État a sa définition du terrorisme et seules les juridictions nationales sont compétentes pour connaître de ce crime. Il devient alors difficile de transposer les normes internationales dans la répression des actes de terrorisme. S'agissant des mécanismes de coopération judiciaire pénale, la disparité des systèmes juridiques des Etats rend difficile leur mise en œuvre.

A. La difficile incorporation des normes internationales dans la répression des crimes

La loi du 23 décembre 2014[11] portant répression des actes de terrorisme au Cameroun définit le terrorisme, indique la législation applicable en la matière et désigne le tribunal compétent à savoir le tribunal militaire.

L'alinéa 3 de l'article 1 de cette loi énonce que toutes les infractions qui rentrent dans l'activité terroriste relèvent de la compétence exclusive des juridictions militaires. Elle prévoit aussi des sanctions qui vont de la peine d'emprisonnement ferme à la peine de mort.

Cette loi, très fortement critiquée pour son caractère extrêmement répressif et liberticide, comporte de nombreuses entorses aux normes internationales relatives au respect des droits de l'homme.

Se référant de façon très timide au droit international[12], la loi du 23 décembre 2014 restreint, d'après l'organisation non gouvernementale Amnesty International, les droits fondamentaux protégés par la Constitution du Cameroun et le droit international relatif aux droits humains[13].

À l'analyse de cette loi antiterroriste, on peut dégager trois points essentiels qui sont en décalage avec les normes internationales :

---

[11] *Loi n° 2014/028 du 23 décembre 2014 portant répression des actes de terrorisme.*

[12] La loi cite uniquement la résolution 2178 du 24 septembre 2014 du Conseil de Sécurité des Nations Unies.

[13] « Atteintes aux droits humains et à la justice dans le cadre de la lutte contre Boko Haram au Cameroun » in *Amnesty International 2016.*

- Une liste très exhaustive d'actes rentrant dans le champ du terrorisme ;
- La compétence[14] exclusive des juridictions militaires ;
- La peine de mort encourue par les criminels.

S'agissant d'actes qualifiés de terroristes, la loi en donne une définition trop large qui pourrait être utilisée pour ériger en infraction des activités politiques, pacifiques et porter atteinte à la liberté d'association. En outre, la loi propose une définition excessivement large du critère d'intention et inclut des actes qui n'impliquent aucune violence. À titre d'illustration, la loi punit de la peine de mort tout acte visant à perturber le fonctionnement normal des services publics, la prestation de services essentiels aux populations ou de créer une situation de crise au sein des populations. Il convient de noter que cette loi a été votée en dépit des recommandations faites par le rapporteur spécial des Nations Unies sur la promotion et la protection des droits de l'homme et des libertés fondamentales dans la lutte contre le terrorisme.

En ce qui concerne la compétence exclusive des tribunaux militaires, elle est l'exemple flagrant de la violation des droits procéduraux des suspects. En effet, les directives et principes sur le droit à un procès équitable et à l'assistance judiciaire en Afrique, dans sa partie intitulée « Droit des civils à ne pas être jugés par un tribunal militaire », sont clairs et sans équivoques. Le texte dispose que les tribunaux militaires ont pour seul objet de connaître des infractions purement militaires commises par le personnel militaire. Dans le même ordre d'idées, il est précisé que les tribunaux militaires ne peuvent en aucune circonstance juger des civils. De même, les juridictions spéciales ne connaissent pas des infractions qui ressortissent de la compétence des tribunaux militaires. Par ailleurs, la partie R du texte, dans une articulation intitulée « clause non-dérogatoire », renchérit en énonçant qu'aucune circonstance, qu'il s'agisse d'une menace de guerre, d'un état de conflit armé international ou interne, d'instabilité politique interne ou de toute autre situation de danger public, ne peut être invoqué pour justifier des dérogations au droit à un procès équitable.

Enfin, la loi antiterroriste de 2014 prévoit la peine de mort pour toutes les personnes coupables de réaliser, d'assister ou de soutenir des actes de terrorisme[15]. Ici encore, on peut constater que cette loi ne prend pas en considération les normes internationales en matière de droits de l'homme. En effet, l'article 3 de la Déclaration universelle des droits de l'homme énonce que *« tout individu a droit à la vie, à la liberté et à la sûreté de la personne »*. Ce texte international concerne l'abolition de la peine de mort. À ce sujet, le Conseil des droits de l'homme des Nations Unies, lors de sa

[14]Article 2 alinéa 2 (b).

[15] C'est ce qui est prévu dans les articles 2 à 5.

réunion-débat biennale du 26 février 2019 de haut niveau, s'est penché sur les violations des droits de l'homme liées à l'application de la peine de mort. Didier Reynders[16], l'un des participants à cette réunion, a déclaré que la peine de mort était avant tout une violation grave du droit à la vie, un châtiment cruel et irréversible qui porte atteinte à la dignité humaine. Il termine son propos en indiquant qu' »*il faut tourner la page d'une justice qui tue* »[17]. Dans la même optique, le deuxième protocole facultatif se rapportant au Pacte international relatif aux droits civils et politiques, visant à abolir la peine de mort, adopté par l'Assemblée Générale des Nations Unies à New York le 15 décembre 1989, prévoit l'abolition définitive de la peine de mort.[18]

De ce qui précède, il ressort de façon évidente que la loi de 2014 n'a pas su greffer à son architecture les normes internationales relatives au procès équitable. Il ne pouvait pas en être autrement, car les lois antiterroristes, votées le plus souvent dans un contexte d'émotion, visent avant tout à punir très sévèrement pour que ce genre de crime ne se produise plus, pour la sauvegarde de l'ordre public. Il s'agit alors pour l'État d'exercer sa souveraineté pénale de façon exclusive, parfois au détriment des engagements internationaux auxquels il aura souvent souscrit.

De nombreuses personnes comparaissent actuellement devant le tribunal militaire de Yaoundé.

À ce sujet, dix mois après leur arrestation au Nigeria, Sisiku Ayuk Tabe, président de l'État imaginaire d'Ambazonie ainsi que quarante autres prévenus ont comparu le 6 novembre 2018 devant le tribunal militaire de Yaoundé. Lors de cette audience, onze chefs d'accusation retenus contre ces leaders sécessionnistes ont été dévoilés : apologie d'actes de terrorisme et de sécession, complicité d'acte de terrorisme, financement d'acte de terrorisme, révolution, insurrection, hostilité contre la patrie, bande armée, propagation de fausses nouvelles, atteinte à la sécurité intérieure et extérieure de l'État.

Bien avant, trois leaders de la crise anglophone ainsi que des manifestants, tous résidant au Cameroun et poursuivis pour terrorisme, avaient comparu devant la même juridiction au Cameroun.

Les mis en cause de la crise anglophone n'échappent donc pas à la sévérité de la loi du 23 décembre 2014, malgré le fait qu'elle est totalement en décalage avec les normes internationales qui garantissent un procès équitable à tout individu poursuivi dans le cadre d'une procédure criminelle.

---

[16]Premier ministre et ministre des Affaires étrangères et européennes de Belgique

[17]https. : //www.ohchr.org consulté le 24 juin 2019

[18]Bien que n'étant pas ratifié par le Cameroun, ce texte peut être considéré comme un consensus émergent concernant l'abolition de la peine de mort et une source de sédimentation d'une norme coutumière.

B. La difficile mise en œuvre des mécanismes de la coopération judiciaire internationale

Le principe de la souveraineté pénale et la différence de systèmes juridiques constituent à la fois une épée et un bouclier pour les criminels. La souveraineté, principe qui fonde les relations entre États, est également un outil dans l'arsenal de l'élément criminel. En effet, les criminels peuvent exploiter les différences entre systèmes de droit, le manque de coordination entre les fonctionnaires de pays différents et profiter du souci de souveraineté qui anime les États pour se protéger.

La coopération internationale est donc une arme indispensable pour toute enquête ou poursuite criminelle. Deux principaux mécanismes sont prévus à cet effet : l'extradition et l'entraide judiciaire.

L'extradition est un mécanisme juridique par lequel un État (État requis) livre une personne qui se trouve sur son territoire à un autre État (État requérant) qui la réclame aux fins de poursuites ou d'exécution d'une peine[19]. L'entraide judiciaire, quant à elle, est une procédure par laquelle les États sollicitent et fournissent une aide à la collecte des preuves destinées à être utilisées dans des affaires pénales[20]. Elle est un ensemble de mécanismes par lesquels les États reçoivent et fournissent de l'aide pour réunir des preuves dans le cadre d'enquêtes et procédures pénales.

Dans le cadre de la crise anglophone au Cameroun, on peut affirmer que la coopération judiciaire a été mise en œuvre de façon très timide.

En effet, les enquêtes semblent avoir établi que des actes terroristes posés dans le cadre de cette crise sont commandités et financés depuis l'étranger. Les commanditaires de ces actes sont souvent identifiés et localisés dans les pays de leur résidence, notamment le Nigéria, les USA et l'Angleterre.

Il est surprenant qu'une seule extradition ait eu lieu, celle de Sisiku Ayuk Tabe et ses lieutenants, renvoyés du Nigéria. Or, il est patent que les activités des rebelles séparatistes dans les régions du Nord-Ouest et du Sud-Ouest sont financées depuis l'étranger par des activistes formellement identifiés[21]. Aussi, un mandat d'arrêt international a-t-il été émis par la justice camerounaise en 2017 contre la plupart d'entre eux. Il s'agit essentiellement d'activistes basés à Londres. Tous ces criminels, logés en Europe et en Amérique, courent toujours.

---

[19] LA ROSA Anne Marie, *Dictionnaire de droit pénal international,* PUF, France, 1998, p. ? ;

[20] Office des Nations Unies contre la drogue et le crime, *Manuel sur l'entraide judiciaire et l'extradition,* New York, 2012 ;

[21] https://www.camer.be consulté le 23 février 2019.

La seule procédure d'extradition menée avec succès reste celle entreprise en coopération avec l'État du Nigéria. En effet, trois accords ont permis au Nigéria d'extrader les sécessionnistes vers le Cameroun :

- Le Traité du 6 février 1963 : Traité de coopération dans le domaine de l'échange d'informations signé à Yaoundé entre le Gouvernement de la Fédération du Nigéria et le Gouvernement de la République Fédérale du Cameroun. Il s'agit d'un document de quinze articles qui marque la volonté des gouvernements des deux pays de prendre des mesures pour que les délinquants et criminels réfugiés dans l'un des pays ne restent pas impunis.

- L'accord de coopération en matière judiciaire signé à Lagos le 27 mars 1972 : cet accord permet aux deux pays de procéder à l'échange de documents judiciaires, à la délivrance et à l'exécution des commissions rogatoires dans le domaine civil, commercial et pénal.

- Le protocole d'accord de coopération en matière de police signé à Lagos le 27 mars 1972 et ratifié par le Cameroun le 30 juin 1977 : ce protocole a été signé par les parties dans le but de se prêter mutuellement assistance pour l'arrestation des criminels dans leurs territoires respectifs.

S'il est évident que les terroristes présumés de la crise anglophone ne sont pas localisés uniquement au Nigéria, mais aussi dans d'autres pays connus et identifiés, en l'occurrence les USA et l'Angleterre, pour ne citer que ceux-là, qu'ils sont bien identifiés, qu'il existe des mécanismes de coopération judiciaire internationale, qu'il existe une convention internationale, à savoir la convention des Nations Unies contre la criminalité transnationale organisée, on pourrait se demander pourquoi ces individus courent toujours. Il est clair que la coopération judiciaire dans le cadre de la crise anglophone rencontre des difficultés dans sa mise en œuvre.

La Convention contre la criminalité transfrontalière organisée a été ratifiée par plus de cent soixante États. Cette convention peut être considérée comme un modèle pour la coopération internationale en matière d'extradition et d'entraide judiciaire. En effet, l'article 16 de cette Convention autorise les États parties qui subordonnent l'extradition à l'existence d'un traité à considérer la Convention comme base juridique de l'extradition dans leurs relations avec d'autres États parties. L'article 18 de la même Convention va plus loin en autorisant les États parties à s'accorder l'entraide judiciaire la plus large possible en ce qui concerne les infractions prévues par la Convention. Ainsi, plus de cent-soixante Etats sont parties à cette Convention contre la criminalité organisée[22] et sont désormais tenus à coopérer au niveau international selon les termes de la Convention.

---

[22]Le Cameroun a ratifié cette convention le 6 février 2006 ;

Dans le même ordre d'idées, la résolution 1373 du Conseil de sécurité des Nations Unies met à la charge de l'Etat sur le territoire duquel se trouve l'auteur présumé de l'infraction l'obligation de poursuivre ou d'extrader[23]. L'État de détention est tenu de prendre des mesures pour faire en sorte que ledit individu soit poursuivi soit par ses autorités propres, soit par celles d'un autre État qui, en demandant l'extradition, manifeste qu'il est disposé à engager des poursuites. Il s'agit alors de s'assurer qu'il n'existe pas d'asile de sécurité pour les terroristes.

Toutefois, même si les normes internationales obligent les États parties à coopérer, il est évident que pour exécuter effectivement une demande d'extradition ou d'entraide judiciaire, il faut analyser et prendre en compte la législation de l'État requérant et celle de l'État requis ; or, la différence entre les systèmes juridiques peut mettre à mal l'aboutissement de toute demande d'extradition et d'entraide judiciaire.

Plusieurs systèmes juridiques ont évolué au fil des siècles. Ces systèmes forment aujourd'hui la base de la loi dans tous les pays. De nos jours, on peut dégager deux principales traditions juridiques :

- La tradition de droit romain qui se fonde sur la codification des lois ; ce qui donne aux citoyens une indication claire de ce que la loi prévoit. C'est le système juridique le plus répandu dans le monde.

- La tradition de *Common Law* : elle se fonde sur la loi issue de la jurisprudence ; ce qui signifie que les tribunaux font la loi. La *Common Law* est née en Angleterre et est la tradition juridique suivie dans les pays de l'ancien Empire britannique, membres du Commonwealth.

Le Cameroun de par la colonisation a hérité à la fois du système français de droit romain et de la *Common Law* d'inspiration anglaise. Cependant, en 1972, au lendemain de la réunification du Cameroun, le législateur, pour mettre en harmonie l'unité politique et l'unité juridique, a entrepris la suppression de ce dualisme juridique par l'imposition du système romain d'origine française. Même si les intentions du législateur camerounais n'ont pas été clairement affichées à cet effet, on peut facilement les déduire des lieux d'inscription des règles de droit contenues dans la Constitution. On peut alors affirmer que le Cameroun a adopté un système avec une dominante romano-germanique.

Les différences de procédure entre la tradition de droit romain et la tradition de *Common Law* revêtent une importance particulière dans les procédures d'entraide judiciaire et d'extradition. En effet, le droit romain se

---

[23]Cette résolution a été adoptée peu après les attentats du 11 septembre 2001 ; elle ne se contente pas de condamner les actes terroristes ; elle traite le terrorisme comme un phénomène général et établit le cadre d'une coopération internationale antiterroriste renforcée.

fonde sur la codification des lois tandis que le *Common Law* se fonde sur la loi faite par les juges. Aussi, les procédures pénales diffèrent-elles selon les traditions, et c'est cette différence de procédures qui pose le plus grand problème aux praticiens de la coopération judiciaire internationale[24].

Du point de vue procédural, la tradition du droit romain part du principe que le juge participe à l'enquête et, de ce fait, il prend en considération tous les éléments de preuve qui lui sont présentés, les analyse et décide de l'importance de leur pertinence. Ici, le procès est orienté vers la recherche de la vérité et ne constitue en aucun cas une compétition entre les parties. En revanche, le système accusatoire qu'on retrouve dans la tradition du *Common Law* suppose que la vérité naîtra d'une concurrence ouverte entre les parties pour savoir qui détient les faits exacts. L'une des spécificités de la procédure judiciaire dans la tradition du *Common Law* est l'assujettissement de toutes les informations destinées au tribunal à des règles de procédure et de preuve ; ici, les preuves ne sont admises qu'après que le juge a statué sur leur recevabilité. La différence de procédure judiciaire entre le système de *Common Law* et le système de droit romain est encore plus évidente en ce qui concerne la personne chargée de recueillir les preuves : un magistrat dans la tradition de droit romain et un enquêteur dans la tradition de *Common Law*. Par ailleurs, si aucune règle de preuve n'est prescrite dans la tradition de droit romain, de nombreuses règles s'appliquent à toutes les étapes de l'enquête dans la tradition juridique du *Common Law*. De ce qui précède, il résulte que, face à une procédure d'entraide judiciaire ou d'extradition impliquant deux États de tradition juridique différente, les praticiens de la coopération judiciaire sont confrontés à des défis majeurs dans la mesure où les éléments de preuve recueillis dans une tradition doivent être rassemblés et présentés à un juge d'une autre tradition juridique afin que ce dernier puisse appliquer ses propres règles de preuve et de procédure.

Aussi, pour une coopération judiciaire efficace, les praticiens du droit doivent-ils maîtriser les différences de tradition juridique[25]. Or, dans la réalité, les juristes et les magistrats ont le plus souvent étudié le droit de leur pays et l'ont pratiqué par la suite sans se soucier des traditions juridiques d'autres pays. Très souvent, les praticiens du droit ont été formés à l'une des grandes traditions juridiques qui prévalent dans le monde, ceci vaut particulièrement pour le droit pénal dans lequel la quasi-totalité des affaires

---

[24]Le rapport 2004 du groupe de travail officieux d'experts sur les meilleures pratiques d'entraide judiciaire en matière d'extradition a admis que si la nécessité d'entrer dans une nouvelle ère de coopération et de souplesse ne fait aucun doute, sa mise en œuvre demeure difficile.

[25]Le succès de toute procédure d'entraide judiciaire et d'extradition est tributaire du désir de comprendre le système juridique d'un autre pays et de transmettre la connaissance de son propre système à d'autres.

relève des points de vue procédural et factuel d'un seul pays. Ce déficit de connaissances met souvent à mal l'aboutissement de nombreuses procédures d'entraide judiciaire et d'extradition. En outre, les praticiens du droit national ont tendance à adopter la posture de garant des lois de leur pays. Aussi voient-ils en des systèmes juridiques inconnus quelque chose d'inaccessible susceptible de diluer les lois destinées à régir et à protéger les citoyens. Le souci de faire respecter la loi peut conduire parfois à être inflexible dans son application et ce jamais autant que lorsque des membres d'une tradition juridique demandent à ceux d'une autre tradition d'adopter leur façon de faire à des fins de coopération.

Si la différence de traditions juridiques est l'un des obstacles majeurs de la mise en œuvre de la coopération judiciaire, il n'en demeure pas moins vrai que les mécanismes de cette coopération portent en eux-mêmes les germes des difficultés de leur mise en œuvre.

S'agissant de l'extradition, pour qu'elle soit accordée, la demande d'extradition doit remplir certaines conditions de fond et de forme ; elle doit aussi suivre une procédure déterminée pour être valable.

L'une des conditions exigées est la double incrimination. Cette exigence a une double portée : elle signifie tout d'abord que l'infraction pour laquelle l'extradition est demandée doit exister aussi bien dans l'ordre législatif de l'État requis que dans celui de l'État requérant. Elle signifie aussi que cette infraction doit avoir un certain degré de gravité pour justifier l'extradition. Cette exigence est critiquable dans la mesure où des difficultés peuvent apparaître dans la mise en œuvre du principe de la double incrimination. En effet, il peut arriver que l'infraction pour laquelle l'extradition est demandée n'existe pas dans l'État requis ou alors existe sous une autre qualification. Face à cette difficulté, certaines autorités de l'État requis rejettent purement et simplement la demande d'extradition.

Par ailleurs, l'extradition doit suivre une certaine procédure qu'on peut qualifier de complexe. Cette procédure ne donne pas de précision en ce qui concerne l'instance judiciaire compétente, elle n'indique par ailleurs aucun délai contraignant. Ceci complique davantage l'aboutissement de toute procédure d'extradition.

La difficile mise en œuvre des mécanismes de la coopération internationale constitue un véritable bouclier pour les criminels, commanditaires d'actes terroristes commis dans le cadre de la crise anglophone au Cameroun. Ces terroristes, bien identifiés, résidents dans plusieurs pays étrangers courent toujours, leur extradition étant quasiment impossible.

Si l'objectif du droit pénal en général et du droit international pénal en particulier est de combattre l'impunité, il est regrettable qu'on ne puisse appréhender tous les criminels de la crise anglophone. À l'heure actuelle, seuls les criminels séparatistes de la crise anglophone sont jugés devant le tribunal militaire de Yaoundé ; or, il ressort du rapport 2017/2018 de l'ONG Amnesty international que les forces de sécurité ont commis des homicides, des actes de barbarie[26]. On est donc en droit de s'interroger sur le sort réservé à ces autres criminels. De ce qui précède, il est évident que plusieurs criminels dans le cadre de la crise anglophone ne sont pas inquiétés soit parce qu'ils vivent à l'étranger, soit parce qu'ils appartiennent aux forces de sécurité camerounaises.

Le droit pénal international offre une panoplie d'instruments de coopération permettant d'appréhender les criminels résidant hors du territoire camerounais. Il suffit simplement de renforcer les mécanismes de coopération judiciaire pour que ces terroristes puissent répondre de leurs actes. En outre, la compétence exclusive des tribunaux camerounais ne garantit pas forcément la poursuite de tous les criminels de la crise anglophone. Une mise en œuvre efficace de la coopération judiciaire internationale, un élargissement de la compétence de la Cour pénale internationale et la mise sur pied d'une juridiction hybride permettraient de lutter de façon plus efficace contre l'impunité dans le cadre de la crise anglophone ; toutes ces mesures appellent à une limitation de la souveraineté pénale.

II. Pour une limitation de la souveraineté pénale

La souveraineté pénale est l'un des obstacles à la mise en œuvre des mécanismes de la coopération internationale. Par ailleurs, la compétence exclusive des juridictions nationales, corollaire de la souveraineté pénale, ne garantit pas forcément l'impartialité dans le traitement des criminels de la crise anglophone.

Ainsi, le renforcement de la coopération judiciaire et la mise sur pied de mécanismes spéciaux en vue de l'établissement des responsabilités de tous les criminels de la crise anglophone semblent nécessaires.

A. Le renforcement de la coopération judiciaire

La nécessité d'un renforcement de la coopération judiciaire ne fait aucun doute dans la lutte contre l'impunité dans le cadre de la crise anglophone au Cameroun. Ce renforcement de la coopération est tributaire, entre autres, de la maîtrise des différents systèmes juridiques par les acteurs de la coopération judiciaire, de la souplesse dans l'application des règles de procédure d'extradition et d'entraide judiciaire, et du respect du droit international.

---

[26]https://.amnesty.org Cameroon consulté le 29 juin 2019

Pour coopérer de façon efficace, les praticiens du droit doivent avoir une bonne connaissance et une meilleure maîtrise des différents systèmes juridiques. Il est impératif que tous les acteurs de la coopération judiciaire gardent à l'esprit le fait que, si les traditions et systèmes juridiques peuvent varier dans leur approche, ils sont tous mis en place pour déterminer la culpabilité ou l'innocence de l'accusé. Cette communauté d'objectifs devrait servir de base pour une coopération judiciaire efficace. Aussi, les acteurs de la coopération judiciaire doivent-ils faire preuve d'une grande souplesse dans l'application de la législation relative à l'extradition et l'entraide judiciaire. Les États requis ont alors un rôle majeur à jouer dans ce processus, car, la souplesse dont ils feront preuve dans l'interprétation de leurs propres lois ainsi que leur capacité et leur volonté d'informer l'État requérant des prescriptions de fond et des procédures applicables dans leur propre pays auront un impact déterminant sur la réussite ou l'échec de toute demande d'extradition ou d'entraide judiciaire.

En outre, la Convention internationale contre la criminalité transnationale organisée devrait servir de base de la coopération internationale en matière d'extradition et d'entraide judiciaire. L'article16 de la Convention définit l'obligation d'extrader en prévoyant qu'une demande d'extradition doit être accordée sous réserve du critère de la double incrimination. L'obligation d'extrader s'applique aux infractions visées par la convention, aux infractions graves passibles d'une peine privative de liberté d'au moins quatre ans ou d'une peine plus sévère, et aux infractions visées par ses protocoles, à condition qu'elles soient de nature transnationale et impliquent un groupe criminel organisé. Dans le même ordre d'idées, le paragraphe 3 du même article prévoit que chacune des infractions auxquelles s'applique la convention est de plein droit incluse dans tout traité d'extradition en vigueur entre les États parties en tant qu'infraction dont l'auteur peut être extradé.

Par ailleurs, la convention prévoit qu'en l'absence d'un traité et si un État exige habituellement l'existence d'un traité pour extrader, la possibilité est donnée à cet État d'utiliser la Convention elle-même comme base légale de l'extradition.

Il est clair que l'esprit de la Convention contre la criminalité transnationale organisée est de s'assurer qu'il n'existe pas d'asile de sécurité pour les terroristes. C'est dans cette même logique que se situe la résolution 1373 du Conseil de sécurité des Nations Unies. Cette résolution, adoptée au lendemain des attentats du 11 septembre 2001, vise à combattre l'impunité des criminels. Elle pose le principe *aut dedere, aut judicare* ou obligation d'extrader ou de poursuivre. Ce principe traduit l'alternative « extrader ou poursuivre ». Ainsi, la simple présence d'une personne suspectée d'actes de terrorisme sur le territoire d'un État est une cause obligatoire d'établissement de la compétence, quels que soient la nationalité de l'auteur et le lieu de commission de l'infraction, dans la mesure où les autorités nationales décident de ne pas extrader l'auteur de l'infraction alléguée. L'obligation de poursuivre ou d'extrader est une règle contraignante à la charge de l'Etat sur le territoire duquel se trouve l'auteur présumé d'une infraction. L'État de détention est tenu de prendre des mesures visant à ce que ledit individu soit poursuivi soit par ses autorités propres, soit par celles d'un autre État qui, en demandant l'extradition, manifeste qu'il est disposé à engager des poursuites.

La Cour internationale de justice s'est prononcée sur la portée et l'application de la règle qui découle de l'obligation de poursuivre ou d'extrader[27]. La Cour a apporté des précisions sur les deux options de la règle inscrite à l'article 7 de la Convention contre la torture[28] en expliquant que l'une prenait le pas sur l'autre. Aussi, selon la Cour, si l'État sur le territoire duquel se trouve le suspect est saisi d'une demande d'extradition dans l'un des cas prévus par les dispositions de la Convention, il peut se libérer de son obligation de poursuivre en faisant droit à la demande d'extradition. Il en découle que le choix entre l'extradition et l'engagement des poursuites en vertu de la Convention ne revient pas à mettre les deux éléments de l'alternative sur le même plan. En effet, l'extradition est une option offerte par la Convention à l'État tandis que la poursuite est une obligation internationale prévue par la Convention dont la violation engage la responsabilité de l'État pour fait illicite.

De ce qui précède, on peut affirmer que certains Etats restent réticents à appliquer le droit international. Rien n'explique que de nombreux commanditaires de la crise anglophone, bien identifiés dans plusieurs pays européens et américains, courent toujours. Des procédures d'extradition initiées par le Gouvernement camerounais sont toujours en cours et risquent malheureusement de ne jamais aboutir. Il aurait simplement suffi que les États requis respectent simplement la Convention internationale contre la criminalité transnationale organisée ou alors qu'ils appliquent les termes de la résolution1373 qui les oblige à extrader tous les terroristes.

Aussi, une bonne partie de la doctrine estime que les principes du droit extraditionnel classique ne peuvent plus être maintenus dans un monde en

---

[27]C.I.J. *Questions concernant l'obligation de poursuivre ou d'extrader (Belgique C/ Sénégal)*, Arrêt du 20 juillet 2012, C.I.J., recueil 2012.

[28]La convention des Nations Unies contre la torture, adoptée le 10 décembre1984 est entrée en vigueur le 26 juin 1987. Elle prévoit dans son article 7 que l'État partie sur le territoire sous la juridiction duquel l'auteur présumé d'une infraction visée à l'article 4 est découvert, s'il n'extrade pas ce dernier, soumet l'affaire, dans les cas visés à l'article 5, à ses autorités compétentes pour l'exercice de l'action pénale.

profonde mutation où la solidarité internationale tend à se renforcer pour mieux combattre les nouvelles formes de criminalité internationale[29].

Un renforcement de la coopération judiciaire internationale est donc indispensable pour une lutte efficace contre l'impunité.

Par ailleurs, la limitation de la souveraineté pénale, nécessaire à l'égalité de traitement de tous les criminels de la crise anglophone, passe aussi par la mise sur pied des mécanismes spéciaux permettant d'établir les responsabilités.

B. La mise sur pied de mécanismes spéciaux de répression

De nombreuses atrocités ont été commises tant par les terroristes séparatistes que par les éléments de l'armée camerounaise. C'est ainsi que Samuel Njimogu, médecin d'origine nigériane, résidant à Kumbo, aurait été froidement abattu dans la ville d'Ediki par des éléments de l'armée camerounaise au mois de février 2019[30]. Le cas de ce médecin n'est pas un cas isolé ; de nombreuses violations de droits de l'homme ont été par ailleurs constatées et documentées sur le terrain de la crise anglophone (violences injustifiées exercées sur les populations civiles, atteintes aux biens sous l'exercice de la contrainte, etc.).

Pour poursuivre les criminels de la crise anglophone, il serait judicieux de mettre sur pied un cadre juridictionnel international. Les avantages qu'offre l'intervention d'une juridiction internationale sont nombreux : indépendance, impartialité, valorisation des expériences acquises, meilleure uniformisation du droit, procès équitable, garanties concernant le respect des standards internationaux en matière de justice pénale.

Ce nouveau cadre légal garantirait l'impunité et permettra de poursuivre tous les criminels tant du côté des séparatistes que du côté des éléments de l'armée camerounaise. La création d'une juridiction internationale spéciale et l'élargissement de la compétence de la Cour pénale internationale pourront garantir la mise sur pied de ce cadre.

1. La création d'une Cour pénale spéciale

Une Cour pénale spéciale pourra poursuivre et juger tous les auteurs de crimes et violations des droits de l'homme commis dans le cadre de la crise anglophone. L'existence de cette nouvelle Cour permettra de régler la question de la méfiance vis-à-vis des tribunaux nationaux. Les juridictions locales sont réputées avoir une pratique réduite et limitée malgré la présence des référents locaux dans les parquets. Aussi, lorsque les poursuites pénales

---

[29] Jacques Borricand, « L'extradition des terroristes », Revue de sciences criminelles et de droit pénal comparé, n° 1 janvier-mars 1981, pp.661-691.

[30]https://www.camer.be.Cameroon consulté le 23 février 2019.

pour les faits de terrorisme sont décidées sur le plan local, les condamnations sont souvent démesurément lourdes. Cette sévérité des juridictions nationales peut s'expliquer en partie par leur manque d'expérience. Cette Cour serait un outil efficace de lutte contre l'impunité dans la mesure où elle permettra de voir tous les responsables de crimes et violations des droits de l'homme répondre de leurs actes odieux.

En outre, cette Cour, dans un souci d'apaisement, contribuera au processus de réconciliation de tous les Camerounais. Cour hybride, elle serait composée de juges et personnels étrangers et nationaux. Il est vrai, le Cameroun de par sa législation a la possibilité de juger les terroristes, mais la nouvelle juridiction et la juridiction nationale seraient concurremment compétentes pour poursuivre et juger les auteurs de ces crimes. Toutefois, la nouvelle juridiction garderait la primauté sur les juridictions nationales et pourrait leur demander de se dessaisir en sa faveur, à tout moment de la procédure. Ainsi, une personne déjà jugée par la nouvelle juridiction ne pourrait plus l'être par la juridiction nationale. Parallèlement, une personne déjà jugée par la juridiction nationale ne pourra l'être de nouveau par la nouvelle juridiction que si le fait pour lequel elle a été jugée était qualifié de crime de droit commun ou si la procédure nationale engagée devant elle visait à la soustraire de sa responsabilité pénale internationale. C'est la règle du *non bis in idem* déjà applicable au Cameroun.

Les avantages que présenterait cette nouvelle Cour pénale sont clairs : garantir l'impunité et favoriser l'apaisement et la réconciliation dans la cadre d'un conflit d'une grande complexité qu'est la crise anglophone.

Pour une meilleure pertinence du droit international, un possible élargissement de la compétence de la Cour pénale internationale est envisageable.

2. L'élargissement de la compétence de la CPI

Le statut de Rome prévoit en son article 5 que la CPI est compétente pour connaître les crimes de guerre. Ainsi, un acte de terrorisme commis en temps de conflit armé, international ou non international, dès lors qu'il s'attaque à des personnes civiles ou à des populations civiles rentre dans la compétence de la CPI qui pourra donc juger les auteurs de tels actes, sous réserve que l'action soit recevable. La crise anglophone est le théâtre de violations graves du droit humanitaire. C'est ainsi que, dans la nuit du 10 au 11 février 2019, l'hôpital de Kumba, situé en zone anglophone, a été victime d'une attaque par des hommes armés non encore identifiés. L'édifice sanitaire a été complètement consumé par le feu de l'incendie déclenché par les assaillants. Le bilan de cette attaque fait état de quatre morts, dont deux patients brûlés vifs sur leur lit d'hôpital ; on dénombre par ailleurs de nombreux blessés et des dégâts matériels très importants[31]. Les auteurs de tels actes pourraient être poursuivis et jugés par la CPI. D'ailleurs, Philippe Kirsch, président de la CPI avait déclaré que « *le statut de la CPI ne comprenait pas le terrorisme parmi les crimes qui relèvent de sa compétence, mais que ce crime pourrait être considéré comme un crime contre l'humanité, et faire dès lors l'objet de sanctions internationales pour ce motif, outre celles déjà disponibles sous d'autres chefs* »[32]. Ainsi, pour engager des poursuites contre le criminel, il faudra simplement que le Procureur prouve quatre différents éléments pour qu'un crime soit considéré comme crime contre l'humanité :

- que certains actes ont été commis ;
- qu'ils l'ont été dans le cadre d'une attaque généralisée ou systématique ;
- que l'attaque était lancée contre une population civile, en application ou dans la poursuite de la politique d'un État ou d'une organisation ;
- que l'auteur de ces actes savait qu'il faisait partie d'une attaque généralisée ou systématique.

En outre, il serait envisageable d'étendre la compétence de la CPI pour tous les actes de terrorisme en période de paix comme en période de guerre ; en effet, le Statut de Rome qui écarte de la compétence de la CPI les actes de terrorisme commis en temps de paix a toujours brillé par son illogisme : comment expliquer que le même crime, selon qu'il est commis en temps de guerre ou en temps de paix ne reçoive pas le même traitement pénal ?

La réflexion sur la nécessité d'une juridiction permanente pour juger tous les actes terroristes est d'actualité. L'idée d'une Cour internationale à laquelle pourraient être livrées des personnes suspectées de terrorisme n'est pas nouvelle.

La seule alternative sérieuse reste la CPI. Les possibilités d'élargissement de sa compétence restant toujours possibles par le biais d'une révision du Traité de Rome ou par le procédé de l'amendement.

À cet effet, l'article 123-1 du Statut de Rome prévoit que le Secrétaire Général des Nations Unies pourra convoquer, sept années après l'entrée en vigueur du Statut de Rome, une conférence de révision où la question de la liste des crimes pourra être examinée.

En outre, un recours au procédé d'amendement du Statut, prévu aux articles 121 et 123, reste possible.

---

[31]https://www.bbc.com Afrique consulté le 18 février 2018.

[32]« *Terrorisme, crimes contre l'humanité et Cour pénale internationale* », recueil des contributions préparatoires au colloque de Paris, 05 février 2002, Assemblée nationale.

L'absence d'une définition universelle du terrorisme, corollaire de la souveraineté pénale des États, constitue à coup sûr une limite à la pertinence du droit pénal international. Ceci est fortement regrettable dans la mesure où la criminalité transfrontalière se développe, et le seul moyen efficace reste et demeure la coopération judiciaire en matière pénale.

Conclusion

Depuis quelques années, la criminalité transnationale connaît un développement exponentiel. Face à cette situation, les Etats cherchent à apporter des réponses efficaces en optant pour deux solutions : un durcissement de la répression pénale sur le plan interne et un exercice en commun de leurs compétences répressives, voire un transfert partiel de ces compétences à des juridictions internationales et à des mécanismes internationaux.

Ce durcissement de la répression sur le plan interne se justifie par l'exercice de la souveraineté pénale, prérogative de tout État axée sur la défense de l'ordre public et des intérêts nationaux. Toutefois, la souveraineté pénale constitue une limite à la pertinence du droit pénal international. En effet, jaloux de leur souveraineté pénale, les règles procédurales ainsi que les tribunaux compétents relèvent très souvent de l'État contre lequel l'acte criminel est commis, et ceci au détriment du droit pénal international et de la juridiction internationale. Les crimes commis dans le cadre de la crise anglophone n'échappent pas à cet état de choses.

Ainsi, la juridiction camerounaise, en l'occurrence le tribunal militaire, est compétente pour poursuivre les criminels. Il en est de même des règles procédurales applicables qui sont issues de la législation camerounaise. On ne peut que déplorer ce fait, car la menace terroriste est transnationale, les commanditaires des actes résidant pour la plupart à l'étranger, un renforcement de la coopération judiciaire est indispensable. Le droit de punir connaît depuis le 20e siècle des mutations dues à plusieurs facteurs : mondialisation, renouvellement de formes de criminalité transfrontalière notamment terrorisme et atrocités de masse.

Cette nouvelle configuration de l'exercice de la souveraineté pénale ne produit malheureusement pas des effets univoques : elle aboutit autant au renforcement qu'à l'affaiblissement de son exercice par les différents pouvoirs législatifs. En concluant des conventions pour faciliter l'exercice de son pouvoir répressif, on se serait attendu que le législateur national ne soit plus maître des frontières du droit de punir et que l'exécutif puisse mieux faire valoir ses intérêts dans le cadre de la coopération judiciaire. Il n'en est rien, car cette souveraineté demeure omniprésente et constitue une limite à la pertinence du droit pénal international ; or, il est évident que le succès des procédures d'extradition garantit la lutte efficace contre la criminalité transfrontalière.

Aussi, l'idée d'un élargissement de la procédure extraditionnelle qui n'est pas nouvelle reste-t-elle séduisante. La nécessité d'impliquer les États dans une pratique plus systématique de l'extradition ne fait aucun doute. Un exercice plus modéré de la souveraineté pénale des États est donc indispensable pour la lutte efficace contre l'impunité et la garantie d'un procès équitable pour les prévenus.

Bibliographie sélective

Ouvrages

MORETI (S.), *La justice internationale à l'épreuve du terrorisme,* Graduate Institute Publications, 2009.

Société Française de Droit International, *La souveraineté pénale de l'État au XXI ème siècle,* Actes du colloque de Lille, Mai 2017, Paris, Pedone, 2018.

Office des Nations Unies contre la Drogue et le Crime, *Manuel sur l'entraide et l'extradition ;* Nations – Unies, New – York, 2012.

Articles

BENNOUNA (M.), « La création d'une juridiction pénale internationale et la souveraineté des Etats », *Annuaire Français de Droit International,* 1986.

BOUMEDIENNE (M.), « Vers une limitation de principe de la souveraineté pénale des Etats », In *Revue administrative*, n° 350 – Mars 2006.

BORRICAUD (J.), « L'extradition des terroristes », *Revue de Sciences Criminelles et de Droit Pénal comparé*, Janvier – Mars 1980.

VERINE (S.), « La coopération internationale en matière de lutte contre le terrorisme », *Politique Etrangère*, n°4, 1986.

LES QUESTIONS DE RESPONSABILITÉ DE L'ÉTAT, DES GROUPES ARMÉS ET DE LEURS SOUTIENS DANS LA CRISE ANGLOPHONE

Christian Joël AKONO
Chargé de Cours à l'Université de Douala

Introduction

Depuis l'avènement de la démocratie en Afrique, les conflits armés se déroulent de plus en plus à l'intérieur du territoire d'un État, mettant aux prises des groupes armés et forces gouvernementales ; provoquant le déplacement des milliers de personnes[1]. Les violences, les traitements inhumains et dégradants ainsi que les atrocités de ces conflits ne peuvent pas laisser le juriste internationaliste indifférent dans la mesure où plusieurs branches de ce droit sont mises à mal. Il en est ainsi du droit international des droits de l'homme et du droit international humanitaire pour ne citer que ceux-là. Le Digeste énonçait déjà que le droit est « l'art du bon et de l'équitable »[2]. Les auteurs de ces atrocités ne sauraient alors rester impunis, car, comme le disait Anzilotti, « l'existence d'un ordre juridique international postule que les sujets auxquels sont imposés des devoirs doivent également répondre de l'inaccomplissement de ces devoirs »[3].

---

[1] Il peut s'agir des déplacés internes ou des réfugiés. Au sens de la Convention du 28 juillet 1951 relative au statut des réfugiés, le réfugié est une personne se trouvant hors de l'État dont il a la nationalité ou dans lequel il a sa résidence habituelle ; qui craint avec raison d'être persécuté du fait de son appartenance communautaire, religieuse, race, groupe social ou opinion politique. Généralement, les réfugiés sont les personnes fuyant un conflit armé, une persécution ou une catastrophe naturelle qui quittent leur État, traversent une frontière internationale et cherchent refuge dans un autre État. Contrairement aux réfugiés, les déplacés internes n'ont pas traversé de frontière internationale pour chercher asile dans un autre Etat, ils sont restés dans leur Etat en fuyant juste la zone de conflit. Ils demeurent donc légalement sous la protection de leur propre gouvernement et conservent l'intégralité de leurs droits, dont celui de protection en vertu des droits humains et des principes du droit international humanitaire.

[2] Voir *Le Digeste*, VIe siècle après Jésus-Christ, *Jus est ars boni et aequi* (le droit est l'art du bon et de l'équitable).

[3] Anzilotti (I), *Cours de droit international*, éd. Panthéon-Assas, LGDJ, 1999, p. 467

L'institution de la responsabilité apparaît de ce fait au cœur de tout ordre juridique, car, s'il n'existe pas de règles définissant les effets juridiques d'une violation du droit, la notion d'ordre juridique est vide de sens, puisqu'il n'y a pas dans ce cas de différence entre le comportement conforme au droit et celui qui ne l'est pas[4]. Jules Basdevant rappelait à ce propos que « les règles de la responsabilité sont en quelque sorte les règles-clefs de tout ordre juridique […] on peut affirmer que la valeur pratique d'un ordre juridique déterminé dépend de l'efficacité et de l'étendue des règles sur la responsabilité »[5]. D'où le choix de notre sujet portant sur « les questions de responsabilité de l'Etat, des groupes armés et de leurs soutiens dans la crise anglophone ». Ce choix se justifie par le fait que la crise anglophone au Cameroun qui a débuté en octobre 2016, s'est transformée en conflit armé opposant les forces de sécurité et de défense aux séparatistes armés. La violence s'est répandue si bien qu'en vingt mois plus de 1850 morts ont été enregistrés et plus de 530 000 personnes obligées à quitter leur domicile[6].

L'étymologie du mot « responsabilité » renvoie à la langue latine ; responsable vient de *responsus*, construit à partir de *respondere* et signifiant « répondre de ». Le responsable est alors celui qui doit répondre des conséquences d'un fait, d'un acte[7]. La responsabilité est l'heure de vérité d'un système juridique. C'est le corollaire du droit[8] ; un droit se définit, avoue ses fondements, trahit ses lacunes, démontre son efficacité et son degré d'intégration à travers son système de responsabilité. La responsabilité constitue de ce fait une fonction cardinale du droit car, c'est par elle qu'on

---

[4] Dominicé (Ch), « Observation sur le droit de l'État victime d'un fait internationalement illicite », in *L'ordre juridique international entre tradition et innovation*, Rec. D'étude, PUF, 1997, p. 261.

[5] Basdevant (J), « Actes de la Conférence SDN », 1930, v. 7, cité par Quéneudec (J.P), in *La responsabilité internationale de l'État pour les fautes personnelles de ses agents*, Paris, LGDJ, 1966, p. 5.

[6] Lire Briefing Afrique de Crisis Groupe. *Cameroun : violences en zone anglophone et négociation au point mort* du 3 juin 2019. Lire aussi Asen (E), « La crise au Cameroun avec ses déplacés », in *Actualité Afrique*, du 22 mai 2019. http://www.dw.com

[7] Lire Cottereau (G), « Système juridique et notion de responsabilité », *Colloque du Mans, La responsabilité dans le système international, Société Française de Droit International*, Paris, A. Pedone, 1991, p. 4.

[8] Dallier (P), Forteau (M), Pellet (A), Nguyen Quoc (Dinh+), *Droit international public*, LGDJ, 8e éd., 2009, p. 484. Ces auteurs précisent que : « la responsabilité est le corollaire du droit ; en effet, tout ordre juridique suppose que les sujets de droit engagent leur responsabilité lorsqu'ils portent atteintes aux droits et intérêts des autres sujets ».

détermine le caractère obligatoire d'une règle juridique[9]. Elle est considérée tantôt comme une situation[10], tantôt comme une institution[11].

Traditionnellement réservée au droit interne, la responsabilité a été déclinée en droit international par la CPJI dans l'affaire relative à l'usine de Chorzow en ces termes : « c'est un principe de droit international, voire une conception générale de droit, que toute violation d'un engagement comporte l'obligation de réparer »[12]. La CPJI donnait ainsi une dimension internationale à la notion de responsabilité. Celle-ci s'est développée tout au long du XXe siècle pour s'affirmer aujourd'hui comme une réalité incontournable du droit international contemporain[13].

On peut observer que le principe de la responsabilité internationale et des châtiments des individus pour crimes de droit international a été réaffirmé dans les principes de Nuremberg I et II tels qu'adoptés par la Commission du droit international en 1950[14] en réponse aux arguments invoqués par ces accusés à Nuremberg selon lesquels seuls les États et non les individus peuvent être rendus coupables des crimes internationaux. Le Tribunal de Nuremberg a confirmé l'application directe du droit international à ces individus en cas de violation de ce droit en ces termes : « [o]n fait valoir que le droit international ne vise que les actes des États souverains et ne prévoit pas de sanctions à l'égard des délinquants individuels [...], le Tribunal ne peut accepter [cette thèse]. Il est admis, depuis longtemps que le droit international impose des devoirs et des responsabilités aux personnes

---

[9] Voir Virally (M), « Le phénomène juridique », *Revue de droit public*, 1966, p.p. 31-74.

[10] Georges Scelle voit la responsabilité comme une situation juridique. Selon lui, « La responsabilité est une institution juridique. Elle est créée par la survenance d'un fait ou d'un acte dommageable, actes ou fait-conditions prévus par le droit positif. Ces actes ou ces faits sont imputés par la règle de droit à un agent juridique qui est souvent, mais non pas nécessairement, l'auteur et ils conditionnent l'obligation pour cet agent juridique de réparer le préjudice causé ». Voir Scelle (G), *Manuel élémentaire de droit international public*, Paris, Domas, Montchrestien, 1943, p. 676.

[11] Charles Rousseau, à la suite de Jules Basdevant, voit la responsabilité comme une « institution juridique » en vertu de laquelle l'État auquel est imputable un acte illicite selon le droit international doit réparation à l'État à l'encontre duquel cet acte a été commis. Voir Rousseau (Ch), *Droit international public,* Tome V, « Les rapports conflictuels », Paris, Sirey, p. 6.

[12] CPJI, *Affaire relative à l'usine de Chorzow*, Allemagne c. Pologne, 13 septembre 1928.

[13] Lire Lahaut (N*), Rébellion et responsabilité internationale : l'État et le groupe rebelle responsables*, Mémoire de Master complémentaire en droit international, Université catholique de Louvain, pp.2015-2016, p. 5. Lire également, Lenoble (J), « Responsabilité internationale des États et contrôle territorial », *RBDI*, 1981-1982 1 pp. 95-110.

[14] Annuaire CDI, 1950, vo. II, p.p. 374-379. Voir aussi le projet de code de 1954 des crimes contre la paix et la sécurité de l'humanité, art 1 reproduit in, Annuaire CDI, 1985, vo l. II, 2e partie, p. 8. Le statut du Tribunal pénal international pour l'ex-Yougoslavie, art 7, para 1 et 23 para 1, Doc. Off. CS/NUS/25 704 en date du 25 mai 1993 ; le statut du Tribunal pénal international pour le Rwanda, art 6 para 1 et art 22 para 1, Doc. Off. CSNUS/Res./955 en date du 8 novembre 1994.

physiques. […] Ce sont des hommes et non des entités abstraites qui commettent les crimes dont la répression s'impose comme sanction au droit international »[15]. Le statut des individus est déterminant dans la fixation des bases d'engagement de la responsabilité, notamment au plan international qui nous intéresse.

Au regard des faits observés dans la crise anglophone depuis octobre 2016 jusqu'à ce jour, s'interroger sur les questions de responsabilité de l'État de soutien et des groupes (armés) nous épargne l'épineux problème de la qualification de ladite crise. En effet, qu'elle soit qualifiée de conflit armé[16] ou de troubles internes ou tensions internes[17], les questions de responsabilité se posent avec la même acuité. Notre travail consiste de ce fait à s'interroger uniquement sur les diverses possibilités d'engagement de la responsabilité des uns et des autres dans le cadre de cette crise au regard aussi bien des règles du droit international que de celles du droit interne en matière de responsabilité.

La question centrale autour de laquelle notre analyse va s'étendre est la suivante : existe-t-il un possible fondement de l'engagement de la responsabilité de l'État, des groupes armés et de leurs soutiens dans le cadre de la crise anglophone ? En d'autres termes, dans quelle mesure peut-on envisager logiquement sur le plan international et national la responsabilité de l'État, des groupes armés et de soutiens dans le cadre de la crise anglophone au Cameroun ? La réponse à ces questions et à bien d'autres permettra d'apporter une pierre à la résolution du problème le plus aigu de l'époque actuelle qu'est celui de la responsabilité, car, il faut reconnaître que la responsabilité internationale se rapporte à des questions qui jusqu'à présent n'ont pas encore reçu d'élaboration suffisante dans le cadre du droit international[18].

Il sera question de décrypter les différentes hypothèses dans lesquelles la responsabilité des personnes ou des entités concernées peut être légalement opérationnalisée afin d'éclairer l'opinion sur les réponses possibles du droit international et du droit national pour la réparation des dégâts commis pendant ladite crise. L'État étant le principal sujet de droit international, les

---

[15] Procès des grands criminels de guerre devant le Tribunal militaire international, Nuremberg, 14 novembre 1945 – 1er octobre 1946, Tome 1, p.p. 274-285.

[16] Voir les règles du DIH relatives à la qualification des conflits armés.

[17] Lire avec intérêt CICR, Protection des victimes des conflits armés non internationaux, Documents présentés à l'occasion de la conférence d'experts gouvernementaux sur la réaffirmation et le développement du DIH applicable dans les conflits armés, Genève, 24 mai-12 juin 1971, vol. V, p. 78. Voir aussi, Gasser (H), « Les normes humanitaires pour les situations de troubles et de tensions internes, Aperçu des divers développements », in *Revue de la Croix-Rouge,* mai-juin 1993, p.p. 238-244. ; Abi Saab, « Le droit humanitaire et les troubles internes », *Liber Amicorum Teorgea Abi-Saab,* The Haye [etc], Nijhoff, 2001 pp. 477-493.

[18] Lire Kuris (P.M), Les délits internationaux et la responsabilité des États, Nilnus, 1973, p. 15.

questions de responsabilité ne peuvent donc logiquement se poser d'abord que par rapport à lui (I) avant d'envisager les hypothèses de responsabilité pénale des groupes et individus (II). La responsabilité des Organisations internationales sera mise volontairement de côté ici étant entendu qu'elle a beaucoup d'éléments en commun avec celle des États même si l'on note quelques spécificités pour ces dernières.

I. La souveraineté de l'État comme fondement de sa responsabilité

En droit international, il est traditionnellement établi que la mise en jeu de la responsabilité internationale de l'État résulte du manquement à une obligation déterminée. La responsabilité de l'État dépend de la survenance d'un fait générateur ; elle est aménagée par des modalités de mise en œuvre ainsi que celle de départ des préjudices. Dans le cadre de la crise anglophone au Cameroun, plusieurs exactions ont été commises et continuent encore à ce jour. Puisque celles-ci sont commises à l'intérieur du territoire camerounais, il est évident que la première responsabilité incombe au Cameroun au regard de la souveraineté dont il jouit (A). Cependant, peut-on exclure en l'état actuel une possible responsabilité d'autres États sur la base du financement des groupes armés ou alors de la constitution des arrières bases militaires dans ceux-ci ; bref pour soutien aux sécessionnistes ou de toute autre violation du droit international ? La réponse semble négative. Il s'agira alors d'une responsabilité pour soutien des sécessionnistes (B).

A. La responsabilité de l'État hôte (Cameroun)

En 1932, le juriste allemand Hans Gerd Niemeyer écrivait que le droit international est construit sur un volcan, la souveraineté. L'activité de ce volcan peut être contenue par une multitude de moyens, mais un jour soudainement, il finira par recracher sa fumée et ses cendres. Afin de contrer ses effets, le droit international s'est doté d'instruments juridiques et s'est imposé certaines limites politiques et morales. Les normes indérogeables font partie de ces outils de confinement, sortes de contraintes qui obligent les sujets au respect des standards, indépendamment de leur consentement[19]. Cette souveraineté de l'État camerounais rend ce dernier responsable de la garantie des droits (1) sur la base du droit international des droits de l'homme et du droit international humanitaire (2).

---

[19] Von Niemeyer (H.G), *Einsteweilige Verfungen des Weltgerichtshafs, ihr Wesen un ihre Grenzen Leipzig*, R. Noske, 1932, p. 3.

1. Le fondement de sa responsabilité sous le prisme de la souveraineté

La Commission internationale sur l'intervention et la souveraineté des États, mise en place en 2001, précise que l'État est le premier responsable de la vie des citoyens résidant sur son territoire. Elle déclare que : « Il est communément admis que la souveraineté implique une double responsabilité externe – respecter la souveraineté des autres États – et interne – respecter la dignité et les droits fondamentaux de toute personne vivant sur le territoire de l'État... La souveraineté comme responsabilité représente désormais la condition minimale à remplir [par] les États désireux de montrer qu'ils sont capables de se comporter en bon citoyen de la communauté internationale »[20]. Il ressort de l'énoncé de cette Commission que la responsabilité de protéger incombe au premier chef à l'Etat dont la population est directement touchée. Cette idée correspond non seulement à l'état du droit international et du système étatique moderne, mais également à une réalité concrète qui renvoie à la question de savoir qui est le mieux placé pour obtenir le résultat voulu ? Il est clair que les autorités nationales sont les mieux placées pour prendre des mesures propres pour empêcher que le problème ne dégénère en conflit. Ce sont ces mêmes autorités qui peuvent également mieux comprendre les problèmes qui surviennent et les régler.

La nouvelle conception de la souveraineté voudrait que l'on passe d'une souveraineté de contrôle à une souveraineté de responsabilité[21]. Cette conception est renforcée par l'impact sans cesse grandissant des normes internationales relatives aux droits de l'homme et à la prégnance toujours plus grande de la notion de sécurité dans les discours internationaux, ainsi que la pratique des États. Le principe selon lequel tout État a la responsabilité de protéger sa propre population contre le crime de génocide, les crimes de guerre, les crimes contre l'humanité et le nettoyage ethnique a été consacré par le Sommet mondial de 2005 à l'unanimité des chefs d'État et de Gouvernement présents[22].

L'idée maîtresse qui sous-tend la responsabilité de protéger est que la souveraineté, attribut de l'État, si elle est toujours assortie d'un ensemble de droits, comporte des devoirs dont celui, fondamental, de protection due à sa

---

[20] Rapport de la Commission internationale sur l'intervention et la souveraineté des États apparus sous la plume des experts en 2001 et adopté par l'Assemblée générale des Nations Unies en septembre 2005, p. 9.

[21] Commission internationale sur l'intervention et la souveraineté des États (CIISE) « La responsabilité de protéger », Centre de Recherche pour le Développement International, Ottawa, 2001, p. 1.

[22] Voir par. 138 et 139 du Document final adopté par l'Assemblée générale des Nations Unies dans sa résolution 60/1 du 16 septembre 2005.

population contre les crimes internationalement reconnus[23]. L'évolution du droit international montre que la souveraineté dont se prévaut l'État ne l'autorise plus, aux yeux des autres, à commettre à l'abri de ses frontières toutes les exactions que bon lui semble contre sa population. Un tel comportement engage directement sa responsabilité internationale. Le concept de sécurité humaine développé au sein des Nations Unies est souligné dans le paragraphe 143 aux termes duquel, les chefs d'État et de Gouvernement affirment « (...) que les êtres humains ont droit de vivre libre et dans la dignité, à l'abri du besoin et du désespoir (...) toutes les personnes, en particulier les plus vulnérables, ont le droit de vivre à l'abri de la peur et du besoin et doivent avoir la possibilité de jouir de tous leurs droits et de développer pleinement leurs potentialités dans les conditions d'égalité (...) »[24]. La responsabilité de l'État camerounais peut alors être engagée si celui-ci faillit à sa fonction de protection. Les victimes sont alors en droit de demander réparation à l'État camerounais pour les préjudices par elles subis.

2. Les autres bases possibles de la responsabilité de l'État camerounais

La responsabilité de l'État hôte peut être engagée sur la base de plusieurs éléments.

Tout d'abord, au regard des Articles sur la responsabilité de l'État, « tout fait illicite de l'État engage sa responsabilité »[25]. Il y a fait internationalement illicite de l'Etat lorsqu'un comportement consistant en une action ou une omission est attribuable à l'Etat en vertu du droit international et que celle-ci constitue une violation d'une obligation de l'État[26]. Il faut ajouter que la qualification du fait illicite ici n'est pas subordonnée à celle du droit interne. Ainsi, un fait peut être licite sous l'angle du droit interne et illicite sur celui international. La responsabilité du Cameroun pourrait être engagée au regard de ce texte au motif qu'il n'a pas pu assurer la protection de ses populations dont il en a la responsabilité première.

---

[23] Szurek (S), « La responsabilité de protéger : Mauvaises querelles et vraies questions », *Annuario Colombiano de Derecho International (ACDI)*, n° 4, 2011, p. 47.

[24] Voir Document final du Sommet mondial de 2005, op.cit., par. 143

[25] Articles sur la responsabilité de l'État pour fait internationalement illicite adopté par la Commission du droit international à sa cinquante-troisième session, en 2001, et soumis à l'Assemblée générale des Nations Unies dans le cadre du rapport de la Commission sur les travaux de ladite session, Résolution de l'Assemblée générale n°56/83 du 12 décembre 2001, art 1.

[26] Lire pour plus d'amples explications la première partie des Articles consacrés au fait internationalement illicite et les commentaires y afférents, in Documents officiels de l'Assemblée générale, cinquante-sixième session, Supplément n° 10 (A/56/10).

Ensuite sous l'angle des droits de l'homme, la prohibition en termes absolus de la torture et des traitements inhumains et dégradants ne permet aucune dérogation[27]. La doctrine internationale fait couramment référence « au noyau dur » des droits de l'homme pour désigner ceux-ci. Cette indérogeabilité absolue fait que, même dans les circonstances exceptionnelles, telles que la lutte contre le terrorisme, les atteintes à l'intégrité des êtres humains ne sont pas permises[28]. Il faut noter que la loi peut certes accorder des dérogations au respect de certains droits fondamentaux, mais même dans cette hypothèse, le respect de la légalité et de la proportionnalité sont des conditions vivement requises afin de ne pas affecter les droits indérogeables contenus dans les conventions en matière de droits de l'homme[29]. La responsabilité de l'État serait engagée ici en vertu du principe *pacta sunt servanda* qui veut que tout traité en vigueur lie les parties et soit exécuté de bonne foi[30].

Sous l'angle du droit international humanitaire enfin, certaines règles des conventions de Genève ainsi que celles de la Convention IV de La Haye s'imposent à tous les États, qu'ils les aient ratifiées ou pas parce qu'elles constituent des principes intangibles du droit coutumier[31]. Les droits prévus dans les conventions de Genève de 1949 sont inaliénables en ce sens que les personnes protégées par ces conventions ne peuvent non seulement en être

---

[27] Cour EDH, arrêt *Z. et autres c. Royaume-Uni*, du 10 mai 2001 ; arrêt *A. c. Royaume-Uni* du 23 septembre 1998, Recueil des arrêts et décision de 1998-VI, p. 2699, para 22 et *Osman c. Royaume-Uni*, arrêt du 28 octobre 1998, Recueil, 1998-VIII, p.p. 3159-3160, para 116. Comme droits indérogeables, on a : le droit à la vie ; l'interdiction de la torture et aux peines ou traitements inhumains, cruels ou dégradants ; l'interdiction de l'esclavage et l'interdiction de la rétroactivité des lois pénales. Ces quatre droits de l'homme sont communs aux listes incluses dans les traités relatifs à la protection des droits de la personne qui énumèrent les droits qui ne peuvent en aucun cas être soumis à des dérogations lors de situation d'état d'urgence. Lire en ce sens, le Pacte international relatif aux droits civils et politiques de 1961 art. 4 par 2.

[28] Cour EDH, arrêt *Mc Cann et autres c. Royaume-Uni* du 27 septembre 1995, para 192. Lire aussi les arts 4, 6, 9 et s. de la Charte africaine des droits de l'homme et des peuples adoptée par la dix-huitième Conférence des Chefs d'État et de Gouvernement, en juin 1981, à Nairobi au Kenya.

[29] Lambert (M), « La protection des droits indérogeables dans les situations de conflit armé », *Revue Trimestrielle de droit de l'homme*, 2002, p. 241 et s. Egalement, Sudre(Fr), *Droit européen et internationalisation des droits de l'homme*, 7e éd., refondue, PUF, Paris, 2005, p. 223 et s.

[30] Voir art 2 commun aux Conventions de Vienne de 1969 et 1986 sur le droit des traités.

[31] CIJ, Avis consultatif du 8 juillet 1996, *licéité de la menace ou de l'emploi d'armes nucléaires*, para 79.

privées, mais ne peuvent y renoncer elles-mêmes, que ce soit partiellement ou totalement[32].

Il appert au regard du droit international que la responsabilité active et passive du Cameroun peut être objectivée sur la base de la souveraineté, du principe du *pacta sunt servanda* ainsi que celui du respect des droits indérogeables, mais aussi de la légalité et de la proportionnalité. Cependant, l'État camerounais ne serait pas le seul dont la responsabilité peut être évoquée. Il faut aussi regarder du côté des États tiers.

B. Les responsabilités possibles des États tiers

Les États tiers ne sont pas entièrement épargnés des questions de responsabilité dans la crise anglophone au Cameroun. En effet, au regard de la durée et de la transformation de cette crise, on peut se poser la question de savoir si les groupes armés en présence ne sont pas soutenus par des États tiers. Il est de ce fait loisible pour vérifier cette hypothèse de se tourner vers deux aspects qui semblent fondamentaux pour pouvoir conclure au regard du droit international à un possible soutien de la part des États tiers ; il peut s'agir du financement ou de la construction des arrières bases militaires (1), ou alors de la violation du principe de non intervention dans les affaires intérieures d'un État (2). C'est sur la base de ces deux éléments que nous envisagerons la possibilité d'engager la responsabilité des États tiers dans le cadre de la crise anglophone.

1. L'engagement de la responsabilité sur la base du soutien aux sécessionnistes

Le soutien aux sécessionnistes peut être multiforme : il peut s'agir du financement ou de la construction d'une arrière base militaire.

S'agissant du financement des activités terroristes, il consiste à réunir des fonds pour la réalisation d'activités terroristes. Il peut faire appel à des fonds provenant autant des ressources légales, comme les dons personnels et les profits provenant d'entreprises ou d'organismes caritatifs, que des ressources criminelles, comme le trafic des stupéfiants, la contrebande d'armes et d'autres produits, la fraude, les enlèvements ou extorsions[33].

Aux termes de la Convention internationale pour la répression du financement du terrorisme, il est précisé que quiconque fournit ou réunit des fonds directement ou indirectement, illicitement ou délibérément, dans

---

[32] Salmon (J) (dir), *Dictionnaire de droit international public*, Bruxelles, Bruylant, 2001, p. 565. Lire également les arts 7 de chacune des trois premières conventions de Genève, l'art 8 de la dernière convention et l'art 11 para 2 du Protocole additionnel I.

[33] Centre d'analyse des opérations et déclarations financières du CANADA « Qu'est-ce que le financement du terrorisme ? » http://w.w.w.fintrac-canafe.gc.ca., mise à jour le 8 novembre 2018 et consulté le 13 décembre 2018.

l'intention de les voir utiliser ou sachant qu'ils seront utilisés, en tout ou en partie, en vue de commettre une infraction visée dans les traités visés en annexe à la Convention, ou un acte destiné à tuer ou à blesser grièvement une personne qui ne participe pas directement aux hostilités dans le but d'intimider une population ou de contraindre un gouvernement ou une organisation internationale à accomplir ou à s'abstenir d'accomplir un acte quelconque, commet une infraction au sens de ladite Convention[34].

La Résolution du Conseil de sécurité 1373 (2001) relative à la menace à la paix et à la sécurité internationale résultant d'actes terroristes est plus explicite en la matière. Non seulement elle exige que tous les États sans exception érigent en infraction la fourniture ou la collecte délibérée par leurs nationaux ou sur leur territoire, par quelque moyen que ce soit, de fonds que l'on prévoit d'utiliser ou dont on sait qu'ils seront utilisés pour perpétrer des actes terroristes[35] ; mais elle demande aussi aux États d'interdire à leurs nationaux ou à toute personne ou entité se trouvant sur leur juridiction de mettre des fonds, avoirs financiers ou ressources économiques ou services financiers ou autres services connexes à la disposition des personnes qui commettent ou tentent de commettre des actes terroristes[36].

Dans le cas de la crise anglophone au Cameroun, la responsabilité d'un État tiers pourrait être engagée si ce dernier ne respecte pas scrupuleusement les dispositions pertinentes de la Convention sur la répression du terrorisme. Il convient de rappeler que cette responsabilité de l'État tiers est d'ailleurs prévue par l'article 13 des Articles sur la responsabilité de l'État pour fait illicite. Ce texte dispose que : « il y a violation d'une obligation internationale par un État lorsqu'un fait dudit État n'est pas conforme à ce qui est requis en vertu de cette obligation, quelle que soit l'origine ou la nature de celle-ci »[37]. Ce texte exige des Etats de s'abstenir d'apporter de l'appui sous quelque forme que ce soit aux personnes ou aux entités impliquées dans les actes terroristes ; que celles-ci soient actives ou passives[38]. Un État tiers qui apporterait une aide quelconque aux rebelles pourrait voir sa responsabilité internationale engagée sur la base de ce texte.

Pour ce qui est de la construction d'une arrière base militaire, il faut se référer à la résolution 1373. Son point 2 demande à tous les États de

[34] Convention internationale pour la répression du financement du terrorisme, adoptée par la résolution 54/109 du 9 décembre 1999, à New York à la cinquante-quatrième session des Nations Unies et entrée en vigueur le 10 avril 2002, précisément, dispositions générales, p. 1.
[35] Voir Résolution 1373 (2001), relative à la menace de la paix et de la sécurité internationales résultant d'actes terroristes, adoptée par le Conseil de sécurité à sa 4385e séance, le 28 septembre 2001, (S/Res/1373 (2001), point 1 b).
[36] Ibid., 1 d).
[37] Projet d'articles, op.cit., art. 13.
[38] Résolution, op. cit., point 2 a).

s'abstenir d'apporter quelque forme d'appui que ce soit, actif ou passif, aux entités ou personnes impliquées dans les actes terroristes, notamment en réprimant le recrutement des membres de groupes terroristes et en mettant fin à l'approvisionnement en armes des terroristes[39]. L'alinéa 2 de ce point est plus explicite puisqu'il interdit aux États d'utiliser leur territoire pour servir de base aux entités terroristes[40].

L'implication d'un État dans la perpétration d'un acte de terrorisme international peut exister dans trois situations différentes : il s'agit notamment de celle dont l'État est directement l'auteur d'un acte terroriste ; celle dont l'Etat donne refuge à des individus ou groupes terroristes ; ou enfin celle dont le territoire d'un Etat est utilisé pour lancer une opération terroriste sans que ce dernier contrôle les actes en question[41].

Si l'on peut alors au regard de ses dispositions prouver qu'un État quelconque a violé ses obligations internationales en matière de financement des groupes armés ou de l'offre de son territoire pour l'organisation des actes terroristes dans le cadre de la crise anglophone, sa responsabilité pourrait être engagée. Elle peut aussi l'être s'il est prouvé que ce dernier a apporté un soutien logistique aux groupes armés.

2. La responsabilité pour non-respect des principes de non recours à la force et de non intervention

Que ce soit dans la Charte des Nations Unies ou dans le droit international coutumier, le principe du non recours à la force est bien présent.

L'article 2 par. 4 est un article central de la Charte des Nations Unies. Il dispose que « les membres de l'Organisation s'abstiennent dans leurs relations internationales de recourir à la menace ou l'emploi de la force soit contre l'intégrité territoriale ou l'indépendance politique de tout État, soit de toute autre manière incompatible avec les buts des Nations Unies »[42]. La norme que cet article énonce est opposable à tous les sujets de droit international. Elle interdit non seulement le recours à la guerre, mais le recours à la force de manière générale. C'est une prohibition pure et simple de toute forme de recours à la force dans les relations internationales. Cette norme a un caractère à la fois conventionnel et coutumier. Son caractère

[39] Ibid., point 2 a).
[40] Ibid., l'alinéa d) se lit comme suit : « Déclare que les actes, méthodes et pratiques du terrorisme sont contraires aux buts et aux principes de l'Organisation des Nations Unies et que le financement et l'organisation des actes en connaissance de cause sont également contraires aux principes de l'Organisation des Nations Unies.
[41] Reisman (M), « International Legal Responses to Terrorism », in Houston, *JIL*, 1999, pp. 9 et s.
[42] Charte des Nations Unies du 26 juin 1945, art. 2 par 4.

coutumier fait d'elle une norme qui n'est pas valable uniquement pour les membres des Nations Unies, mais pour tous les États de la planète. Par conséquent, sa violation peut constituer une agression[43] et dans ce cas entraîner l'engagement de la responsabilité de son auteur.

Le principe de non intervention dans les affaires internes d'un État regroupe les différents droits et obligations internationaux des États[44]. Aux termes du protocole adopté à Buenos Aires par les États américains en 1936, l'intervention est condamnée, qu'elle soit directe ou indirecte. L'intervention est indirecte lorsqu'elle concerne les cas dans lesquels l'État encourage ou simplement tolère les activités menées sur son territoire visant à bouleverser l'ordre à l'intérieur d'un État étranger[45].

La résolution 2625 (XXV) de l'Assemblée générale des Nations Unies de 1970 relative aux relations amicales est plus précise en ce sens[46]. Elle stipule que l'État doit « s'abstenir d'organiser, d'aider, de fomenter, de financer, d'encourager ou de tolérer les activités armées subversives ou terroristes destinées à changer par la violence, le régime d'un autre État ainsi que d'intervenir dans les luttes intestines d'un autre État ». L'État a le devoir « de s'abstenir de favoriser, d'encourager ou d'appuyer, directement ou indirectement les activités de rébellion ou de sécession au sein d'autres États »[47].

La force obligatoire de ces résolutions peut être contestée ; il faut noter que la condamnation de l'intervention a été exprimée en termes particulièrement énergiques par la CIJ dans l'affaire du Détroit de Corfou. Celle-ci a décidé que : « le prétendu droit d'intervention ne peut être envisagé par elle [la Cour] que comme une manifestation d'une politique de force, politique qui, dans le passé, a donné lieu aux abus les plus graves et qui ne saurait [...] trouver aucune place dans le droit international »[48].

---

[43] Selon la résolution de l'Assemblée générale des Nations Unies du 14 décembre 1974 l'agression armée est « l'emploi de la force en violation de la Charte par un État, agissant le premier... »

[44] Voir résolution de l'Assemblée générale 36/103 relative à la Déclaration sur l'inadmissibilité de l'intervention et de l'ingérence dans les affaires intérieures des États du 9 décembre 1981.

[45] Lire Conforti (B) et Bedjaoui (M), « Le principe de non intervention », *Droit international et perspectives*, SFDI, 1991, p.p. 490-505. L'article 2 par.

[46] Voir Res. 2625 (XXV) du 24 octobre 1970, Déclarations relatives aux principes du droit international touchant les relations amicales et la coopération entre États conformément à la Charte, art 2. Voir aussi, la Déclaration sur l'inadmissibilité de l'intervention dans les affaires intérieures des États et la protection de leur indépendance et de leur souveraineté, Res. 2131 (XX) du 21 décembre 1965.

[47] Res. 36/103 op.cit., art. 2 II f et g.

[48] CIJ, arrêt du 9 avril 1949, affaire du Détroit de Corfou, Rec. 1949, p. 35.

Un État qui porterait atteinte à l'un de ces principes fondamentaux du droit international verra sa responsabilité engagée. De manière concrète, un État qui recourt à la force, organise, finance, appuie ou favorise de manière active ou passive la crise anglophone engage *ipso facto* sa responsabilité internationale. À celle-ci l'on peut associer celle des organisations internationales qui financent des forces rebelles ou leur apportent une aide quelconque ; sans oublier la responsabilité pénale des individus en cas de commission de l'un des quatre crimes de droit international prévus par le statut de Rome.

II. La responsabilité pénale individuelle

Les violations des droits de l'homme ne sont pas seulement le fait des États. Derrière l'abstraction collective des États, ce sont des individus qui agissent, planifient ou exécutent les crimes internationaux. La responsabilité personnelle des agents étatiques ou des forces paramilitaires vient donc doubler la responsabilité internationale étatique. Par ailleurs, à côté de ces violations verticales des droits de l'homme, il existe des violations horizontales lorsque ce sont les individus ou des groupes qui sont à l'origine des violations. Il serait loisible d'envisager séparément la violation horizontale des droits de l'homme (A) et celle verticale (B).

A. La responsabilité des rebelles

Les questions de responsabilité ne se posent pas en termes identiques à tous les individus dans le cadre du droit international. En effet, en ce qui concerne la violation des droits par les individus ou les groupes, il faut distinguer celle qui est faite par les nationaux (2) de celle qui émane des mercenaires ou terroristes étrangers (1).

1. La responsabilité des mercenaires et autres terroristes étrangers

L'article 47 du Protocole additionnel 1 aux quatre conventions de Genève définit le mercenaire comme : « toute personne a) qui est spécialement recrutée dans le pays ou à l'étranger pour combattre dans un conflit armé ; b) qui en fait prend une part directe aux hostilités ; c) qui prend part aux hostilités essentiellement en vue d'obtenir un avantage personnel et à laquelle est effectivement promise, par une partie au conflit ou en son nom, une rémunération nettement supérieure à celle qui est promise ou payée à des combattants ayant un rang et une fonction analogue dans les forces armées de cette partie ; d) qui n'est ni ressortissant d'une partie au conflit ni résident du territoire contrôlé par une partie au conflit ; e) qui n'est pas membre des forces armées d'une partie au conflit et ; f) qui n'a pas été envoyée par un État autre qu'une partie au conflit en mission officielle, en tant que membre des forces armées dudit État »[49].

Les résolutions des Nations unies et de l'Organisation de l'Unité Africaine (OUA) vont dans le même sens[50]. Le paragraphe 5 de la résolution 3103 (XXVIII) de l'Assemblée générale des Nations Unies par exemple dispose que : « l'emploi de mercenaires par les régimes coloniaux et racistes contre les mouvements de libération nationale luttant pour leur liberté et leur indépendance du joug colonialiste et de la domination étrangère est considéré comme un acte criminel et les mercenaires eux-mêmes doivent par conséquent être punis comme criminels »[51]. Le temps utilisé ici est le présent de l'indicatif ; ce qui montre qu'il ne s'agit pas d'un simple souhait, mais de ce qui est ou devrait être. Par ce ton, on comprend qu'il s'agit d'une obligation de résultat et non de moyen.

Au regard de ce qui précède, si les mercenaires participent directement à la crise anglophone, ces derniers pourront voir leur responsabilité engagée sur la base de ce texte.

Concernant les terroristes, il est clair que cette notion n'a pas à ce jour une définition consensuellement admise, l'on retient dans le cadre de ce travail que le terrorisme ou plus exactement les actes terroristes sont un ensemble d'« agissements criminels destinés à semer l'épouvante dans la population civile, par leur caractère meurtrier systématiquement aveugle »[52].

---

[49] Voir Protocole additionnel 1 aux quatre Conventions de Genève du 12 août 1949 relatif à la protection des victimes des conflits armés internationaux, adopté le 10 juin 1977, art 47 par 2. Également Rapport du Comité spécial pour l'élaboration d'une convention internationale contre le recrutement, l'utilisation, le financement et l'instruction de mercenaires, Assemblée générale, Documents officiels, 39e session, Supplément n° 43.

[50] AHG/Res. 49 (W), résolution adoptée à la conférence des chefs d'État et de Gouvernement réunis à Kinshasa du 11 au 14 septembre 1967 ; Résolution 3103 (XXVIII) relative aux principes de base concernant le statut juridique des combattants qui luttent contre la domination coloniale étrangère et les régimes racistes, adoptée par l'Assemblée générale des Nations Unies, le 12 décembre 1973.

[51] Art 5 de la résolution 3103 (XXVIII), op.cit.

[52] Cornu (G), *Vocabulaire juridique*, Association Henri Capitant, 11eme édition, 2016, p. 1023. Il existe une abondante doctrine sur la définition du terrorisme ; lire par exemple avec intérêt, Sorel (J.M.), « Cadre universel et cadre national en matière de lutte contre le terrorisme : la difficile greffe d'instruments universels dans le droit national », in Olinga (A.D.) (Dir), *Droit international, Droits nationaux et lutte contre le terrorisme en Afrique, Actes du Colloque international organisé par le Département de Droit international de l'Institut des Relations internationales du Cameroun (IRIC)*, Yaoundé, les 8, 9 et 10 juin 2016, Yaoundé, Presses de l'UCAC, octobre 2017, pp. 21-48. Egalement Koagne Zouapet (A), « Un cheval de Troie dans la citadelle ? Définition du terrorisme et exercice des libertés publiques en Afrique », in Olinga (A.D), op.cit, pp. 65-84 ; Zanga (J.M), « L'insaisissable visage du terrorisme. Jalons pour une définition universelle du terrorisme à partir des législations nationales africaines », in Olinga (A.D), op. cit., pp. 85-106.

Depuis le 11 septembre 2001, la lutte contre le terrorisme transnational est devenue une préoccupation particulière pour le monde. Mais il faut reconnaître que, bien avant cette date, certains instruments juridiques de lutte contre cette pandémie existaient déjà. Il en est ainsi de la Convention de l'OUA de 1999 sur la prévention et la lutte contre le terrorisme ainsi que son protocole qui engage les États parties à « [...] établir comme crime les actes terroristes ». Son protocole invite les États à « prendre toutes les mesures nécessaires pour protéger les droits fondamentaux de leurs populations contre les actes terroristes »[53].

La résolution 1373 (2001) relative à la menace à la paix et de la sécurité internationale pose en son point 2 que tous les États doivent : « Veiller à ce que toutes les personnes qui participent [...] à la préparation ou à la perpétration d'actes terroristes [...] soient traduites en justice, à ce que, outre les mesures qui pourraient être prises contre ces personnes, ces actes de terrorisme soient érigés en infractions graves dans la législation nationale et à ce que la peine infligée soit à la mesure de la gravité de ces actes »[54].

Ce texte comme tous les autres en la matière s'expriment en termes d'universalité, car ils s'adressent à tous les États sans exclusion. Par conséquent, tous ceux qui seraient qualifiés de terroristes transnationaux dans le cadre de la crise anglophone subiront la rigueur de ces textes dans le cadre de l'imputabilité de leur responsabilité. On peut également engager leur responsabilité sur la base du droit national, notamment en référence à la loi n° 2014/28 du 23 décembre 2014 portant répression des actes terroristes au Cameroun, étant entendu que les actes ont été commis sur son territoire.

2. La responsabilité des rebelles nationaux

Pour ce qui est des rebelles nationaux, deux hypothèses se présentent. Il est possible d'engager leur responsabilité soit sur la base du droit national, soit sur la base du droit international.

Sur la base du droit national, il faut rappeler que la loi pénale du Cameroun s'applique à tout fait commis même partiellement sur son territoire[55]. Aux termes du livre II du Code pénal, plusieurs infractions sont susceptibles d'engager la responsabilité des rebelles nationaux dans le cadre de la crise anglophone. On peut notamment envisager l'hypothèse de crime et délit contre l'intérêt de l'État. On retrouve dans cette rubrique, les

[53] Protocole de la Convention de l'OUA sur la prévention et la lutte contre le terrorisme adopté par la 3e session ordinaire de la conférence des chefs d'État et de Gouvernement de l'Union Africaine (UA) à Addis-Abeba en Éthiopie, le 8 juillet 2004. S/Res/2178 (2004).

[54] Résolution 1373(2001), op.cit. Point 2 e). On peut aussi se référer à la Résolution 1368 (2001) du Conseil de sécurité ou encore celle 1269 (1999) du même Conseil de sécurité.

[55] Voir loi n° 65-LF-24 du 12 novembre 1965 et loi n° 67-LF-1 du 12 juin 1967 portant Code pénal Camerounais, révisé la 1er octobre 1979, arts 7 et 8

atteintes à la sûreté de l'Etat[56], les atteintes à la Constitution[57], les atteintes à l'autorité publique[58], les atteintes aux garanties de l'État[59]. On peut aussi évoquer le cas des crimes et délits contre l'intérêt national[60] ainsi que des crimes et délits contre les personnes[61] parmi lesquels on peut citer les atteintes contre l'intégrité physique, les atteintes à la liberté et à la paix des personnes, les atteintes contre les biens, les atteintes contre l'enfant et la famille.

C'est surtout sur le fondement de l'article 2 de la loi du 23 décembre 2014 portant répression des actes terroristes que les questions de responsabilité des sécessionnistes se posent[62]. En effet, ce texte énumère non seulement les actes dits terroristes, mais également fixe les différentes peines encourues par les auteurs de tels actes. Il a un caractère général et impersonnel, ce qui montre qu'il s'adresse aux terroristes qu'ils soient étrangers ou nationaux.

Sur le plan international, la responsabilité des rebelles peut être engagée sur le fondement de l'article 10 du Projet d'articles de la CDI sur la responsabilité des États pour fait illicite même si sa portée juridique reste très limitée eu égard à sa valeur juridique non contraignante. Au regard de ce texte, la responsabilité des rebelles pourrait être engagée s'ils triomphent. En effet, les troupes rebelles victorieuses devenues gouvernement légal seront responsables de tous les actes commis par leurs agents pendant la crise, mais

---

[56]Ibid., p. 142.
[57]Ibid., p. 152.
[58]Ibid., p. 164.
[59]Ibid., p. 184.
[60]Ibid., pp. 196-217.
[61] Ibid., p.p. 218-253.
[62] Aux termes de l'art 2 de la loi n° 2014/028 du 23 décembre 2014 précitée, « Est puni de la peine de mort, celui qui, à titre personnel, en complicité ou en coaction, comme tout acte ou menace susceptible de causer la mort, de mettre en danger l'intégrité physique, d'occasionner des dommages corporels ou matériels, des dommages de ressources naturelles, à l'environnement ou au patrimoine culturel dans l'intention : 1. a) d'intimider la population, de provoquer une situation de terreur ou de contraindre la victime, le gouvernement et/ou une organisation nationale ou internationale, à accomplir ou à s'abstenir d'accomplir un acte quelconque, à adopter ou à renoncer à une position particulière ou à agir selon certains principes ; b) de perturber le fonctionnement normal des services publics, la prestation de services essentiels aux populations ou de créer une situation de crise au sein des populations ; c) de créer une insurrection générale dans le pays. 2) Est puni de la peine de mort, celui qui, pour atteindre les mêmes objectifs que ceux précisés à l'alinéa1 ci-dessus : a) fournit et/ou utilise des armes et matériels de guerre, b) fournit et/ou utilise des micro-organismes ou tous autres agents biologiques, notamment des virus, des bactéries, des champignons ou des toxines ; c) fournit et/ou utilise des agents chimiques, psychologiques, radioactifs ou hypnotisants ; d) procède à une prise d'otage. 3) La peine est l'emprisonnement à vie lorsque les conséquences prévisibles des actes visés aux alinéas 1 et 2 ci-dessus sont la maladie d'animaux ou la destruction de plantes. 4) Les infractions visées aux alinéas 1, 2 et 3 ci-dessus sont caractérisées même en cas de guerre officiellement déclarée ».

aussi des mesures prises par le gouvernement déchu[63]. Aux termes de l'article 8 par. 2 e), la responsabilité des rebelles peut aussi être engagée en cas de « violations graves des lois et coutumes applicables aux conflits armés ne présentant pas un caractère international, dans le cadre établi par le droit international ». La difficulté se pose cependant quant au fondement de la responsabilité au regard de l'article 3 commun aux quatre Conventions de Genève, car, ici, il faudrait que la situation soit qualifiée de conflit armé non international[64]. Dans ce cas, la responsabilité des chefs militaires et politiques rebelles n'aura pas les mêmes fondements que celle des soldats. Elle sera identique à celle des dirigeants du Cameroun dans ce cas[65]. On peut aussi évoquer une possible responsabilité des rebelles en arguant de la perpétration par eux des crimes contre la souveraineté et l'intégrité territoriale du Cameroun comprenant les crimes contre la paix tels que définis dans le statut du tribunal de Nuremberg[66].

B. La responsabilité des agents du gouvernement camerounais pour crime de guerre

Ce sont les statuts des tribunaux de Nuremberg et de Tokyo qui, pour la première fois, expriment dans une convention internationale, les crimes de guerre, les crimes contre la paix et les crimes contre l'humanité. C'est également à travers ces textes que les agents publics peuvent être auteurs des infractions internationales. Cette responsabilité concerne non seulement les personnes les plus haut placées occupant les fonctions de dirigeants (1), mais aussi les simples agents d'exécution (2).

1. La responsabilité des dirigeants

La responsabilité des dirigeants camerounais peut être établie sur la base de la violation du droit international des droits de l'homme et du droit international humanitaire. La plupart de ces violations sont résumées dans le Statut de Rome qui définit les différentes infractions constituant entre autres, les crimes de génocide[67], les crimes contre l'humanité[68], les crimes de guerre[69] ou le crime d'agression[70].

---

[63] Voir art 10 du projet d'article de la CDI sur la responsabilité de l'État, op.cit. Également la sentence arbitrale du 19 octobre 1928 de la commission franco-mexicaine en l'affaire Georges Pinson.

[64] Il faut préciser que le par. 8 c) du statut de Rome ne s'applique pas aux situations de troubles ou tensions internes telles que les émeutes, les actes de violence sporadiques ou isolés et les actes de nature similaire.

[65] Voir infra note 75 à 77.

[66] Voir art 6 a) du Statut du Tribunal de Nuremberg

[67] Statut de Rome du 17 juillet 1998, entré en vigueur le 1er juillet 2002, Nations Unies, Recueil des Traités vol. 2187, n° 38544. Art6.

[68] Ibid., art 7.

[69] Ibid., art 8.

Les dirigeants camerounais pourront voir leur responsabilité engagée dans le cadre de la crise anglophone au cas où des preuves irréfutables feraient état des violations graves des droits fondamentaux ou des règles et coutumes de la guerre. Au cas où ces violations recevraient la qualification de l'un des crimes énumérés plus haut et que l'armée régulière devienne vainqueur, leur responsabilité pourrait être engagée. Ainsi, toutes les autorités ayant le pouvoir de donner des ordres pour la perpétration de l'un de ces crimes sans exception aucune pourront être poursuivies sur la base de l'article 27 du Statut de Rome qui parle notamment du défaut de pertinence de la qualité officielle en ces termes : « La qualité officielle de chef d'État ou de Gouvernement, de membre d'un parlement, de représentant élu, d'agent d'État n'exonère pas en aucun cas la responsabilité pénale au regard du présent statut, pas plus qu'elle ne constitue en tant que tel, un motif de réduction de la peine »[71]. L'alinéa 2 de cet article précise que : « les immunités ou les règles qui peuvent s'attacher à la qualité officielle d'une personne en vertu du droit interne ou du droit international, n'empêchent pas la Cour d'exercer sa compétence à l'égard de cette personne »[72]. Ce texte pose là l'un des principes essentiels aux fins de la lutte contre l'impunité, à savoir que la qualité officielle n'est non seulement pas un motif de réduction de la peine encourue, mais justifie une définition plus extensive des obligations de comportement et de contrôle pour les supérieurs hiérarchiques.

La difficulté persiste cependant. Le Cameroun n'ayant pas ratifié la convention de Rome, celle-ci ne pourra pas lui être appliquée. On peut cependant se référer à d'autres textes en matière de protection des droits fondamentaux et du droit international humanitaire[73] pour pouvoir engager la responsabilité des dirigeants camerounais devant une juridiction *ad hoc* au cas où il n'existerait pas de juridictions habilitées à juger ces derniers ; comme ce fut le cas dans l'affaire Hissène Habré avec la création de la Chambre Africaine Extraordinaire[74]. Dans le même ordre d'idées, il faut rappeler que les dispositions relatives aux crimes de génocide ne

---

[70] Idem., art 8 bis. Les amendements concernant l'art 8 bis reprennent le texte contenu dans la notification dépositaire C.N.651.2010 du 29 novembre 2010.

[71]Ibid., art 27 par 2.

[72] Ibid., al 2

[73] Notamment la Convention contre la torture et autres peines ou traitements cruels, inhumains ou dégradants Res. AG 39\46 du 10 décembre 1984 et entrée en vigueur le 26 juin 1987. Les quatre conventions de Genève ainsi que leurs protocoles additionnels ; la Convention sur la prévention et la répression des actes de génocide de 1949… etc.

[74] Voir la Chambre Africaine Extraordinaire (CAE), créée conformément à un accord conclu entre le Gouvernement du Sénégal et la Commission de l'union africaine pour juger Hissène Habré.

s'appliquent qu'aux personnes effectivement en mesure de contrôler ou de diriger l'action politique ou militaire d'un État[75].

De même, l'article 28 du Statut de Rome fixe les conditions d'engagement de la responsabilité des supérieurs militaires, c'est-à-dire des donneurs d'ordre. Il dispose que : « Un chef militaire ou une personne faisant effectivement fonction de chef militaire est pénalement responsable des crimes relevant de la compétence de la Cour commis par les forces placées sous son commandement et son contrôle effectifs, ou sous son autorité et son contrôle effectifs, selon le cas, lorsqu'il n'a pas exercé le contrôle qui convenait sur les forces »[76]. Ainsi, si le chef militaire est au courant de la commission présente ou future de l'un des crimes en question, ou alors s'il a été négligeant en ne prenant pas toutes les mesures nécessaires et raisonnables en son pouvoir pour empêcher ou réprimer l'exécution de tels crimes, ou tout au moins en référer aux autorités compétentes aux fins d'enquêtes et de poursuites, sa responsabilité devrait être engagée.

La responsabilité pénale des dirigeants en cas de commission de l'un des quatre crimes énumérés dans le Statut de Rome aurait pu être objectivée si le Cameroun était membre de ce Statut ; ce qui n'est malheureusement pas le cas. On pourrait alors compter uniquement sur la violation des droits fondamentaux et des règles de droit international humanitaire au cas où cette situation serait qualifiée de conflit armé. Les hommes de troupe ne seront pas non plus entièrement épargnés. Il faut alors voir dans quelle mesure leur responsabilité pourrait être objectivée.

2. La responsabilité des agents d'exécution

Les agents d'exécution peuvent voir leur responsabilité engagée soit sur la base du droit international, soit sur la base du droit national.

En effet, sur le plan international, un autre principe fondamental du Statut de Rome dans la lutte contre l'impunité est la « non-exonération de la responsabilité pénale sous le prétexte de l'ordre hiérarchique ou de l'ordre de la loi ». Ce principe est consacré à l'article 33, notamment dans son paragraphe 1 qui dispose que : « le fait qu'un crime relevant de la compétence de la Cour a été commis sur l'ordre d'un Gouvernement ou d'un supérieur, militaire ou civil, n'exonère pas la personne qui l'a commis de sa responsabilité pénale »[77]. Cette non-exonération est absolue pour ce qui est des crimes de génocide et de celui contre l'humanité puisque le Statut considère l'ordre reçu dans ce cas comme manifestement illégal[78]. Il incombe de ce fait aux soldats en particulier et aux agents d'exécution en

[75]Ibid., art 25 par 3 bis.
[76]Ibid., art 28.
[77] Ibid., art 33 par 1.
[78] Ibid., par 2.

général de ne respecter sous aucun prétexte des ordres qui sont manifestement illégaux. Tout manquement à ce principe engagerait leur responsabilité internationale.

C'est la position qu'avait en son temps adoptée le Tribunal de Tokyo dans son jugement du 12 novembre 1948. Concernant la détermination des responsabilités des accusés, à la thèse de la défense qui invoquait la cause d'exonération tirée de l'existence d'un ordre supérieur, c'est-à-dire celui du « Führer », le Tribunal a répondu que : « les obligations internationales qui s'imposent aux individus priment leur devoir d'obéissance envers l'État dont ils sont ressortissants. Celui qui a violé les lois de la guerre ne peut, pour se justifier, alléguer le mandat qu'il a reçu de l'État, du moment que l'État, en donnant ce mandat, a outrepassé les pouvoirs que lui reconnaît le droit international ».[79]

Sur le plan national, le Code de justice militaire instauré par la loi du 12 juillet 2017 précise que le Tribunal militaire connaît des infractions de toute nature commises par les militaires en temps de guerre ou dans les régions soumises à l'état d'urgence ou à l'état d'exception, que ces infractions soient commises seules ou avec des coauteurs ou complices même si ceux-ci sont des civils. En réalité, il s'agit ici pour les militaires, soldats de rang, de respecter les droits de l'homme même dans les situations les plus critiques[80].

En termes de droit comparé, il faut relever que dans l'affaire Barbie, la Chambre d'accusation de la Cour d'Appel de Lyon s'est fondée sur l'Accord de Londres de 1945 relatif au Statut de Nuremberg[81] et la Résolution 3 (I) de l'Assemblée générale des Nations Unies pour estimer que les crimes imputés au prévenu « ne relèvent pas seulement du droit pénal interne français, mais encore d'un ordre répressif international auquel la notion de frontière et les règles extraditionnelles qui en découlent sont fondamentalement étrangères »[82].

Conclusion

La responsabilité est le plus souvent présentée comme une obligation, et dans la plupart des cas, une obligation de réparer. Les questions de responsabilité de l'État, des soutiens et des groupes dans le cadre de la crise anglophone au Cameroun peuvent se poser en ces termes. Selon l'adage « après la pluie le beau-temps », il faut envisager la réparation des

---

[79] Jugement du Tribunal de Tokyo du 12 novembre 1948.

[80] Loi n° 2017/012 du 12 juillet 2017 portant code de justice militaire notamment l'art 8 relatif à la compétence.

[81] Voir Accord de Londres du 8 août 1945 relatif au Statut de Nuremberg.

[82] Chambre d'accusation de la Cour d'Appel de Lyon, Affaire Barbie, 8 juillet 1983.

dommages causés aux victimes de la crise anglophone. Celles-ci peuvent être objectivées tant sur la base du droit interne que sur celle du droit international. En effet, si le droit est l'art du bon et de l'équitable, il apparaît que tous les acteurs de la crise anglophone pourront voir leurs différentes responsabilités engagées pour les actes par eux commis. On peut même aussi envisager la responsabilité des organisations internationales sous le prisme de la responsabilité de protéger, en l'occurrence une action de l'Union africaine dont l'article 4 de l'Acte constitutif pose le principe du droit d'intervention[83].

Il était question dans le cadre de ce travail de soulever les pistes possibles d'objectivation de la responsabilité des différents acteurs de la crise anglophone sans toutefois prendre position. D'où l'emploi du conditionnel. Il faut cependant croire que ces quelques réflexions aideront à mieux comprendre les questions de responsabilité dans le cadre de la crise anglophone et calmer les ardeurs des acteurs même s'il faut reconnaître avec Cubertafond que « le droit n'est pas parole de Dieu et la science du droit n'est pas théologie. Le juriste s'il veut avoir prise sur les choses, ne doit pas hésiter, au risque de s'écorcher les mains, à plonger dans le complexe mécanique social. L'époque a plus besoin de juristes ingénieurs que de juristes pontifs »[84]./.

Bibliographie sélective

QUENEUDEC (J.P), La responsabilité internationale de l'État pour les fautes personnelles de ses agents, Paris, LGDJ, 1966.

DOMINICE (Ch), « L'observation sur le droit de l'État victime d'un fait internationalement illicite », in L'ordre juridique international entre tradition et innovation, Rec. d'étude, PUF, 1991.

COTTEREAU (G), « système juridique et notion de responsabilité », in La responsabilité dans le système international, Colloque du Mans, SFDI, Paris A. Pedone, 1991.

LAHAUT (N), Rébellion et responsabilité internationale : l'État et le groupe rebelles responsables, Mémoire de Master complémentaire en droit international, Université Catholique de Louvain, 2015-2016.

[83] Article 4 h) de l'acte constitutif de l'Union Africaine. Il dispose que : « Le droit de l'Union d'intervenir dans un État membre sur décision de la conférence, dans certaines circonstances graves, à savoir : les crimes de guerre, le génocide et les crimes contre l'humanité ». Lire aussi avec intérêt, Akono (C.J), « L'Union africaine et la responsabilité de protéger », in Logmo Mbelek (A) (dir), *L'Union africaine : entre avancées incontestables et reculs contestables*, Imprimerie Saint Paul, 2018.

[84] Cubertafond (B), *La création du droit*, Coll. Le droit en question, Paris, Ellipses, 1999, p. 110.

LENOBLE (J), « Responsabilité internationale des États et contrôle territoriale », RBDI, 1981.

SZUREK (S), « La responsabilité de protéger : mauvaises querelles et vraies questions », Annuaro Colombiano de Derecho International, ACDI, n°4.

LAMBERT (M), « Protection des droits indérogeables dans la situation des conflits armés », Revue Trimestrielle des droits de l'homme, 7eme édition, refondue, PUF, Paris, 2005.

RÉFUGIÉS ET DÉPLACÉS EN RAPPORT AVEC LA CRISE ANGLOPHONE : QUELLE RESPONSABILITÉ DE PROTÉGER ?

Gisèle Léocadie BEFOLO
Chargée de Cours au Département de Droit international-IRIC

Introduction

Depuis le 21 novembre 2016, la zone dite anglophone du Cameroun, constituée des régions du Nord-ouest et du Sud-ouest, est l'objet de turbulences. À l'origine, ce qui était présenté sous la forme de revendications d'ordre corporatiste des syndicats des enseignants et des avocats s'est transformé en revendications politiques, puis en véritable conflit armé interne, avec la constitution et la mise en activité des groupes armés distincts de l'armée régulière, l'objectif affirmé par ces groupes armés étant la division du Cameroun et la création d'un État dénommée « *Republic of Ambazonia* » ou Ambazonie.

La situation ci-dessus décrite s'est détériorée au fil des mois. C'est ainsi que l'on a pu déplorer de nombreuses pertes en vies humaines résultant des affrontements et des enlèvements répétés des autorités administratives, traditionnelles, religieuses, ainsi que des populations civiles (élèves, enseignants notamment) et des éléments des forces de défense et de sécurité par les bandes armées irrégulières ; des disparitions forcées ; des destructions des biens publics et privés ; des viols et des vols à répétition ; des rapts et des rackets multiples ; des enrôlements forcés des enfants dans les milices, etc., avec pour corollaire inévitable un ralentissement significatif de l'activité socio-économique (fermeture des établissements scolaires, villes mortes), etc. Ce qui a entraîné une psychose justifiée par de nombreuses intimidations et de graves conséquences humanitaires au nombre desquelles le déplacement forcé d'un nombre important de personnes, soit à l'intérieur, soit à l'extérieur du pays. Le Rapport 2018 du Haut-Commissariat des Nations Unies pour les Réfugiés indique un nombre estimatif de déplacés de l'ordre de 530 000 pour le Nord-Ouest et le Sud-Ouest ; 26 283 dans les régions du Nord et de l'extrême Nord[1], et 21 291 réfugiés au Nigéria voisin[2].

Cet état de choses a suscité un débat nourri et contradictoire au sein de la communauté nationale et internationale. Ainsi, les groupes sécessionnistes ou insurgés, certaines organisations de la société civile et autres grandes puissances ont et continuent de demander à l'ONU, à travers ses instances compétentes que sont l'Assemblée Générale et le Conseil de sécurité, de déclarer que la situation humanitaire qui prévaut actuellement dans les régions anglophones, engage la responsabilité des autorités camerounaises de protéger la population victime des affrontements et autres atrocités, notamment les déplacés internes et les réfugiés. Cette situation a provoqué la tenue, le 13 mai 2019, d'une réunion informelle par le Conseil de Sécurité, à la demande des États-Unis.

L'article 1er de la Convention des Nations Unies relative au statut des réfugiés tel que modifiée par le Protocole de 1967 définit ces derniers comme étant « *toute personne craignant avec raison d'être persécutée du fait de sa race, de sa religion, de sa nationalité, de son appartenance à un certain groupe social ou de ses opinions, se trouve hors du pays dont elle a la nationalité et qui ne peut ou du fait de cette crainte, ne veut se réclamer de la protection de ce pays, ou qui, si elle n'a pas de nationalité et se trouve hors du pays dans lequel elle avait sa résidence habituelle, à la suite de tels évènements, ne peut ou en raison de ladite crainte, ne veut y retourner* ». La Convention de l'Union africaine régissant certains aspects propres au problème des réfugiés en Afrique (1969) et la Déclaration de Carthagène sur les réfugiés (1984) contiennent une définition plus large incluant les personnes fuyant des évènements troublant gravement l'ordre public tels que des conflits armés et d'autres situations de violence.

Aux termes des Principes directeurs des Nations Unies relatifs au déplacement des personnes à l'intérieur de leur propre pays (1998), cette catégorie de personnes désigne : « *des personnes ou des groupes de personnes qui ont été forcés ou contraints à fuir ou à quitter leur foyer ou leur lieu de résidence habituelle notamment en raison d'un conflit armé, des situations de violence généralisée, de violation des droits de l'homme ou de catastrophes naturelles ou provoquées par l'homme ou pour en éviter les effets et qui n'ont pas franchi la frontière internationalement reconnue d'un État* ».

---

[1] Le même Rapport fait état d'un nombre estimatif de 110 023 déplacés retournés dans la région de l'Extrême-Nord.

[2] Ces chiffres ont été tirés du rapport de l'ONG du nom d'International Crisis Group (ICG). Selon les déclarations du porte-parole du HCR lors de la Conférence de presse du 26 mars 2019 au Palais des Nations à Genève, le nombre de personnes déplacées serait plutôt de 437 000, en raison de 246 000 dans la région du Sud-ouest et 105 000 dans celle du Nord-Ouest, et 86 000 dans les régions de l'Ouest et du Littoral.

Il apparaît au regard de ces définitions que le critère permettant de distinguer les réfugiés des personnes déplacées, c'est le franchissement d'une frontière internationale. En effet, les réfugiés sont des personnes qui ont été obligées de franchir une frontière internationale, tandis que les déplacés internes ont certes été forcés de quitter leur foyer, mais ils sont restés sous la juridiction de leur pays d'origine. Les réfugiés sont protégés par la Convention des Nations Unies relative au statut des réfugiés (1951) et la Convention de l'Union Africaine régissant certains aspects propres aux problèmes des réfugiés en Afrique (1969). Il n'existe aucun traité universel consacré de manière spécifique à la situation des personnes déplacées à l'intérieur de leur propre pays. Cependant, au plan régional, la Convention de l'Union Africaine sur la protection et l'assistance aux personnes déplacées en Afrique[3], entrée en vigueur en décembre 2012, est le premier instrument conventionnel qui aborde de manière spécifique la question de la protection et de l'assistance aux personnes victimes de déplacements involontaires ou forcés.

Les personnes victimes des déplacements forcées, que ce soit à l'intérieur ou à l'extérieur du Cameroun, se retrouvent dans une situation de vulnérabilité et, parfois, de précarité de nature à entacher leur dignité inhérente à leur qualité d'humains. D'où la nécessité pour elles d'être protégées par l'Etat auquel il incombe la responsabilité de protéger sa population où qu'elle se trouve. Mais encore faudrait-il s'accorder sur ce que les uns et les autres entendent par « responsabilité de protéger ».

Le droit d'ingérence humanitaire a été introduit par la Résolution 43/131 de l'Assemblée Générale de l'ONU en 1988, puis par plus de 300 résolutions du Conseil de Sécurité dans une dizaine de conflits, et a été consacré par le Sommet mondial des chefs d'État et de Gouvernement, le 16 septembre 2005, sous une nouvelle dénomination : « la responsabilité de protéger »[4]. Celle-ci peut être considérée comme une norme du droit international public, systématisée dans le Rapport de la CIISE et adoptée par tous les États membres de l'ONU en 2005 à l'occasion du Sommet mondial de la même année. Ce rapport de la CIISE[5] qui a été rendu public, le 30 septembre 2001, souligne la responsabilité juridique des États souverains de protéger leur population contre « *les génocides, les crimes de guerre, les*

[3] Cette convention est plus connue sous la dénomination de « Convention de Kampala ».

[4] Bettati (M.), « Du droit d'ingérence à la responsabilité de protéger », *Outre Mer*, 2007/3, n° 201, p.381.

[55] La Commission Internationale de l'Intervention et de la Souveraineté des États (CIISE) a été créée par le Gouvernement canadien en septembre 2000, répondant à l'exhortation du Secrétaire Général des Nations Unies monsieur Koffi Atta Annan. Cette Commission était co-présidée par Gareth Evans et Mohamed Sahnoun et avait pour mandat de « *favoriser une meilleure compréhension de la difficulté de concilier l'intervention à des fins de protection humaine et la souveraineté* (…) ». p.2 du Rapport de la CIISE.

crimes contre l'humanité et les nettoyages ethniques » et, en cas de défaillance, recommande à la communauté internationale d'y pallier, de préférence par tous les moyens pacifiques, sans pour autant exclure le recours à une intervention armée, celle-ci ne devant être envisagée qu'en dernier ressort.

En l'état actuel des manifestations et des conséquences de la crise anglophone au Cameroun et, de manière spécifique, de la prise en charge par le pays des réfugiés et des déplacés internes, peut-on légitimement faire appel à ce concept de « responsabilité de protéger » du point de vue de sa définition dégagée dans le rapport de la CIISE ? Cette interrogation elle-même suscite un triple questionnement : quelle est la signification retenue de ce concept ? Quels en sont les contours ? Et surtout, dans quelle mesure pourrait-on envisager sa mise en œuvre dans le contexte particulier qui est celui de la prise en charge des réfugiés et déplacés internes, conséquences de cette crise ?

Afin de trouver des éléments de réponse à ces questionnements, il convient dans un premier mouvement de procéder à la définition et à la délimitation des contours du concept de « responsabilité de protéger » (I), et, par la suite, d'examiner la possibilité, s'il y a lieu, de sa mise en œuvre dans le contexte actuel, marqué par la gestion par les autorités étatiques de l'afflux toujours croissant des réfugiés et déplacés en provenance des régions anglophones au Cameroun (II).

I. La signification et la délimitation des contours de la « responsabilité de protéger »

Adoptée au Sommet mondial de l'ONU le 16 septembre 2005 par l'Assemblée Générale, la « responsabilité de protéger » (B) tire son origine du droit d'ingérence humanitaire (A) dont l'application n'a pas emporté l'adhésion de la communauté internationale dans son ensemble.

A. Du droit d'ingérence humanitaire

Le droit d'ingérence humanitaire[6] a été énoncé pour la première fois en 1988 lors d'une conférence internationale de droit et de morale humanitaire intitulée : « Devoir d'ingérence : peut-on les laisser mourir ? », organisée

[6] Bettati (M.) explique que le droit d'ingérence est « dépourvu de contenu juridique et n'en acquiert un que s'il est associé à l'adjectif humanitaire » car, ce dernier par la finalité qu'il assigne à l'intervention, la prive de l'illicéité dont elle est universellement entachée. Quant au devoir d'ingérence, il s'attache à l'obligation de faire respecter les droits fondamentaux de la personne et repose sur l'idée d'un village mondial et sur la primauté des droits de l'homme.

conjointement par Mario Bettati et Bernard Kouchner[7]. Il est directement lié à la doctrine d'« intervention d'humanité » qui autorisait au 19e siècle une grande puissance à agir dans le but de protéger ses ressortissants ou des minorités menacées. Selon la doctrine d'intervention d'humanité, *« lorsqu'un gouvernement (...) viole les droits de l'humanité par des accès de cruauté et d'injustice qui blessent profondément nos mœurs et notre civilisation, le droit d'intervention est légitime, car, quelque respectables que soient les droits de souveraineté et d'indépendance des États, il y'a quelque chose de plus respectable encore, c'est le droit de l'humanité ou de la société humaine qui ne doit pas être outragé* »[8].

Cette doctrine favorable dans certaines circonstances à un droit d'intervention unilatérale n'a jamais cessé de trouver des défenseurs, et ce même après la mise en place du système de l'ONU. L'on peut à cet égard citer l'arrêt rendu par la CIJ en 1949 dans l'affaire du Canal de Corfou. La Cour pour stigmatiser le comportement de la marine britannique emploie ce terme d'« intervention », lui donnant un sens péjoratif, en ces termes : « le prétendu droit d'intervention ne peut être envisagé que comme la manifestation d'une politique de force ». Cette idée a été réitérée durant la guerre de Biafra (1967-1970), afin de dénoncer l'immobilisme des grandes puissances voulant respecter le principe de non-ingérence. Ce n'est qu'en 1988 que la notion d'ingérence humanitaire est qualifiée comme un droit international au cours d'une conférence internationale de droit et de morale humanitaires sous l'égide de la Faculté de droit de Paris-sud et des médecins du monde, organisé par Mario Bettati et Bernard Kouchner. Le but avoué étant d'aménager un espace juridique où se trouveraient indissolublement liés la légitimation de l'intervention humanitaire et le principe de l'indépendance et de la non soumission de l'État à l'égard de l'extérieur[9].

Les deux résolutions 43/131 et 45/100, adoptées par l'Assemblée générale des NU en 1988, ont progressivement consacré la reconnaissance expresse d'un droit d'assistance humanitaire aux victimes en cas de catastrophes naturelles et de situations d'urgence du même ordre.

La Résolution 43/131 sur « l'assistance humanitaire aux victimes des catastrophes et des situations d'urgence du même ordre » a été adoptée sans vote lors de la 75e séance plénière du 08 décembre 1988, et insiste essentiellement sur la notion d'urgence. En effet, l'ONU considère que le fait de laisser les victimes des catastrophes naturelles et des situations

---

[7] Bettati (M.) et Kouchner (B) (dir.), *Le droit d'ingérence : peut-on les laisser mourir ?*, Colloque Conférence internationale de droit et morale humanitaire, Paris, Denoël, 1987, 300 p.

[8] Rolin-Jaequemyns (G), « Note sur la théorie du droit international », *RDILC*, 1876,, p.675.

[9] Bettati (M.), *Le droit d'ingérence, mutation de l'ordre international*, Paris, Odile Jacob, 1996, p.9.

d'urgence du même ordre sans assistance humanitaire représente une menace à la vie humaine et une atteinte à la dignité de l'homme[10]. Quant à la Résolution 45/100 sur « l'assistance humanitaire aux victimes des catastrophes naturelles et des situations d'urgence de même ordre », adoptée par consensus lors de la 68e séance plénière du 14 décembre 1990, elle insiste sur la « mise en œuvre des couloirs d'urgence humanitaire » pour faciliter l'accès aux victimes.

B. À la « responsabilité de protéger »

La responsabilité de protéger peut être, à bien des égards, considérée comme la forme la plus achevée du droit d'ingérence humanitaire, ainsi que l'indique l'examen de la genèse (1) et des conditions d'application de ce concept (2).

1. La genèse du concept

Trop controversé pour pouvoir être intégré en droit positif, le droit d'ingérence humanitaire a laissé la place à un autre concept à savoir : « la responsabilité de protéger », qui a fait son apparition dans le langage juridique et politique international. Le premier document introduisant le concept de responsabilité de protéger est le rapport de la CIISE rendu public en décembre 2001 sur le thème principal : « La responsabilité de protéger ». La CIISE, dans son rapport, analyse plusieurs modalités de la responsabilité de protéger à savoir : la responsabilité de prévenir qui consiste à éliminer à la fois les causes profondes et les causes directes des conflits internes et des autres crises produites par l'homme qui mettent en danger les populations ; la responsabilité de réagir devant des situations où la protection des êtres humains est une impérieuse nécessité, en utilisant des mesures appropriées pouvant prendre la forme de mesures coercitives telles que des sanctions et des poursuites internationales et, dans les cas extrêmes, en ayant recours à l'intervention militaire ; la responsabilité de reconstruire qui recommande de fournir, surtout après une intervention militaire, une assistance à tous les niveaux afin de faciliter la reprise des activités, la reconstruction et la réconciliation, en agissant sur les causes des exactions auxquelles l'intervention devait mettre un terme ou avait pour objet d'éviter.

La responsabilité de protéger, énoncée dans les textes précédents, se concrétise politiquement lors du Sommet mondial de 2005[11]. Au cours de la

---

[10] Paragraphe 8 du préambule.

[11] Le tout premier rapport réalisé en décembre 2004 a été marqué par la mise en place par le Secrétaire général, de l'ONU de l'époque, monsieur Koffi Atta Annan, d'un groupe de personnalités de haut niveau sur les menaces, les défis et les changements. Ce groupe a élaboré un rapport intitulé « un monde plus sûr, notre affaire à tous », lequel reprend sur le fond les mêmes grandes lignes de celui de la CIISE. En décembre 2004, le rapport a été soumis à l'Assemblée générale par le Secrétaire général, monsieur Koffi Annan.

réunion plénière de haut niveau de la 60e Session de l'Assemblée Générale, l'ONU a approuvé le rapport de la CIISE, comme en font foi les paragraphes 138 et 139 du *Document final du Sommet mondial* de 2005 sous le titre : « Devoir de protéger les populations contre le génocide, les crimes de guerre, les crimes contre l'humanité et le nettoyage ethnique ». Le Document précise dans le paragraphe 138 que : « *c'est à chaque État qu'il incombe de protéger les populations du génocide, des crimes de guerre, du nettoyage ethnique et des crimes contre l'humanité. Ce devoir comporte la prévention de ces crimes, y compris l'incitation à les commettre, par les moyens nécessaires et appropriés. Nous acceptons cette responsabilité de manière à nous y conformer. La communauté internationale devrait, si nécessaire, encourager et aider les États à s'acquitter de cette responsabilité et aider l'Organisation des Nations Unies à mettre en place un dispositif d'alerte rapide*. Le paragraphe 139 ajoute qu'*il incombe à la communauté internationale, dans le cadre de l'Organisation des Nations Unies, de mettre en œuvre les moyens diplomatiques, humanitaires et autres moyens appropriés, conformément aux chapitres VI et VIII de la Charte des Nations Unies, afin d'aider à protéger la population du génocide, des crimes de guerre, du nettoyage ethnique et des crimes contre l'humanité » (...)*. Ces paragraphes, tout en affirmant la responsabilité de l'État territorialement compétent, rappellent à chaque organisation internationale, et à la communauté internationale dans son ensemble, leurs obligations en matière de protection, de prévention et de répression des crimes ci-dessus visés.

Le document final envisage exclusivement les interventions humanitaires autorisées par le Conseil de Sécurité, en vertu du Chapitre VII de la Charte de l'ONU, lorsque les moyens pacifiques se révèlent insuffisants et que les autorités nationales manquent manifestement d'assurer la protection de leurs populations. En outre, la Résolution souligne l'obligation des États de respecter le droit international humanitaire, notamment les règlements de La Haye de 1899 et 1907, les conventions de Genève de 1949 et leurs Protocoles additionnels I et II de 1977, et les appelle également à ratifier les instruments internationaux relatifs au droit international humanitaire, au droit international des droits de l'homme et au droit des réfugiés. Par la suite, le rapport du Secrétaire Général de l'ONU monsieur Ban Ki Moon, dressé le 12 janvier 2009 sur la « mise en œuvre de la responsabilité de protéger » a contribué à donner une dimension opérationnelle à ce concept, en dégageant une approche à trois piliers à savoir : la responsabilité de l'État en matière de protection ; l'assistance internationale et le renforcement des capacités ; la réaction en temps voulu.

2. Les critères d'application

Ils peuvent être regroupés en deux catégories à savoir : ceux liés à l'enclenchement de la responsabilité de protéger (a) et ceux ayant trait à sa mise en œuvre à travers l'assistance et la protection des victimes des déplacements involontaires ou forcés (b).

a. Les critères relatifs à l'enclenchement de la responsabilité de protéger

Le principe est que, si un État manque manifestement à son obligation de protéger sa population contre quatre crimes précis à savoir : le génocide, les crimes de guerre, l'épuration ethnique et les crimes contre l'humanité, la communauté internationale a la responsabilité d'agir conjointement pour protéger la population en question[12].

La responsabilité de protéger a pour fondement le principe de subsidiarité selon lequel, c'est aux États souverains qu'il incombe, en premier lieu, la responsabilité de protéger leurs populations contre les génocides et autres atrocités commises en masse (principe 3). Si les pouvoirs publics de ce pays n'ont pas la volonté ou la capacité, ils sont censés demander ou accepter l'assistance des organisations internationales afin de garantir le bien-être et la sécurité des déplacés à l'intérieur des frontières nationales (principe 25), et ceci en vertu du droit international humanitaire et du droit des droits de l'homme. L'action de la communauté internationale se pose de manière subsidiaire à celle des États. La communauté internationale doit entreprendre des mesures à cet effet, même si cela implique une intervention militaire (principe 27), afin d'aider les États à s'acquitter de leurs obligations vis-à-vis de leurs populations en situation de déplacement.

La substitution de la communauté internationale à l'État défaillant peut prendre des formes diverses : mesures humanitaires et/ou diplomatiques, recours à la force ; mais le droit international recommande que ce dernier soit opéré seulement avec l'autorisation du Conseil de Sécurité de l'ONU.

b. Les critères liés à l'assistance et à la protection des victimes

En règle générale, tout déplacement arbitraire est proscrit et si, pour des raisons légitimes, le pays devait effectuer des déplacements des populations dans le but d'assurer la sécurité des civils, il doit limiter les effets néfastes de l'opération en faisant tout le possible pour protéger les déplacés internes des dangers, et en réduire le plus possible la durée. Les principes directeurs[13] affirment le droit à être protégé contre les déplacements arbitraires de son foyer ou de son lieu de résidence habituelle[14], à la protection et à l'assistance pendant le déplacement et à une protection au cours de toutes les phases du déplacement. Ils portent également sur les solutions durables, invitant les

---

[12] Article 139 du Document de 1998.

[13] La responsabilité de protéger s'appuie sur le droit international humanitaire, le droit international des droits de l'homme et le droit pénal international.

[14] Principe 6 (1).

gouvernements à faciliter le retour des déplacés internes dans leur foyer ou, s'ils ne souhaitent pas y revenir, à les aider à s'intégrer dans la communauté d'accueil. Ce qui revient pour l'État concerné à veiller au retour volontaire et/ou à la réinstallation des personnes déplacées dans leur lieu de résidence habituelle, dans l'optique de leur donner la possibilité de se rétablir et de réintégrer la société dans des conditions de dignité et de sécurité librement acceptées par les personnes concernées. Les autorités sont également invitées à veiller à la restitution de leurs biens, sinon à ce que celles-ci soient indemnisées. Une attention particulière doit être accordée aux besoins spécifiques des femmes et des enfants, ainsi qu'à des groupes vulnérables, tels que des personnes âgées et celles victimes de handicaps. La nature de cette assistance peut et doit changer au fil du temps, pour que les solutions qui lui sont affectées soient durables, et pour une effectivité optimum quant à sa réalisation.

C. Les examens de son applicabilité avec la situation dans la zone dite anglophone

La crise anglophone désigne la situation sociopolitique du Cameroun anglophone (régions du Nord-Ouest et du Sud-Ouest) depuis le 21 mars 2016. Ce contexte nécessite d'être clarifié en vue de sa qualification juridique (1), préalable à toute confrontation avec la critériologie de la responsabilité de protéger (2).

1. Essai de qualification juridique de la crise anglophone

À l'origine, la crise anglophone consistait en des revendications d'ordre corporatiste des syndicats d'enseignants et d'avocats qui exigeaient de meilleures conditions de travail, en rapport avec la spécificité que constitue leur langue de travail, à savoir l'anglais. Par la suite, ces revendications d'ordre corporatiste ont pris la forme de revendications politiques dont la plus significative réside dans l'ambition de sécession d'avec la partie francophone du pays, et la création d'un État distinct et indépendant dénommé « *République de l'Ambazonie* ». Cette dernière revendication ayant rencontré un refus catégorique de la part des autorités étatiques, les partisans de la partition du pays en deux États encore appelés des « sécessionnistes » se sont constitués en bandes armées avec pour objectif affirmé l'atteinte de leurs ambitions, d'où le début d'un véritable conflit armé interne opposant les forces gouvernementales à ces bandes armées rebelles. La cohésion sociale, le système éducatif[15], l'autorité administrative et traditionnelle[16], la paix et la sécurité sont ébranlés[17] ; la précarité

[15] L'une des cibles privilégiées des groupes rebelles est le secteur de l'éducation. Des attaques sont ainsi fréquemment dirigées contre les établissements scolaires ; les élèves et les enseignants ont été menacés, mutilés, brutalisés, tués.

[16] Celles-ci ont régulièrement été prises pour cibles par les bandes armées rebelles, qui dans leur propagande ne cessent d'appeler au meurtre des représentants du pouvoir établi.

quotidienne de la vie s'installe insidieusement. La population civile, celle notamment installée dans les zones rurales, a payé le plus lourd tribut de ce conflit, car victime de multiples exactions (assassinats, viols, vols, rapts, rackets, destructions de leurs biens et propriétés, enrôlements des enfants dans les milices, etc.), et de la psychose créée par les menaces et intimidations. Ainsi, plusieurs personnes ont été obligées de quitter leur foyer ou leur résidence habituelle pour se réfugier soit à l'étranger (Nigéria voisin en particulier), soit à l'intérieur, dans les autres régions du Cameroun.

Au demeurant, s'il était besoin d'opérer un essai de qualification juridique de la situation dans la zone dite anglophone en rapport avec la crise qui y sévit, il serait hasardeux de soutenir la thèse de l'existence d'un conflit armé non international (CANI), les membres des bandes armées rebelles n'étant pas clairement identifiées et reconnues comme étant des combattants au sens du droit international humanitaire, ou d'un conflit armé déstructuré (CAD) dans la mesure où, jusqu'à présent, ces bandes armées ne s'affrontent pas entre elles, mais contre les autorités étatiques et tout ce qui, à leurs yeux, en est l'incarnation. La situation dans ces régions s'apparenterait plutôt à une crise interne qui s'est enlisée au fil des jours[18] .

De même, au regard de l'ampleur des hostilités dans les régions dites anglophones, et les conséquences générées par celles-ci, l'on ne saurait affirmer l'existence d'une situation qui pourrait s'apparenter de près ou de loin à un génocide, à des crimes de guerre, à du nettoyage ethnique et à des crimes contre l'humanité, ainsi que le démontrent l'examen de leur définition et la confrontation de celles-ci avec la critériologie d'application de ce concept.

2. Confrontation d'avec la critériologie d'application de la responsabilité de protéger

L'intérêt de cette confrontation réside dans le souci d'identification dans la crise anglophone et ses manifestations, des caractéristiques d'exercice ou de mise en œuvre de la responsabilité de protéger. Celle-ci pourrait être opérée à travers l'examen des causes des déplacements forcés ou involontaires (a), et l'initiative desdits déplacements (b).

a. Par rapport aux causes des déplacements

Le rapport de la CIISE précité indique les situations dans lesquelles la responsabilité de protéger est de nature à trouver son application, à savoir : le génocide, les crimes de guerre, l'épuration ethnique et les crimes contre l'humanité.

---

[17] Au 11 juin 2018, les statistiques répertorient 123 attaques contre les éléments des forces de l'ordre et de sécurité qui ont fait 84 morts, dont 32 militaires, 42 gendarmes et 07 policiers.

[18] Les autorités camerounaises, quant à elles, qualifient cette situation de « terrorisme ».

- **Le génocide**[19]

Il a été défini de façon générale par l'article 1er de la Convention pour la prévention et la répression du crime de génocide [20]en ces termes : « l'un quelconque des actes énumérés commis dans l'intention de détruire, en tout ou en partie, un groupe national, ethnique, racial, ou religieux comme tel ». Ces actes sont : le meurtre des membres du groupe[21], l'atteinte grave à l'intégrité physique ou mentale des membres du groupe[22], la soumission intentionnelle du groupe à des conditions d'existence devant entraîner sa destruction physique totale ou partielle[23] ; les meurtres visant à entraver des naissances au sein du groupe[24] ; le transfert forcé d'enfants du groupe à un autre groupe[25].

- **Les crimes de guerre**

Trois conditions sont nécessaires pour que l'on puisse parler de crime de guerre.

- **L'exigence d'un conflit armé**

La notion de conflit armé est définie comme un recours à la force armée entre États *« ou au sein d'un État soit entre les forces armées organisées, soit entre des groupes armés échappant au contrôle du gouvernement »*[26].

Dans son arrêt Tadic, la Chambre d'appel du TPIY a donné une définition générale de la notion de conflit armé incluant tout à la fois le conflit armé international (CAI) et le conflit armé non international (CANI). Selon cette instance, un conflit armé existe chaque fois qu'il y a recours à la force armée organisée entre États ou un conflit armé prolongé entre autorités gouvernementales et des groupes armés organisés ou entre de tels groupes au sein d'un État[27].

---

[19] Le crime de génocide constitue une infraction autonome qui peut être commise en temps de paix ou en temps de guerre.
[20] Adoptée à l'unanimité par l'Assemblée Générale des NU le 09 décembre 1948.
[21] Al a.
[22] Al b.
[23] Al c.
[24] Al d.
[25] Alal d.
[26] Salmon (J), *Dictionnaire du Droit international public*, Bruylant, Bruxelles/ AUF, 2001.p.233.
[27] TPIY, Ch d'Appel, le procureur/Tadic, n° IT, 94-I, AR72, paragraphe 70.

- **L'existence d'actes criminels**

Les actes criminels concernés sont les mêmes que ceux énumérés par l'article 8 du Statut de Rome[28] : « *l'homicide intentionnel, la torture ou les traitements inhumains, y compris les expériences biologiques ; le fait de causer intentionnellement de grandes souffrances ou de porter gravement atteinte à l'intégrité physique ou à la santé, la destruction et l'appropriation de biens non justifiés par des nécessités militaires et exécutées sur une grande échelle de façon illicite et arbitraire ; le fait de contraindre un prisonnier de guerre ou une personne protégée à servir dans les forces d'une puissance ennemie ; le fait de priver intentionnellement un prisonnier de guerre ou toute autre personne protégée de son droit d'être jugé régulièrement et impartialement ; la déportation ou le transfert illégal ou la détention illégale ; la prise d'otages ; les autres violations graves des lois et coutumes applicables aux conflits armés internationaux dans le cadre établi du droit international* ». L'on peut adjoindre à cette énumération : le meurtre, le viol, la grossesse forcée ou toute autre forme de violence sexuelle ; le fait de procéder à l'enrôlement d'enfants de moins de 15 ans dans les forces armées ou dans les groupes armés ou de les faire participer à des hostilités, etc.

- **Le lien étroit entre le crime et le conflit armé**

Il s'agit là de la condition du « lien de connexité » entre le comportement criminel et le conflit armé. Peu importe ou non que le crime se déroule à l'endroit des hostilités. C'est du moins le point de vue de la jurisprudence de la CPI qui rappelle que « *le droit international humanitaire s'applique sur l'ensemble du territoire de la Haute partie contractante et la connexité entre le crime et le conflit armé sera établie y compris dans le cas où les crimes seraient liés aux hostilités se déroulant dans d'autres parties du territoire* »[29].

- **Crime contre l'humanité**

Il n'existe pas de définition uniforme de l'expression « crime contre l'humanité ». Il s'agit d'une notion non stabilisée, en témoignent les différences observées dans la liste des incriminations contenues dans les textes internationaux. Les éléments du crime contre l'humanité sont à la fois matériels et psychologiques. L'élément matériel renvoie à l'acte commis dans le cadre d'une attaque généralisée ou systématique. Quant à l'élément psychologique, il consiste en la connaissance de l'attaque et en l'intention de la perpétrer.

---

[28] La référence à ce tribunal tient au fait que les critères de définition retenus par cette instance sont en fait ceux adoptés par le droit international (DIH, DIDH, DIP).

[29] TPIR, le procureur c/Kyihna Clément et RUUZINDANA Obed.

L'article 30 du Statut de Rome pose un principe fondamental en droit pénal : « sauf disposition contraire, nul n'est pénalement responsable et ne peut être puni en raison d'un crime relevant de la compétence de la Cour que si l'élément matériel du crime est commis avec intention et connaissance ». Deux conditions cumulatives se présentent ainsi à savoir : l'intention et la connaissance.

L'article 6 de la Charte du Tribunal des Nations Unies de Nuremberg définit les crimes contre l'humanité comme « *l'assassinat, l'extermination, la réduction en esclavage, la déportation, et tout autre acte inhumain commis contre les populations civiles, avant ou pendant la guerre, ou bien la persécution pour les motifs raciaux, politiques ou religieux, lorsque ces actes ou persécutions qu'ils aient constitué ou non une violation du droit interne des pays où ils ont été perpétrés ont été commis à la suite de tout crime entrant dans la compétence du tribunal, ou en liaison avec ce crime* ».

Le Statut du Tribunal Pénal International pour la Yougoslavie, quant à lui, considère comme étant les crimes contre l'humanité ceux : « … *commis au cours d'un conflit armé, de caractère international ou interne, et dirigés contre une population civile quelque qu'elle soit : a) assassinat ; b) extermination, c) réduction en esclavage, d) expulsion, e) emprisonnement, f) torture, g) viol, h) persécution politique, raciale, religieuse et autres actes inhumains* »[30].

- Épuration ethnique : encore désignée sous l'appellation de « nettoyage ethnique » ou « purification ethnique », l'expression « épuration ethnique » n'a pas une définition unanimement acceptée et exacte.

La Commission d'experts pour l'ex-Yougoslavie a considéré que le nettoyage ethnique consiste à rendre une zone ethniquement homogène en utilisant la force ou l'intimidation pour faire disparaître dans la zone en question, des personnes appartenant à des groupes déterminés[31].

L'Assemblée Générale des Nations Unies et le Conseil de Sécurité s'y réfèrent généralement en rapport avec des violations caractérisées des droits de l'homme et du droit international humanitaire, à savoir : l'expulsion forcée des civils et la privation de leurs droits de résidence et de propriété, les tueries massives, l'acquisition du territoire par la force, la détention et les viols massifs organisés et systématiques des femmes, l'existence des camps de concentration et des camps de détention.

Le Dictionnaire de droit international public, quant à lui, énonce la définition suivante : « *hasardement (homicides intentionnels, tortures, viols*

[30] Art.5 du Statut du TPIY.

[31] La Commission d'experts nommés par le Conseil de Sécurité, 1er rapport intérimaire du 10 février 1993, UN, Do S/25274para 55.

généralisés et systématiques, et actes inhumains d'une extrême gravité), ou déplacements forcés visant à détruire en tout ou en partie, ou à contraindre au départ, un groupe national, ethnique, racial ou religieux ou en vue d'assurer l'homogénéité ethnique dans un territoire »[32].

Au demeurant, l'on ne saurait parler de crime de guerre dans le contexte camerounais, étant donné le défaut de la qualité de combattant des membres des groupes armés irréguliers et autres mercenaires qui opèrent dans ces régions du pays, et ce par le biais des moyens et des méthodes de combat asymétriques. De même, il semble, au regard des revendications, que l'objectif défini par ceux-ci n'est pas de nature à se rapprocher des visions relatives à l'épuration ethnique et au génocide, même si certains de leurs actes s'apparentent à certaines caractéristiques définitionnelles des crimes de guerre[33] et des crimes contre l'humanité[34].

b. Relativement à l'initiative du déplacement

L'un des critères d'application de la responsabilité de protéger réside dans le caractère organisé des déplacements forcés ou involontaires. En effet, les Principes directeurs interdisent tout déplacement arbitraire, mais également la possibilité pour le pays d'organiser des déplacements forcés pour des raisons légitimes, notamment afin d'assurer la protection des civils. Il est à signaler à ce propos que les déplacements involontaires des populations en provenance des régions anglophones se sont effectués de manière individuelle et désordonnée par des personnes victimes desdits déplacements elles-mêmes. Ceci est également valable pour ce qui est du choix de la destination.

Il apparaît, compte tenu de ce qui précède, que les critères retenus par la communauté internationale, relativement aux causes principales d'enclenchement de la responsabilité de protéger, ne sauraient s'appliquer dans le cas de la situation existant dans les régions anglophones. Cependant, ce concept implique également la protection des personnes autres que celles qui participent aux combats par l'État concerné. Il en est ainsi des déplacés internes et des réfugiés. À cet effet, l'analyse de l'implication de l'État du Cameroun dans la protection et la prise en charge de ces populations victimes des atrocités, conséquences de la crise dans les régions anglophones, est une contribution à la capacité ou non pour le pays de gérer la crise et ses effets néfastes de manière autonome.

32Salmon (J.), *Dictionnaire de droit international public*, Bruxelles/ AUF, Bruylant, 2001.

33 L'existence d'un conflit armé et la perpétration des actes criminels pendant et en rapport avec ce conflit armé.

34 Selon la définition présente dans le Statut du Tribunal Pénal international pour l'ex-Yougoslavie : assassinat, viol, torture.

II. La prise en main de la protection des réfugiés et des déplacés internes comme manifestation de l'assumation par l'État de sa responsabilité de protéger

Parmi les missions régaliennes de l'État, figure celle d'assurer la protection de sa population où qu'elle se trouve. C'est au regard de ce fondement (A) que l'on pourrait comprendre l'attitude adoptée par l'État du Cameroun pour ce qui est des victimes des déplacements involontaires de la zone anglophone (B).

A. Fondements de cette prise en main : la responsabilité de l'État vis-à-vis de sa population

Ce fondement réside dans la réaffirmation du principe de souveraineté des États (a) et l'obligation qui leur incombe de respecter leurs engagements internationaux librement consentis et relatifs aux droits humains (b).

1. Le principe de souveraineté

L'ancien Secrétaire Général de l'ONU de regretté mémoire, Koffi Atta Annan, s'est interrogé sur la signification à donner au principe de souveraineté des États, compte tenu du concept nouveau de « responsabilité de protéger » : « *la souveraineté d'un État est-elle un principe absolu ou la communauté internationale a-t-elle une responsabilité pour prévenir ou résoudre des conflits à l'intérieur des États en particulier quand il implique des génocides ou d'autres atrocités comparables ?* »[35].

En réaction à cette interrogation, la CIISE dans son rapport a appréhendé la souveraineté comme une notion *Janus,* car pouvant être envisagée sous deux angles différents : celui plus rigide ou souveraineté de contrôle (a) et celui marqué par une nécessaire édulcoration ou souveraineté de responsabilité (b).

a. La souveraineté comme contrôle

Le mot « souverain » vient du latin médiéval « *superanus* » signifiant supérieur. Étymologiquement, le mot sert à désigner le statut de celui qui a le pouvoir de gouverner sur un territoire et ses habitants, tel est le cas de l'État. Ce dernier est défini dès lors que trois éléments constitutifs sont réunis à savoir : un territoire, une population et un gouvernement souverain. Ces éléments ont été réitérés par la Commission d'arbitrage[36], créée en août 1991 dans le cadre de la Conférence pour la paix en Yougoslavie, dans son 1er avis ainsi qu'il suit : « *l'État est communément défini comme une collectivité qui se compose d'un territoire et d'une population soumise à un*

[35] Koffi Atta Annan, « Comment rendre le monde plus sûr ? », *Le Monde*, Décembre, 2004.
[36] Cette Commission d'arbitrage a poursuivi ses activités durant l'année 1992.

pouvoir politique organisé. Il se caractérise par la souveraineté ». De même, pour Carré de Malberg, *la souveraineté est le caractère du pouvoir ; suprême en ce que le pouvoir n'en admet aucune autorité ni au-dessus de lui ni en concurrence avec lui. Quand on dit que l'État est souverain, il faut entendre par là que dans la sphère où son autorité est appelée à s'exercer, il détient une puissance qui ne relève d'aucun pouvoir et qui ne peut être égalée par aucun autre pouvoir*[37]. En d'autres termes, relève Jean Combacau, « *la souveraineté est un degré de la puissance d'État et ce degré est le plus élevé de tous* »[38]. Dans cette optique, il appert qu'il existe un lien ténu entre souveraineté et discrétionnalité, c'est du moins l'avis d'Eisenmann qui estime que : « *le pouvoir souverain est la disrétionnalité totale* »[39]. Une conception analogue se retrouve chez Rousseau pour qui le terme *« souveraineté »* désigne *le lieu d'un pouvoir, d'une autonomie. Cette souveraineté à un double aspect au point de vue positif, qui est le pouvoir de donner des ordres inconditionnés, au point de vue négatif qui est le droit d'en recevoir d'aucune autre autorité humaine* »[40].

Cependant, cette conception de la souveraineté est en passe d'être dépassée au profit d'une autre forme de souveraineté désignée sous l'appellation de « *souveraineté de responsabilité* »[41].

b. La souveraineté comme responsabilité

La souveraineté-responsabilité se définit comme l'obligation incombant à un État ou à une institution publique d'assurer la protection de certaines personnes qu'elles tiennent sous leur juridiction. En effet, la souveraineté s'entend aujourd'hui comme englobant deux responsabilités : une externe qui consiste à respecter les autres Etats, et une interne qui revient à respecter la dignité et les droits fondamentaux de toute personne vivant sur le territoire de l'État. Si la souveraineté donne le droit à un État de « contrôler » ses affaires intérieures, elle lui confère également la responsabilité principale de protéger sa population tant à l'intérieur qu'à l'extérieur de ses frontières.

Pour la CIISE[42], trois conséquences peuvent être induites de la souveraineté comme responsabilité :

---

[37] Carré de Malberg (R), *Contribution à la théorie générale de l'État*, Tome 1, Paris, recueil, Sirey, 1920, p.7.

[38] Combacau (J), « Plus qu'une puissance, une liberté : la souveraineté internationale de l'État », *Pouvoirs*, n° 67, 1993, p.49.

[39] Eisenmann (C), *Cours de droit administratif*, Paris, LGDJ, 1983, tome II, p.672.

[40] Rousseau (CH), « L'indépendance de l'État dans l'ordre international », *RCADI*, t 73, 1948-II, p.169.

[41] Rapport de la CIISE, *La responsabilité de protéger*, op. cit., p.14.

[42] Commission internationale de l'intervention et de la souveraineté des États.

- Elle implique que les autorités étatiques sont responsables des fonctions qui permettent de protéger la sécurité et la vie des citoyens, et de favoriser leur bien-être.
- Elle donne à penser que les autorités politiques nationales sont responsables à l'égard des populations au plan interne et de la communauté internationale par l'intermédiaire de l'ONU.
- Elle signifie que les agents de l'État sont responsables de leurs actes, c'est-à-dire qu'ils doivent rendre des comptes, par exemple aux organes d'application des conventions auxquelles ils font partie ou aux organes des Nations Unies, pour ce qu'ils font ou ne font pas.

De ce point de vue, être souverain signifie dorénavant être responsable d'assurer la protection de son peuple contre tout instrument ayant un motif autre que celui de « la juste cause »[43]. La responsabilité de protéger a pu être considérée par les tenants de cette conception comme l'une des principales obligations d'un État, obligation dont le respect lui vaut sa légitimité[44]. Si un gouvernement n'assure pas la responsabilité de protéger ses populations, alors l'État qu'il dirige n'est plus alors entièrement souverain, la défaillance à protéger sa population étant considérée ici comme une perte de souveraineté de l'État[45].

Au regard de cette théorie, l'on peut admettre que dans l'exercice de sa souveraineté, vu sous l'angle de la responsabilité, l'État du Cameroun est amené à veiller à la protection de sa population à l'intérieur (y compris les déplacés internes) et à l'extérieur des frontières nationales, à travers la mise sur pied d'une politique adaptée à cet effet. Laquelle s'aménage notamment à travers une collaboration étroite et nécessaire avec les organismes compétents dans la gestion des réfugiés (à l'instar du HCR) et d'autres ONGs œuvrant en partenariat avec celui-ci (organismes à caractère religieux et/ou non religieux[46]). Elle oblige également l'État à respecter ses

---

[43] Vezimal (P), *La responsabilité de protéger et l'intervention humanitaire : de la conceptualisation de la souveraineté des États à l'individualisme normatif*, mémoire de Master, Université de Montréal, 2010, p.12.

[44] Aggar (S), *La responsabilité de protéger*, Thèse, Université de Bordeaux, 2016, p.311.

[45] C'est l'idée de l'État défaillant qui serait ainsi théorisée. L'État défaillant fait référence à la disparition des capacités de l'État de s'acquitter des fonctions essentielles, du fait notamment, du dysfonctionnement des institutions étatiques, à ne pas confondre avec « État faible » qui est un État où les structures étatiques sont fragiles, les sociétés divisées et la culture du service public quasiment inexistante (exemple : États issus de la décolonisation comme les États africains), et se caractérise par de grandes difficultés à subvenir aux besoins de la population tels que la santé, l'éducation, la défense nationale, les services sociaux de base ou encore la sécurité publique (à ne pas confondre avec « État voyou »).

[46] Associations et ONGs nationales (Plan Cameroun, l'Association contre les violences faites aux femmes, Association de lutte contre les violences faites aux femmes, Human rights watch etc.).

engagements pris dans le cadre des conventions internationales, en matière de protection des droits de ses populations.

2. Le respect des engagements internationaux relatifs aux droits humains

L'État du Cameroun est partie prenante à plusieurs conventions internationales relatives aux droits humains et au droit humanitaire. Le pays s'est ainsi engagé à garantir les droits de ses populations, aussi bien en temps de paix qu'en période exceptionnelle. Aux termes de l'article 26 de la Convention de Vienne sur les droits des traités, « *tout traité en vigueur lie les parties et doit être exécuté de bonne foi* ». Cet engagement repose essentiellement sur l'adage « *Pacta sund servanda* », selon lequel les conventions légalement signées tiennent lieu de loi entre les parties, même si les conventions relatives aux droits de l'homme d'une manière générale lient l'Etat, non pas vis-à-vis des autres Etats, mais de leurs citoyens. Selon le droit commun des traités, l'exécution ou non d'une convention quelle qu'elle soit, engage la responsabilité internationale de l'État qui en fait partie[47]. De plus, les normes concernées par le concept de « responsabilité de protéger » sont en réalité des normes de *Jus Cogens,* dont le respect incombe à l'humanité entière, indépendamment de leur inscription – ou non – dans un instrument à caractère conventionnel.

Les conventions internationales relatives aux droits de l'homme sont incorporées dans le préambule de la Constitution camerounaise, celles-ci, du fait de cette intégration, font partie intégrante du texte fondamental. Ainsi, le devoir pour l'État de garantir les droits de l'homme, quelles que soient leur nature ou les circonstances de cette garantie à ses populations, relève d'une prescription constitutionnelle qui lie les pouvoirs publics au sein de l'État, et qui, par corollaire, emporte de nombreuses implications.

B. L'effectivité de cette prise en main : la prise des mesures adaptées à la situation à juguler

L'effectivité de la prise en main par l'État de la situation des personnes victimes des déplacements involontaires ou forcés, qui du reste est un devoir régalien de tout État souverain, est observable à travers l'adoption et la mise en œuvre de nombreuses mesures visant la protection des personnes victimes desdits déplacements involontaires. Mais l'exercice par l'Etat de sa responsabilité vis-à-vis de sa population ne saurait s'accommoder de l'ingérence dans ses affaires intérieures (1), si ce n'est dans l'exercice du droit d'assistance humanitaire accordé à certaines organisations internationales et autres ONGs œuvrant dans les domaines des droits humains et du droit international humanitaire (2).

---

47 Dallier (P), Forteau (M) Pellet (P), *Droit international public*, LGDJ, 8e éd, 2009, p.246.

1. Le nécessaire respect par d'autres États du principe de non intervention et/ou de non-ingérence dans les affaires intérieures

Le principe de non intervention et/ou de non-ingérence découle du concept même de souveraineté et se pose comme un principe protecteur des États dits faibles. La non-ingérence est définie comme « *une interdiction faite à tout État, comme corollaire au principe d'égalité souveraine, de s'immiscer dans les affaires internes ou externes relevant de la compétence exclusive d'un autre État* »[48]. La même idée est présente au sein de la doctrine et de la jurisprudence, notamment à travers l'arrêt de la CIJ relatif à l'Affaire du *Detroit de Corfou*, lorsque cette juridiction a considéré le principe de non intervention comme étant un droit de tout État souverain de conduire ses affaires sans ingérence extérieure[49].

Ce principe met en exergue l'existence d'un domaine réservé à la compétence nationale ou exclusive de l'État[50], et induit une exclusion de la compétence du droit international. Le *Dictionnaire du droit international*[51] définit le domaine réservé comme le « domaine d'activité dans lequel l'État, n'étant pas lié par le droit international, jouit d'une compétence et, en conséquence, ne doit subir aucune immixtion de la part des États ou des organisations internationales ». Cette définition correspond à celle donnée par l'Institut de Droit international, dans sa résolution sur la « détermination du domaine réservé et ses effets » du 29 avril 1954. Selon cette théorie, certaines matières sont exclusives, en principe, à la compétence de l'Etat parce qu'appartenant au « noyau dur » de la souveraineté étatique. Partant de là, les États peuvent librement régler toutes les affaires qui relèvent dudit domaine. Dès lors, toute ingérence dans ce domaine constitue une intervention illicite.

Cependant, le principe de non-ingérence dans les affaires intérieures d'un État ne devrait aucunement être interprété comme une consécration de l'exclusion de l'exercice du droit d'assistance humanitaire par les ONGs et autres associations œuvrant dans le domaine des droits humains.

2. Le droit d'assistance humanitaire

Le droit d'assistance humanitaire est défini de manière générale comme un droit d'assistance en vue de satisfaire un besoin d'ordre humanitaire. C'est un droit de proposer des secours à l'État en cause, dont sont titulaires les ONGs et les organisations internationales[52]. Il s'agit d'une protection

---

[48] Salmon (J), *Dictionnaire du Droit international public*, op. cit.,. p.746.

[49] Affaire du Detroit de Corfou Grande-Bretagne contre Albanie, arrêt du 9 avril 1949, Rec 1949, p.35.

[50] Article 2 al 7 de la Charte de l'ONU.

[51] Salmon (J), *Dictionnaire du Droit international public*, op cit., p.356.

[52] Aggar (S), *La responsabilité de protéger*, op. cit., p.210.

fonctionnelle, différente de la protection humanitaire qui, elle, vise la sauvegarde des droits fondamentaux des victimes[53]. L'État, en vertu du principe de subsidiarité, est considéré comme le principal débiteur de l'obligation de protéger ses populations déplacées à l'intérieur et à l'extérieur des frontières nationales. C'est dans cette logique que certaines mesures ont été préconisées par les autorités camerounaises dans le but de protéger leurs populations contre les conséquences de la crise anglophone et de garantir leur retour à leurs conditions initiales d'existence.

Le droit d'assistance humanitaire international a été systématisé en droit humanitaire lors de la révision des Statuts du CICR en 1952. Il peut être considéré comme un véritable droit d'initiative au profit des États et des ONGs[54] ; l'acceptation de l'État bénéficiaire est une condition préalable et substantielle de la mise en œuvre de cette assistance. En effet, il revient à celui-ci, du fait du principe de subsidiarité, de prendre des mesures pour assurer la protection et l'assistance de sa population, et l'offre d'assistance humanitaire devrait être en conformité avec ces mesures et de nature à s'y intégrer de manière harmonieuse. Dans ce chapitre, il est patent qu'un certain nombre de mesures ont été prises par les plus hautes autorités de l'État et leur identification est de nature à apporter des éclairages supplémentaires à la compréhension de la question objet de cette étude.

3. L'identification des mesures préconisées par les pouvoirs publics

Afin de s'acquitter de leur devoir de protection vis-à-vis de leur population victime des déplacements à l'intérieur et à l'extérieur du pays, les pouvoirs publics ont envisagé et mis en œuvre une série des mesures tendant d'une part à s'assurer de la garantie des droits de cette catégorie spécifique de personnes. Ces mesures sont d'ordre politique et sécuritaire (a), social et humanitaire (b) ; elles visent également la normalisation de la situation dans la zone concernée par la crise (c).

a. Les mesures d'ordre politique et sécuritaire

Plusieurs mesures d'ordre politique et sécuritaire ont été envisagées et mises en œuvre par le Gouvernement, en vue de répondre aux nombreuses revendications des leaders d'opinion originaires des régions anglophones. Il en est ainsi notamment des mesures relatives à la sécurisation des deux régions concernées par la crise et la protection des civils par le déploiement des forces de défense et de sécurité ; de la prise en compte des revendications des insurgés par la création d'une commission spécifique dont le rôle est d'examiner les revendications formulées par la partie anglophone du pays ; le recrutement des enseignants d'expression anglaise, la traduction de l'Acte uniforme OHADA en anglais ; la création d'une

---

[53] Belanger (M), *Droit humanitaire général*, op cit, p.49.

[54] Ibidem.

commission en charge du bilinguisme et du multiculturalisme[55] et d'une section *Common law* à l'École Nationale d'Administration et de Magistrature, le réaménagement du Gouvernement en vue de confier des départements ministériels de souveraineté à des hauts fonctionnaires d'expression anglaise, etc.

Parallèlement à ces mesures d'ordres politique et sécuritaire, un Plan d'assistance humanitaire d'urgence a été mis sur pied par les pouvoirs publics, afin de porter secours aux populations des zones anglophones victimes des déplacements forcés.

b. Les mesures d'ordre social et humanitaire : la mise sur pied d'un Plan d'assistance humanitaire d'urgence dans les régions du Nord-Ouest et du Sud-Ouest

En date du 20 juin 2018, le Premier ministre, Chef du Gouvernement, en présence des membres du Gouvernement, des représentants du corps diplomatique, des hommes et femmes de média, a dévoilé, à travers une déclaration solennelle, le Plan d'assistance d'urgence dans les régions du Nord-Ouest et du Sud-Ouest, tel que prescrit par le chef de l'État.

- **Objectifs du Plan d'assistance humanitaire**

Le Plan d'assistance humanitaire mis en place par les pouvoirs publics a pour objectifs l'assistance aux populations victimes de déplacements forcés et la création des conditions favorables à un retour volontaire sans risques. Celles-ci ont été subdivisées en deux composantes : les personnes déplacées internes (PDI) estimées à 74 994 en raison de 66 260 dans la région du Nord-Ouest et 8 732 dans la région du Sud-Ouest, et les réfugiés estimés par le Haut-Commissariat pour les réfugiés (HCR) à 21 291 au Nigeria, localisés dans les États de Benue, Akwa-Ibom, Taraba et Cross-River[56].

Les besoins identifiés sont les mêmes quelle que soit la catégorie concernée, et concernent essentiellement l'alimentation, la santé, l'éducation, l'habitat, la sécurité et l'assistance psychosociale. En réponse à ces besoins, le Plan prévoit des mesures de facilitation de l'accès au logement et à l'éducation, la fourniture des denrées alimentaires et des produits de première nécessité, la protection et la reconstitution des documents individuels. Il est à noter que l'action en faveur des déplacés internes se réalise parallèlement à l'organisation des visites d'assistance et de réconfort aux populations réfugiées au Nigéria.

---

[55] À la faveur du Décret n° 2017/013 du 23 janvier 2017 portant création, organisation et fonctionnement de la Commission nationale pour la promotion du bilinguisme et du multiculturalisme.

[56] Ces statistiques qui ont été dévoilées à la date de la mise en œuvre du Plan ont connu une évolution haussière, du fait de la continuation et de l'enlisement de la crise.

Au plan sanitaire, l'action du Gouvernement consiste à réhabiliter les centres de santé détruits, abandonnés ou fermés, à organiser des campagnes de sensibilisation sur les mesures d'hygiène et de salubrité, afin de réduire les risques de maladies hydriques et les épidémies. Sur le plan agropastoral, il est prévu un appui en intrants agricoles et en cheptel pour relancer les activités des populations rurales sinistrées. Quant au secteur de l'éducation, le Gouvernement s'attèle à la réhabilitation des écoles et à la prise des mesures de protection des enseignants et des élèves en vue d'une reprise sereine des cours. Pour ce qui est de l'habitat, une double action de fourniture d'abris en urgence aux populations déplacées à l'intérieur du pays et de reconstruction des logements détruits est préconisée.

Par ailleurs, dans le but de garantir la protection des groupes vulnérables, des campagnes de sensibilisation sont organisées contre des violences basées sur le genre (VBG), les mariages et grossesses précoces, le travail des enfants, la consommation de la drogue, l'enrôlement des jeunes dans des groupes armés.

Le plan prévoit également une assistance psychosociale aux victimes et la reconstruction des documents d'État civil et des titres identitaires détruits ou perdus.

- **Mise en œuvre du Plan d'assistance humanitaire**

Acteurs impliqués

Deux catégories d'acteurs interviennent dans la mise en œuvre du Plan. Il s'agit d'un côté des acteurs institutionnels regroupés autour d'un Comité ad hoc chargé de la coordination de la réponse humanitaire, placé sous l'autorité du ministre de l'Administration Territoriale, assisté du ministre des Relations Extérieures. Ce Comité est composé de nombreux membres du Gouvernement, compte tenu de leurs attributions respectives. À côté de ce Comité, un Centre de coordination de l'assistance humanitaire d'urgence a été créé par arrêté du Premier ministre en date du 21 novembre 2018, auquel il a été confié cinq principales missions : coordonner toutes les actions relatives à l'assistance aux victimes de la crise dans ces deux régions, et notamment les personnes déplacées internes ; assurer la synergie des interventions des différents acteurs identifiés aux niveaux central et régional ; organiser la concertation et veiller à la coordination des interventions des différents acteurs nationaux et internationaux impliqués dans la mise en œuvre du Plan d'assistance humanitaire ; assurer le suivi et l'évaluation du Plan d'assistance humanitaire ; exécuter toute autre mission, à lui, confiée dans le cadre de ses attributions.

La mise à contribution d'un certain nombre d'autres acteurs pour appuyer l'action gouvernementale au profit des déplacés internes et des réfugiés[57], est également aménagée par le Plan d'assistance humanitaire (Croix-Rouge camerounaise, Programme National de Développement Participatif (PNDP), organismes de la société civile au niveau local, entreprises, particuliers[58], etc.), ainsi que par des organismes internationaux (institutions internationales, ONG, etc.). À cet égard, l'équipe humanitaire pays des Nations Unies est considérée par les autorités étatiques comme un appui précieux.

- **Sources de financement du Plan**

Le montant estimatif du budget de ce Plan d'assistance est de 12 716 300 000 FCFA. Les actions à mener en urgence sur les trois premiers mois sont estimées à 10 191 000 FCFA. Son financement est assuré par le Budget de l'État, l'appel à la solidarité nationale (à travers notamment des levées de fond, des manifestations individuelles de générosité), et la contribution des acteurs internationaux.

c. Création d'un Comité National de Désarmement Démobilisation Réintégration

La responsabilité de protéger implique également la prise des mesures visant à permettre aux personnes déplacées de pouvoir vivre dans la dignité, dans un endroit librement choisi par elles, une fois les hostilités terminées. C'est le sens du Décret n° 2018/719 du 30 novembre 2018 portant création du Comité national de Désarmement Démobilisation Réintégration (CNDDR).

Les missions assignées à ce Comité, qui du reste est placé sous la coordination du Premier ministre Chef du Gouvernement, sont définies à l'article 2 alinéa 1 du décret sus-indiqué au terme duquel « *le Comité a pour mission d'organiser, d'encadrer et de gérer le désarmement, la démobilisation et la réintégration des ex-combattants de Boko Haram et des groupes armés des régions du Nord-Ouest et du Sud-Ouest désireux de répondre favorablement à l'offre de paix du Chef de l'État en déposant les armes* »[59].

Le désarmement désigne l'opération qui consiste pour les acteurs au conflit de déposer les armes et de donner une chance au retour de la paix. En matière de désarmement, le Comité a pour mission de désarmer les ex-

[57] Il s'agit en l'occurrence des acteurs nationaux.

[58] La solidarité nationale et l'esprit d'hospitalité constituent autant de moyens non négligeables à l'appui de l'action des autorités étatiques dans leurs efforts de protection des personnes déplacées internes.

[59] Les ressources du Comité sont constituées des subventions de l'État, des dons et legs, des contributions des partenaires techniques nationaux et internationaux, ainsi que toutes les autres ressources qui pourraient lui être affectées conformément à la législation en vigueur.

combattants, de collecter, de répertorier et de stocker les armes et munitions remises volontairement par les ex-combattants, de prendre toutes les dispositions appropriées pour la destruction desdits armes, munitions et explosifs, en liaison avec les autorités compétentes.

La démobilisation correspond au moment où l'ex-combattant quitte résolument la vie militaire. En matière de démobilisation, le Décret de 2018 prévoit la mise en place par le Comité des sites de cantonnement d'ex-combattants et la prise des dispositions nécessaires à leur encadrement, sans occulter la garantie d'un apport multidimensionnel dans le cadre de leur préparation à la vie civile.

La réintégration, quant à elle, désigne le processus où l'ex-combattant rejoint la vie civile[60]. C'est un processus à long terme visant à leur offrir des alternatives viables à leur réinsertion dans la vie civile et à les aider à s'autonomiser sur tous les plans. Au plan de la réintégration, le Décret n° 2018/719 prévoit la prise des dispositions nécessaires à la déradicalisation des ex-combattants, l'organisation des actions de sensibilisation et l'apport d'une assistance multidimensionnelle aux communautés d'origine, dans le but de faciliter la réintégration des démobilisés, d'aider à leur réinsertion dans la vie civile, notamment par l'organisation des formations, la mise à disposition d'outils et autres moyens de production et d'assistance à la création d'activités génératrices de revenus.

Ainsi, de l'avis de certains, si les programmes de Désarmement et de Démobilisation ne rencontrent pas souvent de difficultés majeures dans leur mise en œuvre, la réintégration constitue une véritable gageure pour les autorités étatiques[61] dans la mesure où elle induit une prise en charge multiforme (psychologique, économique, éthique, sanitaire, mentale, etc.) des personnes concernées en vue de leur retour à la vie civile : c'est l'un des principaux défis de ce Comité qui suscite de nombreuses attentes de la part de toutes les composantes de la société camerounaise.

Conclusion

En définitive, la crise anglophone qui, à l'origine, consistait en des revendications d'ordre corporatiste s'est muée progressivement en une insurrection armée, opposant des forces gouvernementales à des bandes armées aux composantes hétéroclites et aux agendas différents, voire opposés. Les populations civiles qui sont les principales victimes de ces affrontements sont forcées de fuir le théâtre des hostilités pour se réfugier

[60] Owono Mengue (M J), « La réinsertion des enfants ex- combattants de Boko Haram dans les pays du Bassin du Lac Tchad, Mémoire de Master en Relations Internationales, Université de Yaoundé II-IRIC, année 2017-2018, p.5.

[61]Ibid.,, p.64.

dans des endroits plus paisibles et plus accueillants, tant à l'intérieur qu'à l'extérieur du pays, se retrouvant ainsi exposées à la précarité et aux violations multiples de leurs droits fondamentaux.

La première catégorie encore connue sous l'appellation de déplacés internes est composée des personnes demeurant sous la juridiction de l'État du Cameroun. Ce dernier a, de ce fait, le devoir régalien de protéger cette population contre les affres et les conséquences néfastes de la crise.

Quant à la deuxième composante, à savoir les réfugiés présents au Nigéria voisin, celle-ci est régie par les conventions internationales à caractère universel et régional en vigueur en la matière. De plus, le Haut-Commissariat aux Réfugiés (HCR) est un organisme spécialement destiné à cette cause. Mais l'État camerounais n'en est pas pour autant délié de ses responsabilités vis-à-vis de ses ressortissants. Celles-ci s'exercent par le biais d'une collaboration étroite entre le Gouvernement camerounais, la République Fédérale du Nigéria, le HCR et d'autres ONGs et associations œuvrant dans ce domaine, en vue de sortir ces Camerounais de la précarité et de restaurer ainsi leur dignité d'êtres humains.

Parallèlement à ces mesures, d'autres actions sont entreprises dans l'optique de la pacification de la zone dite anglophone. Ainsi, la création des conditions propices au retour librement consenti (pour ceux d'entre eux qui veulent rentrer dans leur foyer d'origine) dans la dignité et la sécurité des populations victimes des déplacements forcés, participe de ces mesures, de même que la réalisation d'un retour à la normalité de la situation dans ladite zone[62]. Le retour volontaire des réfugiés peut être possible grâce à la conclusion d'un accord entre le Nigéria, le Cameroun et le HCR[63]. Celui des déplacés internes, quant à lui, relève de la compétence exclusive des autorités étatiques. Dans tous les cas de figure, la restitution des biens des personnes déplacées ou leur indemnisation le cas échéant, pour ceux qui souhaitent rentrer dans leur foyer d'origine, et pour ceux qui ne souhaitent pas y revenir, l'octroi d'une aide à leur intégration dans la communauté d'accueil ou à la réinstallation dans une autre région de leur choix, en un mot, la création des conditions propices à une réinsertion dans la société, constitue autant de devoirs régaliens de l'État ou encore autant de chantiers ouverts pour l'assumation de sa responsabilité de protéger ses populations, au même titre que la réinstauration d'un climat de paix et de cohésion sociale, de pardon et de réconciliation.

---

[62] Les restitutions totales ou partielles, des compensations, les indemnisations, l'engagement de la responsabilité des présumés auteurs des exactions devant les instances compétentes, les garanties de non répétition, etc.

[63] Le Cameroun a eu à conclure des accords similaires en vue du rapatriement des réfugiés nigérians du Camp de MINAWAO dans la région de l'Extrême-Nord (accord Cameroun-Tchad-HCR 1988 et Accord Cameroun-Tchad-HCR du 02 mars 2017).

Il ne saurait par conséquent, être question de l'application du concept de « responsabilité de protéger », entendu selon la conception de la CIISE relativement à la gestion des réfugiés et des déplacés en rapport avec la crise anglophone au Cameroun, mais plutôt d'un devoir régalien de l'État de protéger sa population, que ce soit en période normale ou lors des situations exceptionnelles. Cette protection revêt un caractère immédiat sur les déplacés internes et médiat sur les réfugiés camerounais installés au Nigéria. Le devoir de protection s'accommode certes de l'assistance humanitaire des ONGs et autres organisations internationales, mais à condition pour cette assistance de respecter la souveraineté du Cameroun sur son territoire et sa population, et de s'intégrer nécessairement dans la politique d'assistance humanitaire mise en place par les plus hautes autorités de l'État. L'exemple de l'intervention de la communauté internationale en Libye[64] de funeste renommée, au nom de la « responsabilité de protéger » le peuple libyen et dans l'optique de suppléer à cette occasion, la défaillance de l'État de Libye, constitue à lui seul, pour les esprits ou les gouvernements avertis, une motivation suffisante en vue de la reprise en main de leurs responsabilités vis-à-vis de leurs populations. De l'avis d'un observateur, « *sous le couvert humanitaire se cachent la plupart du temps, des interventions décidées par certaines grandes puissances pour légitimer l'ingérence dans les affaires intérieures d'autres États et ainsi, imposer un nouvel ordre mondial, selon leurs propres intérêts politiques économiques ou stratégiques* »[65]. Les principales victimes de ces interventions faites au nom du droit d'ingérence humanitaire ou sous sa désignation contemporaine de la « responsabilité de protéger » sont les civils qu'on prétend pourtant protéger, mais qui sont en réalité les principales victimes de ces guerres excessivement meurtrières.

Bibliographie sélective

Ouvrages

CARRE DE MALBERG (R), *Contribution à la théorie générale de l'État*, Tome 1, Paris, recueil, Sirey, 1920.

CIISE, *La responsabilité de protéger*, Rapport de la Commission internationale sur l'intervention et la souveraineté des États, Centre de Recherche pour le Développement International, Ottawa, 2001.

DALLIER (P), FORTEAU (M) PELLET (P), *Droit international public*, LGDJ, 8e éd, 2009.

---

[64] Résolution du Conseil de Sécurité de 1970 (2013) qui demande aux protagonistes de mettre fin aux hostilités et celle de 1973 (2013) qui autorise le recours à la force afin de protéger la population libyenne. Toutes les deux résolutions du Conseil de sécurité demandent aux autorités libyennes d'assumer leur « responsabilité de protéger le peuple libyen ».

[65] Aggar (S), *La responsabilité de protéger*, op.cit., p. 517.

EISENMANN (C) *Cours de droit administratif*, Paris, LGDJ, 1983, tome II.

SALMON (J), *Dictionnaire du Droit international public*, Bruylant, Bruxelles/ AUF, 2001.

Articles

BETTATI (M.), « Du droit d'ingérence à la responsabilité de protéger », *Outre Mer*, 2007/3, n°201.

BETTATI (M.) et KOUCHNER (B), « Le droit d'ingérence : peut-on les laisser mourir ? *», Colloque Conférence internationale de droit et morale humanitaire,* Paris, D, 1987.

COMBACAU (J), « Plus qu'une puissance, une liberté : la souveraineté internationale de l'État », *Pouvoirs*, n°67, 1993.

KOFFI ATTA ANNAN, « Comment rendre le monde plus sûr ? », *Le Monde*, Décembre, 2004.

ROLIN-JAEQUEMYNS (G), « Note sur la théorie du droit internationale », *RDILC*, 1876.

Thèse

AGGAR (S), *la responsabilité de protéger*, Thèse, Université de Bordeaux, 2016.

LA COOPÉRATION JURIDIQUE ET JUDICIAIRE ENTRE LE CAMEROUN ET LE NIGERIA EN RAPPORT AVEC LA CRISE ANGLOPHONE

Georges OWONA MBIDA OTTO
Docteur en Droit Public de l'Université de Yaoundé II-SOA

Introduction

« Un mariage pour le meilleur et pour le pire » ! Ainsi pourrait-on décrire cette sorte de relation sponsale unissant la République du Cameroun à l'État fédéral du Nigéria. Plusieurs dimensions permettent en effet de postuler que ces deux États sont liés *ad vitam aeternam*, ainsi que peuvent en témoigner la géographie et l'histoire de ces deux puissances.

La crise dite « anglophone » qui a débuté le 11 octobre 2016 avec la manifestation à Bamenda d'une dizaine d'avocats constitue dans l'histoire des relations entre le Cameroun et le Nigéria un moment emblématique de la coopération juridique entre eux. En effet, cette crise dont le tournant sécessionniste peut être situé au 22 septembre 2017, jour d'émeutes au cours duquel pour la première fois des manifestants ont crié pour l'indépendance de la République fantasmagorique de l'« Ambazonie ». Le Nigéria s'est vu impliqué dans cette crise du moment où c'est à partir de son territoire que Sisiku Ayuk Tabe, « président » autoproclamé de la République chimérique de l'« Ambazonie », inondait le monde entier des messages de propagande pour la création de leur État.

Le Nigéria avait alors rassuré en décembre 2017 qu'il avait une « convergence de vues avec Yaoundé » sur la crise qui secouait déjà le Nord et le Sud-Ouest du Cameroun. Le 29 janvier 2018, le ministre de la Communication du Cameroun allait annoncer officiellement l'extradition vers le Cameroun de quarante-sept sécessionnistes interpellés par les services de renseignement nigérians au cours d'une réunion qu'ils tenaient dans un hôtel d'Abuja. Les chefs d'accusation pour lesquels ils ont été arrêtés étaient les suivants : actes de terrorisme, sécession, complicité d'actes de terrorisme, financement des actes de terrorisme, révolution, insurrection, hostilité contre la patrie, bande armée, atteinte à la sûreté intérieure et extérieure de l'État, défaut de carte nationale d'identité.

Il convient rapidement de rappeler que le Cameroun et le Nigeria partagent une frontière d'environ 1 600 kilomètres, s'étendant de l'Océan Atlantique aux confins du Lac Tchad. Ces deux États frontaliers majeurs pour chacune de leur sous-région respective que sont l'Afrique centrale-CEMAC et l'Afrique de l'Ouest[1], ont vu leur union scellée au moment même du « dépècement de l'Afrique »[2]. Les déclarations de Sir Mac Donald sont frappantes à ce sujet. Ce représentant de l'Angleterre lors du tracé de la frontière entre le Cameroun et le Nigéria avait déclaré : « Nous avons juste pris un crayon et une règle que nous avons placés au niveau de Calabar, puis de là, nous avons tracé une ligne direction Sud-Nord jusqu'à Yola »[3].

Ces affirmations témoignent bien de l'arbitraire ayant caractérisé le tracé des frontières entre les pays africains qui naissaient pratiquement au forceps de la colonisation dans les années 1880. La littérature a suffisamment dénoncé ces procédés dont le seul but était pour les pays occidentaux de se partager les morceaux du continent africain en évitant des rivalités entre les protagonistes. Cette façon de faire avait alors écartelé des familles entières et des communautés vivant jadis en homogénéité, créant ainsi des drames humains et posant, de ce fait, des bases d'une conflictualité de type irrédentiste pour l'avenir. Au surplus, le retrait de l'Allemagne du Cameroun suite à sa défaite lors de la guerre a entraîné une partition d'une partie du Cameroun au Nigéria, notamment le Cameroun méridional, qui devait être administré selon les lois du Nigéria. Il faudra attendre le référendum du 11 février 1961 pour que les deux Cameroun se réunissent à nouveau. Mais en tout état de cause, les germes de l'instabilité du Cameroun étaient déjà secrétés à partir du moment où, malgré la réunification en 1961, un bijuridisme s'était déjà installé au Cameroun. Une bonne partie du droit d'inspiration anglaise issu du Nigéria a en effet gouverné de nombreux domaines au Cameroun.

Nonobstant cette histoire tragique dans la parturition internationale des Etats du Cameroun et du Nigéria, il se développe une coopération identifiable entre eux. Cette coopération n'a certes pas toujours été de type pacifique. Elle a même frôlé le conflit armé ouvert, comme à l'occasion du différend frontalier sur la presqu'île de Bakassi[4]. Depuis l'Accord

---

[1] Lire par exemple Désiré Avom, « Intégration régionale dans la CEMAC : des problèmes institutionnels récurrents », in *Afrique contemporaine*, 2007, n° 222, pp. 199-221.

[2] Lire Henri Brunschwig, *Le partage de l'Afrique noire, Paris, Flammarion, Coll.Champs Histoire, 2009,* 190 p.

[3] Voir Georges Owona Mbida Otto, *Les minorités dans le constitutionnalisme des États africains. Étude comparée du cadre juridique de protection des minorités en zone CEMAC*, Thèse de Doctorat Ph.D en droit public, Université de Yaoundé II, 2014, p.7.

[4] Lire Pierre Esaie Mbpille, *La frontière terrestre entre le Cameroun et le Nigéria d'après la Cour Internationale de Justice (CIJ, Arrêt du 10 octobre 2002)*, Mémoire de DEA droit public, Université de Douala, 2003.

mémorable de Greentree, les deux États qui sont à l'honneur dans cette étude ont développé et accru une politique, ainsi que d'intenses activités de coopération au niveau économique, culturel, voire touristique[5]. À l'heure actuelle, les statistiques font état de près de quatre millions de Nigérians établis de façon permanente au Cameroun.

Dans cette logique, la crise dite anglophone au Cameroun a été l'occasion pour certains activistes de planifier et de mener des opérations ouvertement insurrectionnelles contre l'État camerounais. Les deux pays frontaliers ont alors utilisé l'extradition pour mettre à la disposition de la justice du Cameroun quarante-sept personnes parmi lesquelles : Julius Ayuk Tabe, Nfor Ngala Nfor, Tassang Wilfried Fombang, Henry Kimeng, Cornelius Njikimbi Kwanga, Fidelis Che, Che Augustine Awasum, Egbe Ogork, Eyambe Elias et Shufai Blaise Sevidzem.

Suite à leur remise à l'État du Cameroun par le Nigéria, plusieurs analystes avaient déclenché une polémique de nature technique sur les mécanismes ayant abouti à l'arrestation de celui qui était alors présenté comme l'architecte en chef du chaos qui se développait dans les régions anglophones du Cameroun[6]. Cela constitue alors un prétexte bien assorti à cette entreprise d'auscultation juridique de la coopération entre le Cameroun et le Nigéria dans le contexte de la fameuse « crise anglophone ». La notion de coopération qui est au cœur de la présente esquisse de réflexion est intéressante et porteuse de sens à la fois. On dit qu'il y a coopération lorsqu'au moins deux personnes ou entités participent à une œuvre commune. Elles y apportent leur concours mutuel en vue de la réussite d'une action où les intérêts réciproques sont engagés[7].

La « *coopération judiciaire* », pour Théophile Ngapa est « *la mise en collaboration, dans un but commun, des différentes juridictions* ».[8] Dans le domaine pénal, la coopération judiciaire peut s'entendre comme « *un ensemble d'actes qu'une autorité judiciaire compétente qualifiée*

---

[5] Pour mémoire, le Cameroun et le Nigéria sont liés depuis le 11 avril 2014 par un accord de libre-échange. Depuis 2012, ainsi que le notent certains analystes, le Nigeria est devenu le premier partenaire commercial du Cameroun, devant la Chine et la France. Voir Pascal Dibamou, « Le Cameroun à la conquête du Nigéria », in *Mutations*, 9 décembre 2016. Le forum d'affaires Cameroun-Nigéria organisé par le Ministère camerounais de l'Économie, de la Planification et de l'Aménagement du Territoire en 2016 fait également partie des actes illustrant à suffisance de l'intensification du partenariat entre les deux pays.

[6] On pouvait lire dans la chronique de Jeune Afrique du 08 février 2018 : « Cameroun : interrogations autour de l'extradition des séparatistes arrêtés au Nigeria », in www.jeuneafrique.org

[7] Voir le Dictionnaire Micro Robert du français primordial, 1983, Éditions Robert, Montréal, p. 227.

[8] Ngapa (T.), *La coopération judiciaire pénale dans la zone CEMAC,* Mémoire de DEA en Droit Communautaire et Comparé CEMAC, Université de Dschang - Cameroun, 2008, disponible sur : http://www.memoireonline.com/, consulté le 28 novembre 2018.

d'« autorité requise » relevant d'un État « État requis » accomplit pour le compte d'une autorité judiciaire requérante relevant d'un autre État, cette fois-ci l'« État requérant »[9]. Selon le professeur Robert Zimmermann, on entend par coopération judiciaire en matière pénale, « *l'exécution par l'État requis, éventuellement par la coercition, de mesures visant à faciliter la poursuite et la répression des infractions pénales dans l'État requérant, à la demande de ce dernier* »[10].

L'éminente Professeure Mireille Delmas-Marty estime que la coopération judiciaire est « *un dispositif interétatique qui renvoie au très ancien processus de l'entraide répressive entre un État requérant et un État requis* »[11]. La Convention relative à l'entraide judiciaire en matière pénale dans la CEDEAO appréhende la coopération judiciaire pénale comme « *l'aide judiciaire la plus large possible dans la lutte contre les infractions de toute nature, en particulier contre le crime* ». Pour sa part, la Convention en matière de coopération et d'entraide judiciaires dans la CEEAC entend par coopération judiciaire pénale, le renforcement de la *« coopération dans la lutte contre la criminalité et la délinquance sous toutes leurs formes, dans la poursuite des délinquants présumés ou des personnes condamnées afin de faire reculer l'impunité »*.

L'expression coopération judiciaire peut donc être appréhendée différemment avec des nuances significatives. Quand certains n'y voient que la coopération entre des juridictions, d'autres y englobent toute coopération orientée vers la lutte contre la criminalité. De notre point de vue, somme toute modeste, la coopération juridique est plus englobante et mieux adaptée au traitement de cette question importante. Cette réflexion investit ainsi le terrain privilégié du droit international pénal. En tout état de cause, il y a coopération juridique et judiciaire entre le Cameroun et le Nigéria dans le contexte de la crise anglophone.

Il faut aussi prendre en compte qu'en termes d'enjeux communs, le Cameroun et le Nigéria partagent le défi de la préservation de l'unité

---

[9] Demanet (G.), « Considérations sur l'entraide judiciaire en matière pénale », *RD pén. Crim.*, 1997, pp. 809-831, spécialement p. 811, cité par Bachoué-Pedrouzo (G.), *Le contrôle juridictionnel de la coopération intergouvernementale dans l'Union européenne : contribution au processus de juridictionnalisation de l'Union,* Thèse pour le Doctorat en droit public, Université de Pau et des pays de l'Adour, 2012, p. 30

[10] Zimmermann (R.), *La coopération judiciaire internationale en matière pénale*, 3e éd., LGDJ, Paris 2009, p. 5 ; cité par Godeberge (C.), *La coopération judiciaire en matière pénale après le Traité de Lisbonne*, Mémoire de Master de droit pénal et sciences pénales, Université Panthéon-Assas (Paris II), 2013, p. 9

[11] Delmas-Marty (M.), « À la recherche d'un langage commun », in Delmas-Marty (M.), Giudicelli-Delage (G.) et Lambert-Abdelgawad (E.) (dir), *L'harmonisation des sanctions pénales en Europe*, coll. UMR de droit comparé, Vol. 5, Société de législation comparée, 2003, p. 373.

nationale. La République fédérale du Nigéria recèle à ce jour un foyer important de sécession en son sein, il s'agit de la région du sud-est où les Ibo avaient déjà essayé de faire sécession le 30 mai 1967, sous la houlette du colonel Ojukwu. La République du Cameroun pour sa part est travaillée dans son unité nationale par les mouvements de la région d'expression anglaise que sont le Nord-Ouest et le Sud-Ouest. Quand bien même ils ne le voudraient pas, le Cameroun et le Nigéria sont obligés de coopérer en vue de la résolution des crises sécessionnistes. La guerre du Biafra était une guerre sécessionniste remportée par les forces républicaines nigérianes avec l'appui des forces armées camerounaises[12]. Dans le cadre de la crise anglophone, il est également constant que les deux pays frontaliers ont mis en commun leurs énergies et leurs institutions dans le cadre d'un certain nombre d'actions et de réactions visant à permettre au Cameroun de juguler cette crise[13].

Au plan juridique, on peut se poser une série de questions, notamment : peut-on retrouver la légitimité du point de vue du droit international de l'arrestation des sécessionnistes ? Quelle serait la base juridique de cette arrestation ? Comment peut-on renforcer la coopération entre le Cameroun et le Nigéria ? On pourrait aussi chercher à savoir quel contenu donner à la coopération juridique et judiciaire entre le Cameroun et le Nigéria dans la crise anglophone ? En d'autres termes, comment rendre compte des mécanismes et des processus de mise en commun des efforts entre le Cameroun et le Nigéria, en matière juridique et judiciaire dans le contexte de la crise anglophone ? La problématique vaut tout son pesant juridique au regard de son actualité et de la polémique entretenue par un certain nombre d'observateurs sur les procédés adoptés pour aboutir à l'arrestation d'un certain nombre de sécessionnistes déclarés au Nigéria. Les principes de respect des droits de l'homme avaient alors été surabondamment invoqués tout comme la notion d'État de droit. On se rappelle également que pour le juge nigérian Anwuli Chikere, le gouvernement nigérian n'avait pas le pouvoir d'expulser des réfugiés et demandeurs d'asile du pays. Pour d'autres, les règles de droit en matière d'extradition judiciaire avaient été

---

[12] Le Général Yakubu Gowon, alors Président du Nigéria, s'était d'ailleurs montré reconnaissant vis-à-vis du Cameroun qui a aidé à la stabilisation du Nigéria suite à la proclamation unilatérale le 30 mai 1967, par le gouverneur militaire du Nigeria oriental, Odumegwu Ojukwu, de la « République indépendante du Biafra »

[13] Comme l'a noté le ministre de la Communication du Cameroun après l'arrestation et l'extradition au Cameroun, le 29 janvier 2018, de 47 sécessionnistes, les deux pays que sont le Cameroun et le Nigéria se sont engagés à ne pas servir de base arrière des menées sécessionnistes en direction de l'un de leurs territoires. Voir à cet effet la déclaration faite Le 7 décembre 2017 par le haut-commissaire du Nigeria, Lawan Abba Gashagar, envoyé spécial de Muhammadu Buhari, lorsqu'il fut reçu au palais présidentiel de Yaoundé. Il avait alors assuré que le Nigeria « ne servirait jamais de base arrière » aux sécessionnistes camerounais. (Consultable in www.jeuneafrique.com)

escamotées. Ce sujet s'inscrit donc dans le vaste champ à la fois du droit pénal international, du droit constitutionnel et du droit des relations internationales.

L'esquisse de lecture envisagée à travers cette réflexion recèle à tout le moins un mérite épistémologique majeur : l'invitation à effectuer un état des lieux de la coopération entre le Cameroun et le Nigéria dans la lutte contre l'insécurité. Dans cette perspective, au regard de ce qui existe et se fait en matière de coopération entre les deux États, il n'est pas excessif d'affirmer que c'est une coopération dont l'organisation reste perfectible et qui ne peut donc véritablement être menée efficacement sans heurter des principes de droit.

L'on s'aperçoit que si le champ de coopération est ouvert de façon très ample (I), il reste cependant organisé de manière restreinte (II).

I. Une coopération généreusement énoncée

Afin d'être conduites avec bonheur, les relations entre des sujets de droit méritent un encadrement juridique suffisamment cohérent et précis. Cela permet en effet de cerner les contours de leurs relations à travers une définition claire des prérogatives et une identification précise des obligations réciproques. Si cette lapalissade juridique est importante pour des sujets de droit qualifiés de personnes physiques, elle est davantage intéressante à affirmer pour des personnes morales de droit public dotées de la souveraineté. On se rend compte que la pierre angulaire de la coopération entre ces deux États n'exclut aucun domaine (A) et laisse la possibilité ultérieure de l'aménager de façon dynamique et adaptée (B).

A. Un champ défini de manière holistique en 1962

L'Accord de coopération bilatérale conclu entre la République fédérale du Cameroun et la Fédération du Nigéria à Lagos le 26 juillet 1962 est un instrument juridique décisif dans la vie conventionnelle entre les deux pays. Cet Accord a été ratifié pour la partie camerounaise par le Décret N° 63-DF-655 du 2 mars 1963 du Président Ahmadou AHIDJO. Cet accord a lui-même énoncé le justificatif de son existence (1) et dégager les domaines de coopération (2).

1. La philosophie de la coopération juridique entre les deux États.

Par définition, un texte de droit a vocation à préciser des commandements, des injonctions et à énoncer de façon claire ce qui est interdit[14]. Parce qu'elle est un instrument destiné à organiser la vie en société, cette norme doit être la plus claire possible.

Par contre, lorsqu'on lit l'énonciation de la justification de l'Accord de 1962 entre le Cameroun et le Nigéria, on découvre une déclinaison de type philosophique de la mise sur pied d'une relation entre les deux États. Tel que cette relation est présentée par l'instrument lui-même, il y a lieu de relever pour s'en féliciter la profondeur et la densité de la coopération voulues entre les deux États. À ce titre, mention doit être faite de ce que dans la technique de l'écriture de cet Accord, il n'est nullement fait mention d'un préambule avant le corpus. Le texte en soi vaut ainsi dans son entièreté.

Les deux pays ont ainsi évoqué tour à tour : la tradition africaine et les coutumes africaines comme références à leur acte commun[15]. Il est loisible d'analyser une telle référence comme une marque africaine de coopération interétatique. Ce serait probablement aussi une forme d'autonomisation des droits africains, le droit étant par essence une discipline située[16]. On peut inférer que ce sont les valeurs de solidarité, de fraternité et de panafricanisme qui ont guidé et poussé vers l'adoption de cet important accord. Cela est d'autant plus vrai lorsqu'on lit l'article 5 qui, traitant de la communication, envisage le développement des infrastructures dans ce secteur comme un moyen pour les deux pays de contribuer à l'essor de l'unité des Africains. C'est donc un instrument visionnaire de ce point de vue. L'on pourra se demander si un instrument juridique a vocation à adresser de façon si philosophique une problématique conjointe, mais telle est la marque déposée de cet Accord.

2. Un domaine de coopération très ample

L'Accord de 1962 entre le Cameroun et le Nigéria n'a laissé de côté aucun aspect. Son article premier est de ce point de vue très intéressant à analyser. En effet, au travers de cette disposition, les deux pays se sont engagés à coopérer « sur un même pied d'égalité et selon leurs possibilités dans les domaines économique, technique, scientifique, éducatif, culturel, etc. »[17]. Le même pied d'égalité renvoie clairement à la souveraineté qui est un attribut essentiel de l'État en droit international. L'insistance sur le « même pied d'égalité » laisse tout de même songeur lorsqu'il est constant

[14]Voir Hans Kelsen, *Théorie pure du droit*, trad. française de la 2e éd. De*Reine Rechtslehre* par Eisenmann, Charles, Dalloz, 1962.

[15] Cela fait penser à la charte Africaine des Droits de l'Homme et des Peuples, qui a une tournure africaine en matière de conception de l'homme dans la société.

[16] Lire sur la question de l'autonomie Magloire Ondoa, *Introduction historique au droit camerounais : la forme initiale. Éléments pour une théorie de l'autonomie des droits africains*, Yaoundé, Le Kilimandjaro, 2013, 319 p.

[17] Article 1er Accord de coopération bilatérale entre la République fédérale du Cameroun et la Fédération du Nigéria.

qu'au plan du droit international, l'égalité entre les Etats est un principe indiscutable. Ainsi que le rappelle fort à propos Batyah Sierpinski : « La société internationale contemporaine est conçue sur le principe de l'égalité souveraine des Etats ou de « l'égalité en souveraineté »[18]. Insister sur l'égalité manifeste la grande difficulté du droit international, à savoir l'acceptation de l'Etat d'abandonner la souveraineté un tant soit peu, même quand cela est pour un intérêt commun. Dans une perspective légistique, c'est la manière de rédiger cet article qui est des plus amples et des plus imprécises à la fois. Le risque n'est pour autant pas moins grand, à partir du moment où l'encadrement devient si lâche, du moins dans la détermination des bases de la coopération.

L'énoncé d'un instrument ayant vocation à lier deux parties devrait toujours être suffisamment directif et précis sur l'objet de l'acte juridique. À l'actif de cette forme de rédaction, il faut mettre sa générosité, puisque l'on pourrait introduire tout autre domaine de coopération que les États pourraient ultérieurement envisager. Au surplus, les deux pays se sont engagés « ... à se consulter mutuellement sur tous les problèmes d'intérêt commun ». Au rang de ces problèmes, on peut bien énoncer la paix, la stabilité, l'insécurité ou encore des trafics de stupéfiants.

C'est l'amplitude de la définition du champ de la coopération qui peut justifier que pour la crise anglophone, les deux États aient coopéré dans une sorte d'entraide primaire pour s'échanger des informations sur le lieu où se trouvaient les personnes recherchées comme principaux architectes de la déstabilisation de la République du Cameroun[19]. Le déroulement de la crise a en effet démontré le caractère commun de la crise anglophone. Il n'est pas inutile de rappeler que le Nigéria aurait pu voir sa responsabilité engagée s'il se constituait en base arrière de la planification et de l'exécution d'actes ouvertement attentatoires aux intérêts de l'État.

B. Une démarche programmatique

La coopération entre le Cameroun telle que balisée en 1962 ne se limite à aucun domaine. On peut aisément remarquer que des domaines extrajudiciaires ont été prévus (1) dans une démarche programmatoire originale (2).

---

[18]Voir Batyah Sierpinski, « Les États dans les relations internationales économiques : entre égalité et disparité », in *www.cairninfo*, 8 septembre 2016, p. 1.

[19] Qu'il soit rappelé que sieur Ayuk Tabe avait déclaré urbi et orbi sur une chaîne de télévision qu'il était prêt à aller jusqu'à l'emploi des armes pour créer sa république fantasmagorique de l'Ambazonie.

1. Les domaines extrajudiciaires de coopération envisagés

L'analyse de l'instrument fondateur de la coopération juridique et judiciaire entre le Cameroun et le Nigéria témoigne de la volonté des deux États à s'imbriquer dans tous les domaines. Le champ de la coopération est aussi vaste qu'illimité selon les termes mêmes de l'accord de coopération bilatérale. En effet, il y a deux séquences dans l'énonciation de la définition dudit champ. Dans les premières dispositions, les deux États font une énonciation compréhensive de leurs zones de coopération : économie, technique, science, éducation, culture, etc.

Dans l'article 2 de l'Accord, les deux pays s'engagent à « prendre des accords ultérieurement afin de promouvoir l'augmentation du volume des échanges et des transactions entre eux, ainsi que le libre mouvement des personnes et des biens ». Il est loisible de déceler la volonté de ces deux pays à œuvrer ensemble pour le développement intégral de leurs économies de façon intégrée. Lorsqu'on voit ce niveau d'intégration entre des pays appartenant à deux sous régions différentes, on ne peut qu'être admiratif d'un tel niveau de coopération à cette date. L'histoire a sans doute joué en faveur d'une telle évolution. En effet, que l'on se souvienne bien que l'Accord de 1962 intervient au lendemain du référendum de la réunification du Cameroun et dans une période où les velléités sécessionnistes apparaissent déjà au Nigéria avant de culminer avec la guerre du Biafra ; une guerre dans laquelle l'intervention camerounaise avait été décisive pour empêcher une partition du Nigéria. Données méta juridiques dira-t-on, mais qu'il convient de convoquer pour une meilleure appréhension de la générosité extraordinaire de cet accord de coopération.

Le fait pour le Nigéria de coopérer avec le Cameroun dans le cadre de la crise anglophone traduit ainsi le besoin de préserver un climat propice au développement des échanges entre les deux pays. Nul ne peut s'empêcher de constater que cette crise a lourdement contraint les échanges commerciaux entre les deux pays[20]. Ceux-ci ont donc un impératif évident de mise en synergie de leurs capacités et de leurs institutions pour la résorption de la crise. Toute situation de guerre fait des efforts de développement un effort de

---

[20] En effet, comme l'a révélé Business Day, *les importations camerounaises en provenance du Nigéria sont soumises au payement d'un droit légal moyen de 19,10 %, y compris une taxe sur la valeur ajoutée (Tva) de 17,5 % et d'autres taxes cachées. En revanche, les importations nigérianes en provenance du Cameroun sont soumises au payement d'une taxe de 11 %, y compris la Tva.*
Pour rappel, avec son marché de près de 170 millions de consommateurs, le Nigéria est le premier fournisseur du Cameroun (22 et 17,8 % des importations en 2011 et 2012), avec lequel les échanges culminent en moyenne à 382 milliards de francs CFA par an, selon le ministère camerounais du Commerce. Lire à ce sujet Brice R. MBODIAM, « Au Cameroun, la crise anglophone fait chuter les exportations de bananes de 13 394 tonnes, en septembre et octobre 2018 », in www.investiraucameroun.com

Sisyphe. Il est donc nécessaire que le Nigéria et le Cameroun coopèrent dans le cadre de la crise anglophone pour l'intérêt commun du développement et de l'épanouissement de leurs économies. Heureusement qu'une démarche avait déjà été projetée lors de l'établissement de la Convention de 1962.

2. La méthode envisagée pour le développement de la coopération

L'Accord de 1962 sous un certain aspect a été élaboré à la manière d'un *Memorandum of Understandig*. Celui-ci est tout au plus un mémoire d'entente traduisant un accord de points de vue. Il ne s'agit pas ici d'un véritable instrument contraignant. À l'inverse, il préfigure et annonce d'autres actes juridiques plus contraignants. À bien l'analyser, c'est un instrument-cadre. D'autres instruments juridiques devraient venir renforcer les bases posées initialement en vue d'une meilleure architecture de la coopération entre le Cameroun et le Nigéria. Il s'agit d'un texte qui semble ouvrir la voie à d'autres textes qui viendraient préciser et approfondir ultérieurement les autres aspects de la coopération. L'instrument juridique lui-même a fait une déclinaison des différentes questions devant ultérieurement être adressées dans le cadre d'autres accords.[21]

On peut ainsi identifier les domaines suivants : « a- les affaires économiques, financières et douanières ; b- les échanges frontaliers ; c- la libre circulation des personnes et des biens ; d- les affaires culturelles et techniques ; e- le droit d'établissement ; f- l'assistance et la convention en matière juridictionnelle ».[22]

Mention doit être faite ici en termes d'évolution des différents fora et moments d'échanges entre le Cameroun et le Nigéria en matière économique jusqu'ici. À titre d'illustration, le Ministère de l'Économie, de la Planification et de l'Aménagement du territoire, avait déjà participé à un forum d'affaires Cameroun-Nigeria, dans le cadre du renforcement des échanges commerciaux et des investissements entre les deux pays en septembre 2016.

Entre autres objectifs spécifiques poursuivis par cette rencontre, il était question d'établir des partenariats commerciaux entre les opérateurs économiques du Cameroun et du Nigeria ; de mettre en place des partenariats techniques entre les agences spécialisées dans la promotion du commerce et des PME entre les deux pays ou encore de finaliser les discussions relatives à la levée des barrières non tarifaires entre les deux États frontaliers. L'Accord commercial signé à Abuja le 03 mai 2016 entre les chefs d'État des deux pays va aussi dans le sens de la promotion des

[21] L'article 7 de l'Accord qui cite les types de problèmes devant ultérieurement faire l'objet de protocoles entre les deux pays.

[22] Cf. Article 7 de l'Accord de coopération bilatérale entre la République Fédérale du Cameroun et la Fédération du Nigéria.

opportunités d'investissements entre les deux pays. Était envisagée, la signature d'au moins 20 contrats commerciaux entre les opérateurs économiques des deux pays. Il convient aussi de rappeler que le Cameroun et le Nigéria sont liés depuis le 11 avril 2014 par un accord de libre-échange. Pour certains analystes, depuis 2012, le Nigeria est devenu le premier partenaire commercial du Cameroun, devant la Chine et la France. Officiellement, les échanges commerciaux entre le géant de l'Afrique de l'Ouest, devenu depuis peu la première économie du continent et la locomotive de la Communauté économique des États de l'Afrique centrale (CEMAC), s'élèvent à 4000 milliards F CFA en moyenne chaque année[23].

De façon générale, plusieurs accords existent déjà en matière culturelle ou de libre circulation. L'on doit cependant noter que d'autres aspects restent encore à organiser afin de solidifier l'édifice relationnel entre ces deux têtes de proue de leurs sous-régions respectives.

Au regard de cette programmation de protocoles additionnels adoptée et de l'esprit qui a guidé la pose de la pierre d'attente en matière de coopération juridique et judiciaire entre le Cameroun et le Nigéria, on peut s'apercevoir au fil du temps que les deux pays ont évolué avec plus ou moins de générosité dans la consolidation de cette coopération.

II. Une coopération restrictivement organisée

A. L'existence de certains instruments de coopération en matière d'information et de police

Le Cameroun et la République Fédérale du Nigéria sont juridiquement liés en matière de lutte contre l'insécurité par un certain nombre d'instruments identifiables. Ces instruments sont destinés soit à gérer la question de l'information et des renseignements (1), soit alors à faciliter la mise en œuvre des mesures d'arrestation (2).

1. Le traité de coopération dans le domaine de l'échange d'informations

En matière de sécurité comme dans toute affaire stratégique, l'information est une donnée essentielle. Pour une coopération efficace en matière de lutte contre l'insécurité, il est important qu'existent des mécanismes d'échanges d'informations. Le partage des mêmes limites frontalières par les deux Etats est une raison suffisante pour l'établissement des liens objectifs en vue de la sécurisation des deux États. L'échange

---

[23] Voir sur cette question le dossier réalisé par Pascal Dibamou intitulé « Le Cameroun à la conquête du Nigeria », in *Mutations*, Vendredi 09 décembre 2016.

d'informations fait d'ailleurs partie de ce qui est qualifié d'entraide primaire en matière de droit pénal international.

Parce que la sécurité et la stabilité ne peuvent être gérées de façon solitaire, le Cameroun et le Nigéria ont ainsi établi un accord en matière d'échange d'informations. Il fut signé à Yaoundé entre le Gouvernement de la Fédération du Nigeria et le Gouvernement de la République fédérale du Cameroun le 6 février 1963. Il s'agit d'un document d'une quinzaine d'articles ayant pour but d'amener les gouvernements des deux pays à « prendre les mesures voulues pour que les délinquants et criminels, réfugiés d'un pays dans l'autre ne restent pas impunis ». C'est une sorte de convention d'engagement établie entre les deux États afin de permettre réciproquement à l'un et à l'autre toutes les mesures nécessaires pour que l'autre État partie ne soit pas considéré comme un sanctuaire pour le délinquant qui s'y retrouverait. Ce sont des instruments juridiques auxquels les deux États sont tenus de se plier. Ils doivent les traduire en acte chaque fois que la situation devant être réglée par ces normes se présente.

Il serait surréaliste de penser que cet Accord n'a pas été mis en branle dans le cadre de la crise anglophone. Il le sera d'ailleurs toutes les fois où le Nigéria et le Cameroun trouveront nécessaire d'y faire recours. Ces deux pays ont mutuellement besoin l'un de l'autre pour l'information lorsqu'il s'agit de régler les problèmes de sécurité auxquels ils peuvent faire face.

La crise anglophone a sans doute été l'occasion idoine pour que le Cameroun et le Nigéria s'échangent des informations en vue de savoir où se trouvaient les commanditaires des actions d'incivilité perpétrées au Cameroun à partir du Nigéria. Les règles élémentaires de *comitas gentius* ou encore la règle du *pacta sunt servanda*[24] obligent l'un des États à fournir à l'autre les informations nécessaires pour la poursuite des criminels se trouvant dans l'État voisin. L'on comprend alors qu'un autre accord ait été conclu par les deux pays en matière de police. C'est une obligation internationale pour ces deux États à coopérer sur les questions sécuritaires, en raison des conventions pour lesquelles leur consentement à être liés a été donné conformément à la Convention de Vienne sur le droit des traités. Le

[24] C'est le principe essentiel de la responsabilité de l'État en droit international relativement à l'application des conventions internationales. Il découle de l'expression volontaire du consentement de l'État à être lié par le traité. Voir à ce propos l'Article 11 de la Convention de Vienne sur le droit des traités qui décline les modes d'expression du consentement à être lié par un traité en ces termes : « Le consentement d'un État à être lié par un traité peut être exprimé par la signature, l'échange d'instruments constituant un traité, la ratification, l'acceptation, l'approbation ou l'adhésion, ou par tout autre moyen convenu ».

non-respect des termes d'une convention internationale entraîne d'ailleurs la mise en jeu de la responsabilité de l'État défaillant[25].

2. le Protocole d'accord de coopération en matière de police

La gestion de la crise anglophone ne pouvait se faire en éludant cet important instrument juridique commun au Cameroun et au Nigéria. Cet Accord fut signé à Lagos le 27 mars 1972. Il a été ratifié par le Cameroun le 30 juin 1977. Cet Accord est manifestement un instrument d'organisation de la coopération judiciaire primaire, pour reprendre une terminologie chère à la doctrine lorsqu'elle distingue coopération primaire et coopération secondaire[26]. Cet Accord avait été conclu par les deux gouvernements en vue, notamment « de se prêter mutuellement assistance pour l'arrestation des criminels dans leurs territoires respectifs ».

Il facilite par ailleurs l'échange de renseignements et prévoit l'organisation des « rencontres trimestrielles des officiers de police des deux hautes parties contractantes pour l'échange desdits renseignements ». Il permet aux deux pays de procéder à l'échange de documents judiciaires, à la délivrance et à l'exécution des commissions rogatoires dans les domaines civil, commercial et pénal.

Il convient à ce titre de mentionner que le Cameroun et le Nigeria disposent d'une instance diplomatique statutaire, dénommée la Grande Commission mixte de coopération. Son but est d'optimiser la coordination des relations entre les deux pays dans des domaines tels que la sécurité, la justice, les affaires consulaires ou encore le commerce. Cette Commission aurait pu être mieux mise en mouvement dans la question de la crise anglophone. Il semble sur ce point que c'est un instrument qui n'a pas encore été suffisamment employé en vue de la résorption de cette crise. Il y a donc lieu de mieux tirer parti de cette institution qui pourrait être une valeur ajoutée dans la recherche de la solution au problème anglophone.

B. L'urgence d'autres accords de coopération judiciaire entre les deux États

Le Cameroun et le Nigéria ont déjà posé les jalons de leur coopération multidimensionnelle. L'accentuation de la crise dans les régions

---

[25] Il est important de convoquer les deux dispositions de cette Convention de Viennes : « *Article 26.* « Pacta sunt servanda » Tout traité en vigueur lie les parties et doit être exécuté par elles de bonne foi. Juste après vient l'Article 27 : Droit interne et respect des traités « Une partie ne peut invoquer les dispositions de son droit interne comme justifiant la non-exécution d'un traité ».

[26] Voir Martial Fabrice Eteme Ongono, *La coopération judiciaire pénale dans les communautés économiques régionales en Afrique : cas de la CEEAC et de la CEDEAO*, Mémoire de Master en Droit public international et communautaire, Université de Yaoundé II, 2013.

anglophones et la nécessité de sanctuariser des territoires frontaliers posent l'urgence d'un développement des mécanismes et d'outils permettant de juguler les risques inhérents à cette situation. Au regard des problèmes déjà vécus, il nous semble que les deux États devraient mettre en route le processus d'opérationnalisation du droit de poursuite (1), ainsi que du principe de l'extradition entre les deux pays (2).

1. Le droit de poursuite : un principe toujours attendu

Le droit de poursuite pourrait constituer un puissant outil de lutte contre la criminalité transfrontalière. Il permettrait en effet à un État dans lequel une infraction a été commise de poursuivre le délinquant ou le criminel jusqu'à l'intérieur du territoire d'un autre État. C'est en droit de la mer que ce principe a été mieux explicité à travers la Convention de Montego Bay[27].

En réalité, ce principe n'a été conçu initialement que pour les infractions commises dans les eaux intérieures ou encore la mer territoriale de l'État côtier. Il y est notamment question de la « poursuite chaude ». C'est une exception à la loi du pavillon. Cette exception d'origine coutumière permet de transférer en haute mer les compétences de police exercées par le riverain dans les zones sous sa juridiction.

Cette poursuite s'applique si une infraction a été commise contre les lois et règlements de l'État riverain par un navire civil d'un État tiers. Lorsque la poursuite commence alors que le contrevenant se trouve dans les eaux intérieures, les eaux archipélagiques, la mer territoriale ou la zone contiguë de l'État côtier, ce dernier peut poursuivre le contrevenant en haute mer, l'arraisonner, le dérouter vers l'un de ses ports et sanctionner les auteurs de l'infraction[28].

Au plus profond de la guerre contre la secte islamiste Boko Haram, les attentes des observateurs et analystes étaient fortes sur l'adoption du droit de poursuite entre les deux États. Il n'en a pas été ainsi, malgré les rencontres au sommet entre les chefs d'État des deux pays. C'est sans doute la délicatesse du sujet qui a justifié l'hésitation à aller dans le sens de la formulation et de l'implémentation du droit de poursuite entre les deux États. De notre humble point de vue, le droit de poursuite aurait pu permettre au Cameroun et au Nigéria, des États dont les frontières sont particulièrement poreuses, de lutter au mieux contre la criminalité[29].

---

[27] Cf. Article 111M de la Convention de Montego Bay

[28] Voir Jean-Pierre Beurier, « Les compétences de l'État riverain au-delà de la mer territoriale », in www.journals.openedition.org, pp.410-417.

[29] Lire à ce propos Christian Joël Akono, « La lutte contre le terrorisme et le droit de poursuite », in Alain Didier Olinga (Dir), *Droit international, droits nationaux et lutte contre le terrorisme en Afrique*, Yaoundé, Éditions de l'UCAC, 2017, pp. 139-157.

La frontière ne devrait pas constituer un obstacle à la poursuite et à l'arrestation des auteurs de crimes. Ce droit de poursuite tarde toutefois à être mis en branle par le Cameroun et le Nigéria en raison de la sensibilité de la question. L'on se heurte ici à un obstacle permanent à la mise en œuvre des règles de droit international, à savoir la souveraineté[30].

La visite de travail du Président Mouhamadou Buhari au Cameroun avait pourtant été l'occasion de nourrir l'espoir de l'implémentation du droit de poursuite entre le Cameroun et le Nigéria. Cela n'a malheureusement pas été fait. Il est fort à parier que, pour l'essentiel, les deux chefs d'État ont évité les sujets qui fâchent et surtout les obstacles associés à la question de la souveraineté des États. La souveraineté restera un attribut pour lequel l'État va continuer à manifester sa volonté jalouse de la préserver. Pourtant, la coopération judiciaire permet de mettre en exergue la relativisation de la souveraineté lorsque les questions sécuritaires apparaissent[31].

La crise anglophone qui est en filigrane dans le traitement de cette question de la coopération entre le Cameroun et le Nigéria aurait pu être adressée différemment si ce droit de poursuite existait entre les deux États. Il est en effet établi de façon constante que des menées guerrières partaient du Nigéria voisin en direction du Cameroun, tout comme des groupes paramilitaires commettaient leurs exactions et fuyaient se réfugier vers le Nigéria voisin, échappant ainsi à la souveraineté de l'État du Cameroun. Cette situation laisse désemparées, les forces militaires officielles de l'État. L'État agressé et dont l'intégrité a été violée se retrouve pris au piège du respect de la souveraineté de l'État voisin. Il est vrai que l'assistance secondaire aurait pu prendre le relais à travers notamment l'extradition. Cependant, la situation n'est pas aussi simple.

2. Le traité d'extradition, un instrument encore absent entre le Cameroun et le Nigéria

Il est en effet nécessaire que le Nigéria et le Cameroun concluent un traité d'extradition entre eux, au regard des enjeux sécuritaires en présence. Si un traité d'extradition existait entre les deux pays, l'arrestation de certains activistes guerriers et autres membres de groupes paramilitaires agissant à partir du Nigéria aurait pu être facilitée. Un traité d'extradition est une convention entre deux États dont l'objet est justement l'extradition. Les

[30] Voir sur ce sujet à titre d'illustration la contribution de Monique Chemillier-Gendreau, « La souveraineté est-elle un obstacle à la réalisation des objectifs du droit international » ?, contribution lors du séminaire organisé par le Centre de droit comparé du droit du travail et de la sécurité sociale de l'université de Bordeaux en mai 2014.

[31] Pour Renée Koering-Joulin en effet, la coopération entre États en matière pénale manifeste le souci impérieux et grandissant de refuser les excès du nationalisme répressif. Voir Koering-Joulin (R.), « Commentaire de la question iv : structures et méthodes de la coopération répressive internationale et régionale », *RID pén.*, vol. 55 (1984), p. 17.

traités d'extradition s'entendent de ces « traités en vertu desquels deux États s'engagent à se livrer réciproquement, dans certains cas spécifiés, les individus qui se sont soustraits par la fuite à l'atteinte des lois répressives du pays qu'ils habitaient »[32].

Quant à l'extradition elle-même, elle renvoie à ce mécanisme juridique par lequel un État appelé État requis livre une personne qui se trouve sur son territoire à un autre État appelé, lui, État requérant, qui la réclame aux fins de poursuite ou d'exécution d'une peine. Pour Mérignhac, « [l']'extradition est l'acte par lequel un État livre à un autre État intéressé à la répression d'un fait punissable un individu ou présumé coupable de ce fait pour qu'il soit jugé et puni s'il y a lieu, ou déjà condamné, afin qu'il subisse l'application de la peine encourue »[33].

L'institution et l'adoption du mécanisme d'extradition se justifient en effet par la volonté de lutter contre l'impunité. Le territoire souverain des Etats ne devrait pas constituer un obstacle à la poursuite et à la sanction des auteurs d'infractions dirigées soit contre les intérêts d'un Etat soit contre les ressortissants de cet État. Pour autant, l'extradition est rigoureusement encadrée.

Relativement au droit international général, l'extradition est une décision souveraine de l'État requis qui n'est jamais tenu d'y déférer[34]. Il y a en effet des conditions constantes relativement à l'exécution de cet outil de droit pénal international. L'extradition ne peut être opérée si l'infraction pour laquelle elle est demandée relève de l'infraction politique. Cette condition suspensive de l'exécution d'un traité d'extradition peut amener à se demander si l'infraction commise par Ayuk Tabe ne relève pas d'une infraction politique, puisque les leaders concernés se sont engagés dans la lutte politique pour la sécession du Cameroun. Peut-être allait-on les attaquer simplement sur des faits et des infractions qualifiées de délits ou de crimes par le Code pénal camerounais.

Relativement à la crise anglophone, il faudrait se demander si la non existence d'un traité d'extradition empêche au Nigéria de livrer au Cameroun des auteurs de crimes installés sur son territoire, conformément au principe « "*nulla extraditio sine lege*", pas d'extradition sans texte. Faut-il le rappeler, par sa Résolution 45/116 du 14 décembre 1990, l'Assemblée

---

[32] Pradier-Fodéré, *Traité de droit international public européen et américain,* Paris, Pedone, 1885-1906, N° 47.

[33] Méringnhac, *Traité de D.I.P.*, II, pp. 732-733

[34] Déclaration commune de quatre juges jointe à l'ordonnance de la C.I.J. du 14 avril 1992 à laquelle ils souscrivent : C.I.J., *Affaire sur les questions d'interprétation et d'application de la convention de Montréal de 1971 résultant de l'incident aérien de Lockerbie* (Jamahiriya arabe libyenne/Royaume-Uni), mesures conservatoires, Ordonnance du 14 avril 1992, *Rec,* 1992, p. 24).

générale des Nations Unies a adopté un « traité type d'extradition ». Aux termes de cet instrument, les parties s'engagent à se livrer réciproquement, sur leur demande, les personnes recherchées aux fins de procédure dans l'État requérant pour une infraction donnant lieu à l'extradition ou aux fins d'infliger ou de faire exécuter une peine relative à une telle infraction.

Les infractions ouvrant à l'extradition sont des infractions reconnues comme telles par les différentes législations nationales des États qui s'assistent mutuellement au plan judiciaire.[35] Dans le cas de l'extradition de sieur Ayuk Julius Tabe et compagnie, la question de la légalité du recours à ce mécanisme d'entraide judiciaire a fait l'objet d'un certain nombre de critiques. Certains ont en effet estimé qu'en l'absence d'un traité d'extradition régulièrement conclu entre le Cameroun et le Nigéria, la remise des sécessionnistes au Cameroun par l'État du Nigéria était dépourvue de base légale.

En effet, il faut une convention d'extradition pour que ce mécanisme soit employé comme technique d'assistance judiciaire. La convention type des Nations Unies sur l'extradition est formelle. L'on ne peut extrader une personne vers un État que s'il existe un traité liant les deux États. Les analyses allant toutes dans le sens de la condamnation du recours à l'extradition par le Nigéria et le Cameroun ont eu la faiblesse de se faire à chaud, sans le recul et l'ascèse intellectuelle exigés par le traitement de cette question délicate.

En effet, les opposants farouches à cette extradition avaient perdu de vue outre la nature de l'infraction des personnes arrêtées et transférées, l'existence des conventions justifiant l'assistance judiciaire entre les deux États. Il en est ainsi de la convention signée entre Abuja et Yaoundé sur la lutte contre le terrorisme. Il est en effet reproché aux personnes transférées des actes de terrorisme. Cela ne fait l'ombre d'aucun doute. On ne saurait même invoquer plus longtemps la qualification du terrorisme pour une personne ayant déclaré urbi et orbi qu'elle ferait le recours à la force armée pour l'établissement de sa chimérique république de l'Ambazonie[36]. D'ailleurs, « quelle que soit la difficulté que constitue le manque de précision terminologique, il n'en demeure pas moins qu'il existe un certain

---

[35] C'est en effet un principe fondamental selon lequel les juridictions de l'État requérant doivent être compétentes pour juger l'infraction pour laquelle l'extradition est demandée et que cette infraction doit être qualifiée comme telle dans l'État requis.

[36] Monsieur Sisuku Julius Ayuk Tabe avait en effet déclaré au cours d'une interview accordée à Patrick Fandio sur France24 en novembre 2017 : « En tant que Président de la République fédérale d'Ambazonie, toutes les options sur la table, y compris l'option militaire ».

nombre d'actes constitutifs du terrorisme… tels que prise d'otages, assassinats,… attentats à la bombe… »[37].

Il est pourtant constant que cet architecte de la sécession de l'État du Cameroun n'a aucune légitimité lui permettant de revendiquer avec succès le droit de conduire une force armée. Il ne peut le faire que dans le cadre d'une guérilla, d'une force para militaire. La planification du terrorisme à partir du Nigéria est donc établie pour ces personnes arrêtées dans le Sud-est du Nigéria.

Les déclarations faites pour condamner l'extradition de ces fauteurs de trouble au Cameroun relèvent sans doute d'une analyse rigoureuse du mécanisme de l'extradition. Il ne faudrait cependant pas perdre de vue que le droit de l'extradition est en pleine mutation aujourd'hui. Sans pour autant valider une mise en œuvre hasardeuse de l'extradition entre le Nigéria et le Cameroun, il y a en effet une tendance internationale qui pousse les limites de la pratique de l'extradition. Les États semblent privilégier la coopération internationale plutôt que les traditionnelles précautions en faveur de la protection des droits de l'homme. Cela est certainement dû à la présence d'enjeux sécuritaires aussi importants que transnationaux. Voilà pourquoi de plus en plus apparaissent des « techniques internationales tendant à une remise aisée des personnes réclamées »[38].

Conclusion

Il a été question de faire un point sur la coopération juridique et judiciaire entre la République du Cameroun et la République Fédérale du Nigéria. La crise anglophone a donc servi de prétexte et de contexte pour rendre compte de la coopération juridique et judiciaire entre les deux républiques. Il s'avère au terme des analyses que les deux pays à l'honneur ici sont engagés dans un processus d'enrichissement et de consolidation de leur édifice conventionnel et relationnel. Les premières normes existantes entre les deux États permettent de justifier un certain nombre d'agissements et de transactions des personnalités officielles de ces deux pays frontaliers. En tout état de cause, à l'heure où la communauté internationale en construction s'est engagée dans la lutte contre l'impunité sous toutes ses formes, qu'il soit permis de comprendre que la crise anglophone ayant été l'occasion de la perpétration d'infractions en direction du Cameroun à partir du Nigéria, les deux pays frontaliers ne pouvaient que se porter assistance, au moins dans

---

[37] Philippe Richard, « Droit de l'extradition et terrorisme. Risques d'une pratique incertaine : du droit vers le non droit », in *Annuaire français de droit international*, 1988, Pp. 653.

[38] Voir Dany Cohen, « Aspects récents du droit de l'extradition », *Persée*, Travaux du comité de droit international privé, Année 2004, p. 126.

une perspective de solidarité africaine, en tout cas, en considérant les nombreux instruments juridiques conclus entre eux.

Heureusement, comme il l'a été révélé, relativement à la crise anglophone, la coopération judiciaire et juridique entre le Cameroun et le Nigéria repose sur des bases juridiques incontestables. Celles-ci sont logées dans l'Accord de coopération bilatérale conclu entre la République fédérale du Cameroun et la Fédération du Nigéria à Lagos le 26 juillet 1962. C'est véritablement l'acte fondateur constituant le fondement de cette coopération qui est ainsi identifié. Un processus d'enrichissement et de consolidation de cette coopération est enclenché avec bonheur. À juste titre, l'on peut dire que le Nigéria et le Cameroun en se prêtant mutuellement assistance agissent conformément à la fois au droit international et aux conventions librement conclues entre eux. La faculté de contracter est bel et bien une manifestation de la souveraineté des États[39].

Si le fondement de cette coopération est généreux, il demeure que c'est la consolidation de l'édifice relationnel au plan juridique entre les deux pays qui reste à parachever. Les résistances et les atermoiements devraient céder la place au dynamisme et à la volonté politique pour définitivement asseoir l'assistance primaire et secondaire entre les deux majors respectifs de l'Afrique centrale-CEMAC et de l'Afrique de l'Ouest. Les déclarations et les engagements diplomatiques méritent d'être systématisés par les normes. Les assurances données par un officiel ne peuvent durablement servir de justification lorsqu'on est engagé dans les procédures judiciaires. On se souvient dans cette perspective du Haut-commissaire du Nigeria, Lawan Abba Gashagar, envoyé spécial de Muhammadu Buhari, qui, après sa réception au palais présidentiel de Yaoundé, avait assuré que le Nigeria « ne servirait jamais de base arrière » aux sécessionnistes camerounais[40]. Le droit n'est donc pas toujours saisi par la politique. À l'inverse, la politique aura toujours besoin du droit pour se consolider et se légitimer.

Bibliographie sélective

BACHOUÉ-PEDROUZO (G.), Le contrôle juridictionnel de la coopération intergouvernementale dans l'Union européenne : contribution au processus de juridictionnalisation de l'Union, Thèse pour le Doctorat en droit public, Université de Pau et des Pays de l'Adour, 2012.

BEURIER (J. P.), « Les compétences de l'État riverain au-delà de la mer territoriale », in www.journals.openedition.org.

[39] La jurisprudence de l'Arrêt de l'affaire du Vapeur du Wimbledon est toujours convoquée sur ce principe de droit international. Voir à cet effet : CPJI, *Affaire Du Vapeur Wimbledon*, 17 août 1923, Série A, n° 1, p. 25.
[40] Voir www.jeuneafrique.com du 08 février 2018.

COHEN (D.), « Aspects récents du droit de l'extradition », Persée, Travaux du comité de droit international privé, Année 2004.

DEMANET (G.), « Considérations sur l'entraide judiciaire en matière pénale », RD pén. Crim., 1997.

ETEME ONGONO (M. F.), « La coopération judiciaire pénale dans les communautés économiques régionales en Afrique : cas de la CEEAC et de la CEDEAO », Mémoire de Master en Droit public international et communautaire, Université de Yaoundé II, 2013.

KELSEN (H.), *Théorie pure du droit,* trad. française de la 2ème éd. *Die Reine Rechtslehre* par EISENMANN, Charles, Dalloz, 1962.

MBPILLE (P. E.), « La frontière terrestre entre le Cameroun et le Nigéria d'après la Cour Internationale de Justice (CIJ, Arrêt du 10 octobre 2002) », Mémoire de DEA Droit public, Université de Douala, 2003.

OLINGA (A. D.) (Dir), *Droit international, droits nationaux et lutte contre le terrorisme en Afrique*, Yaoundé, Editions de l'UCAC, 2017.

PHILIPPE RICHARD, « Droit de l'extradition et terrorisme. Risques d'une pratique incertaine : du droit vers le non droit », in *Annuaire français de droit international*, 1988.

PRADIER-FODERE, *Traité de droit international public européen et américain*, Paris, Pedone, 2007.

LA CRISE ANGLOPHONE ET LA GUERRE DE L'INFORMATION : QUELLE RÉPRESSION INTERNATIONALE DES FAKE NEWS ET DÉLITS DE PRESSE ?

Paulette MVOMO ELA
Chargé de cours, Faculté des Sciences Juridiques et Politiques
Université de Yaoundé II

Introduction

Le principe de la liberté d'expression, garanti par les textes internationaux[1] sur les Droits de l'homme et la Constitution[2], est l'un des principes fondamentaux qui régissent le secteur des médias[3]. À l'instar des médias traditionnels[4], il est applicable aux réseaux numériques tels que le réseau internet.

---

[1] -Article 19 (2), Déclaration universelle des droits de l'homme et des citoyens du 10 décembre 1948, « *Tout individu a droit à la liberté d'opinion et d'expression, ce qui implique le droit de ne pas être inquiété pour ses opinions et celui de chercher, de recevoir et de répandre, sans considération de frontières, les informations et les idées par quelque moyen d'expression que ce soit* ».
-Article 19, Pacte international relatif aux droits civils et politiques de l'ONU du 16 février 1966, « *Nul ne peut être inquiété pour ses opinions. Toute personne a droit à la liberté d'expression ; ce droit comprend la liberté de rechercher, de recevoir et de répandre des informations et des idées de toute espèce, sans considération de frontières, sous une forme orale, écrite, imprimée ou artistique, ou par tout autre moyen de son choix* ».
- Article 9, Charte Africaine des Droits de l'Homme et des Peuples du 29 Juin 1981 : « *Toute personne a droit à l'information. Toute personne a le droit d'exprimer et de diffuser ses opinions dans le cadre des lois et règlements* ».

[2] Préambule de la constitution du 2 juin 1972, révisée le 18 janvier 1996 et le 14 avril 2008 : la liberté de communication, la liberté d'expression, la liberté de presse, sont garanties dans les conditions fixées par la loi.

[3] Plusieurs libertés et droits sont reconnus à travers ce principe : la liberté d'opinion (la faculté d'avoir ses propres conceptions et représentations intellectuelles) ; la liberté de parole (la possibilité d'exprimer activement et de communiquer à autrui ses propres convictions) et enfin le droit à l'information qui est défini comme la liberté de recevoir des informations et d'échanger des idées (Stéphanie Hennette-Vauche et Diane Roman, *Droits de l'homme et libertés fondamentales*, Dalloz, Coll. Hypercours, 2e édition, 2015, n° 516, p. 410).

[4] Presse écrite, radio, télévision.

Toutefois, cette liberté ne revêt pas un caractère absolu car ces mêmes textes prévoient des limites à la liberté d'expression. Les abus de cette liberté sont sanctionnés. La création, la diffusion et la propagation des *fake news* s'inscrivent parmi ces abus.

Il n'existe pas de définition consensuelle de cette notion. Certains assimilent les *fake news* aux fausses informations[5]. Mais d'autres préfèrent utiliser le terme de « manipulation de l'information », estimant que « *fake news* » est une notion vague et galvaudée « *qui ne permet pas de rendre compte du fait qu'une partie du problème vient aussi des informations qui ne sont pas « fausses » à strictement parler* »[6]. La manipulation de l'information est définie comme la diffusion intentionnelle et massive de nouvelles fausses ou biaisées. Elle suppose l'organisation d'une campagne coordonnée de diffusion de nouvelles fausses ou sciemment déformées avec l'intention de nuire ou de se faire de l'argent[7].

En période de conflit comme la crise anglophone au Cameroun, la diffusion des *fake news* peut être utilisée comme une arme pour manipuler l'opinion publique et provoquer des réactions sociopolitiques de grande ampleur, jeter un doute sur les institutions, perturber le processus électoral ou alimenter les tensions sociales. On parle de la « guerre de l'information » pour caractériser l'utilisation de l'information et des médias dans le cadre d'une stratégie militaire plus globale[8].

Les régions anglophones du Cameroun (Nord-ouest et Sud-ouest) sont secouées par une crise sociopolitique qui a commencé le 11 octobre 2016 par

---

[5] Il s'agit de fausses informations présentées comme vraies Myriam Quemener, *Le droit face à la disruption numérique*, Gualiano Editeur, 2018, n° 369, p.114.

[6] Jean Baptiste Jeangene Vilmer, Alexandre Escorcia, Marine Guillaume, Janaina Herrera, *Les manipulations de l'information : un défi pour nos démocraties*, Rapport du Centre d'analyse, de prévision et de stratégie (CAPS), du Ministère de l'Europe et des Affaires étrangères et de l'Institut de recherche stratégique de l'École militaire (IRSEM) du Ministère des Armées, Paris, août 2018, p. 14, www.ladocumentationfrançaise.fr. Le terme « manipulation de l'information » a été préféré à celui de « fake news » dans d'autres rapports récents : Union Européenne, *A multidimensional approach to disinformation-Report of the independent High Level Group on fake news and online disinformation*, https://ec.europa.eu.

[7] Jean Baptiste Jeangene Vilmer, Alexandre Escorcia, Marine Guillaume, Janaina Herrera, *Les manipulations de l'information : un défi pour nos démocraties*, précité, p.23.

[8] Institut français des relations internationales (IFRI), « *Comment l'information recompose les relations internationales. La faute à internet ?* », RAMSES 2018, p. 138 à 142, www.ifri.org. Consulté le 21 mai 2019 « *La guerre de l'information qui se fait jour est de plus en plus mêlée à la cyberguerre, à laquelle se livrent pêle-mêle grandes puissances, pays en marge de l'ordre international, acteurs privés, et individus seuls ou coalisés. Si les menaces cyber et informationnelles sont souvent analysées séparément, le contexte international a évolué et suggère d'adopter une approche plus intégrale, ne serait-ce que pour appréhender plus finement les stratégies d'États comme la Chine, et surtout la Russie, pour qui les cyberopérations sont subordonnées aux opérations informationnelles (propagande, désinformation, subversion, etc.)* ».

les revendications des avocats qui ont lancé une grève pour dénoncer la « *franconisation* » du système judiciaire, suivies par celles des enseignants et des étudiants qui dénonçaient quant à eux la « *franconisation* » du système éducatif. Malgré les réponses apportées par le gouvernement à certaines revendications, la crise s'est peu à peu muée en un conflit armé face aux revendications sécessionnistes des grévistes.

Depuis le début de la crise, le gouvernement a publié de nombreux démentis pour contrecarrer les fausses informations qui circulaient sur les réseaux sociaux, en ce qui concerne notamment les exactions commises par les forces armées et de défense[9] ou encore pendant le déroulement de l'élection présidentielle[10].

En raison du caractère international de la communication, le phénomène des *fake news* est un problème universel qui en appelle à l'ensemble de la société. Toutefois, si les textes internationaux posent le principe de la liberté d'expression et ses limites, la mise en œuvre de ces règles reste essentiellement du ressort des législations nationales. C'est pourquoi la lutte contre les *fake news* se heurte à de nombreux obstacles et difficultés relatifs non seulement à l'appréhension du phénomène (I), mais également à sa répression (II).

I. Les *fake news* : un phénomène en très forte expansion

Les fausses informations ont toujours existé. Mais comme dans d'autres domaines, les technologies de l'information et de la communication donnent une ampleur considérable à ce phénomène à cause de l'effet multiplicateur de l'internet qui explique que les informations se répandent de façon massive et instantanée dans le monde entier. Le phénomène des *fake news* est mondial et concerne tous les domaines (politique, santé, vie privée, science, histoire, économie, etc.), et aucun continent, y compris l'Afrique, n'est épargné.

---

[9] En septembre 2017, le gouvernement a contesté le contenu d'une vidéo montrant des manifestants qui s'en prenaient aux forces de l'ordre lors d'une manifestation à Buea. En juillet 2018, le gouvernement a démenti, successivement, la désertion d'un général et le contenu d'une vidéo montrant des exécutions sommaires de civils perpétrées par les forces armées. Par la suite, une enquête a été diligentée pour faire la lumière sur cette affaire.

[10] Le candidat Cabral Libii a par exemple démenti être l'auteur d'un message publié à partir d'un faux compte Twitter par lequel il reconnaissait la victoire du candidat Maurice Kamto. Ce dernier a lui-même contesté le contenu d'une vidéo circulant sur les réseaux sociaux et faisant état d'une tentative de corruption à l'endroit d'un autre candidat lors de la présidentielle de 2018. (www.jeuneafrique.com/655103/politique/présidentielle-au-cameroun-comment-internet-et-les-fake-news-se-sont-invités-dans-la-bataille/), Consulté le 9 février 2019.

Plusieurs faits permettent de justifier l'expansion des fausses informations : la dimension internationale de la communication et l'usage de plus en plus accru des technologies numériques. En effet, au cours de ces dernières années, le réseau internet est devenu un formidable vecteur d'expression, de communication et de transmission des idées et des opinions. On estime à plus de 3 milliards le nombre de personnes qui utilisent les réseaux sociaux[11].

Il faut y ajouter le développement exponentiel des plate-formes numériques qui sont devenues la première source d'information des populations au détriment des médias classiques, la surabondance d'informations qui annihilent le sens critique, le faible coût de la diffusion, l'absence de contrôle des contenus diffusés par les réseaux sociaux, les progrès techniques réalisés dans le domaine de la photo, de la vidéo et de l'audiovisuel qui permettent de réaliser toutes sortes de manipulations et de falsifications, et enfin la vitesse de propagation des fausses informations sur internet.

Pour ce qui est de l'Afrique, le taux de pénétration de plus en plus élevé de la téléphonie mobile qui constitue le principal moyen d'accès des populations à l'internet[12], a favorisé la création et la diffusion des *fake news*.

Plusieurs techniques sont utilisées pour répandre les fausses informations sur internet (A), ce qui entraîne évidemment des conséquences non seulement pour les victimes, personnes privées ou publiques, mais également pour les États (B).

A. Les formes et les canaux de diffusion des fake news

Les fausses informations peuvent être créées et mises en circulation sur n'importe quel canal de diffusion (presse écrite, radio, télévision, internet) par des individus isolés ou organisés, les États pour des raisons géostratégiques ou de propagande politique, les responsables politiques, les acteurs de la société civile, les entreprises dans le but de porter préjudice aux

---

[11] Il existe différentes études à ce sujet et les chiffres varient quelque peu d'une étude à l'autre. Selon une étude réalisée par WE ARE SOCIAL et HOOTSUITE sur les usages des réseaux sociaux dans le monde et publiée par le journal *Le Nouvel Observateur (« Âge, genre, pays... ces clivages qui influencent notre utilisation des réseaux sociaux* »), www.nouvelobs.com, consulté le 20 janvier 2019*)*, il ressort que :
- 3, 196 milliards de personnes utilisent les réseaux sociaux chaque mois ;
- Le nombre d'internautes s'élève à 4, 021 milliards ;
- Le nombre d'utilisateurs de téléphonie mobile s'élève à 5,135 milliards ;
- 9 personnes sur 10 accèdent aux réseaux sociaux via les appareils mobiles ;
- L'Afrique compte 435 millions d'internautes, soit 34% de la population.

[12] Jean Baptiste Jeangene Vilmer, Alexandre Escorcia, Marine Guillaume, Janaina Herrera, *Les manipulations de l'information : un défi pour nos démocraties*, précité, pp.41-42.

concurrents, les organisations terroristes, qu'ils soient installés sur le territoire national ou à l'étranger.

Les principaux vecteurs de fausses nouvelles sont les plate-formes numériques[13], les moteurs de recherche[14], les réseaux sociaux[15], les fora de discussion, les blogs et même le darknet[16].

Les fausses nouvelles peuvent se présenter sous différentes formes : écrits, sons, vidéos ou photographies. La menace est d'autant plus importante qu'avec les logiciels d'édition de photos, d'audios ou de vidéos, il est désormais possible de rendre les manipulations indétectables. Cette technique rend les usurpations d'identité de plus en plus crédibles.

Pour diffuser les *fakes news*, différentes techniques sont utilisées : les faux sites d'information, la création de faux comptes et le trucage des documents, des photos ou des vidéos mis en circulation sur internet.

1. Les faux sites internet d'information

De nombreux sites internet sont spécialisés dans les canulars. Ce sont les « *Hoax* », un terme anglais qui signifie « canular » et qui désigne une information fausse, erronée ou invérifiable diffusée sur internet afin de provoquer certains sentiments chez les internautes (indignation, sympathie ou colère)[17]. Le problème est qu'il n'est pas toujours évident différencier les canulars des fausses informations.

Pour fournir aux utilisateurs les moyens d'analyser de façon critique les informations qui circulent sur le réseau internet, certains prônent l'éducation aux médias comme solution pour limiter l'impact des *fake news*.

2. La création de faux comptes

Il s'agit des comptes tenus par des personnes qui prétendent être quelqu'un d'autre, mais également des comptes gérés par les robots.

---

[13] Les plates-formes numériques (Google, Facebook, YouTube, Yahoo, Twitter, Wikipédia) peuvent être instrumentalisées pour des raisons politiques ou de propagande, idéologiques, économiques ou financières. De même, l'application mobile WhatsApp est devenue, surtout en Afrique, l'un des vecteurs utilisé pour les campagnes de désinformation. Enfin, il est possible de créer des fora de discussion à visée idéologique ou d'infiltrer les fora de discussion pour y tenir des propos qui seront ensuite relayés sur les plates-formes numériques.

[14] Google ou Yahoo par exemple.

[15] Facebook, Twitter, Instagram, YouTube par exemple.

[16] Encore appelée Dark web, cette expression désigne une partie sombre du web exploitable avec des logiciels spécifiques et qui est associé à toutes sortes d'activités illégales (drogues, pédopornographie, vente de numéros de cartes bancaires, contrefaçons, échanges d'informations sans risque d'être repéré ou « tracé »)

[17] Adrien Senecat, « *Les sites parodiques, du rire à l'intox* », www.lemonde.fr, 11 mai 2018, consulté le 2 janvier 2019. Par exemple les sites internet parodiques Gorafi, nordpresse ou the onion.

Il existe plusieurs manières de procéder à la création de faux comptes d'utilisateurs. D'abord, par le biais des sites « *Socks puppets* ». Le système consiste, pour des personnes déjà inscrites sur les réseaux sociaux, à créer des avatars et à envoyer de faux messages sous une fausse identité[18]. L'affaire de l'ingérence de la Russie dans la présidentielle américaine de 2016 permet d'illustrer l'utilisation que l'on peut faire des faux comptes pour essayer de manipuler les résultats d'une élection. Un rapport du Sénat américain a révélé que l'IRA (Internet Research Agency), accusée d'avoir été financée par le Kremlin pour faire échouer la candidate Hilary Clinton, avait créé de faux profils américains sur Facebook, Twitter, Instagram ou YouTube[19].

Ensuite, par le biais de l'« *Astroturfing* », une technique de marketing qui est utilisée par les activistes sur internet afin de manipuler l'opinion publique en faisant croire que leur cause est soutenue par un large public alors qu'il n'en est rien. Une organisation va par exemple lancer un mouvement pour recueillir des signatures sur internet, annoncer un chiffre qui ne correspond pas à la réalité, car de faux comptes ont été créés pour l'occasion sur les réseaux sociaux[20].

Des individus isolés peuvent être à l'origine de la diffusion des fausses nouvelles, mais, dans la plupart des cas, et c'est ce qui rend le phénomène très préoccupant, des groupes d'individus peuvent mettre en place des campagnes de désinformation en utilisant des moyens d'amplification tels que les « *Bots* » et les « *Trolls* ».

Les *Bots* sont des robots, c'est-à-dire des programmes informatiques automatisés qui créent des centaines de comptes sur les réseaux sociaux. Un ou deux messages sont envoyés à partir de chaque compte, générant ainsi une campagne de désinformation massive[21]. Ces faux comptes gérés par des robots diffusent en continu de fausses informations sur le réseau[22].

---

[18] Un écrivain a par exemple été démasqué sur le site de e-commerce Amazon après avoir publié des commentaires très élogieux sur ses livres alors que dans le même temps, il critiquait violemment ceux de ses concurrents (Arnaud Devillard, *Faux commentaires sur internet : la chasse aux faux soks puppets est ouverte* , www.scienceetavenir.fr, consulté le 2 janvier 2019.

[19] AFP, *L'ingérence russe dans la présidentielle américaine visait à inciter les Noirs à s'abstenir de voter*, www.parismatch.com, publié le 18 décembre 2018, consulté le 2 janvier 2019.

[20] Anne Brunel, *L'Astroturfing, ou comment bidonner des initiatives citoyennes*, www.franceinter.fr, 13 mai 2016, consulté le 2 janvier 2019.

[21]France, Délégation ministérielle aux industries de sécurité et à la lutte contre les cybermenaces, *Etat de la menace liée au numérique en 2018*, Mai 2018, www.ladocumentationfrançaise.fr

[22] Facebook a annoncé avoir supprimé plus de 3 milliards de faux comptes afin de lutter contre la création automatique de faux comptes à des fins malveillantes. Dans le détail, 1,2

Le « *Trolling* » consiste à créer artificiellement une polémique sur internet, par exemple sur les réseaux sociaux ou dans un forum de discussion en postant des messages agressifs ou provocateurs. Le problème est que certains *trolls* sont « mandatés » pour intervenir dans un sens bien précis, défendre certaines thèses ou discréditer certaines personnes, les Etats, les entreprises ou les organisations privées ou publiques, en postant de fausses informations[23].

3. Le trucage des documents écrits, sonores, photographiques ou audiovisuels

Afin de tromper le public, les auteurs de fausses informations procèdent au trucage ou à la falsification des photos, des voix, des documents ou des vidéos[24]. Une nouvelle technique, jugée très dangereuse, vient de paraître : le « *Deep fake videos* » qui consiste à modifier numériquement le visage d'une personne afin de lui faire faire et dire ce que l'on veut[25]. Parfois, de fausses interviews, de fausses statistiques ou des études scientifiques bidons sont diffusées pour étayer telle ou telle thèse et donner une apparence de sérieux à l'information.

B. Les conséquences de la diffusion et de la propagation des *fake news*

Les raisons pour lesquelles les *fake news* prolifèrent sont diverses. Caroline Fayet, dans son ouvrage intitulé « *Décoder l'info. Comment*

---

milliards de comptes ont été supprimés au dernier trimestre 2018 et 2,2 milliards au premier trimestre 2019 (www.lefigaro.fr, 25 mai 2019, consulté le 28 mai 2019).

[23] Des personnes sont recrutées spécialement pour créer de fausses informations, de faux profils, de faux *followers* ou émettre de faux avis ou de faux commentaires d'articles. On utilise pour les désigner les expressions : « tâcherons du clic » ou « fermes à clic » ou « industrialisation des *fake news* ».

[24] Par exemple en retouchant les photos, en falsifiant la légende des images, en publiant de faux articles de presse, de faux sondages d'opinion, de faux résultats d'un scrutin, des fausses annonces d'attentat, des dénonciations calomnieuses, de fausses interviews d'experts ou encore en imitant la voix d'une personne pour lui faire tenir des propos trompeurs.

Le 22 mai 2019, le gouvernement a rejeté les accusations portées contre l'armée camerounaise, accusée, par le biais d'une vidéo diffusée sur les réseaux sociaux, d'avoir assassiné un bébé de quatre mois dans la région du Sud-ouest. Il s'agit, selon le porte-parole du gouvernement, d'une simple « mise en scène ».

[25] Afin d'alerter l'opinion sur la dangerosité du phénomène, le réalisateur Américain Jordan Peele a mis en ligne une vidéo truquée de l'ex-Président Barack Obama, diffusée en avril 2018, sur laquelle l'on fait dire des insanités à l'ancien Chef de l'État. Deux logiciels ont été utilisés pour réaliser la vidéo, *Fake APP* qui permet de remplacer un visage par un autre et *After Effect*, un logiciel de montage. Il suffisait ensuite de trouver un artiste pour imiter sa voix. *Des chercheurs font dire n'importe quoi à Obama pour dénoncer les fake news*, www.lepoint.fr, consulté le 1er janvier 2019. De même, de fausses vidéos pornographiques de stars sont par exemple publiées sur Youtube et Twitter.

décrypter les fake news ? », les classe en neuf catégories suivant leur objectif[26].

D'abord, l'appât du gain : la logique économique s'applique aux auteurs des *fake news* qui veulent, en diffusant des informations sensationnelles, augmenter le trafic du site et attirer les annonceurs, ce qui génère des revenus publicitaires[27].

Ensuite, la manipulation de l'opinion pour des raisons politiques, économiques, religieuses, ou culturelles, la volonté de nuire aux tiers ou aux concurrents en portant atteinte à leur honneur ou leur considération ou encore de provoquer des troubles à l'ordre public[28]. Ils sont également utilisés par les cybercriminels pour piéger les internautes. Ils envoient à ces derniers des courriels présentant une information sensationnelle pour les inciter à cliquer dessus et profitent de ce fait pour introduire un logiciel espion dans leur ordinateur. L'objectif étant de collecter des données à caractère personnel telles que les informations bancaires, les mots de passe, les coordonnées des contacts ou les photographies, qui seront ensuite utilisées à des fins criminelles[29].

Enfin, d'autres *fake news*, a priori inoffensives visent à divertir l'opinion[30]. Le problème est que la différence entre le canular et l'information n'est pas toujours évidente, et certains canulars peuvent se transformer en rumeurs, entraînant de ce fait des préjudices pour les victimes.

L'impact des fausses nouvelles est difficile à évaluer, mais les conséquences dépendent généralement de la cible visée. En raison du caractère transnational de l'internet et de l'instantanéité de la diffusion des informations, cet impact est potentiellement planétaire et peut provoquer toutes sortes de conséquences, en particulier pour les processus démocratiques, la sécurité nationale et la société en général.

---

[26] Éditions Bréal, 2018, pp. 26-30.

[27] Les *Fake news* de buzz qui visent à générer du trafic et des revenus, généralement grâce à la publicité.

[28] Les *fake news* de désinformation (manipulation de l'opinion), de propagande (endoctrinement du public), de complotisme (déstabilisation des pouvoirs publics), d'opinion (imposer une idée), de rumeur (dénigrement d'une entreprise, d'une personne ou d'un évènement).

[29] C'est la technique du « *Hameçonnage* » ou « *Phishing* ». Le danger encouru par l'internaute est l'usurpation d'identité.

[30] Les *fakes news* de canular, satirique ou parodique.

1. La crise de confiance des citoyens envers les institutions et les médias

La diffusion des fausses nouvelles se développe dans un contexte où les médias traditionnels sont en crise, surtout la presse écrite. Certains estiment d'ailleurs que la lutte contre ce phénomène passe par l'amélioration de la situation économique de la presse, tant privée que publique, qui doit être libre, pluraliste et visible sur internet[31], car c'est l'un des gages de la démocratie.

C'est pourquoi certains opérateurs de l'internet et certains médias prônent le développement des outils de vérification des faits. C'est ce que l'on appelle le *Fact checking* qui consiste à contrôler la véracité des informations circulant sur internet[32].

2. Les atteintes à l'honneur ou à la réputation des victimes

Les fausses nouvelles publiées portent atteinte à la réputation des victimes, personnes physiques ou personnes morales de droit privé ou de droit public, et peuvent avoir des conséquences parfois dramatiques[33]. En effet, lorsqu'une entreprise est par exemple victime de la diffusion d'une fausse information, cela peut avoir des conséquences économiques et financières traduites par la baisse du chiffre d'affaires ou par la baisse de l'action en bourse[34].

3. Les atteintes à la démocratie et à la souveraineté nationale

Les fausses nouvelles induisent les citoyens en erreur et engendrent une perception erronée relativement aux actions politiques des gouvernements.

---

[31] Union Europeenne, Rapport du groupe d'experts de haut niveau sur les fausses informations et la désinformation, https://ec.europa.eu/commission/news/tackling-desinformation-online--2018-mar-12_fr.

[32] Il en est ainsi du *DECODEX* qui a été lancé en 2017 par le journal Le Monde. Il permet aux internautes de vérifier la fiabilité des sites internet. Environ 600 sites ont été référencés et un code couleur permet de repérer les sites en fonction de la confiance que l'on peut leur accorder. De même, la chaîne de télévision France 24 a lancé le réseau *« Les Observateurs »*. Enfin, Facebook a lancé, en 2016, le programme « *Cross Check* » visant à combattre les fausses informations. Des journalistes de plusieurs médias sont rémunérés par la plate-forme numérique pour contrôler la véracité des contenus partagés sur le réseau social et soupçonnés d'être faux.

[33] En Inde, des personnes injustement soupçonnées d'être des kidnappeurs d'enfants ont été lynchées par les populations, suite à de fausses informations répandues sur l'application mobile WhatsApp (Guillaume Delacroix, « *Inde. WhatsApp accusé d'avoir une part de responsabilité dans une trentaine de meurtres* », www.courrierinternational, Consulté le 19 février 2019.

[34] En 2016, un faux communiqué de presse annonçant des difficultés financières du groupe de BTP français VINCI a fait chuter l'action en bourse de près de 19 % en quelques heures, passant de 61,81 euros à 49,93 euros (Philippe Jacque, « *Comment le groupe Vinci victime d'un hoax a chuté en bourse* », Consulté le 3 février 2019, www.lemonde.fr).

Ce qui peut porter atteinte aux intérêts fondamentaux de la nation, troubler l'ordre public et favoriser les tentatives, parfois de l'extérieur, de déstabilisation des institutions[35]. Cette ingérence extérieure remet en cause la souveraineté nationale.

L'actualité récente a par exemple permis de prendre conscience du rôle perturbateur que les campagnes de désinformation peuvent jouer en période électorale, même si leur impact sur les résultats des votes est difficile à évaluer. L'élection présidentielle aux États-Unis en 2016, en France en 2017 ainsi que les référendums du *Brexit* en Grande-Bretagne en 2017 ont permis aux États de prendre conscience du fait que les fausses nouvelles sont susceptibles d'influer sur la sincérité du scrutin. Ce qui représente une vraie menace pour la démocratie[36].

Par ailleurs, les groupes terroristes utilisent l'internet pour diffuser leur propagande et toucher un large public, recruter de nouveaux combattants en prodiguant des conseils pour les rejoindre, préparer leurs actes ou revendiquer des attentats[37].

II. Les moyens de lutte contre la propagation des *Fake news*

Des restrictions au principe de la liberté d'expression sont prévues pour préserver, notamment, l'ordre public, la défense, les droits individuels (le droit à l'image, le droit au respect de la vie privée ou le secret médical) et les droits collectifs (respect des croyances religieuses, lutte contre l'apologie de crime ou lutte contre toutes les formes de discrimination)[38].

---

[35] Des membres du Gouvernement camerounais ont par exemple dénoncé la création de faux comptes Facebook en leur nom.

[36] Bruno STUDER, *Rapport n° 990 fait au nom de la Commission des affaires culturelles et de l'éducation sur la proposition de loi relative à la lutte contre la manipulation de l'information*, mai 2018, pp.7-11, www.assemblée-nationale.fr.

[37] Cela se fait notamment par la création de sites internet de recrutement des combattants ainsi que par le biais des fora de discussion pour permettre à leurs partisans d'échanger. Les nouvelles recrues annoncent souvent leur engagement vis-à-vis de telle ou telle cause sur internet.

[38]-Article 29 (2), Déclaration universelle des droits de l'homme et des citoyens, précitée : « *Dans l'exercice de ses droits et dans la jouissance de ses libertés, chacun n'est soumis qu'aux limitations établies par la loi exclusivement en vue d'assurer la reconnaissance et le respect des droits et libertés d'autrui et afin de satisfaire aux justes exigences de la morale, de l'ordre public et du bien-être général dans une société démocratique* ».

-Article 19 (3), Pacte international relatif aux droits civils et politiques de l'ONU, précitée : « *L'exercice du droit à la liberté d'expression peut être soumis à certaines restrictions, notamment le respect des droits et de réputation d'autrui, la sauvegarde de la sécurité nationale, de l'ordre public, de la santé ou de la moralité publiques* ».

Sur le sujet, voir Stéphanie Hennette-Vauche et Diane Roman, *Droits de l'homme et libertés fondamentales*, précité, n° 525 à 552, pp.413-426.

Les États sont chargés d'assurer l'application du principe et de déterminer les conditions de mise en œuvre de la responsabilité en cas d'abus de la liberté d'expression que l'on appelle communément « les délits de presse ». Tant qu'il s'agit de fausses informations publiées dans les médias traditionnels, la répression ne pose, généralement, aucun problème.

En revanche, la lutte contre la diffusion et la propagation des *fake news* sur internet s'inscrit dans le cadre général de la lutte contre la cybercriminalité qui regroupe toutes les infractions pénales tentées ou commises à l'encontre ou au moyen d'un système d'information et de communication, principalement internet[39]. Or, il n'existe actuellement qu'un seul instrument international de lutte contre la cybercriminalité : la Convention du conseil de l'Europe sur la cybercriminalité, adoptée à Budapest le 23 novembre 2001 sur la cybercriminalité (et son protocole additionnel)[40]. Elle a été adoptée par les pays membres du Conseil de l'Europe, mais également par d'autres pays non membres tels que les États-Unis, le Ghana, le Maroc ou le Sénégal.

Au niveau de l'Union Africaine, la Convention africaine sur la cybersécurité et la protection des données à caractère personnel, adoptée à Malabo le 27 juin 2014, n'est pas encore entrée en vigueur[41].

Au niveau de la CEMAC, il n'existe pas de texte particulier sur la cybercriminalité, mais des textes visant à harmoniser la règlementation sur les communications électroniques[42].

Par conséquent, en l'absence de convention internationale en matière de cybercriminalité, la répression des *fake news* relève de la législation camerounaise (A). Mais cette répression rencontre un certain nombre de difficultés en raison notamment du caractère transnational de l'internet qui en est le principal vecteur de diffusion et de propagation (B).

---

[39]Internet (Christiane Feral-Shuhl, *Cyberdroit. Le droit à l'épreuve de l'internet*, Dalloz, 7e édition, 2018, n° 711.31, p. 1479).

[40] Elle vise à harmoniser les législations nationales concernant la définition des crimes, à définir les moyens d'enquêtes adaptés à la mondialisation des réseaux et à mettre en place un système efficace de coopération internationale. Le Protocole additionnel du 7 novembre 2002 porte sur l'incrimination d'actes de nature raciste et xénophobe.

[41]Mais pour entrer en vigueur, elle doit être ratifiée par 15 États membres de l'Union Africaine.

[42] Par exemple : le Règlement n° 21/08-UEAC-133-18 relatif à l'harmonisation des règlementations et des politiques de régulation des communications électroniques au sein des États membres de la CEMAC et la Directive n° 07/08-UEAC-133-CM-18 fixant le cadre juridique de la protection des droits des utilisateurs des réseaux et services de communications électroniques au sein de la CEMAC.

A. La répression des *fake news* : les délits de presse

Les abus de la liberté d'expression peuvent être sanctionnés, d'abord par le Code pénal qui prévoit différentes incriminations : la diffamation, l'injure, la diffusion ou la propagation des fausses nouvelles. Ensuite, par la loi n° 90/052 du 19 décembre 1990 sur la liberté de communication sociale modifiée par la loi n° 96/04 du 4 janvier 1996 qui sanctionne le refus de respecter le droit de réponse et le refus de respecter le droit de rectification. Ils permettent aux personnes physiques ou morales, précédemment mises en cause dans un ou plusieurs médias de donner leur point de vue. Le refus d'insertion ou de publication ou de diffusion d'une réponse ou d'une rectification est sanctionné par la loi, s'il n'est pas justifié.

1. La diffamation

L'article 305 du Code pénal définit la diffamation comme étant une atteinte à l'honneur ou à la considération d'une personne en lui imputant directement ou non des faits dont on ne peut rapporter la preuve. La loi précise les éléments constitutifs de la diffamation, les conditions de poursuite, les sanctions ainsi que les moyens de défense de la personne poursuivie.

a. Les éléments constitutifs

Pour que le délit de diffamation soit caractérisé, quatre conditions doivent être remplies[43] :

- L'imputation d'un fait à la victime, par exemple des accusations de corruption ou de détournements de fonds publics ;
- L'imputation d'un fait susceptible de porter atteinte à l'honneur ou à la considération d'une personne physique ou morale ayant la personnalité juridique. L'examen du caractère diffamatoire des propos ou des écrits se fait au cas par cas par le juge.
- L'imputation doit viser une personne physique ou morale déterminée ou identifiable. La diffamation dirigée contre la mémoire d'un mort n'est sanctionnée que lorsque l'auteur a eu l'intention de porter atteinte à l'honneur ou à la considération des héritiers, époux ou légataires universels vivants[44].
- L'imputation doit être faite de mauvaise foi. La personne poursuivie pour diffamation est présumée avoir agi de mauvaise foi avec intention de nuire. En ce qui concerne les journalistes par exemple, la mauvaise foi peut être retenue en l'absence de prudence et de mesure

[43] Vincent Fauchoux, Pierre Deprez, Jean Michel Bruguiere, *Le droit de l'internet*, LexisNexis, 2° édition, 2013, n° 462, pp.342-343.
[44] Article 305 (6) du Code pénal.

dans l'expression, de vérification des sources, de sérieux dans l'enquête ou d'animosité personnelle qui traduit un manque d'objectivité et de sincérité[45].

Peu importe que la diffamation soit publique ou non. Les propos diffamatoires peuvent être publiés dans la presse, à la radio, à la télévision ou sur internet.

b. Les conditions de poursuite

L'initiative de l'action publique appartient à la victime ou à son représentant légal ou coutumier[46]. Elle se prescrit dans un délai de 4 mois à compter de la commission du délit ou du dernier acte de poursuite ou de l'instruction[47]. Le retrait de la plainte arrête l'exercice de l'action publique tant que la condamnation définitive du prévenu n'est pas intervenue.

c. Les moyens de défense

Le prévenu pourra se défendre et éviter une condamnation s'il apporte la preuve que les faits considérés comme diffamatoires sont vrais. La démonstration de la véracité de l'imputation n'est toutefois pas admise si elle concerne la vie privée de la victime et si elle se réfère à un fait remontant à plus de dix ans ou à un fait constituant une infraction amnistiée ou encore à un fait ayant fait l'objet d'une condamnation autrement effacée[48]. Par ailleurs, l'article 306 du Code pénal donne la liste des faits et documents qui ne peuvent pas être considérés comme diffamatoires[49].

---

[45] L'excuse de bonne foi a été retenue en faveur du directeur de publication d'un site internet à la suite de la mise en ligne d'un article sur la société Bolloré, car les auteurs s'étaient appuyés sur un rapport publié par la mission des Nations Unies au Libéria avec insertion d'un lien qui y renvoyait, et parce que les protestations des dirigeants de la société lors de la publication du rapport avaient également été mentionnées (CASS. CRIM. 7 mai 2018, pourvoi n° 17-82663, www.légifrance.gouv). En sens inverse, la mauvaise foi est retenue à l'encontre des auteurs d'un article publié en ligne pour avoir diffusé une information tronquée en laissant entendre que la personne mise en cause avait participé à des faits pénalement répréhensibles mais sans préciser qu'elle avait bénéficié d'un non-lieu (CASS. CRIM. 14 mars 2017, pourvoi n°16-80209, www.légifrance.gouv).

[46] Article 305 (4) du Code pénal.

[47] Article 305 (5) du Code pénal.

[48] Article 305(3) du Code pénal.

[49] Par exemple, les discours tenus au sein des assemblées législatives, le compte rendu fidèle et de bonne foi de ces débats et discours, le renseignement donné de bonne foi sur une personne à un tiers qui a un intérêt personnel ou officiel à le connaître ou qui a le pouvoir de remédier à une injustice alléguée, la critique d'une œuvre, d'un spectacle, d'une opinion quelconque manifestée publiquement, à condition que ladite critique ne traduise pas une animosité personnelle, l'œuvre historique faite de bonne foi.

d. Les sanctions

La diffamation est punie d'un emprisonnement de 6 jours à 6 mois et d'une amende de 5000 à 2 000 000 de FCFA ou de l'une de ces peines seulement. Elle peut également donner lieu à une condamnation à payer des dommages et intérêts à la victime, à titre de réparation, si elle se constitue partie civile. Les peines sont réduites de moitié lorsque la diffamation n'est pas publique[50] et sont doublées lorsque la diffamation est anonyme[51].

2. L'injure

Selon l'article 307 (1) du Code pénal, l'injure est définie comme le fait, sans avoir été provoqué, d'user à l'encontre d'une personne, *« d'une expression outrageante, d'un geste, d'un terme de mépris ou d'une invective qui ne renferme l'imputation d'aucun fait »*. La loi précise les éléments constitutifs de l'injure, les conditions de poursuite, les sanctions ainsi que les moyens de défense que la personne poursuivie peut utiliser pour éviter toute condamnation.

a. Les éléments constitutifs

Il n'est pas toujours évident de distinguer la diffamation de l'injure. De nombreux auteurs soulignent le caractère parfois artificiel de la distinction entre les deux notions. En effet, les mêmes faits peuvent relever de la qualification juridique de l'injure et de la diffamation. La seule différence entre les deux infractions est qu'en matière de diffamation, l'imputation d'un fait est un élément caractéristique de l'infraction, alors que l'injure ne « *renferme l'imputation d'aucun fait* »[52].

En dehors des cas généraux d'injures faites aux personnes physiques ou morales, la loi sanctionne des cas particuliers d'injures :

- L'outrage au Président de la République ou à un Chef d'État étranger (article 153(1) du Code pénal)[53] ;
- L'outrage aux Chefs de gouvernement étrangers, aux agents diplomatiques accrédités au Cameroun et aux ministres étrangers chargés des affaires étrangères (article 153(2) du Code pénal)[54] ;

---

[50] Article 305 (7) du Code pénal.

[51] Article 305 (8) du Code pénal.

[52] Emmanuel Derieux, *Droit des médias. Droit français, européen et international*, LGDJ, 8e édition, Coll. Manuel, 2018, n° 1686 et 1987, pp.427-428. Une assignation retenant pour les mêmes faits la double qualification de diffamation et d'injure est nulle.

[53] Est puni d'un emprisonnement d'un an à 5 ans et d'une amende de 20 000 à 20 000 000 de FCFA ou de l'une de ces deux peines seulement, celui qui outrage le Président de la République, la personne qui exerce tout ou une partie de ses prérogatives ou un Chef d'État étranger ». À noter que la vérité du caractère diffamatoire ne peut en aucun cas être rapportée.

[54] Est puni d'un emprisonnement de 6 mois à 2 ans et d'une amende de 20 000 à 20 000 000 de francs CFA ou de l'une de ces deux peines seulement, celui qui outrage les Chefs de

- L'outrage aux membres du gouvernement, aux parlementaires, aux fonctionnaires ou aux corps constitués en raison de leurs fonctions ou de leur qualité (article 154 du Code pénal)[55] ;
- L'outrage aux races et aux religions (articles 241 du Code pénal)[56].

b. Les conditions de poursuite

Comme en matière de diffamation, les poursuites ne peuvent être engagées que sur plainte de la victime ou de son représentant légal ou coutumier[57]. Tant que la condamnation définitive n'a pas été prononcée, le retrait de la plainte arrête l'exercice de l'action publique. Le délai de prescription est de 4 mois à compter de la commission du délit ou du dernier acte de poursuite ou d'instruction[58].

La personne poursuivie pour diffamation peut invoquer l'excuse de provocation pour échapper à toute condamnation[59].

c. Les sanctions

L'injure est passible d'un emprisonnement de 5 jours à 3 mois et d'une amende de 5 000 à 100 000 francs CFA ou de l'une de ces peines seulement. La victime peut, le cas échéant obtenir la réparation civile du préjudice qu'elle a subi.

3. Le délit de fausses nouvelles

Plusieurs textes permettent de sanctionner la diffusion et la propagation de fausses nouvelles.

---

gouvernement étrangers, les ministres chargés des affaires étrangères des gouvernements étrangers et les agents diplomatiques accrédités auprès du Gouvernement de la République.

[55] Est puni d'un emprisonnement de 3 mois à 3 ans et d'une amende de 1 000 à 2 000 000 de francs CFA ou de l'une de ces deux peines seulement, celui qui outrage sans pouvoir rapporter, en cas de diffamation, la vérité du fait diffamatoire : les membres du gouvernement, les membres du Parlement, les fonctionnaires, les cours et tribunaux, les forces armées, les corps constitués et les administrations publiques.

[56] Dans le cadre des communications électroniques, cette disposition est reprise à l'article 77 de la Loi n° 2010/012 du 21 décembre 2010 relative à la cybersécurité et la cybercriminalité au Cameroun: « *Est puni d'un emprisonnement de deux (02) à cinq (05) ans et d'une amende de 2 000 000 (deux millions) à 5 000 000 (cinq millions) francs CFA ou de l'une de ces deux peines seulement, celui qui, par la voie de communications électroniques ou d'un système d'information, commet un outrage à l'encontre d'une race ou d'une religion* ». Les peines sont doublées lorsque l'infraction est commise dans le but de susciter la haine ou le mépris entre les citoyens ».

[57] Article 307 (2) du Code pénal.

[58] Article 307 (3) du Code pénal.

[59] La loi ne définit pas la notion de provocation. Il s'agit, selon la jurisprudence, « *d'un fait injuste ou fautif, de nature à faire perdre son sang-froid à la personne qui riposte, et ce fait, caractérisant une provocation, doit être proportionné et assez proche dans le temps de l'injure* » (TGI Paris, 27 juin 2012, www.legalis.net).

L'article 240 du Code pénal qui dispose que : *« Est puni d'un emprisonnement d'un an à 5 ans et d'une amende de 20 000 à 10 000 000 de francs CFA celui qui publie ou propage, par quelque moyen que ce soit, une nouvelle sans pouvoir en rapporter la vérité ou justifier qu'il avait de bonnes raisons de croire à la vérité de ladite nouvelle ».* Les peines sont doublées lorsque la publication est anonyme.

Ensuite, l'article 113 du Code pénal qui dispose que : *« Est puni d'un emprisonnement de 3 mois à 3 ans et d'une amende de 100 000 à 2 000 000 de francs CFA, celui qui émet ou propage des nouvelles mensongères, lorsque ces nouvelles sont susceptibles de nuire aux autorités publiques ou à la cohésion nationale ».*

Enfin, l'article 78 (1) de la Loi n° 2010/012 du 21 décembre 2010 relative à la cybersécurité et la cybercriminalité au Cameroun, qui dispose que : « *Est puni d'un emprisonnement de 6 mois à 2 ans et d'une amende de 5 000 000 à 10 000 000 millions de francs CFA ou de l'une de ces peines seulement, celui qui publie ou propage par voie de communications électroniques ou d'un système d'information, une information sans pouvoir en rapporter la preuve de véracité ou justifier qu'il avait de bonnes raisons de croire à la vérité de ladite nouvelle ».* Les peines sont doublées lorsque l'infraction est commise dans le but de porter atteinte à la paix publique[60].

L'infraction est constituée lorsque, diffusées de mauvaise foi, les fausses nouvelles sont susceptibles de nuire aux autorités publiques ou à la cohésion ou encore à la paix publique. Dans cette hypothèse, pour que l'infraction soit sanctionnée, il faut non seulement que les faits publiés soient faux (sons ou images truqués, documents falsifiés ou mensongers), mais également qu'il existe un lien de causalité entre la fausse nouvelle et le trouble constaté.

D'autres textes répriment le fait de communiquer ou de divulguer de fausses informations dans des circonstances bien précises et pour atteindre un but déterminé : en période électorale[61], pour porter atteinte au crédit de l'Etat[62] ou dans le but de perturber le bon fonctionnement des marchés financiers[63].

---

[60] Article 78 (2), Loi n° 2010/012 du 21 décembre 2010, précitée.

[61] Article 122-g) du Code pénal : est puni d'un emprisonnement de 3 mois à 2 ans et d'une amende de 50 000 à 500 000 francs CFA ou de l'une de ces peines seulement celui qui, à l'aide fausses nouvelles, de propos calomnieux ou autres manœuvres frauduleuses, supprime ou détourne des suffrages, détermine un ou plusieurs électeurs à s'abstenir de voter.

[62] Article 222 (1)-a) du Code pénal.

[63] Article 135 (2) du Code pénal.

4. Le refus de respecter le droit de réponse

Le droit de réponse a d'abord été imposé en matière de presse[64] et communication audiovisuelle[65], avant d'être étendu aux services de communications électroniques[66]. Mais dans ce dernier cas, l'exercice de ce droit est réservé uniquement aux victimes de diffamation.

Le droit de réponse a été mis en place pour permettre aux personnes mises en cause dans les médias de se défendre. Il s'applique, quel que soit le type de contenus concernés (écrits, sons, images) ayant trait à l'actualité : informations politiques, judiciaires, sportives ou culturelles, informations scientifiques ou faits divers.

L'obligation d'insérer une réponse vise le directeur de publication d'un organe de presse[67] (presse quotidienne ou non), d'un organisme de communication audiovisuelle (radio et télévision)[68] ou d'un service de communication électronique ouvert au public (sites internet, service de presse en ligne). L'intention de nuire n'est pas une condition d'insertion ou de diffusion du droit de réponse.

---

[64] Article 53 de la loi sur la communication sociale : « *Le directeur de publication d'un quotidien est tenu d'insérer dans les 48 heures suivants sa réception la réponse de toute personne nommée ou désignée dans la publication* ».

[65] Article 57 de la loi sur Loi n° 90/052 du 19 décembre 1990 sur la liberté de communication sociale modifiée par la loi n° 96/04 du 4 janvier 1996. : « *Le directeur de publication est tenu de diffuser 48 heures après sa réception, toute réponse d'une personne nommée, désignée ou mise en cause par un organe de communication audiovisuelle* ».

[66] Les communications électroniques sont définies comme étant l'émission, la transmission ou la réception de signes, des signaux, d'écrits, d'images ou de sons, par voie électromagnétique ou optique. Il s'agit de toute transmission d'informations par des signaux électromagnétiques, à travers un réseau filaire (téléphone, câble, fibre optique) ou un réseau aérien (spectre hertzien, satellite, 3G, 4G, wifi, wimax).
Selon l'Article 39 (1), Loi n° 2010/012 du 21 décembre 2010 relative à la cybersécurité et la cybercriminalité au Cameroun : « *Toute personne victime d'une diffamation au moyen d'un service de communications électroniques, dispose d'un droit de réponse et peut en exiger la rectification* ». Les conditions d'insertion du droit de réponse sont celles prévues par les textes en vigueur.

[67] L'expression « organe de presse » désigne tout journal, écrit périodique, magazine, feuille d'information, destiné à la communication de la pensée, des idées, des opinions, des faits d'actualités ou de société, paraissant à intervalle régulier. Toutefois la définition exclut les publications à caractère scientifique, artistique, culturel, technique ou professionnel, quelle que soit leur périodicité (l'Article 5 de la loi sur la communication sociale, précitée).

[68] L'article. 3.7 de la Loi n° 2015/007 du 20 avril 2015 régissant l'activité audiovisuelle au Cameroun définit la communication audiovisuelle comme étant « *Toute mise à la disposition du public ou de catégories de public, par un procédé de communication électronique, de signes, de signaux, d'écrits, d'images, de sons ou de messages de toute nature qui n'ont pas le caractère d'une correspondance privée* ». Il s'agit des chaînes de radio ou de télévision.

a. Les conditions d'exercice du droit de réponse

L'exercice du droit de réponse est encadré par la loi en ce qui concerne les personnes qui peuvent exercer ce droit, les délais et les modalités d'insertion et de diffusion de la réponse.

- **Les personnes habilitées à demander l'insertion d'une réponse**

L'insertion du droit de réponse ne peut être demandée que par une personne qui se plaint d'avoir été mentionnée dans un média. Lorsqu'elle a été nommément désignée, cela ne pose aucun problème. Peu importe qu'il s'agisse d'une personne physique ou morale de droit public ou de droit privé, du moment qu'elle dispose de la personnalité juridique.

Lorsque la personne n'a pas été nommée, il suffit qu'elle soit identifiable c'est-à-dire qu'elle soit susceptible d'être reconnue grâce à des détails fournis par la publication[69].

- **Les délais**

Le délai pendant lequel une demande d'exercice du droit de réponse peut être adressée à un média est de quatre mois révolus, à compter de la publication, sauf cas de force majeure[70].

Le délai de publication est de 48 heures à compter de la réception de la réponse pour la presse quotidienne[71] et en période électorale, de 24 heures, à condition que la réponse soit remise au journal dans lequel elle doit paraître huit heures avant le tirage[72].

En matière de communication audiovisuelle, le délai est de 48 heures après la réception de la réponse du plaignant[73], et il est ramené à 12 heures après la réception de la réponse en période électorale[74]. En ce qui concerne les organes de presse non quotidiens, la réponse doit être publiée dans le numéro qui suit, le surlendemain de la publication[75].

- **Les modalités de publication ou de diffusion du droit de réponse**

La publication ou la diffusion de la réponse est gratuite, mais elle doit respecter certains critères.

Dans la presse, l'insertion de la réponse doit être faite à la même place que l'article qui l'a provoquée, avec les mêmes caractères et n'est exigible

---

69 Emmanuel Dreyer, *Droit de la communication*, *LexisNexis*, 2018, n° 837, p. 459.
70 Articles 55 et 59,de la loi sur la communication sociale, précitée.
71 Article 53 (1) de la loi sur la communication sociale, précitée.
72 Article 54(1) de la loi sur la communication sociale, précitée.
73 Article 57(1) de la loi sur la communication sociale, précitée.
74 Article 58(1) de la loi sur la communication sociale, précitée.
75 Article 53(2) de la loi sur la communication sociale, précitée.

que dans l'édition où l'article a paru. Elle est limitée à la longueur de l'article qui l'a provoquée, non compris l'adresse, les salutations d'usage et la signature[76].

Dans le domaine audiovisuel, la diffusion de la réponse doit être faite dans les conditions techniques et d'audience équivalentes à celles de l'émission qui a provoqué la réponse. La durée de la réponse est limitée à celle de l'émission qui l'a provoquée[77].

Dans les deux cas, ces dispositions s'appliquent aux répliques lorsque le journaliste a accompagné la réponse de nouveaux commentaires[78].

b. La sanction

Le refus de publier ou de diffuser la réponse est passible d'une amende de 50 000 à 2 000 000 de francs CFA[79]. La loi assimile à un refus d'insertion le fait de publier une édition spéciale d'où est retranchée la réponse que le numéro correspondant du journal était tenu de reproduire[80].

5. Le refus de respecter le droit de rectification

Contrairement au droit de réponse, le champ d'application du droit de rectification est limité à la presse et aux organes de communication audiovisuelle et n'est réservé qu'aux dépositaires de l'autorité publique (ministres, préfets, maires, magistrats). Par ailleurs, il ne s'applique qu'aux actes relatifs à la fonction exercée par le dépositaire de l'autorité publique. Par conséquent, s'il est personnellement mis en cause, il ne pourra pas exercer le droit de rectification, mais le droit de réponse.

Selon l'article 52 alinéa 1 de la loi sur la communication sociale, « *Le Directeur de publication est tenu d'insérer gratuitement, dans le plus prochain numéro, toutes les rectifications qui lui sont adressées par le dépositaire de l'autorité publique au sujet des actes de sa fonction qui auraient été inexactement rapportés* ». Les rectifications doivent être suffisamment mises en relief et annoncées dans les sommaires du journal, mais ne doivent pas dépasser le double de l'article auquel elles dépendent.

De même « [l]*es organes de communication audiovisuelle sont tenus de diffuser gratuitement, dans leur plus prochain programme d'information et dans la plus prochaine émission de même nature que celle qui les auront provoquées, toutes rectifications qui leur sont adressées par un dépositaire*

[76] Article 53, (3) à (6) de la loi sur la communication sociale, précitée.
[77] Article 57, (2) et (3) de la loi sur la communication sociale, précitée.
[78] Articles 53 (4) et 57(4) de la loi sur la communication sociale, précitée.
[79] Article 69 de la loi sur la communication sociale, précitée.
[80] Article 53(7) de la loi sur la communication sociale, précitée.

de l'autorité publique au sujet des actes de sa fonction dont il a été inexactement rendu compte dans l'une de leurs émissions »[81].

Le refus injustifié de publier ou de diffuser une rectification est puni d'une amende de 100 000 à 2 000 000 de francs CFA (article 68 de la loi sur la communication sociale).

B. Les limites de la répression

La répression des *fake news* ne pose pas de problème lorsque le média et l'auteur de la fausse information sont identifiables (presse écrite, radio, télévision par exemple). Mais il n'en est pas de même sur le réseau internet qui offre des possibilités multiples d'expression ou de diffusion des contenus.

Le caractère international de l'internet, les disparités des législations nationales en matière pénale, la volatilité des informations circulant sur le réseau, le fait que les infractions soient commises à distance et en général de l'étranger, le fait que les auteurs agissent sous anonymat ou en utilisant des pseudonymes, et enfin le critère de l'application territoriale de la loi pénale rendent difficile la détermination de la loi applicable et de la juridiction compétente.

1. La détermination de la loi applicable

Il faut se référer aux règles du Code pénal relatives à l'application de la loi pénale dans l'espace. Le Code pénal distingue les infractions commises sur le territoire national et les infractions commises hors du territoire de la République.

Selon l'article 7 (1) du Code pénal, « *la loi pénale de la République s'applique à tout fait commis sur son territoire* ». Sont compris dans le territoire de la République, les eaux territoriales et l'espace aérien au-dessus de ce territoire, ainsi que les navires et aéronefs immatriculés dans la République (article 7(2) du Code pénal)[82].

Lorsque les infractions ont été partiellement ou totalement commises à l'étranger, la loi pénale s'applique lorsque :

- L'un des éléments constitutifs de l'infraction s'est trouvé réalisé en tout ou en partie sur le territoire camerounais (article 8(a) du Code pénal) ;

[81] Article 56 de la loi sur la communication sociale, précitée.

[82] Toutefois, lorsqu'une infraction est commise par un membre de l'équipage d'un navire ou d'un aéronef étranger au préjudice d'un autre, même à l'intérieur des eaux territoriales ou de l'espace aérien camerounais, la compétence des juridictions camerounaises est exclue sauf si l'ordre public est menacé ou alors les secours camerounais ont été requis (article (2) alinéa 2 du Code pénal.

- L'infraction commise à l'étranger constitue une atteinte à la sûreté de l'État, une contrefaçon du sceau de l'État ou des monnaies nationales y ayant cours (article 8 (b) du Code pénal) ;
- L'infraction a été commise à l'étranger par un citoyen ou un résident, à condition que les faits soient punissables par la loi du lieu de leur commission et soient qualifiés de crimes ou délits par les lois camerounaises (article 10(1) du Code pénal) ;
- Les faits constitutifs de complicité, de conspiration et de tentative sont réalisés sur le territoire camerounais en vue de commettre une infraction à l'étranger, sont également réprimés par la loi étrangère (article 9(a) du Code pénal) ;
- Les faits constitutifs de complicité de conspiration et de tentative sont réalisés à l'étranger en vue de commettre une infraction sur le territoire camerounais. Mais pour qu'un étranger soit jugé au Cameroun pour ces faits lorsqu'ils ont été commis à l'étranger, trois conditions doivent être respectées : il faut qu'il ait été arrêté sur le territoire national, qu'il n'ait pas été extradé et que les poursuites aient été engagées par le Ministère public.

En ce qui concerne la répression des infractions commises sur internet, ces règles soulèvent des problèmes en ce qui concerne notamment la localisation des infractions, la détermination des personnes responsables et la preuve des infractions.

a. La localisation des infractions

Le fait que les informations diffusées sur internet soient rendues publiques dans différents pays rend difficile l'application du principe de territorialité de la loi pénale. En l'absence d'harmonisation des législations et de convention internationale désignant la loi applicable dans de telles circonstances, quel critère de localisation faut-il retenir ? Plusieurs théories ont été proposées par la doctrine : la théorie de l'émission qui prend en compte le pays d'origine du message ou du programme, la théorie de la réception qui prend en compte le lieu de diffusion du contenu litigieux, et enfin la théorie dite de la « focalisation » qui combine les deux précédentes théories[83]. Toutefois, la loi pénale ne se prononce pas en faveur de l'une ou l'autre de ces théories[84].

---

[83] Emmanuel Derieux, *Droit des médias*, précité n° 3426, p.812..

[84] En France par exemple, l'article 113-2-1 du Code pénal dispose que : « *Tout crime ou délit réalisé au moyen d'un réseau de communication électronique, lorsqu'il est tenté ou commis au préjudice d'une personne physique résidant sur le territoire de la République ou d'une personne morale dont le siège social se situe sur le territoire de la République, est réputé commis sur le territoire de la République* ».

b. La détermination des personnes responsables en cas de diffusion *des fake news*

La loi n° 2010/12 du 21 décembre 2010 relative à la cybersécurité et la cybercriminalité au Cameroun distingue deux régimes de responsabilité : la responsabilité des prestataires techniques de l'internet et la responsabilité des éditeurs ou fournisseurs de contenus.

- **La responsabilité civile et pénale des prestataires techniques de l'internet**

Les prestataires ou intermédiaires techniques sont les personnes physiques ou morales qui fournissent les moyens techniques nécessaires à l'accès à internet et à la diffusion des données sur le réseau. Le principe est qu'ils ne sont pas soumis à une obligation générale de surveillance et de contrôle des contenus qu'ils transmettent ou stockent, ni de rechercher des faits ou circonstances qui pourraient révéler des activités illicites. Leur responsabilité n'est généralement retenue que lorsqu'ils sont en mesure de prendre connaissance, non seulement du contenu des messages, mais également de leur caractère potentiellement illicite[85].

La loi fixe le régime de responsabilité applicable à quatre catégories de prestataires techniques : l'opérateur de télécommunications[86], l'opérateur de « *caching* »[87], le fournisseur d'accès internet[88] et enfin le fournisseur d'hébergement[89].

---

[85] Sur la responsabilité des prestataires techniques, Voir : Bitan (H), *Droit et expertise du numérique*, Lamy Axe Droit, 2015, n° 560, p.434 et Castets-Renard (C), *Droit de l'internet : droit français et européen*, Montchrestien Lextenso Editions, Collection cours, 2012, n° 775, p. 289.

[86] Il s'agit de toute personne assurant une activité de transmission de contenus sur un réseau de communications électroniques. Sa responsabilité peut être engagée dans deux hypothèses : s'il est à l'origine de la demande de transmission litigieuse ou encore s'il sélectionne ou modifie les contenus faisant l'objet de la transmission (Article 40 (1) de la loi n° 2010/12 du 21 décembre 2010, précitée).

[87] Il est défini comme « *toute personne assurant dans le seul but de rendre plus efficace leur transmission ultérieure, une activité de stockage automatique, intermédiaire et temporaire des contenus qu'un prestataire transmet* ». Ses conditions de mise en responsabilité sont identiques à celles de l'opérateur de communication (Article 40 (2), loi n° 2010/12 du 21 décembre 2010, précitée).

[88] C'est la personne physique ou morale dont « *l'activité est d'offrir un accès à des services de communications électroniques* » (Article 33, loi n° 2010/12 du 21 décembre 2010, précitée). Sa responsabilité ne peut être engagée que s'il est à l'origine de la demande de transmission litigieuse, et s'il sélectionne ou modifie les contenus faisant l'objet de la transmission (Article 33, loi n° 2010/12 du 21 décembre 2010, précitée). La loi oblige le fournisseur d'accès, en cas de diffusion d'un contenu illicite, soit de retirer les informations litigieuses, soit de rendre impossible l'accès à ces informations. L'injonction de bloquer le site internet peut être faite par le juge, généralement sous astreinte, et le refus de s'exécuter

Le constat que l'on fait aujourd'hui est que la grande majorité des *fake news* circulent sur les plate-formes numériques telles que Facebook, Google ou Twitter. Or, la loi ne détermine pas le régime de responsabilité qui leur est applicable. Selon le cas de l'espèce, ils seront considérés comme fournisseur d'hébergement ou éditeurs de contenus et soumis au régime juridique y afférent. Afin de lutter contre la diffusion et la propagation des fausses informations, de nombreux experts préconisent que les législations soient modifiées et qu'ils soient considérés comme des fournisseurs de contenus, et soient soumis de ce fait au régime juridique applicable à la presse et à la communication audiovisuelle[90].

- **La responsabilité civile et pénale des éditeurs ou fournisseurs de contenus**

L'éditeur ou fournisseur de contenus est la personne physique ou morale qui assure la publication et la diffusion des contenus sur internet, ce qui implique qu'il en a pris connaissance. C'est à ce titre que sa responsabilité civile et pénale est susceptible d'être engagée lorsque des contenus illicites sont diffusés[91]. Lorsqu'un internaute diffuse de fausses informations sur son site internet, un blog, un forum de discussion, ou sur les réseaux sociaux, sa responsabilité peut être engagée en tant que directeur de publication.

Lorsque l'éditeur de contenus est une personne morale, c'est la personne désignée en tant que directeur de publication qui est responsable pénalement

---

entraîne la responsabilité civile de l'opérateur technique (Article 40(1), loi n° 2010/12 du 21 décembre 2010, précitée).

[89] C'est la personne physique ou morale qui assure, même à titre gratuit, le stockage des signaux, d'écrits, d'images, de sons ou de message de toute nature fournis par le destinataire des services (Article 34(1), loi n° 2010/12 du 21 décembre 2010, précitée). Sa responsabilité pénale ne peut être engagée que lorsqu'il avait effectivement connaissance du caractère illicite des contenus ou des faits et circonstances faisant apparaître ce caractère et lorsque, ayant été informé de la diffusion d'un contenu illicite, il n'a pas réagi promptement pour retirer ces données ou en rendre l'accès impossible. La notion « *promptement* » n'a pas été définie par la loi qui ne fixe aucun délai quant à la réaction de l'hébergeur. La jurisprudence française analyse par exemple le temps de réaction de l'hébergeur une fois qu'il a été informé de l'existence des contenus illicites. Le directeur de publication d'un site internet a été condamné pour diffamation publique parce qu'il avait attendu 19 jours pour retirer le contenu litigieux. Prévenu par la victime le 19 janvier 2010, il a réagi le 8 février 2010 (CASS. CRIM. 3 novembre 2015, Pourvoi n° 13-82645, Bulletin Crim. 2016, n°829,www.legalis.net). A noter que les dénonciations abusives sont sanctionnées par la loi (Article 62, loi n°2010/12 du 21 décembre 2010, précitée).

[90] Union Européenne, *Rapport du groupe d'experts de haut niveau sur les fausses informations et la désinformation*, précité.

[91] Selon l'Article 43 de la loi n° 2010/012 du 21 décembre 2010 relative à la cybersécurité et la cybercriminalité au Cameroun, le « *fournisseur de contenus est responsable des contenus véhiculés par son système d'information, notamment lorsque ces contenus portent atteinte à la dignité humaine, à l'honneur et à la vie privée* ».

des contenus illicites diffusés sur l'internet. À l'instar de la presse[92] et de la communication audiovisuelle[93], les éditeurs de contenus ont l'obligation de désigner un directeur ou un codirecteur de publication et, le cas échéant, un responsable de la rédaction[94].

Les poursuites judiciaires se heurtent toutefois au fait qu'il n'est pas toujours possible d'identifier la personne responsable lorsque le site internet est hébergé à l'étranger, car tous les pays n'exigent pas ces règles de transparence, et lorsque les contenus sont diffusés à partir de l'étranger, sous anonymat ou en utilisant des pseudonymes.

c. La preuve des infractions

Pour faciliter la preuve des infractions, la loi met à la charge des fournisseurs d'accès et d'hébergement trois obligations :

- L'obligation de conservation des données de connexion [95] et de trafic[96] pendant une période de dix (10) ans[97]. La violation de cette obligation[98] ainsi que le refus de procéder à l'identification des abonnés et des terminaux sont sanctionnés par la loi[99].
- L'obligation de conservation des données d'identification des abonnés et des terminaux ainsi que celles des éditeurs ou fournisseurs de contenus. Ils sont tenus, au moment de la souscription des contrats, de

---

[92] Article 8, loi sur la liberté de communication sociale, précitée : « Tout organe de presse doit avoir un directeur de publication. Lorsque le propriétaire est une personne physique, celui-ci est automatiquement le directeur de publication. Lorsque le propriétaire est une personne morale, la déclaration de publication doit indiquer le responsable de ladite personne (président, directeur ou gérant) qui est le directeur de publication ».

[93] Article 37, loi n° 90/052 du 19 décembre 1990 sur la liberté de communication sociale : « Chaque (incomplet) entre de communication audiovisuelle doit avoir un directeur de publication. Celui-ci doit être l'un des propriétaires.

[94] Article 37, loi n° 2010/12 du 21 décembre 2010, précitée : « Les personnes dont l'activité consiste à éditer un service de communications électroniques, mettent à la disposition du public : le nom du directeur ou du codirecteur de la publication et, le cas échéant, celui du responsable de la rédaction ».

[95] Article 4, point 42, de la loi n° 2010/12 du 21 décembre 2010, précitée : « Les données de connexion sont définies comme étant l'ensemble des données relatives au processus d'accès dans une communication électronique ».

[96] Article 4, point 43, loi n° 2010/12 du 21 décembre 2010, précitée : « Les données de trafic sont des données ayant trait à une communication électronique et qui indiquent l'origine, la destination, l'itinéraire, l'heure, la date, la taille et la durée de la communication ou le type de service sous-jacent ».

[97] Article 25 (1), loi n° 2010/12 du 21 décembre 2010, précitée.

[98] Article 63 (1), loi n° 2010/12 du 21 décembre 2010, précitée.

[99] Article 69 (6), loi n° 2010/013 du 21 décembre 2010, précitée : « Il peut également se voir infliger, après une mise en demeure restée infructueuse, l'une des sanctions suivantes : suspension de son titre d'exploitation pour une durée maximale d'un (1) mois, réduction d'un (1) an sur la durée de son titre d'exploitation, retrait du titre d'exploitation (article 68 (2), loi n° 2010/013 du 21 décembre 2010, précitée) ».

procéder à l'identification des abonnés et des terminaux[100]. Lorsqu'un abonné ne remplit pas les conditions d'identification, la sanction est la résiliation du contrat[101]. Ils ont également l'obligation de conserver, pendant dix (10) ans les données d'identification de toute personne ayant contribué à la création des contenus des services dont ils sont prestataires[102]. Pour ce faire, ils doivent fournir à ceux qui éditent un service de communications électroniques des moyens techniques permettant à ces derniers de communiquer certaines informations au public[103] qui varient selon qu'il s'agit des éditeurs professionnels[104] ou non professionnels[105]. Tout manquement par les prestataires techniques à l'obligation de permettre l'identification des éditeurs de contenus est sanctionné par un emprisonnement d'un (1) an à cinq (5) ans et d'une amende de 40 000 à 4 000 000 francs CFA[106].

- L'obligation de collaboration avec les autorités judiciaires afin de permettre l'identification des personnes qui commettent une infraction sur les réseaux numériques et leur poursuite[107]. Il s'agit de mettre à leur disposition les données d'identification et de connexion dont la conservation est obligatoire[108]. Si les données sont codées, les interceptions correspondantes doivent être fournies en clair aux services judiciaires qui les ont requises[109]. Le refus de fournir la clé de déchiffrement est sanctionné par la loi[110].

---

[100]Article 55 (1), loi n° 2010/013 du 21 décembre 2010, précitée. Le Décret n° 2012/1637/PM du 14 juin 2012 fixant les modalités d'identification des abonnées et des terminaux donne, selon qu'il s'agit des personnes physiques ou morales, la liste des informations à collecter.

[101]Article 20 (2), décret n° 2012/1637/PM, précité.

[102]Article 35 (1), loi n° 2010/12 du 21 décembre 2010, précitée.

[103]Article 35 (2), loi n° 2010/12 du 21 décembre 2010, précitée.

[104] Article 37, loi n° 2010/12 du 21 décembre 2010, précitée : « Les éditeurs professionnels doivent notamment porter à la disposition du public le nom du directeur ou du codirecteur de publication et, le cas échéant, celui du responsable de la rédaction ». ;

[105] Article 38 (1), loi n° 2010/12 du 21, précitée : « Les éditeurs de contenus non professionnels quant à eux peuvent ne tenir à la disposition du public que le nom, la dénomination ou la raison sociale et l'adresse du fournisseur d'accès à internet et du fournisseur d'hébergement ».

[106]Article 63(2), loi n° 2010/12 du 21 décembre, précitée.

[107]Article 35(3), loi n° 2010/12 du 21 décembre 2010, précitée : « L''autorité judiciaire peut requérir communication auprès des fournisseurs d'accès et des fournisseurs d'hébergement des données permettant l'identification des personnes ayant contribué à la création des contenus mis en circulation sur le réseau internet ». De même, ils ont l'obligation de leur communiquer les données de connexion et de trafic (article 25 (2) de la même loi).

[108]Voir infra, p.9

[109] Article 50, loi n° 2010/12 du 21 décembre 2010, précitée.

[110] Article 88 (1), loi n° 2010/12 du 21 décembre 2010, précitée. Si le refus est opposé alors que la remise ou la mise en œuvre de la convention aurait permis d'éviter la commission d'un crime ou d'un délit, les peines sont portées de trois à cinq ans de prison et à une amende de 1 000 000 à 5 000 000 francs CFA, (Article 88 (2).

Dans la pratique, ces obligations sont difficiles à respecter et la preuve des infractions commises sur internet difficile à administrer pour plusieurs raisons : les données sont détenues par des sociétés étrangères qui peuvent refuser de se soumettre à la loi camerounaise, les disparités de législation peuvent être préjudiciables lorsque les *fake news* sont diffusés de l'étranger, et enfin les opérateurs de communication électronique refusent parfois de répondre aux injonctions des juges ou le font tardivement. Or, compte tenu de la volatilité des informations circulant sur internet, cette situation peut être préjudiciable.

2. La détermination du tribunal territorialement compétent

Une fois que la compétence de la loi pénale camerounaise est admise, la conséquence est que les tribunaux camerounais seront également compétents. Selon l'article 12 du Code pénal, les *« juridictions de la République sont compétentes pour connaître de toutes les infractions auxquelles s'applique sa loi pénale »*. La détermination du tribunal territorialement compétent revient à appliquer l'un des critères de rattachement prévus par l'article 194 du Code de procédure pénale. Les critères varient selon qu'il s'agit des personnes physiques ou des personnes morales.

- Pour les personnes physiques[111] : le lieu de commission de l'infraction, le lieu du domicile du prévenu ou le lieu de l'arrestation du prévenu.
- Pour les personnes morales : le lieu de commission de l'infraction ou le lieu du siège de la personne morale.

Conclusion

Les solutions juridiques traditionnelles s'avèrent souvent impuissantes à lutter contre la diffusion des fausses informations. Il est désormais admis que la répression judiciaire n'est pas la seule réponse à l'expansion des fausses nouvelles sur internet. D'autres solutions doivent être envisagées : d'une part, la prévention qui consiste à sensibiliser les internautes sur les risques encourus sur le réseau et sur les moyens de s'en prémunir, et à limiter la commission des infractions en responsabilisant de manière accrue les opérateurs techniques de l'internet par rapport à la détection et à l'arrêt de la diffusion des fausses nouvelles et rumeurs infondées[112]. Enfin, pour faciliter

---

[111] Article 294 du Code de procédure pénale.

[112] En prévision des élections de 2019, l'Union Européenne a adopté, le 17 juillet 2018, un Code de bonnes pratiques contre la désinformation signé par les opérateurs de communications électroniques qui s'engagent notamment à garantir l'intégrité des services délivrés par les plates-formes numériques en identifiant et supprimant les faux comptes et en ayant recours aux mécanismes appropriés pour signaler les interactions automatisées.

les poursuites judiciaires, les mesures d'entraide et de coopération judiciaire internationales doivent être renforcées et, à terme, l'adoption d'une convention internationale en matière de cybercriminalité devrait être envisagée.

Bibliographie sélective

BITAN (H), *Droit et expertise du numérique*, Lamy Axe Droit, 2015.

CASTETS-RENARD (C), *Droit de l'internet : droit français et européen*, Montchrestien Lextenso Editions, Collection cours, 2012.

DERIEUX (E.), *Droit des médias. Droit français, européen et international*, LGDJ, 8° édition, Coll. Manuel, 2018.

DREYER (E.), *Droit de la communication, LexisNexis*, 2018.

FAILLET (C.), *Décoder l'information. Comment décrypter les fake news ?*, Édition Bréal, 2018.

FAUCHOUX (V.), DEPREZ (P.), BRUGUIERE (J. M.), *Le droit de l'internet*, LexisNexis, 2° édition, 2013.

FERAL-SHUHL (C.), *Cyberdroit. Le droit à l'épreuve de l'internet*, Dalloz, 7° édition, 2018.

HENNETTE-VAUCHE (S.) et ROMAN (D.), *Droits de l'homme et libertés fondamentales*, Dalloz, Coll. Hypercours, 2° édition, 2015.

QUEMENER (M.), *Le droit face à la disruption numérique*, Gualiano Editeur, 2018.

TCHAKOUA (J.M.), *Introduction générale au droit camerounais*, Presses de l'UCAC, 2008.

LA JUSTICE TRANSITIONNELLE FACE À LA CRISE ANGLOPHONE

Christian Gérard ANGUE
Docteur en Droit Public de l'Université de Yaoundé II

Introduction

Justice spéciale, car régulatrice et punitive de l'exceptionnel[1], la justice transitionnelle participe désormais des mécanismes de résolution des conflits. Elle n'est donc guère dépourvue de sens[2]. De fait, elle entend concilier la paix et la justice dans les pays en conflit ou en sortie de conflit[3], bien que sa tâche soit à ce sujet ardue au regard de l'articulation conflictuelle de ces deux exigences[4]. De la sorte, en tant que mécanisme de restauration de la paix et de la justice[5], elle semble interpeller le Cameroun qui est confronté depuis quasiment deux ans à une situation d'instabilité qualifiée fort à propos de *crise anglophone*, laquelle sévit dans les régions du Nord-ouest et du Sud-ouest.

Cependant, sa mobilisation serait-elle réellement pertinente dans la résolution de cette crise ? Cette résolution pourrait-elle vraiment l'intégrer ?

---

[1] Hourquebie (F.), « La notion de justice transitionnelle a-t-elle un sens ? », *www.afdc.fr/congresParis/com*, p.1.

[2]Sieffert (D.), Tubiana (M.) et Semo (M.), « Les jalons d'un colloque. Amnésie... amnistie...Impunité... justice transitionnelle », *Mouvements*, n°53 mars-mai 2008, pp.15-19 ; Hourquebie (F.), « La justice transitionnelle a bien un sens », *Afrique contemporaine*, 2014/2 n° 250, pp.86-87 ;

[3] Kamto (M.), « En guise de conclusion. Brèves considérations sur la justice transitionnelle et le droit international pénal », in Actes du troisième colloque annuel, *L'Afrique et le droit international pénal*, A. Pedone, 2015, p.172.

[4] Souaré (I.), « Le dilemme de la justice transitionnelle et la réconciliation dans les sociétés postguerre civile : Les cas du Libéria, de la Sierra Leone et de l'Ouganda », *Revue Études internationales,* volume XXXIX, n°2, juin 2008, p.206 ; Kamto (M.), « Réflexions sur la notion de justice constitutionnelle », in Mottet (C.) et Pout (C.), *La justice transitionnelle : une voie la réconciliation et la construction d'une paix durable*, Dealing with the Past – Series, Conference paper, 1/2011, pp.33-34.

[5] Hazan (P.), « Mesurer l'impact des politiques de châtiment et de pardon : plaidoyer pour l'évaluation de la justice transitionnelle », *Revue internationale de la Croix-Rouge*, N° 861, p. 2.

Ces questions méritent d'être posées, car la gestion autoritaire[6] initialement privilégiée par les autorités camerounaises n'a guère pu empêcher l'exacerbation et l'enlisement de cette crise, laquelle est à l'origine de nombreuses violations massives des droits de l'homme[7]. Certes, des initiatives et réformes institutionnelles ont été réalisées par les autorités gouvernementales[8] pour y apporter diverses solutions, mais la rupture tend à se consolider tel que le témoignent les attaques récurrentes et incessantes [9]des groupes séparatistes auxquelles les forces de défense opposent une forte riposte. De sorte que, du fait de ces affrontements, l'on dénombre de nombreuses victimes civiles et militaires[10]. Cette situation risque perdurer dans la mesure où aucune stratégie clairement définie et consensuelle[11] de résolution pacifique de ce conflit n'est jusqu'alors envisagée, chaque camp s'arc-boutant sur ses positions. Ainsi, l'un évoque la légalité constitutionnelle[12] pour justifier et crédibiliser son action, et, de la sorte, borner le champ des réformes institutionnelles ; et l'autre allègue plusieurs discriminations et violations des droits des citoyens des régions du Sud-ouest

---

[6] Issekin (Y.), « Localiser le refus de la sécession à Yaoundé : jeux et enjeux du meeting parlementaire de soutien pour la paix et l'indivisibilité du Cameroun du 1er octobre 2017 », *L'Espace Politique,* 35 | 2018-2*https://journals.openedition.org/espacepolitique/5275* consulté le 18 juin 2019.

[7] Amnesty International, *Une tournure tragique : violence et atteintes aux droits humains dans les régions anglophones du Cameroun*, Rapport 2017, pp.10-29.

[8] Il s'agit notamment du décret N° 2017/013 du 23 janvier 2017 portant création, organisation et fonctionnement de la Commission Nationale pour la Promotion du Bilinguisme et du Multiculturalisme ; de la nomination de certains Anglophones à la tête de quelques départements ministériels, notamment le ministère de l'Administration Territoriale et de la Décentralisation dont le responsable est M. Atanga Nji.

[9] Depuis 2018, on enregistre en effet une succession d'attaques des sécessionnistes dont l'une des plus notables est celle du convoi du ministre délégué à la Présidence chargé de la Défense le 12 juillet 2018. Et plus récemment, le 15 juin 2019, à 9 km de l'Arrondissement d'Eyumodjock, un véhicule de la Police Nationale a subi une attaque dans laquelle on a dénombré 4 morts (fonctionnaires du Corps de la Sûreté Nationale) et 6 blessés.

[10] Amnesty International, *Une tournure tragique : violence et atteintes aux droits humains dans les régions anglophones du Cameroun, Op. cit.*, pp.10-29.

[11] L'absence de consensus ou de concertation se traduit, entre autres, dans le processus de création du Comité de Désarmement, de Démobilisation et de Réintégration qui doit en principe être précédé d'un accord de paix négocié offrant un cadre juridique au processus de paix. Voir Rapport ONU, *Les pratiques de désarmement, de démobilisation et de réintégration de « deuxième génération » dans les opérations de paix : une contribution aux discussions « Nouvel horizon » sur les défis et les opportunités du maintien de la paix de l'ONU*, 18 janvier 2010, p.13.

[12] Voir alinéa 2 article 1 de la Constitution qui dispose en ces termes : *« La République du Cameroun est un État unitaire décentralisé. Elle est une et indivisible, laïque, démocratique et sociale. Elle reconnaît et protège les valeurs traditionnelles conformes aux principes démocratiques, aux droits de l'homme et à la loi. Elle assure l'égalité de tous les citoyens devant la loi ».*

et du Nord-ouest[13] pour légitimer la lutte armée qualifiée, à l'occasion et de façon fort maladroite, de résistance à l'oppression[14] et, sur cette lancée, revendiquer la sécession.

Ainsi formulées, ces questions supposent que la *justice traditionnelle institutionnelle*[15], en raison de son caractère essentiellement punitif, n'a guère suffi, jusqu'alors, à résorber cette crise. En effet, les arrestations de certains leaders du mouvement sécessionniste[16] ne l'ont point enrayée. Car, au-delà de réprimer, il importe aussi d'établir la vérité, de réparer les préjudices, de réconcilier les protagonistes et de réformer les institutions de sorte à prévenir la résurgence d'une pareille crise. Tels sont les piliers de la justice transitionnelle qui, nonobstant l'existence d'une controverse doctrinale relative à sa pertinence[17] et à ses fondements[18], constitue un mécanisme opératoire et opérationnel tel que l'attestent ses nombreuses expériences dans d'autres contrées africaines en conflit ou en sortie de conflit[19]. Mécanisme à la mode, la justice transitionnelle s'entend, d'après les propos du Secrétaire général des Nations Unies, comme *« l'éventail complet de divers processus et mécanismes mis en œuvre par une société pour faire face à des exactions massives commises dans le passé en vue d'établir les responsabilités, de rendre justice et de permettre la réconciliation »*[20]. Autrefois parée des attributs d'un concept théorique forgé et systématisé par les spécialistes du droit international et des relations

---

13 Tchinda Kenfo (J.), « « Le problème anglophone » au Cameroun : la réponse par le processus participatif au développement territorial », *NDR* n° 29 – juillet 2017, pp.8-9.

14 Gros (D.), « Qu'est-ce que le droit de résistance à l'oppression », *Le Genre humain*, 2005/1 N° 44 | pp.11-30 ; Malblanc (M.), « Un objet juridiquement insaisissable : le droit de résistance à l'oppression », *Jurisdoctoria* n° 12, 2015, pp.17-44.

15 Hourquebie (F.), « La notion de justice transitionnelle a-t-elle un sens ? », *Op. cit.*, p.1.

16 Il s'agit notamment des arrestations au Nigéria de dix leaders sécessionnistes parmi lesquels Sissiku Ayuk Tabe, président autoproclamé de la République virtuelle de l'Ambazonie.

17 Rondeau (D.), « Justice centrée sur la faute ou justice centrée sur les victimes ? Le dilemme des commissions de vérité et de réconciliation », *Éthique publique*, vol. 18, n° 1 | 2016, p.2.

18 Mottet (C.) et Pout (C.), *La justice transitionnelle : une voie vers la réconciliation et la construction d'une paix durable*, Dealing with the Past – Series, Conference paper, 1/2011, p.12.

19 Il s'agit notamment de la République Centrafricaine, du Burundi, de l'Afrique du Sud, du Rwanda. Voir Umutesi (V.), *Les juridictions Gacaca au Rwanda et les garanties du procès équitable*, Mémoire droit, Université de Laval, 2012, 157 p. ; Souaré (I.) « Le dilemme de la justice transitionnelle et la réconciliation dans les sociétés postguerre civile : Les cas du Libéria, de la Sierra Leone et de l'Ouganda », *Études internationales*, *39*(2), (2008), pp.205-228.

20 Rapport du Secrétaire général des Nations-Unies devant le Conseil de sécurité, *« Rétablissement de l'État de droit et administration de la justice pendant la période de transition dans les sociétés en proie à un conflit ou sortant d'un conflit »*, Doc. S/2004/616, 2 août 2004, p. 7 parag. 8.

internationales[21], elle est devenue, au fil du temps, un mécanisme fort prisé[22].

Sous cet angle, la justice transitionnelle, au regard de ses finalités, peut être, de prime abord, mobilisée dans le processus de résolution de la crise anglophone au Cameroun. Naguère qualifiée de *« problème anglophone »*[23], cette crise traduit une évolution vers une forme radicale. En effet, longtemps restées latentes et pacifiques, les revendications des citoyens des régions du Sud-ouest et du Nord-ouest ont connu une exacerbation dès le mois de septembre 2017, et ce après les manifestations organisées par les avocats et les enseignants de ces régions[24] en fin d'année 2016. Depuis lors, la crise s'est cristallisée et ses effets se sont aggravés au regard du nombre considérable de morts, de réfugiés, de déplacés internes et de dégâts matériels[25]. Dans ce contexte délétère, les responsabilités sont rejetées par les uns et les autres de sorte que l'on assiste à une âpre bataille juridique pour légitimer leurs actions respectives[26].

Sur cette lancée émerge une guerre d'informations et de propagande sur les médias traditionnels et sociaux de nature à jeter et à entretenir un trouble sur la véracité des faits. Ce qui rend malaisées de futures réparations des préjudices causés par cette crise, car ceux-ci sont la plupart du temps méconnus. Cette méconnaissance suscite de nombreuses frustrations chez les victimes au point d'hypothéquer toute probable réconciliation entre les acteurs de la crise. Or cette réconciliation est impérieuse dans la mesure où l'option d'une sécession n'est ni envisagée ni envisageable par la majorité

---

[21] Lefranc (S.), « Amérique latine et reste du monde : les voyages internationaux de la « justice transitionnelle » », *Revue des droits de l'homme*, 2/2012, pp.1-2.

[22] En effet, s'originant dans les transitions post-dictatoriales d'Amérique latine des années 1970-1980, la justice transitionnelle connaît *« un élan spectaculaire après la guerre froide : passant de l'exception à la norme, la justice transitionnelle est finalement devenue le paradigme de l'État de droit »*. De sorte que, *« aujourd'hui, les mécanismes de la justice transitionnelle se sont non seulement multipliés et complexifiés, mais ils sont désormais parties intégrantes de l'arsenal déployé dans toute zone qui connaît, ou a connu, une période de troubles et que l'on cherche à reconstruire et/ou à (re)stabiliser sur le plan socio-politique »*. Voir Benghellab (N.), « Des mythes aux réalités de la justice transitionnelle Catharsis thérapeutique, (re)constructions nationales et légitimation politique », *Champ pénal*, *Vol. XIII | 2016*, p.2.

[23] Konings (P), « Le « problème anglophone » au Cameroun dans les années 1990 », *Politique africaine*, (1996-06) n° 62, pp.25-34.

[24] International Crisis Group, *Cameroun : la crise anglophone à la croisée des chemins*, Rapport Afrique N° 250, 2 août 2017, pp.9-12.

[25] Les chiffres avancés font état de 21 000 réfugiés, de 160 000 déplacés internes. Consultez à ce sujet le site du Haut-Commissariat des nation unies pour les refugiés, *www.unhcr.org/fr*

[26]Voir Makweley Lysongo c. The Foreign and Commonwealth Office, Le Gouvernement de la République du Cameroun, Dossier n° : HQ17X03342 High Court of Justice Queen's Bench Division, 25octobre 2018.

des autorités politiques[27]. Les différents acteurs de cette crise sont ainsi appelés à cohabiter dans un futur plus ou moins proche. Aussi doivent-ils trouver de nouvelles formules institutionnelles à même d'en endiguer les risques de résurgence.

Au regard de ces conditions, la crise anglophone semble constituer un terreau favorable à l'implémentation de la justice transitionnelle. Cependant, cette dernière n'est point un modèle transposable en l'état[28], quelques cas d'échec confirment cette idée[29]. Ainsi, afin d'atteindre ses objectifs, elle doit répondre aux spécificités de la crise qu'elle est appelée à résorber. Or la crise anglophone est spécifique au regard de ses acteurs, de ses fondements, de ses enjeux, de son évolution et de ses manifestations.

Aussi importe-t-il que la justice transitionnelle puisse s'y ajuster au risque d'être vouée à l'échec. D'où la question centrale suivante : dans quelle mesure les mécanismes de la justice transitionnelle peuvent-ils contribuer à la résolution de la crise anglophone au Cameroun ? Autrement dit, quels sont les mécanismes qui peuvent y être pris en compte ? Et comment les ajuster à cette crise ? Les réponses à ces questions permettent d'explorer modestement une piste de résolution de la crise anglophone. Il s'agit d'y analyser, dans une approche prospective, la contribution de la mise en œuvre de cette stratégie holistique.

À cet effet, la mobilisation du droit international comme cadre d'émergence de la justice transitionnelle, du droit comparé en tant que croisement de nombreuses expériences de la justice transitionnelle, et de la sociologie politique sera d'un important apport dans la conduite de notre réflexion. Car la justice transitionnelle combine des mécanismes juridiques et extra-juridiques pour se déployer.

À travers cette démarche méthodologique, il apparaît que les mécanismes de la justice transitionnelle peuvent contribuer à la résolution de la crise anglophone au Cameroun à travers un processus de contextualisation. À cet effet, il importe, d'une part, d'en organiser la réception contextuée **(I)**, et d'autre part d'en affiner l'adaptation harmonisée **(II)**.

---

[27] Issekin (Y.), « Localiser le refus de la sécession à Yaoundé : jeux et enjeux du meeting parlementaire de soutien pour la paix et l'indivisibilité du Cameroun du 1er octobre 2017. », *op. cit. https://journals.openedition.org/espacepolitique/5275* consulté le 18 juin 2019.

[28] Matignon (E.) et Nimubona (J.), *Recherche sur les standards internationaux des droits de la personne humaine dans les mécanismes de justice de transition au Burundi*, ASF, décembre 2014, pp.13-14.

[29] Lobez (C.), « RCA : difficile politique d'apaisement. La justice transitionnelle menacée ? », *Éclairage du GRIP*, 27 février 2018, 4 p. ; Impunity Watch, « État des lieux de la justice transitionnelle en République démocratique du Congo », *Great Lakes Dispatches*, Numéro 6, avril 2017, p.2.

I. La réception contextuée des mécanismes de la justice transitionnelle

La justice transitionnelle est un agrégat de mécanismes opérationnels[30]. En ce sens, elle renvoie à une sorte de *« boîte à outils »*[31]. Ses mécanismes ne sont donc pas utilisables à toutes les situations et de manière identique et systématique. Leur réception doit donc être contextuée. Cette vérité vaut pour la résolution de la crise anglophone, car tous les mécanismes de la justice transitionnelle ne sauraient y être pertinents. Cela fut le cas dans d'autres pays en conflit ou en sortie de conflit, à l'instar du Rwanda[32], du Burundi[33], de l'Afrique du Sud[34]. Aussi importe-t-il de procéder à une sélection mesurée **(A)** de ceux susceptibles d'être mobilisés dans le cadre de la résolution de cette crise de sorte à leur fournir une objectivation appropriée **(B)**.

A. La sélection mesurée des mécanismes de la justice transitionnelle

Le processus de résolution de la crise anglophone s'annonce complexe au regard de son passif historique[35], des revendications quelques fois incompatibles des acteurs[36] et de la gravité des préjudices subis. Il importe, à cet effet, d'établir les responsabilités, de restaurer les vérités afin d'amorcer la réconciliation entre les protagonistes de cette crise et de réparer les préjudices subis par ses victimes. Ces exigences font partie des objectifs assignés aux mécanismes de la justice transitionnelle. De la sorte, c'est autour de celles-ci que la détermination des critères de sélection de ces mécanismes devra être opérée **(1)** de manière à justifier ceux susceptibles d'être sélectionnés **(2)** dans la résolution de la crise anglophone.

---

[30] Lefranc (S.), « La justice transitionnelle n'est pas un concept », *Mouvements*, n° 53 mars-mai 2008, p. 62.

[31] Mottet (C.) et Pout (C.), *La justice transitionnelle : une voie vers la réconciliation et la construction d'une paix durable*, *op. cit.*, p.26.

[32] Ingelaere (B.), « Les juridictions *gacaca* au Rwanda », in Huyse (L) et Salter (M) (Dir.), *Justice traditionnelle et réconciliation après un conflit violent. La richesse des expériences africaines,* International IDEA, 2009, pp.27-66.

[33]Naniwe-Kaburahe (A.), « L'institution des Bashingantahe au Burundi », in Huyse (L) et Salter (M) (Dir.), *Justice traditionnelle et réconciliation après un conflit violent. La richesse des expériences africaines,* International IDEA, 2009, pp.159-170.

[34] Lefranc (S.), « Un tribunal de larmes : la Commission sud-africaine « vérité et réconciliation » », *La Vie des Idées*, octobre 2008,12 p. ; Vally (Hanif), « La paix avec la justice : l'amnistie en Afrique du Sud », *Mouvements*, n° 53, mars-mai 2008, pp.102-109.

[35] W. Dze Ngwa, *The Anglophone Problem in Cameroon : A Historical Perspective, 1916-1995*, Mémoire de
Maîtrise en Histoire, Université de Yaoundé I, 1998, pp.77-79.

[36] International Crisis Group, *Cameroun : la crise anglophone à la croisée des chemins, Op. cit.*, pp.11-13.

1. La détermination des critères de sélection

Comment choisir les mécanismes de la justice transitionnelle susceptibles de contribuer à la résolution de la crise anglophone ? Cette question appelle la détermination de leurs critères de sélection au prisme des finalités de la justice transitionnelle et des contraintes imposées par la crise anglophone.

À ce sujet, il apparaît que la résolution de cette crise requiert d'abord la clarification des vérités relatives à l'histoire de la Réunification du *Southern Cameroons* et de la République du Cameroun, décidée à l'issue des plébiscites organisés par les Nations Unies les 11 et 12 février 1961, plébiscites dont l'Assemblée Générale de l'ONU va prendre acte à travers la Résolution 1608 (XV) du 21 avril 1961 dans laquelle elle invite, à travers l'article 5, « *l'Autorité de tutelle ainsi que les gouvernements du Southern Cameroons et de la République du Cameroun ont entamé d'urgence des pourparlers afin de parachever avant le 1er octobre 1961 les accords de mise en œuvre des politiques convenues et déclarées par les parties intéressées en vue de l'union du Southern Cameroons et de la République du Cameroun pour former une République Fédérale Unie du Cameroun* »[37], ce qui va aboutir, à l'issue de la Conférence de Foumban, à la création d'une Fédération considérée, par d'aucuns, de fort centralisée au profit du Président Ahmadou Ahidjo[38] ; à celle de l'unification fort contestée du Cameroun obtenue au terme du référendum de 1972 [39]; et à l'établissement des faits qui sont à l'origine des drames et préjudices causés depuis l'éclatement de ladite crise. Il importe de souligner que la forme unitaire de l'État du Cameroun, depuis sa mise en place, n'a cessé d'être contestée par certains leaders politiques des régions anglophones du Nord-Ouest et du Sud-Ouest[40], de même que la gestion du pouvoir politique[41] et la configuration du partage des postes politico-administratifs[42].

Aussi convient-il d'en débattre au risque d'entretenir la résurgence de la crise actuelle. À cet effet, il importe de mettre en place une institution qui ne se limitera point à établir la vérité des effets de la crise, notamment les

---

[37] Nkoum-Me-Ntseny (L-M), « Dynamique de positionnement anglophone et libéralisation politique au Cameroun : de l'identité a l'identification », *Polis / Revue camerounaise de science politique*, vol 1, n° 1, p. p. 75.

[38] Tchinda Kenfo (J.), « « Le problème anglophone » au Cameroun : la réponse par le processus participatif au développement territorial », *op. cit.*, pp.4-6.

[39] *Ibid.*, p.4.

[40] Olinga (A.-D.), « La "Question anglophone" dans le Cameroun d'aujourd'hui », *Revue Juridique et Politique,* 3, 1994, pp. 292-308 ; Konings (P), « Le « problème anglophone » au Cameroun dans les années 1990 », *op. cit.*, p.29 ; Tobie-Kuoh (C.), *Mon témoignage. Le Cameroun de l'indépendance (19581970)*, Paris, Karthala, 1990, pp. 119-137.

[41] Konings (P), « Le « problème anglophone » au Cameroun dans les années 1990 », *op. cit.*, p.30.

[42] *Ibid.*, p.31.

violations des droits de l'homme, lesquelles ne sont que la manifestation tragique d'un contentieux historique non encore liquidé[43]. Ce mécanisme devra donc constituer une tribune de l'histoire. Bref, il devra procéder à la clarification de « l'histoire lointaine » et à l'écriture de « l'histoire récente » en garantissant le droit à la vérité[44] du peuple camerounais et des victimes de cette crise. Aussi doit-il être assigné à cette institution une action à large spectre consistant au rétablissement des vérités historiques, à l'établissement des faits constitutifs de violations des droits de l'homme, à la mise en place d'un espace de dialogue et de recommandations. Pour ce faire, cette action nécessite la collaboration de plusieurs profils professionnels, notamment les historiens, les politologues, les anthropologues, les sociologues et les juristes.

Ensuite, la résolution de la crise anglophone commande la mise en place de mécanismes d'apaisement devant établir un équilibre entre la rigueur de la répression à l'endroit des auteurs d'exactions, la nécessité de réinsertion sociale des auteurs coupables d'infractions mineures et l'exigence de rendre justice aux victimes. La logique militaro-répressive du Gouvernement doit ainsi être diluée au profit d'une logique judiciaire moins rigide au risque de paraître oppressive. À cet effet, tous les actes répréhensibles ne sauraient être sujets à répression, c'est-à-dire être sanctionnés à des peines d'emprisonnement. On pourrait tout au plus astreindre leurs auteurs à l'exécution des travaux d'intérêt général.

De même, la possibilité devra être offerte aux combattants sécessionnistes de déposer les armes sans risque de représailles, mais sans pour autant leur accorder une totale immunité[45], c'est-à-dire une *« amnistie-amnésie »*[46] au détriment des victimes. Il s'agit donc de rendre justice en établissant les responsabilités des uns et des autres de manière à amorcer le processus de pardon devant aboutir à la réconciliation. En s'inspirant des expériences d'ailleurs[47], il conviendrait, à cet effet, de créer des mécanismes extrajudiciaires susceptibles de soutenir, dans une logique de

---

[43] Olinga (A.D.) « Les sources de la question anglophone au Cameroun », Amand'la, N° 15, août 1996, p.15 ; Olinga (A.D.) « La question anglophone dans le Cameroun d'aujourd'hui », *op. cit.*, pp.292-308 ; Tchinda Kenfo (J.), « « Le problème anglophone » au Cameroun : la réponse par le processus participatif au développement territorial », *op. cit.*, p.8.

[44] Matignon (E.) et Nimubona (J.), *Recherche sur les standards internationaux des droits de la personne humaine dans les mécanismes de justice de transition au Burundi*, *op. cit.*, pp. 40-46.

[45] L'un des exemples les plus patents à ce sujet est la loi d'amnistie colombienne. Voir Mamère (N.), « L'impunité et le devoir de mémoire », *Mouvements*, n°53 mars-mai 2008, pp.20-25.

[46] Hazan (P.), « Les dilemmes de la justice transitionnelle », *Mouvements*, n° 53 mars-mai 2008, p.43.

[47] Huyse (L) et Salter (M) (Dir.), *Justice traditionnelle et réconciliation après un conflit violent. La richesse des expériences africaines,* International IDEA, 2009, pp.159-170.

complémentarité, les mécanismes judiciaires dans la garantie du droit à la justice[48] des victimes. À ce sujet, les Commissions justice et réconciliation sont fort indiquées[49].

Enfin, la résolution de la crise anglophone commande la mise en place de mesures de réparation des préjudices subis par les victimes. Il s'agit notamment de l'octroi d'indemnités et de prestations de services, de l'aménagement de lieux commémoratifs ou de l'institution de journées commémoratives, et surtout de la réalisation de réformes institutionnelles pertinentes. Car, au-delà de mettre fin à la crise, il importe de résoudre le problème anglophone. En ce sens, les réparations envisagées ne sauraient se limiter aux effets de la crise ; il convient aussi de faire taire les frustrations dénoncées par les citoyens anglophones, notamment la *« francisation du droit et de la justice »*[50], la sous-représentation, alléguée à tort ou à raison, au Gouvernement et dans l'administration publique.

Ainsi donc, ces réparations doivent être institutionnelles, sociales et psychologiques ; elles doivent aussi être individuelles et collectives comme le décida la Cour interaméricaine des droits de l'homme dans son jugement du 19 novembre 2004 dans l'affaire Massacre de Plan de Sánchez c. Guatemala.

Situé dans le département de Baja Verapaz au Guatemala et habité principalement par des autochtones de la communauté Maya Achí, le village de Plan de Sánchez a été confronté à un massacre le 18 juillet 1982 orchestré par l'armée guatémaltèque, et les survivants, terrorisés et interdit de cultiver leurs terres et de reconstruire leurs maisons, ont abandonné ce village. Ayant saisi les tribunaux guatémaltèques sans suites favorables, aucune condamnation n'ayant été prononcée, les victimes vont déposer auprès de la Commission interaméricaine des droits de l'Homme une pétition le 25 octobre 1996, laquelle sera, par la suite, présentée à la Cour interaméricaine des droits de l'Homme le 31 juillet 2002. Reconnaissant la responsabilité de l'État guatémaltèque, la Cour interaméricaine imposera à celui-ci plusieurs obligations parmi lesquelles l'offre d'un traitement médical et psychologique gratuit aux victimes ; la fourniture d'un logement décent aux survivants et l'indemnisation des victimes ; l'accès à l'eau potable et la création d'un établissement de santé.

---

[48] Matignon (E.) et Nimubona (J.), *Recherche sur les standards internationaux des droits de la personne humaine dans les mécanismes de justice de transition au Burundi*, *Op. cit.*, pp.46-50.

[49] Matignon (E.), « Les instruments extra-judiciaires de la justice transitionnelle. Les exemples de la Commission Vérité et Réconciliation (CVR) et du théâtre participatif au Burundi », LAM, Séminaire de recherche, 19 février 2015, 10p.

[50] Razafindrakoto (M.) et Roubaud (F.), « Sous la crise anglophone au Cameroun : frustrations politiques et défiance à l'égard des autorités publiques », document de travail, DT/2018-10, p.7.

Bien que le contexte sociopolitique ne soit pas le même, notamment celui d'un massacre aux allures de génocide, on pourrait s'en inspirer dans la résolution de la crise anglophone de manière à garantir le droit à la réparation [51]reconnu aux victimes[52] de cette crise, et amorcer, sur cette lancée, la mise en place des garanties de non-répétition[53] de celle-ci.

Au regard des critères susmentionnés, quelques mécanismes de la justice transitionnelle peuvent être mobilisés dans la résolution de la crise anglophone. Encore faut-il en apporter la justification au regard de leurs caractères intrinsèques et de leur efficacité avérée dans d'autres pays en conflit ou en sortie de conflit.

2. La justification des mécanismes sélectionnés

Bien qu'elle soit spécifique, la crise anglophone peut mobiliser certains mécanismes de la justice transitionnelle éprouvés avec plus ou moins de fortune dans d'autres pays. Il s'agit, entre autres, des commissions-vérité et réconciliation[54]. La mobilisation de cette catégorie de mécanismes dans la résolution de cette crise pourrait se justifier par la nécessité d'y établir les vérités historiques et récentes jusque-là occultées ou ignorées, et de réaliser, par conséquent, la réconciliation entre les citoyens, les communautés sociologiques et l'État. Il s'agit des vérités médico-légales, narratives, sociales et restauratrices[55].

À cet effet, ces mécanismes, de par leur composition laissant présumer leur impartialité et objectivité, de par leurs capacités d'enquête et leur organisation décentralisée, peuvent mieux cerner les contours de cette crise en mettant un accent particulier sur les questions relatives aux droits économiques, sociaux et culturels. Car l'un des griefs formulés à l'encontre de l'Etat par les populations anglophones consiste en la violation des droits ci-dessus mentionnés du fait de leur exclusion de la gestion des ressources naturelles des régions du Nord-ouest et du Sud-ouest. Ce ressentiment

---

[51]Matignon (E.) et Nimubona (J.), *Recherche sur les standards internationaux des droits de la personne humaine dans les mécanismes de justice de transition au Burundi*, *op. cit.*, pp.46-50.

[52] Ces victimes sont notamment constituées par les communautés sociologiques et les individus.

[53]Matignon (E.) et Nimubona (J.), *Recherche sur les standards internationaux des droits de la personne humaine dans les mécanismes de justice de transition au Burundi*, *op. cit.*, pp.50-56.

[54] American Friends Service Committee, *Mécanismes de la justice transitionnelle. Leçons apprises des commissions-vérité et réconciliation*, Rapport de la Conférence internationale du même titre tenue au mois d'août 2011 à Bujumbura, au Burundi, 2011, 27 p.

[55]Matignon (E.) et Nimubona (J.), *Recherche sur les standards internationaux des droits de la personne humaine dans les mécanismes de justice de transition au Burundi*, *op. cit.*, p.45.

transparaît dans une correspondance adressée par M. Akere Muna au Président de la République[56].

Par ailleurs, il serait opportun de réparer les préjudices subis par les victimes en créant, à l'instar de la RDC, un fonds spécial d'indemnisation[57], une commission de réparation ou alors un sous-comité de réparation logé dans la Commission-vérité et réconciliation comme ce fut le cas en Afrique du Sud[58]. Cette catégorie de mécanismes pourrait se justifier par le fait que « *les revendications des victimes ne peuvent être satisfaites individuellement par voie judiciaire à cause de leur nombre et de l'incurie souvent constatée du système juridique* »[59].

Cependant, contrairement à la RDC, ce mécanisme doit être l'émanation de l'État et non de la communauté internationale. Cette réparation constitue une obligation pour l'État et un droit pour les victimes. La Résolution 60/147 du 16 décembre 2005 de l'Assemblée générale des Nations Unies[60], en précise les modalités. C'est ainsi que dans sa partie IX intitulée, Réparation du préjudice subi, cette Résolution énonce que : « *Les États devraient s'efforcer de créer des programmes nationaux pour fournir réparation et toute autre assistance aux victimes, lorsque la partie responsable du préjudice subi n'est pas en mesure ou n'accepte pas de s'acquitter de ses obligations* ». Comme forme de réparations, elle prévoit, entre autres, la restitution et l'indemnisation. Cette dernière porte notamment sur le préjudice physique ou psychologique ; sur les occasions perdues, y compris en ce qui concerne l'éducation, l'emploi et les prestations sociales ; sur les dommages matériels et la perte de revenus, y compris la perte du potentiel de gains ; et sur le dommage moral.

Parce qu'ils y sont incontournables et y occupent une position éminente, les mécanismes de désarmement, de démobilisation et de réintégration doivent être mobilisés dans la résolution de la crise anglophone au regard de la continuation des conflits. Ils constituent une condition préalable à l'existence et au fonctionnement d'autres mécanismes, notamment les

---

[56] Muna (A.), « Lettre à mon frère francophone », Génération Hors-série no. 1 du 25 au 31 janvier 1995.

[57] Impunity Watch, « État des lieux de la justice transitionnelle en République démocratique du Congo », *op. cit.*, p.6. Ce fonds fut créé à l'initiative de l'ONU et des ONG.

[58] Rondeau (D.), « Justice centrée sur la faute ou justice centrée sur les victimes ? Le dilemme des commissions-vérité et réconciliation », *Revue internationale d'éthique sociétale et gouvernementale*, vol.18, N° 1, 2016, p.5.

[59] Matignon (E.) et Nimubona (J.), *Recherche sur les standards internationaux des droits de la personne humaine dans les mécanismes de justice de transition au Burundi*, *op. cit.*, p.47.

[60] Il s'agit précisément de la Résolution 60/147 du 16 décembre 2005 de l'Assemblée générale des Nations Unies relative aux Principes fondamentaux et directives concernant le droit à un recours et à réparation des victimes de violations flagrantes du droit international des droits de l'homme et de violations graves du droit international humanitaire.

commissions-vérité et réconciliation. C'est ainsi que le Président de la République, dans le but d'amorcer la résolution de cette crise, a édicté le décret N° 2018/719 du 30 novembre 2018 portant création du Comité National de Désarmement, de Démobilisation et de Réintégration (CNDDR). Lequel comité est coordonné par M. Francis Faï Yengo nommé le 04 décembre 2018[61]. Ce Comité s'intéresse également au conflit contre Boko Haram. Quelques réserves peuvent, cependant, être émises sur l'efficacité dudit Comité au regard de ses modalités de création, d'organisation et de fonctionnement. Il est en effet, marqué du sceau de l'unilatéralité. Y sont exclus les autres protagonistes au conflit ainsi que la société civile, les autorités religieuses[62] et traditionnelles dont la voix compte pourtant dans la société camerounaise au regard de l'influence qu'elles exercent sur les communautés concernées[63].

Dans une logique de réforme institutionnelle, le Président de la République, à travers le décret N° 2017/014 du 23 janvier 2017, a créé la Commission Nationale pour la promotion du bilinguisme et du multiculturalisme dont la mission est de contribuer au maintien de la paix, à la consolidation de l'unité nationale, au renforcement de la volonté et de la pratique quotidienne du vivre-ensemble des populations[64].

Par ailleurs, à ces institutions, on pourrait adjoindre des mécanismes normatifs à l'instar des lois d'amnistie conditionnelle[65]. Contrairement aux lois d'amnistie générale, elles excluent de leur champ d'application les crimes graves, à savoir : les crimes de guerre, les crimes contre l'humanité etc. Elles sont consacrées à l'article 6 (5) du Protocole II des conventions de Genève qui stipule que : *« A la cessation des hostilités, les autorités au pouvoir s'efforceront d'accorder la plus large amnistie possible aux personnes qui auront pris part au conflit armé ou qui auront été privées de liberté pour des motifs en relation avec le conflit armé, qu'elles soient internées ou détenues »*. Par contre, elles accordent le pardon aux auteurs d'infractions *mineures* contre, entre autres, d'éventuels aveux comme ce fut le cas en Afrique du Sud[66]. Ces lois peuvent être complétées par des mesures d'élargissement, lesquelles constituent des actes édictés par le Président de la

---

[61] Voir Décret N° 2018/742 du 04 décembre 2018.

[62] International Crisis Group, *La crise anglophone au Cameroun : comment l'Église catholique peut encourager le dialogue*, *Briefing Afrique de Crisis Group,* N° 138, 26 avril 2018, 11 p.

[63] Nach Mback, « La chefferie traditionnelle au Cameroun : ambiguïtés juridiques et dérives politiques », *Afrique et Développement*, Vol. 25, No. 3/4 (2000), pp.77-118

[64] Voir article 3 alinéa 1 du Décret N° 2017/014 du 23 janvier 2017.

[65] Sottas (E.), « Justice transitionnelle et sanction », *Revue internationale de la Croix-Rouge*, N° 870, 30-06-2008, pp.7-8.

[66] Guillou (B.), « Lutte contre l'impunité et processus de réconciliation », *La Revue Nouvelle*, N° 8, p.26.

République pour mettre fin aux poursuites judiciaires engagées contre des auteurs d'infractions sus mentionnées. Une telle mesure a été récemment prise par le Chef de l'État et élargissait 289 prévenus[67] poursuivis pour des actes de vandalisme perpétrés au cours des grèves organisées dans le cadre de la crise anglophone, et ce dans le but d'amorcer un climat d'apaisement.

Cependant, la sélection mesurée de certains mécanismes de la justice transitionnelle ne suffirait pas à en garantir la réception dans la résolution de la crise anglophone. Encore faut-il que ceux-ci connaissent une objectivation appropriée, car ils ne sont pas transposables en l'état.

B. L'objectivation appropriée des mécanismes sélectionnés

Les mécanismes de la justice transitionnelle font l'objet d'une objectivation spécifique dans les États qui en font usage[68]. Leur réception dans la résolution de la crise anglophone ne saurait échapper à cette exigence. Le Rwanda et l'Afrique du Sud, pour ne citer que ces deux cas, les ont diversement structurés selon leur environnement sociohistorique et culturel[69]. Aussi, au regard des particularités sociopolitiques et culturelles du Cameroun, leur mobilisation dans la résolution de la crise anglophone va-t-elle commander une objectivation appropriée à travers l'option judicieuse en faveur de supports normatifs et institutionnels flexibles d'une part, et à travers la quête pour une structuration harmonieuse de ceux-ci d'autre part.

1. L'option judicieuse pour des supports normatifs et institutionnels flexibles

Les mécanismes de la justice transitionnelle sont diversement formalisés. Leurs supports normatifs et institutionnels épousent, en effet, diverses formes selon leurs pays d'accueil[70]. Pour ce qui est de la crise anglophone, ceux susceptibles d'y être mobilisés devront précisément être consacrés dans des supports flexibles oscillant entre le *« hard law »* et la *« soft law »*.

Sous cet angle, il n'est pas nécessaire, au plan normatif, que les normes portant création de la Commission-vérité et réconciliation, par exemple, soient consacrées dans la Constitution ou dans un accord de paix comme ce fut le cas au Burundi à travers l'Accord d'Arusha[71]. Car la crise anglophone ne laisse point envisager la voix d'une résolution internationale au regard de

---

[67] Voir le Communique du ministre de la Défense en date du 13 décembre 2018.

[68] Joinet (L.), « Face aux dilemmes de l'instauration des processus de justice transitionnelle », *Mouvements*, n° 53, mars-mai 2008, pp.48-53.

[69] Rondeau (D.), « Justice centrée sur la faute ou justice centrée sur les victimes ? Le dilemme des commissions-vérité et réconciliation », *op. cit.*, pp.4-9.

[70] Joinet (L.), « Face aux dilemmes de l'instauration des processus de justice transitionnelle », *op. cit.*, pp.49-50.

[71] Voir article 5 de l'Accord d'Arusha pour la paix et la réconciliation au Burundi, 28 août 2000.

la nature et de l'ampleur du conflit, de l'évolution des opérations militaires et du déséquilibre des forces nettement en faveur des forces de défense nationale.

Il n'est non plus besoin que les procédures appliquées par ladite Commission soient exclusivement consacrées dans la loi dans la mesure où la réconciliation recherchée par celle-ci, laquelle se fonde sur le pardon des victimes à l'endroit de leurs bourreaux, ne peut pas être obtenue uniquement par des mécanismes formels, mais aussi par des pratiques traditionnelles[72]. Comme l'écrit à juste titre Louis Joinet, le « *concept de justice transitionnelle est d'apparition trop récente pour être inséré dans le corset d'une démarche normative. Il doit conserver en l'état toute sa créativité potentielle* »[73].

Par ailleurs, il serait judicieux que le parlement camerounais adopte une loi d'amnistie conditionnelle aux fins de persuader les combattants sécessionnistes de déposer les armes, et de renforcer ainsi le mécanisme de désarmement et de démobilisation. Car il convient de noter que la composition majoritairement gouvernementale du CNDDR semble ne pas être de nature à offrir des garanties à ces combattants. L'actualité sur les récentes attaques des sécessionnistes tend à le confirmer[74].

Au plan institutionnel, le fait de ne pas borner le mandat du Comité à une durée est fort judicieux au regard de l'incertitude qui entoure la fin de la crise. Il s'agit ainsi d'éviter l'erreur commise par la Commission Vérité et

---

[72] Quinn (J.R.), « Science folle ? Possibilités et exemples de pratiques (néo-) traditionnelles synthétiques de justice et de confession », *ASPJ Afrique & Francophonie* - 3e trimestre 2014, pp.48-66 ; Martien Schotsmans, « Le recours à la justice transitionnelle et l'appel aux pratiques traditionnelles en Afrique », In Jean-Luc Brackelaire, Marcela Cornejo, et Jean Kinable (Dir.), *Violence politique et traumatisme : processus d'élaboration et de création*, Louvain-la-Neuve, Belgique, L'Harmattan, pp.137–147. En effet, comme l'affirment certains auteurs : « *les ressources sociétales comme les mécanismes autochtones de responsabilité sont fort utiles pour consolider la paix, en particulier après un conflit violent. Elles ont le potentiel de faciliter la réintégration et le processus curatif, dans la mesure où les membres de la communauté peuvent facilement s'y associer », voir* Huyse (L) et Salter (M), *Justice traditionnelle et réconciliation après un conflit violent. La richesse des expériences africaines, op. cit.*, 2009, p.12.

[73] Joinet (L.), « Face aux dilemmes de l'instauration des processus de justice transitionnelle », *op. cit.*, p.53.

[74] Le 15 juin 2019, à 9 km de l'Arrondissement d'Eyumodjock (département de la Manyu, Sud-Ouest), un véhicule de la Police Nationale a été attaqué. Il a été victime d'un *attentat à Engin Explosif Improvisé*, fixé par des terroristes sécessionnistes. De nombreuses victimes ont été registrées, notamment 4 morts (fonctionnaires du Corps de la Sûreté Nationale) et 6 blessés.

Réconciliation de la République démocratique du Congo dont le mandat fut limité à trois (3) ans[75]. Ce qui ne lui permit point d'assurer sa mission.

Au reste, l'option pour des supports normatifs et institutionnels flexibles, notamment l'adoption de lois d'amnistie conditionnelle, la création par la loi et non par la constitution d'une Commission-vérité et réconciliation[76], doit imprégner l'objectivation des mécanismes de la justice transitionnelle à même de contribuer, le cas échéant et efficacement, à la résolution de la crise anglophone. Par ailleurs, ces mécanismes doivent aussi faire l'objet d'une structuration harmonieuse.

2. La structuration harmonieuse des mécanismes sélectionnés

De peur de s'opposer ou de se chevaucher, les mécanismes de la justice transitionnelle doivent être structurés de façon harmonieuse. Il s'agit d'assurer leur articulation. À ce sujet, il serait judicieux qu'une collaboration soit instaurée entre la commission-vérité et réconciliation et le CNDDR. Car ces deux organes peuvent notamment se rejoindre dans la réintégration des ex-combattants dans le processus de réconciliation en ce sens que ceux-ci doivent répondre de leurs actes, solliciter le pardon des victimes et, le cas échéant, s'engager à réparer les préjudices causés de sorte à conjurer les sentiments de frustration et de vengeance qui animent souvent les victimes de conflits. Ce n'est que dans cette condition que leur réintégration peut être effective et qu'une paix durable pourrait être envisagée.

Au final, il apparaît que certains mécanismes de la justice transitionnelle peuvent être mobilisés dans la résolution de la crise anglophone au Cameroun à condition qu'ils bénéficient d'une réception contextuée. Mais cela n'est pas suffisant, car ces mécanismes nécessitent aussi une adaptation harmonisée.

II. L'adaptation harmonisée des mécanismes de la justice transitionnelle

Nonobstant la pertinence empirique des mécanismes de la justice transitionnelle, leur réception dans la résolution de la crise anglophone exige leur adaptation harmonisée en rapport avec l'environnement sociopolitique et institutionnel existant. Aussi devront-ils faire l'objet d'une appropriation séquencée par les différents acteurs de cette crise **(A)**, et d'une articulation équilibrée avec les mécanismes de la justice punitive **(B)**.

---

[75] Impunity Watch, « État des lieux de la justice transitionnelle en République démocratique du Congo », *op. cit.*, p.2.

[76] Matignon (E.) et Nimubona (J.), *Recherche sur les standards internationaux des droits de la personne humaine dans les mécanismes de justice de transition au Burundi*, *op. cit.*, p.4.

A. L'appropriation séquencée des mécanismes par les acteurs de la crise anglophone

Il importe de souligner que la plupart des initiatives de résolution de la crise anglophone sont proposées et imposées par le Gouvernement. Or une pareille logique n'est guère de nature à créer un climat de confiance. Aussi serait-il approprié que d'autres acteurs soient inclus dans l'organisation (1) et le fonctionnement (2) des mécanismes institutionnels mobilisables pour la résolution de cette crise.

1. L'inclusion de divers acteurs dans l'organisation des mécanismes institutionnels de la justice transitionnelle

Parce qu'elle vise une paix durable, la justice transitionnelle se doit d'être inclusive et participative. Elle n'est point une justice imposée, mais construite par les divers protagonistes au conflit en collaboration avec les communautés sociologiques concernées, les organisations internationales à l'instar de l'UA, les ONG, les autorités traditionnelles et religieuses.

Or il est constaté, jusqu'alors, une exclusion des acteurs non étatiques du processus de résolution de la crise anglophone. Il semble régner un climat de défiance à leur endroit ; ils ne sont pas consultés lors de la création et la mise en place des institutions existantes, à l'instar du CNDDR. La composition de ce dernier traduit cet état de choses, il n'est composé que d'agents publics. Autant cette exclusion risque affecter l'efficacité de cette institution, autant elle pourrait nuire à celle d'une éventuelle commission-vérité et réconciliation[77].

Or les différents acteurs doivent nécessairement saisir le bien-fondé des mécanismes de la justice transitionnelle et leurs enjeux. Aussi est-il important qu'ils soient consultés lors de la création et de l'organisation de ces mécanismes, comme ce fut le cas au Rwanda pour la création des *Gacaca*[78]. D'autres pays sont allés plus loin en organisant des consultations nationales à ce sujet. Ce fut le cas de l'Ouganda, de l'Afrique du Sud, du Sri Lanka, etc[79].

À cet effet, dans le cadre de la résolution de la crise anglophone, il s'agit, au préalable, d'identifier les leaders anglophones et les acteurs non étatiques avec lesquels le Gouvernement pourrait engager le dialogue et définir des

---

[77] Freeman (M) et Marotine (D), « La justice transitionnelle : un aperçu du domaine », (http://www.swisspeace.ch/fileadmin/user_upload/Media/Topics/Dealing_with_the_Past/Resources/Freeman_Mark_La_Justice_Transitionnelle.pdf). p.13.

[78] Huyse (L) et Salter (M), *Justice traditionnelle et réconciliation après un conflit violent. La richesse des expériences africaines*, *op. cit.*, p.50.

[79] Kambala wa Kambala (O), « Contribution substantielle à l'élaboration d'un cadre de fonctionnement pour le comité de pilotage tripartite des consultations populaires sur la justice transitionnelle au Burundi », *Centre international pour la justice transitionnelle*, p.2.

stratégies de sortie de crise. Car l'option unilatérale, autoritaire et militaire ne mettra pas un terme à cette crise. Elle pourra, tout au plus, en atténuer la dimension violente dont la fin nécessite le désarmement des combattants sécessionnistes.

Par la suite, il convient d'organiser des consultations publiques ainsi que des campagnes d'information et de sensibilisation afin d'instruire les citoyens sur les enjeux des mécanismes de la justice transitionnelle qui sont mobilisables. Enfin, il importe d'aménager la participation des acteurs non étatiques dans l'organisation et la mise en place desdits mécanismes. C'est d'ailleurs la recommandation qui fut faite par la résolution 1606 (2005) du Conseil de Sécurité des Nations Unies au Gouvernement burundais. Cette approche inclusive vaut aussi pour le fonctionnement des mécanismes déjà mobilisés ou mobilisables.

2. L'inclusion de divers acteurs dans le fonctionnement des mécanismes institutionnels de la justice transitionnelle

Il est important que des acteurs non étatiques soient inclus dans le fonctionnement des mécanismes institutionnels de la justice transitionnelle. Cette inclusion se décline en termes d'intégration et de collaboration. Il s'agit de l'intégration des ONG et d'autorités religieuses, et de la consultation de celles-ci dans les travaux de ces mécanismes. Par ailleurs, la mobilisation des médias pour diffuser ces travaux serait de nature à satisfaire les attentes du public et des victimes de manière à renforcer la crédibilité et la transparence desdits mécanismes. Il est tout aussi nécessaire que ces mécanismes procèdent à des auditions publiques des victimes de la crise de sorte à consolider la confiance à leur endroit.

En termes de collaboration, il s'agit de solliciter l'assistance de l'UA, de l'ONU et des experts internationaux dont les travaux réalisés dans le cadre d'autres expériences de ce type peuvent être d'un apport indéniable. D'ailleurs, quelques éléments relatifs à l'intérêt porté par l'ONU et l'UA à la crise anglophone peuvent être relevés. C'est ainsi que lors de sa quinzième réunion consultative au Siège de l'ONU, à New York, le 22 septembre 2018, l'Équipe spéciale conjointe ONU-UA chargée des questions de paix et de sécurité a salué le Plan humanitaire d'intervention d'urgence du Gouvernement pour les régions anglophones, et demandé, en outre, un accès à ces régions pour les organisations humanitaires et des droits de l'homme. Par ailleurs, prenant note des développements politiques dans le pays, les membres de cette équipe ont ainsi souligné la nécessité d'un dialogue inclusif pour adresser les causes profondes de la crise.

Sur cette lancée, intervient la Résolution 395 (LXII) 2018 adoptée par la Commission Africaine des Droits de l'Homme et des Peuples (CADHP) lors de la 62e Session ordinaire tenue à Nouakchott, en République Islamique de

Mauritanie. À travers cette Résolution, la CADHP, tout en condamnant les atteintes aux droits de l'homme perpétrées dans le cadre de la crise anglophone, invite d'une part *les différentes parties au dialogue en vue d'épargner les vies humaines et restaurer le calme, la sécurité et la paix dans les plus brefs délais »*[80], et d'autre part *« décide d'effectuer une mission générale de promotion des droits de l'homme en République du Cameroun en collaboration avec les autorités gouvernementales*[81]. Dans la même perspective, mais aux fins d'ingérence humanitaire à laquelle s'opposent la Chine et la Russie[82], s'est tenue le 13 mai 2019, à la demande des États-Unis d'Amérique et sous la formule Aria, une réunion du Conseil de sécurité des Nations Unies portant sur la situation humanitaire au Cameroun dans le cadre de la crise anglophone.

Au final, l'adaptation harmonisée des mécanismes de la justice transitionnelle dans la résolution de la crise anglophone requiert une appropriation séquencée de ces mécanismes par divers acteurs à travers leur inclusion dans l'organisation et le fonctionnement de ceux-ci. Cette adaptation requiert aussi une articulation équilibrée entre la justice transitionnelle et la justice punitive.

B. L'articulation équilibrée de la justice transitionnelle et de la justice punitive

L'un des défis de la justice transitionnelle consiste dans son articulation équilibrée avec la justice punitive, des cas de réussite et d'échec sont à ce sujet enregistrés[83]. La même difficulté pourrait se poser dans la résolution de la crise anglophone. Pour y remédier, il faudra s'inscrire dans une logique de complémentarité. À cet effet, il importe de rechercher une double complémentarité organisationnelle (1) et fonctionnelle (2) entre ces deux catégories de justice qui ne s'excluent pas en réalité dans la réalisation de l'idéal de justice.

1. La quête d'une complémentarité organisationnelle

Il ne s'agit point de minorer les mécanismes de la justice punitive encore moins de les exagérer. Il n'est non plus question de privilégier la justice transitionnelle au détriment de celle-ci, encore que la première peut abriter des organes judiciaires relevant en principe de la seconde. En fait, il s'agit d'établir une complémentarité entre les mécanismes de ces catégories de

---

[80] Voir Résolution sur la situation des droits de l'homme en République du Cameroun-CADHP/Rés. 395 (LXII) 2018.

[81] *Ibidem.*

[82] Dans une interview accordée aux ambassadeurs de ces deux pays au Cameroun, ils estiment qu'il s'agit d'une affaire interne qui exclut par conséquent toute ingérence.

[83] Benraad (M.), « La justice transitionnelle dans le monde arabe : fortunes et infortunes », *Politique étrangère*, N° 3, 2014, pp.151-161.

justice tout en réaffirmant leur autonomie principielle. Ce qui revient à dire que les mécanismes de la justice transitionnelle n'ont pas, en principe, la qualité d'organe judiciaire comme ce fut le cas au Rwanda avec les *Gacaca*[84].

En effet, parce que les organes judiciaires classiques fonctionnent au Cameroun, ils ne peuvent donc pas être subsumés dans une éventuelle commission-vérité et réconciliation, ou encore moins être remplacés par une juridiction spéciale comme ce fut le cas en Sierra-Léone, au Burundi, ou encore se dessaisir de certaines affaires au profit de la Cour pénale internationale (CPI). Leur démarche est essentiellement juridique, et il leur incombe de dire le droit en sanctionnant les auteurs des infractions. D'ailleurs, leur composition autour de professionnels de la justice, notamment les magistrats, traduit cet état de choses. Tout au plus pourrait-on en exiger plus de neutralité, d'objectivité et de célérité dans le traitement des affaires qui leur sont confiées. Par contre, les organes extrajudiciaires de la justice transitionnelle mobilisent divers outils, leur démarche est davantage morale, politique, mémorielle et symbolique. Ce qui peut expliquer leur composition multiprofessionnelle.

Au reste, l'articulation équilibrée entre la justice transitionnelle et la justice punitive doit nécessairement passer par la quête d'une complémentarité organisationnelle. Cependant, elle exige aussi la quête d'une complémentarité fonctionnelle.

2. La quête d'une complémentarité fonctionnelle

La résolution de la crise ne saurait se borner à l'arrestation et la sanction des leaders et combattants sécessionnistes. Certes, il s'agit d'établir les responsabilités, de punir les auteurs d'exactions, mais il est aussi question de rétablir les vérités, de réparer, d'apaiser les frustrations afin de réconcilier les individus, les communautés sociologiques, et de prévenir de futurs abus. Autant d'impératifs que la justice punitive ne saurait assurer et qui s'imposent dans la résolution de la crise anglophone. Justice holistique, la justice transitionnelle s'y intéresse par contre. Elle garantit le droit à la vérité à travers les commissions-vérité et réconciliation. Dans cette lancée, elle participe à la garantie du droit à la justice dans la mesure où, à travers les enquêtes de ces commissions, elle peut fournir des informations pertinentes aux juridictions pénales[85].

En outre, à travers la création d'un fonds ou d'une commission de réparation, la justice transitionnelle offre, un peu plus que la justice punitive,

---

[84] Dumas (H.), « Histoire, justice et réconciliation : les juridictions *Gacaca* au Rwanda », *Mouvements*, n° 53 mars-mai 2008, pp.110-117.

[85] Essomba (S.), « Quelle complémentarité entre la justice transitionnelle et la justice pénale internationale ? », *Revue internationale de droit pénal*, 2013/1 Vol. 84, p.182.

la possibilité aux victimes de bénéficier de réparations individuelles ou collectives telles que cela a été prévu par l'Assemblée générale de l'ONU dans sa Résolution 60/147 du 16 décembre 2005. En ce sens, elle comble le vide laissé par celle-ci. Cette complémentarité se traduit également à travers la possibilité de réconciliation et les garanties de non-répétition qu'offre la justice transitionnelle. Car il importe de souligner une fois de plus que la crise anglophone n'est que la manifestation violente d'un problème fort ancien. Aussi, se contenter d'en punir quelques protagonistes ne fera que retarder sa résurgence sous quelque forme que ce soit.

Conclusion

Au final, les mécanismes de la justice transitionnelle sont mobilisables pour la résolution de la crise anglophone au Cameroun et y connaissent une amorce à travers la création de la CNDDR et de la CNPBM. Cependant, le constat de leur possible mobilisation amène à s'interroger sur les conditions de leur contribution à la résolution de cette crise. À ce sujet, il apparaît que les mécanismes de la justice transitionnelle, du moins certains, peuvent y contribuer par le biais d'un processus de contextualisation qui se traduirait d'une part par leur réception contextuée à travers leur sélection mesurée et leur objectivation appropriée, et d'autre part par leur adaptation harmonisée à travers leur appropriation séquencée par les acteurs de la crise, et leur articulation équilibrée avec les mécanismes de la justice punitive. Cependant, il ne s'agit pas de surestimer la contribution de la justice transitionnelle, car elle n'est point une panacée et ne peut donc suffire à résoudre cette crise. En effet, le recours à d'autres mécanismes du droit international serait d'un apport indéniable. Encore faut-il que l'État en exprime le besoin, car, jusqu'à présent, rien ne semble augurer une telle volonté et sollicitation.

Bibliographie sélective

HAZAN (P.), « Les dilemmes de la justice transitionnelle », *Mouvements*, n°53 mars-mai 2008.

HOURQUEBIE (F.), « La notion de justice transitionnelle a-t-elle un sens ? », *www.afdc.fr/congresParis/com*.

HOURQUEBIE (F.), « La justice transitionnelle a bien un sens », in *Afrique contemporaine*, 2014/2 n° 250.

HUYSE (L) et Salter (M) (Dir.), *Justice traditionnelle et réconciliation après un conflit violent. La richesse des expériences africaines*, International IDEA, 2009.

ISSEKIN (Y.), « Localiser le refus de la sécession à Yaoundé : jeux et enjeux du meeting parlementaire de soutien pour la paix et l'indivisibilité du Cameroun du 1er octobre 2017. », *L'Espace Politique*,2018-2 *http://journals.openedition.org/espacepolitique/5275*

JOINET (L.), « Face aux dilemmes de l'instauration des processus de justice transitionnelle », *Mouvements*, n°53 mars-mai 2008.

KAMTO (M.), « Réflexions sur la notion de justice constitutionnelle », in Mottet (C.) et Pout (C.), *La justice transitionnelle : une voie la réconciliation et la construction d'une paix durable*, Dealing with the Past – Series, Conference paper, 1/2011.

KONINGS (P), « Le ''problème anglophone'' au Cameroun dans les années 1990 », *Politique africaine*, (1996-06) n°62.

LEFRANC (S.), « La justice transitionnelle n'est pas un concept », *Mouvements*, n°53 mars-mai 2008.

MAMERE (N.), « L'impunité et le devoir de mémoire », *Mouvements*, n°53 mars-mai 2008.

MOTTET (C.) et POUT (C.), *La justice transitionnelle : une voie vers la réconciliation et la construction d'une paix durable*, Dealing with the Past – Series, Conference paper, 1/2011.

OLINGA (A.-D.), « La "Question anglophone" dans le Cameroun d'aujourd'hui », *Revue Juridique et Politique*, 3, 1994.

OLINGA (A.D.) « Les sources de la question anglophone au Cameroun », *Amand'la*, N°15, août 1996.

RAZAFINDRAKOTO (M.) et ROUBAUD (F.), « Sous la crise anglophone au Cameroun : frustrations politiques et défiance à l'égard des autorités publiques », document de travail, DT/2018-10.

SOTTAS (E.), « Justice transitionnelle et sanction », *Revue internationale de la Croix-Rouge*, N°870, 30-06-2008.

TABLE DES MATIÈRES

DROIT INTERNATIONAL
AUX ÉDITIONS L'HARMATTAN

Dernières parutions

LE DIFFÉREND FRONTALIER CAMEROUN-NIGERIA
Apport de la décision de la Cour internationale de Justice à l'exécution de ses décisions
Félicité Kourra Owona Mfegue
Préface d'Alain Pellet
L'exécution des décisions juridictionnelles internationales soulève la question : comment assurer de manière effective, en droit comme en fait, la mise en oeuvre de sentences dont l'autorité juridique est indéniable certes, mais évidemment assujettie à la (bonne) volonté des États ? D'ordinaire, deux réponses semblent possibles : l'exécution spontanée ou l'exécution forcée. Pourtant, l'expérience de la mise en oeuvre de l'arrêt rendu le 10 octobre 2002 dans l'affaire de la Frontière terrestre et maritime entre le Cameroun et le Nigeria n'est ni spontanée ni forcée, mais provoquée. On ne peut témoigner d'une meilleure illustration de la contribution de l'Afrique à l'effectivité des décisions de la Cour internationale de Justice, ainsi qu'au règlement pacifique des différends internationaux.
(Coll. Justice Internationale, 534 p., 45 euros)
ISBN : 978-2-343-15833-4, EAN EBOOK : 9782140128202

LA VENTE DE MARCHANDISES DANS LES SYSTÈMES DE DROIT CIVIL ET DE COMMON LAW
Jorge Balmaceda
La vente internationale de marchandises a été indistinctement soumise à la loi anglaise et au droit civil, ce qui a mis en jeu des principes divergents. La Convention de Vienne du 11 avril 1980 a tenté de concilier ces différences par une codification du type du droit civil, et par l'intervention des institutions du Common Law. Cette codification basée sur les principes d'Unidroit et renforcée par les dispositions de la Convention des Nations Unies sur les contrats de vente (CVIM) s'est donc imposée face à la tradition jurisprudentielle britannique, avec pour fin un système international de vente des marchandises davantage stabilisé sur le plan législatif.
(448 p., 42 euros)
ISBN : 978-2-343-16616-2, EAN EBOOK : 9782140125621

DISPUTES ON HUMAN RIGHTS VIOLATION BEFORE THE ECOWAS COURT OF JUSTICE
Alioune Sall
Translated from french by Emmanuel Kofi Nkansah
Mandated to make judgments on human rights cases since 2005, the ECOWAS Court of Justice has undeniably acquired the reputation of a forum for human rights protection. Part I of the book presents the body of case law emerging after fifteen years of practice. Part II is made up of a collection of studies whose themes centre on the major interrogations of international disputes on human rights. Part II closes up with a prospective reflexion on "The Future of the Court", where the author expresses his hopes, but also his serious concerns regarding what is to become of a court whose usefulness and cathartic function are not lost on him.
(Coll. Harmattan Sénégal, 278 p., 28 euros)
ISBN : 978-2-343-17955-1, EAN EBOOK : 9782140125508

LE CONTENTIEUX DE LA VIOLATION DES DROITS DE L'HOMME DEVANT LA COUR DE JUSTICE DE LA CEDEAO

Alioune Sall

Juge des droits de l'homme depuis 2005, la Cour de Justice de la CEDEAO s'est indéniablement forgée une réputation de protectrice des droits humains. Ce livre présente tout d'abord le corpus jurisprudentiel issu de près de quinze ans de pratique. La seconde partie est composée d'une série d'études, dont les thèmes sont au coeur des questionnements majeurs du contentieux international des droits de l'homme. Il se clôt sur une réflexion prospective sur « L'avenir de la Cour », dans laquelle l'auteur exprime ses espoirs mais aussi de sérieuses inquiétudes sur le devenir d'une juridiction dont l'utilité et la fonction cathartique ne font aucun doute à ses yeux.

(Coll. Harmattan Sénégal, 270 p., 28 euros)

ISBN : 978-2-343-17954-4, EAN EBOOK : 9782140125492

LES TECHNIQUES DE SAUVETAGE DES ENTREPRISES EN DIFFICULTÉ EN DROIT OHADA

Pascal Nguihé Kanté

Préface d'Henri Désiré Modi Koko Bebey

En décrivant avec minutie les différents mécanismes juridiques de sauvetage des entreprises en difficulté consacrés par plusieurs Actes uniformes issus du Traité fondateur du droit de l'OHADA, l'auteur donne les éléments de diagnostics nécessaires pour la survie des entreprises en difficulté. Ainsi, dans un contexte social et mondial où les entreprises s'établissent autant qu'elles disparaissent, il y a lieu de posséder les outils nécessaires pour faire face à ces situations dans un cadre juridique et légal.

(322 p., 33 euros)

ISBN : 978-2-343-17718-2, EAN EBOOK : 9782140123429

OHADA RECUEIL DE JURISPRUDENCE DE LA CCJA 2015

Emmanuel Douglas Fotso

En matière de droit des affaires, la Cour commune de justice et d'arbitrage (CCJA) est la juridiction de cassation des dix-sept États que compte l'Organisation pour l'harmonisation en Afrique du droit des affaires (OHADA). Par sa jurisprudence, la CCJA met le droit OHADA en mouvement. C'est dire l'autorité de ses décisions dans l'espace OHADA. Ce recueil de jurisprudence rassemble les décisions les plus pertinentes rendues par cette juridiction au cours de l'année 2015.

(Coll. LegiAfrica, 618 p., 52 euros)

ISBN : 978-2-343-16917-0, EAN EBOOK : 9782140124211

OHADA RECUEIL DE JURISPRUDENCE DE LA CCJA 2014

Emmanuel Douglas Fotso

En matière de droit des affaires, la Cour commune de justice et d'arbitrage (CCJA) est la juridiction de cassation des dix-sept États que compte l'Organisation pour l'harmonisation en Afrique du droit des affaires (OHADA). Par sa jurisprudence, la CCJA met le droit OHADA en mouvement. C'est dire l'autorité de ses décisions dans l'espace OHADA. Ce recueil de jurisprudence rassemble les décisions les plus pertinentes rendues par cette juridiction au cours de l'année 2014.

(Coll. LegiAfrica, 520 p., 49 euros)

ISBN : 978-2-343-16457-1, EAN EBOOK : 9782140124204

LES TITRES DE NOBLESSE DE LA VICTIME DEVANT LA COUR PÉNALE INTERNATIONALE

Guy David Mbara A Betsem

Préface de Gilbert Bitti - Avant-propos de Jean Claude Tcheuwa

La victime a longtemps été tenue à l'écart du procès devant les juridictions pénales internationales d'avant le début du XIXè siècle. Depuis l'avènement de la Cour pénale internationale (CPI), la victime est désormais admise dans le procès pénal. Ces droits, qui ne sont autres que des titres de noblesse, confèrent donc des privilèges permettant à la victime d'accéder à une justice pénale internationale très sélective, mais surtout réservée à une certaine catégorie de personnes. La CPI pose la problématique du rôle de l'État dans la mise en oeuvre des droits des victimes.

(242 p., 25,5 euros)

ISBN : 978-2-343-16718-3, EAN EBOOK : 9782140111631

L'APPORT DE L'AFRIQUE À LA JUSTICE INTERNATIONALE PÉNALE

Jean-Baptiste Harelimana, Catherine Maia, Jean-François Akandji-Kombé
Préface de Robert Kolb - Postface de Fatou Bensouda

Quel est l'apport de l'Afrique au mouvement de pénalisation qui traverse le droit international ? Telle est la question à laquelle cet ouvrage propose d'apporter des éclairages au travers de contributions de plusieurs experts.

(Coll. Études africaines, 388 p., 38,5 euros)

ISBN : 978-2-343-15975-1, EAN EBOOK : 9782140107351

LA NATIONALITÉ ET L'APATRIDIE EN AFRIQUE

Charles Lasserre Yakite

Le droit à la nationalité est un droit humain fondamental reconnu par le droit international. Les apatrides ne peuvent se prévaloir de la protection de la nationalité et sont donc vulnérables à la privation de leurs droits. Les États africains doivent élaborer des cadres législatifs et mettre en place des politiques nationales pour lutter contre l'apatridie. Cet ouvrage vise à faire des recommandations à l'Union africaine et aux organisations internationales intéressées pour résoudre l'épineux problème de nationalité et de l'apatridie.

(Coll. Études africaines, 156 p., 17 euros)

ISBN : 978-2-343-15353-7, EAN EBOOK : 9782140104725

LE GÉNOCIDE DES LARIS AU CONGO

Dominique Kounkou

Dans toute l'histoire politique du Congo, les Lari ont connu persécutions, crimes et génocide. Quelle idéologie de la haine a justifié la programmation de leur extermination ? L'auteur, au moyen d'une enquête en continu, découvre que l'impunité de Sassou Nguesso, de son fils Christel et de tous les exécuteurs d'ordres les pousse à commettre des crimes de sang et des crimes économiques. En outre, les présidents français et les réseaux financés par l'argent des Congolais, détourné par Sassou et son fils ne seraient-ils pas les complices de ce vaste génocide des Laris?

(120 p., 14 euros)

ISBN : 978-2-343-15760-3, EAN EBOOK : 9782140100512

DROIT DU CONTENTIEUX INTERNATIONAL AFRICAIN
Jurisprudences et théorie générale des différends africains

Saidou Nourou Tall
Préface de Ahadzi Nonou Koffi - Avant-propos de Mamadou Badji

Cet ouvrage de référence, très documenté, mêle à la fois la théorie générale du droit des contentieux et l'originalité et/ou spécificités des juridictions et justiciables africains. Il est une remarquable contribution à la compréhension et à la complexité des contentieux internationaux et de leur règlement sous le prisme du Droit.

(562 p., 50 euros)

ISBN : 978-2-343-15555-5, EAN EBOOK : 9782140097843

LE DROIT MARITIME DANS LA ZONE CEMAC

Eric Dibas-Franck

Volontairement limité au Droit maritime dans la communauté économique et monétaire de l'Afrique centrale (CEMAC), cet ouvrage a pour ambition de faire le point sur la construction du droit maritime dans cette zone en scrutant le Code communautaire de la marine marchande. Les grands problèmes contemporains du Droit maritime comparé ou international y trouvent des réponses précises. Le livre est également enrichi d'une jurisprudence inédite.

(Coll. Affaires maritimes et Transports, 258 p., 26 euros)

ISBN : 978-2-343-14948-6, EAN EBOOK : 9782140096082

L'AMÉNAGEMENT CONVENTIONNEL DE LA SOCIÉTÉ COMMERCIALE EN DROIT FRANÇAIS ET EN DROIT OHADA

Wendkouni Judicaël Djiguemdé

Préface de Bernard Saintourens

Toute législation en matière économique se doit d'être souple et adaptée à l'évolution du monde des affaires. Le droit des sociétés OHADA n'échappe pas à ce principe.Cette étude participe de l'élaboration d'un régime juridique adapté, permettant de sécuriser les aménagements conventionnels, signe d'une contractualisation du droit des sociétés.

(Coll. Le Droit aujourd'hui, 458 p., 42 euros)

ISBN : 978-2-343-14563-1, EAN EBOOK : 9782140096013

L'OCTROI DE MER

L'ultime réforme

Fred Le Breton

Survivance du passé colonial, l'octroi de mer est un impôt qui touche les Régions Ultra Périphériques (RUP) de Guadeloupe, Guyane, Martinique, Mayotte et La Réunion. La Communauté européenne ne voulant pas de restriction à la libre-circulation des marchandises, beaucoup prédisent la disparition prochaine de cet impôt. Cet ouvrage présente la lente mais inéluctable évolution de cette question qui, depuis des siècles, a toujours été au centre de la vie politique et économique dont seule une réponse juridique et fiscale de taille est attendue.

(352 p., 33 euros)

ISBN : 978-2-343-13752-0, EAN EBOOK : 9782140074141

LA COUR PÉNALE INTERNATIONALE

Entre nécessité de justice et impératif de paix

Dindio Konaté

Préface de Francis Dacko - Postface de Gaelle Carayon

La Cour pénale internationale (CPI), avancée notable en ce XXIè siècle, apparaît sous les feux des projecteurs. Au-delà des critiques dont elle fait l'objet, se posent la question de la justice et de la paix, deux notions que la Cour doit s'efforcer de conjuguer. L'avènement de la CPI a suscité beaucoup d'espoirs, mais pour que celle-ci joue pleinement son rôle, elle doit effectuer sa mue et se débarrasser des limites tant textuelles qu'opérationnelles qui minent son action. Certes, imparfaite, la CPI n'en demeure pas moins à ce jour le modèle le plus achevé d'une juridiction internationale pénale.

(Coll. Harmattan Côte-d'Ivoire, 226 p., 23 euros)

ISBN : 978-2-343-13616-5, EAN EBOOK : 9782140057724

DROIT DE L'INTÉGRATION AFRICAINE

Organisations communautaires en Afrique de l'Ouest, rapports entre les organisations sous-régionales, l'Union africaine et l'Organisation des Nations unies, défis prioritaires de l'intégration en Afrique

Kémoko Diakité

Préface de Abdoulaye Sakho

Cet ouvrage se veut une contribution à la réflexion sur les organisations d'intégration en Afrique, notamment ouest-africaine telles que la CEDEAO, l'UEMOA et l'OHADA. Il met en exergue le régime juridique des actes de la CEDEAO, de l'UEMOA et de l'OHADA, fait une analyse actualisée du droit communautaire matériel et évoque les réformes institutionnelles récentes des différentes organisations.

(192 p., 20 euros)

ISBN : 978-2-343-10024-1, EAN EBOOK : 9782140046858

Structures éditoriales du groupe L'Harmattan

L'Harmattan Italie
Via degli Artisti, 15
10124 Torino
harmattan.italia@gmail.com

L'Harmattan Hongrie
Kossuth l. u. 14-16.
1053 Budapest
harmattan@harmattan.hu

L'Harmattan Sénégal
10 VDN en face Mermoz
BP 45034 Dakar-Fann
senharmattan@gmail.com

L'Harmattan Cameroun
TSINGA/FECAFOOT
BP 11486 Yaoundé
inkoukam@gmail.com

L'Harmattan Burkina Faso
Achille Somé – tengnule@hotmail.fr

L'Harmattan Guinée
Almamya, rue KA 028 OKB Agency
BP 3470 Conakry
harmattanguinee@yahoo.fr

L'Harmattan RDC
185, avenue Nyangwe
Commune de Lingwala – Kinshasa
matangilamusadila@yahoo.fr

L'Harmattan Congo
67, boulevard Denis-Sassou-N'Guesso
BP 2874 Brazzaville
harmattan.congo@yahoo.fr

L'Harmattan Mali
Sirakoro-Meguetana V31
Bamako
syllaka@yahoo.fr

L'Harmattan Togo
Djidjole – Lomé
Maison Amela
face EPP BATOME
ddamela@aol.com

L'Harmattan Côte d'Ivoire
Résidence Karl – Cité des Arts
Abidjan-Cocody
03 BP 1588 Abidjan
espace_harmattan.ci@hotmail.fr

L'Harmattan Algérie
22, rue Moulay-Mohamed
31000 Oran
info2@harmattan-algerie.com

L'Harmattan Maroc
5, rue Ferrane-Kouicha, Talaâ-Elkbira
Chrableyine, Fès-Médine
30000 Fès
harmattan.maroc@gmail.com

Nos librairies en France

Librairie internationale
16, rue des Écoles – 75005 Paris
librairie.internationale@harmattan.fr
01 40 46 79 11
www.librairieharmattan.com

Librairie l'Espace Harmattan
21 bis, rue des Écoles – 75005 Paris
librairie.espace@harmattan.fr
01 43 29 49 42

Lib. sciences humaines & histoire
21, rue des Écoles – 75005 Paris
librairie.sh@harmattan.fr
01 46 34 13 71
www.librairieharmattansh.com

Lib. Méditerranée & Moyen-Orient
7, rue des Carmes – 75005 Paris
librairie.mediterranee@harmattan.fr
01 43 29 71 15

Librairie Le Lucernaire
53, rue Notre-Dame-des-Champs – 75006 Paris
librairie@lucernaire.fr
01 42 22 67 13

www.ingramcontent.com/pod-product-compliance
Lightning Source LLC
LaVergne TN
LVHW011440061026
849535LV00004BA/893